西北大学"211工程"经费资助

西部考古

第 9 辑

文化遗产研究与保护技术教育部重点实验室
西北大学丝绸之路文化遗产保护与考古学研究中心　编
边疆考古与中国文化认同协同创新中心
西北大学唐仲英文化遗产研究与保护技术实验室

科学出版社
北　京

内 容 简 介

《西部考古》是在西北大学"211工程"经费资助下，西北大学文化遗产研究与保护技术教育部重点实验室、西北大学丝绸之路文化遗产保护与考古学研究中心、边疆考古与中国文化认同协同创新中心和西北大学唐仲英文化遗产研究与保护技术实验室联合编著的学术图书。本辑收录考古调查、发掘报告及研究论文等共计18篇，以中国西部地区为立足点，面向全国，内容涉及考古学、文物学、文化遗产管理与保护规划、环境与历史地理等多个方面。

本书适合于从事我国西部地区历史考古、文化遗产研究和文物保护的专家学者，以及大专院校相关专业的师生参考阅读。

图书在版编目（CIP）数据

西部考古. 第9辑 / 文化遗产研究与保护技术教育部重点实验室等编. —北京：科学出版社，2015.12
ISBN 978-7-03-046691-4

Ⅰ.①西… Ⅱ.①文… Ⅲ.①考古–西北地区–文集 Ⅳ.①K872.400.4-53

中国版本图书馆CIP数据核字（2015）第302367号

责任编辑：孙 莉 / 责任校对：钟 洋
责任印制：肖 兴 / 封面设计：张 放

科学出版社 出版
北京东黄城根北街16号
邮政编码：100717
http://www.sciencep.com

中国科学院印刷厂 印刷
科学出版社发行 各地新华书店经销

*

2015年12月第 一 版　开本：889×1194 1/16
2015年12月第一次印刷　印张：16 1/2
字数：475 000

定价：108.00元

（如有印装质量问题，我社负责调换）

目 录

西安南郊郭杜镇西汉墓发掘简报………………………………西安市文物保护考古研究院（1）

新疆焉耆七个星佛寺遗址南墓葬清理简报…………………………………………………………

…………………………………新疆焉耆回族自治县文物管理所　西北大学文化遗产学院（8）

夏商时期以顺山屯类型为中心的考古学文化间的交流与融合………李树义　付永平　王允军（30）

对关中地区几个商代遗址分期的再考察…………………………………………………宋江宁（44）

宝鸡石鼓山M3墓主及相关问题……………………………………………………………辛怡华（55）

陕西米脂县博物馆藏青铜器介绍……………………………………………………………艾　剑（61）

凤栖原西汉墓园大墓主人试探………………………………………………………………丁　岩（65）

西安北郊郑王村西汉墓出土釉陶礼器与陶礼器之关系初探………………………………肖健一（71）

克孜尔石窟洞窟组合问题初探………………………………………………………………苗利辉（84）

方山定林寺塔门向探究………………………………………………………陈思妙　王为刚（96）

略论隋唐时期的香炉…………………………………………………………………………冉万里（105）

关于隋唐墓葬及塔基地宫中出土的一些器物的使用问题…………………………………冉万里（153）

露天石灰岩文物溶蚀机理及防治研究……………………刘逸堃　侯鲜婷　刘　成　周伟强（171）

秦俑古代修补粘接材料的分析研究………………………杨　璐　申茂盛　卢郁静　欧烨秋（177）

汉阳陵外藏坑遗址监测系统优化研究……………………姚　雪　孙满利　李　库　邓　宏（187）

基于文献的敦煌石窟保护研究现状与进展…………………………………………………曾俊琴（195）

新疆交河故城悬空土质崖体保护加固技术研究……………………………………………………

……………………………………………张景科　谌文武　郭青林　王旭东　孙满利（211）

新疆交河故城东北佛寺加固技术中的保护理念……………………………………………………

……………………………………………郭青林　孙满利　张景科　谌文武　王旭东（219）

榆林卫城城墙病害与保护………………………………………………………张飞荣　徐海兵（226）

《伊犁河流域塞人和乌孙的古代文明》导读………………………………………………谭玉华（233）

裴文中早期学术之路探析……………………………………………………………………朱之勇（236）

追忆兰亭当日事——《陕西考古会史》评介及补正………………………………刘　斌　张　婷（244）

《西部考古》征稿通知……………………………………………………………………………（255）

CONTENTS

The Excavation of A Tomb of the Han Dynasty in the Guo Du Town, Southern District of Xi'an City
　　………… The Xi'an Municipal Institute of Ancient Monument Preservation and Archaeology (7)

The Excavation of Tombs of the Shikchin Buddhist Temple Site in the Yanqi County, Xinjiang
　　……………………… Yanqi Hui Autonomous County Institute of Cultural Relics Management
　　………………………………………………… School of Heritage College, Northwestern University (29)

Interaction and Integration Focused on Shunshantun Type in the Xia and Shang Dynasties …………
　　……………………………………………… Li Shuyi　Fu Yongping　Wang Yunjun (43)

Reconsideration on the Periodization of Several Shang Dynasty's Sites in Guanzhong Area …………
　　……………………………………………………………………………… Song Jiangning (54)

Baoji Mount Shigu M3 Owner and Related Problems ……………………………… Xin Yihua (60)

Introduction the Bronzes Collected in Mizhi Museum of Shaanxi Province …………… Ai Jian (64)

Considerations on the Owner of the Large Tomb of the Western Han Dynasty Cemetery in Fengxiyuan
　　Plateau ……………………………………………………………………………… Ding Yan (70)

Trail Study on the Pottery and Glazed Pottery Ritual Vessels Unearthed at Western Han Tombs at
　　Zhengwangcun, North Suburbs, Xi'an ……………………………………… Xiao Jianyi (83)

Primary Study of Cave Groups of Kizil Cave-Temple ………………………… Miao Lihui (95)

Exploration of Direction of Fangshan Dinglin Temple Pagoda Door …… Chen Simiao, Wang Weigang (104)

Talk of the Censer in Sui and Tang Dynasties …………………………………… Ran Wanli (152)

Topics about the Use of Something Founded in the Tombs and Towers' Underground Palace of Tang
　　Dynasty ……………………………………………………………………………… Ran Wanli (169)

Research on Dissolution Mechanism and Preventive Control of Outdoor Limestone ……………………
　　……………………………………… Liu Yikun　Hou Xianting　Liu Cheng　Zhou Weiqiang (176)

Scientific Study of Ancient Patching and Splicing Material of the Qin Terracotta Warriors …………
　　………………………………… Yang Lu　Shen Maosheng　Lu Yujing　Ou Yeqiu (186)

The Study on Optimization of the Environmental Monitoring System at Hanyangling Burial Pits
　　………………………………………… Yao Xue　Sun Manli　Li Ku　Deng Hong (194)

Research Status and Advance of the Conservation on the Dunhuang Grottoes Based on the Literature
　　Review ……………………………………………………………………………… Zeng Junqin (209)

Research on Conservation and Consolidation of Suspended Cliff Mass in Jiaohe Ruins ……………
　　………………… Zhang Jingke　Chen Wenwu　Guo Qinglin　Wang Xudong　Sun Manli (218)

Conception of Conservation and Consolidation Technologies to Buddhist Temple in the Northeast Jiaohe Ruins in Xinjiang
　　────────── Guo Qinglin　Sun Manli　Zhang Jingke　Chen Wenwu　Wang Xudong（225）

The Deterioration and Conservation of Defensive Walls of Yulin Weicheng ────────────────────── Zhang Feirong　Xu Haibing（232）

Guide to *Drevnjaja kul'tura Sakov i Usunej dolnny reki Ili* ────────── Tan Yuhua（235）

An Analysis of Pei Wenzhong's Early Growth Path ────────── Zhu Zhiyong（243）

Review on *the History of Shaanxi Archaeological Society* and Some Supplements ────────────────────── Liu Bin　Zhang Ting（254）

西安南郊郭杜镇西汉墓发掘简报

西安市文物保护考古研究院

内容摘要：2011年7月，西安市文物保护考古研究院在西安市长安区郭杜镇雅居乐房地产基建工地内，发掘了西汉时期墓葬一座。该墓出土了彩绘女俑、彩绘房形仓、陶璧、铜带钩、铜钱等文物，为西安地区汉代墓葬研究提供了新资料。

关键词：汉墓；郭杜镇；彩绘女俑

2011年7月，西安市文物保护考古研究院在西安市长安区郭杜镇，五桥村东南约400米、茅坡村西北约1000米处，雅居乐房地产开发项目基建工地内（图一），发掘了一座西汉时期墓葬（编号为M9），地理坐标为北纬108°52′41.84″，东经54°10′02.51″。该墓形制保存基本完整，出土了陶俑、彩绘房形仓、陶璧、铜带钩、铜钱等文物，为西安地区汉代墓葬研究提供了新资料，现简报如下。

图一　墓葬位置示意图

一、墓葬形制

该墓地层分为四层：第1层为耕土层，厚约0.3米，土色灰杂，土质疏松，内含大量植物根系，该墓开口于此层下；第2层为扰土层，厚约0.3—0.6米，土色灰褐，土质较硬，内含瓦砾；第3层为垆土层，厚约0.6—1.1米，土色红褐，呈块状结构；第4层为生土层，浅黄色，土质纯净。

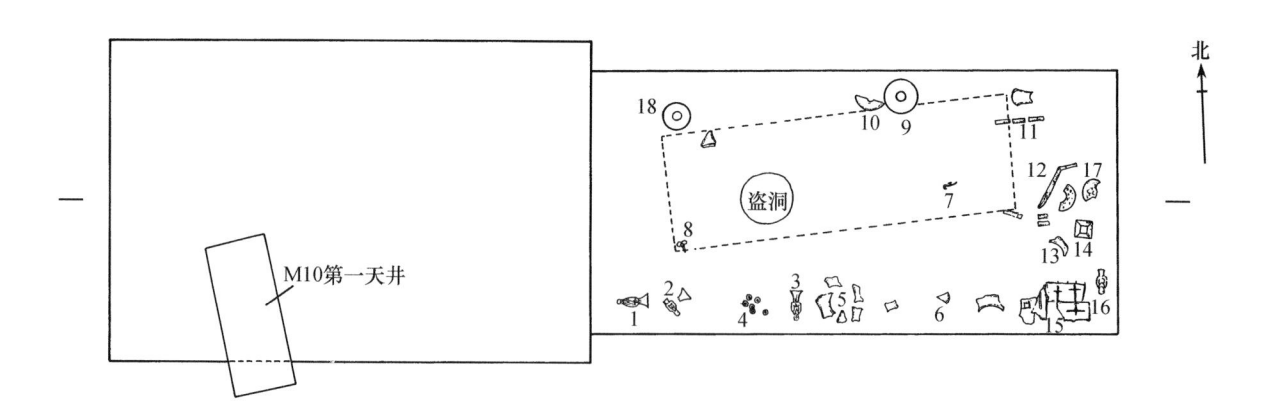

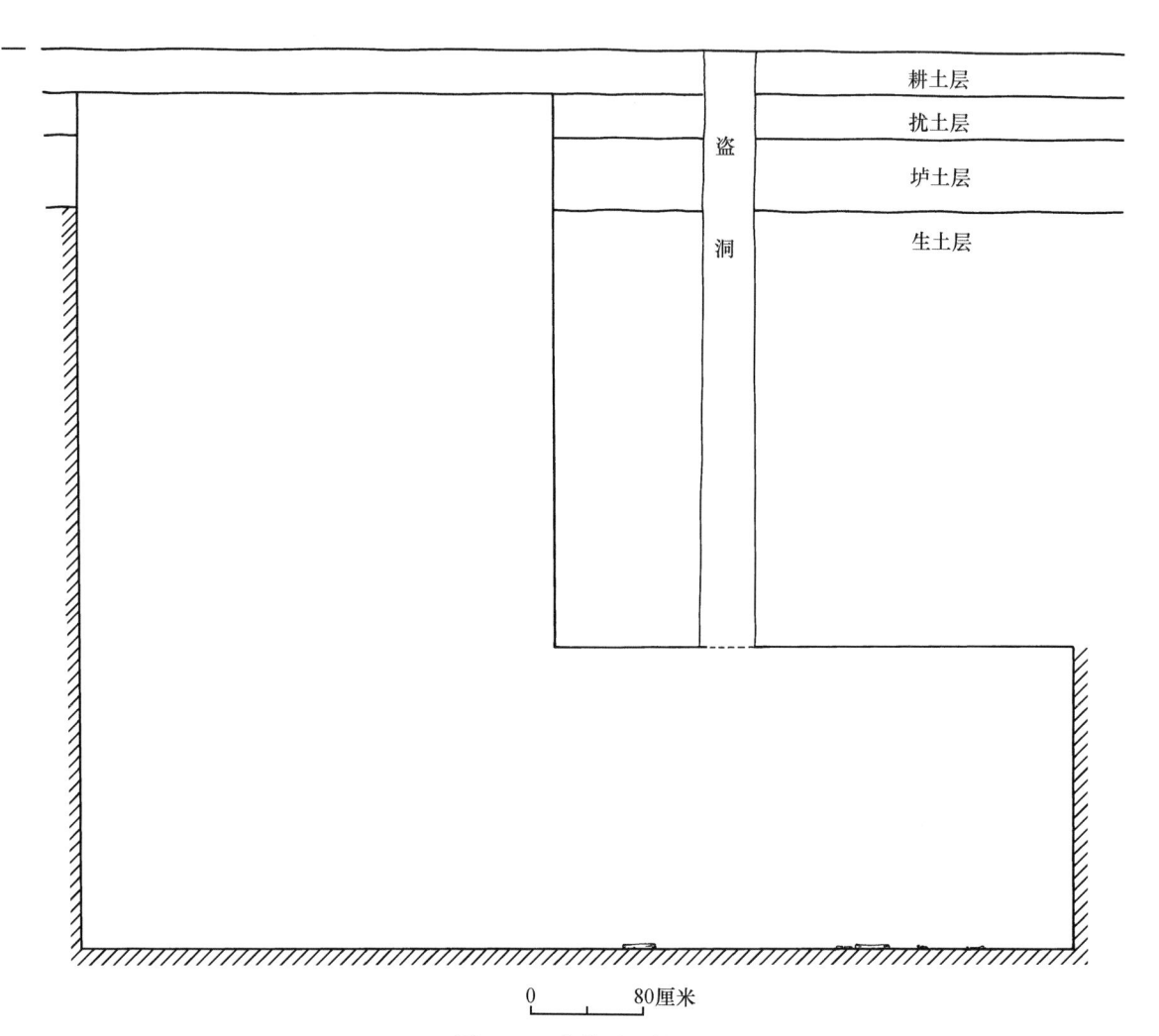

图二　M9墓葬平、剖面图

1—3. 陶俑　4. 铜钱　5. 残陶片　6. 铜镜残片　7. 铜带钩　8. 铜饰件　9、10、17、18. 陶壁
11、12. 铁剑　13. 陶盒盖　14. 陶钫　15. 彩绘房形仓　16. 陶俑

该墓为竖穴墓道单室土洞墓,坐西朝东,方向275°,由墓道和墓室两部分组成,总长7.1米,墓室底距现地表深6米(图二)。

墓道　竖穴墓道,平面呈东西向长方形。长3.4、宽2.0—2.2、深6米。墓道内填五花土,南壁被M10的天井打破。

墓室　平面呈东西向长方形,长3.7、宽1.8、顶高2米,土洞式拱顶结构,内填五花土,四壁平整,平底。墓室西部有盗洞一个,直径0.4米。

二、葬具葬式

墓室中部原有木棺,现仅存棺灰,长2.43、宽0.8米。由于该墓曾遭盗扰,无人骨发现。

三、随葬器物

该墓共出土随葬器物18件(组),由于盗扰,器物大部分残损,有彩绘女俑、彩绘房形仓、陶盒、陶壁、陶钫、铜镜、铜带钩、铜钱、铜饰、铁剑。

(一)陶俑

彩绘女俑　4件(M9:1、M9:2、M9:3、M9:16)。形制大小基本相同。泥质灰陶,模制,扁平,站立状,双手合于腹前。身穿宽袖衣,内穿交领衣,下着喇叭形曳地长裙。M9:1发分两额,至颈后收束为长垂髻,发梢自然下垂。通体施红彩,以白彩饰领口、袖口。M9:2,发分两额,梳短髻,挽于后脑。通体施红彩,以蓝彩饰衣领、袖口,高23.6厘米(图三)。M9:3,通体施白彩,以红彩饰领口、袖口。M9:16,通体施白彩,以红彩饰衣领、袖口。

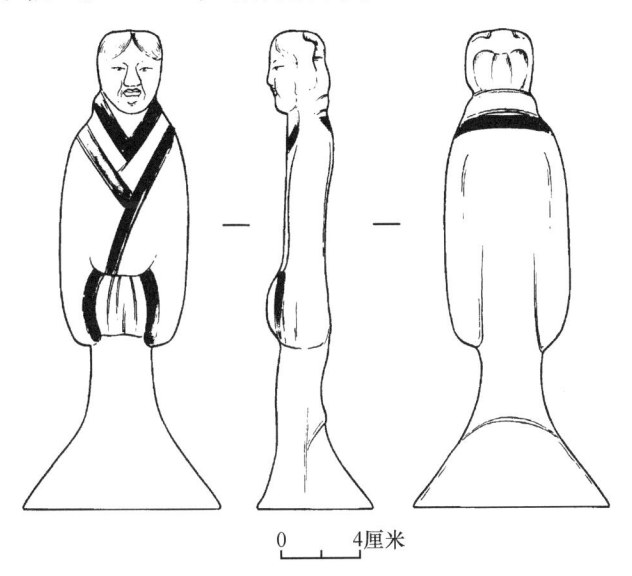

图三　彩绘女俑(M9:2)

（二）陶器

共8件，有彩绘房形仓、陶盒盖、陶璧和陶钫。

彩绘房形仓 1件。M9:15，泥质灰陶，庑殿顶。仓上部微鼓，腹部内收。正面窗上、窗下绘有二直线，中间用竖线界出五个方框。另外，在仓的两侧面及背面朱砂绘有"十"字形饰，两侧面各一，背面两个。顶长20.5、檐长33、宽20.8、底长18.2、底宽10.3、高29厘米（图四）。

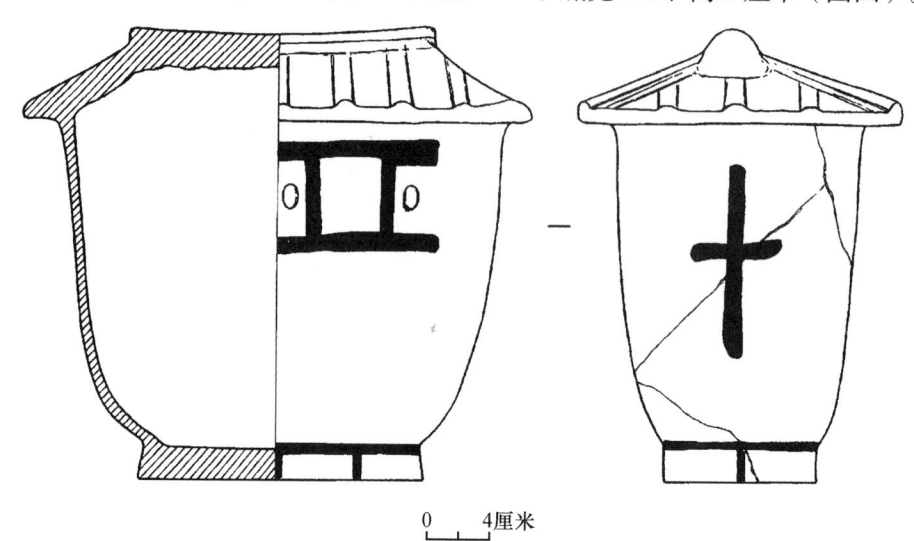

图四 彩绘房形仓（M9:15）

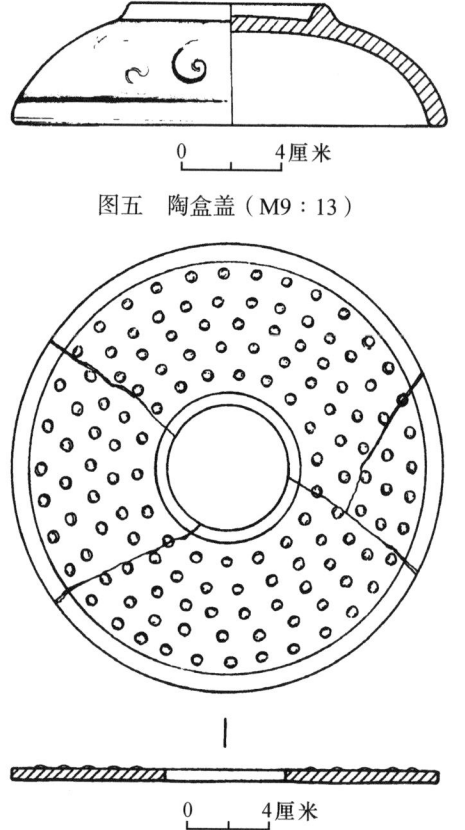

图五 陶盒盖（M9:13）

图六 陶璧（M9:10）

陶盒盖 2件（M9:13、M9:19）。形制大小相同。泥质灰陶，轮制，覆钵形，顶有矮圈足形钮。M9:13，施白彩，饰卷云纹。直径17.4、高4.5厘米（图五）。

陶璧 4件（M9:9、M9:10、M9:17、M9:18）。形制大小基本相同。圆形，扁平状，中央有一圆形穿孔，璧表饰有乳丁纹。M9:10，直径21.4、孔径5.7、厚0.5厘米（图六）。

陶钫 1件。标本M9:14，泥质灰陶。覆斗形钫盖，子母扣。钫体残缺，高圈足稍外撇。盖径12.4、足径12、足高4厘米（图七，1）。

（三）铜器

共4件（组），有铜镜、铜带钩、铜饰件、铜钱。

铜镜 1件。M9:6，仅存一块残片，呈三角形。宽素沿，卷边。饰有对折重三角纹饰的小方格，两旁铸有铭文。钮外刻方形框。

铜带钩 1件。M9:7，残。曲棒状，钩首为蛇头形，背部有圆柱状帽形钮。通长5.6厘米（图七，2）。

铜饰 1件。M9：8，残断，柿蒂形（图七，3）。

铜钱 1组，共16枚。形制大小基本相同。M9：4-1，圆形，正方形穿，钱文"半两"为篆体，直径2.3、穿径0.95、厚0.1厘米（图八）。

（四）铁器

铁剑 2件（M9：11、M9：12）。均残断，断面略呈菱形。M9：11，残长43厘米（图七，4）。

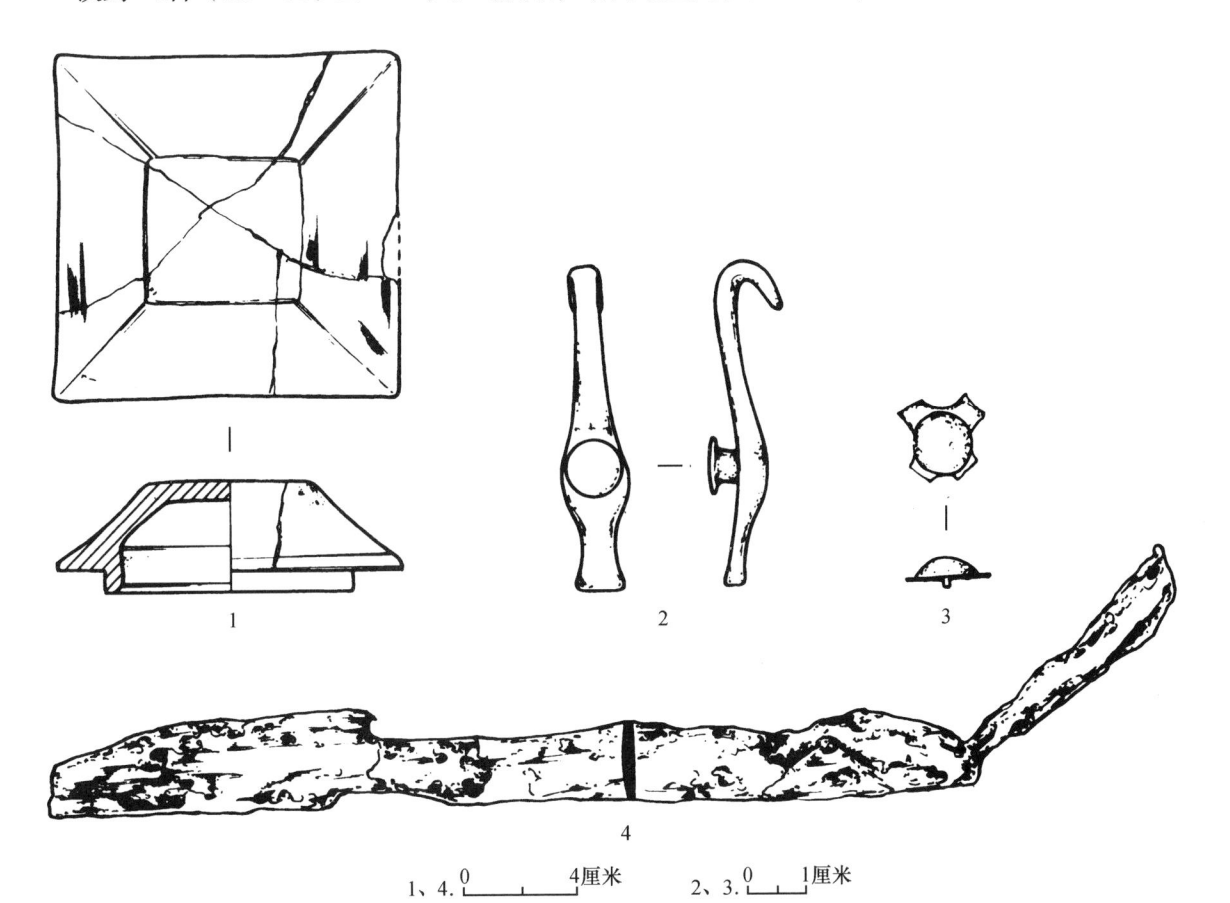

图七 陶钫、铜带钩、铜饰、铁剑
1. 陶钫（M9：14） 2. 铜带钩（M9：7） 3. 铜饰（M9：8） 4. 铁剑（M9：11）

图八 铜钱（M9：4-1）

四、结　语

该墓为竖穴墓道单室土洞墓，墓道宽于墓室。这类墓葬形制属西安地区西汉早期流行墓葬类型，源于战国至秦代同类墓葬[1]。

M9出土的彩绘房形仓，其形制与《西安龙首原汉墓》西北医疗设备厂M51出土的陶房仓形制相似[2]。均为庑殿顶，檐下绘有方形窗、"十"字纹饰。房形仓，源于西汉早期[3]。

出土的铜钱，正方形穿，钱正面有外郭，多数不甚明显，称之为"隐郭"，钱体轻薄。钱文"半两"二字为篆体，字体稍偏方，自右往左读，这种形制的钱币，其年代大致在西汉文景至武帝初年[4]。

根据以上出土器物与同时期墓葬同类器物相互参照，可初步推断其墓葬年代大致属于西汉早期至中期。

该墓出土的陶俑，裙摆较小，长垂髻，未包头巾，是西汉早中期的女俑形态。与汉阳陵出土的塑衣侍女俑、塑衣侍女跽坐持物俑的发式、服饰大体相同[5]。在西安南郊长延堡发现的一批西汉中晚期墓葬中，出土了裙摆呈大喇叭形、头部包有头巾的女俑[6]。应为M9出土女俑演变而来。

此外，墓葬中出土陶璧，在其他墓葬亦有发现，陶璧是玉璧的仿制。玉璧多出土于西汉诸侯王族墓葬，属于礼器，而一些低等级墓葬以其他质地代替，如琉璃、滑石、骨、石等。尽管材质与玉相去甚远，但无论从形制、纹饰还是用途上都与玉璧一致，属于玉器的仿制品。

发掘整理：杨军凯　辛　龙　张振朋　赵海燕　郑旭东
绘图：党晓婷
执笔：杨军凯　赵海燕　辛　龙　郑旭东

注　释

[1] 陕西省考古研究所：《白鹿原汉墓》，三秦出版社，2003年，第226页。
[2] 西安市文物保护考古所：《西安龙首原汉墓》，西北大学出版社，1999年，第79—80页。
[3] 陕西省考古研究所：《白鹿原汉墓》，三秦出版社，2003年，第234—235页。
[4] 陕西省考古研究所：《白鹿原汉墓》，三秦出版社，2003年，第246页。
[5] 吴若明：《西汉女俑的比较研究——汉阳陵和西汉楚王墓的对比分析》，《文博》2012年第3期，第14—22页。
[6] 西安市文物保护考古研究院：《西安南郊西汉墓发掘简报》，《文物》2012年第10期，第4—24页。

The Excavation of A Tomb of the Han Dynasty in the Guo Du Town, Southern District of Xi'an City

The Xi'an Municipal Institute of Ancient Monument Preservation and Archaeology

Abstract: In July 2011, The Xi'an Municipal Institute of Ancient Monument Preservation and Archaeology has excavated a tomb of the Western Han Dynasty, which is located at a real estate construction site of Ya Jule, in the Guo Du Town, Chang'an district of Xi'an city. This tomb unearthed female figurines of colored drawing, storage like a house of colored drawing, copper hook, copper cash and so on. These have offered some latest materials for the study of Han Dynasty's tombs in the Chang'an district of Xi'an city.

Keywords: tombs of Han Dynasty, Guo Du Town, female figurines of colored drawing

新疆焉耆七个星佛寺遗址南墓葬清理简报

新疆焉耆回族自治县文物管理所

西北大学文化遗产学院

内容摘要：新疆焉耆七个星佛寺遗址南墓葬位于七个星佛寺遗址以南约200米处的西北—东南走向的山梁上，因施工取土使墓葬暴露并遭到破坏。经过紧急清理后，仍然取得了一些重要信息。从随葬品的特征来看，这批墓葬的年代可能为唐代。又从其与七个星佛寺遗址相距约200米这一点来看，这批墓葬可能与七个星佛寺关系密切。虽然墓葬遭到破坏，但其残存的迹象，仍为研究唐代之时焉耆地区的丧葬习俗及七个星佛寺遗址提供了重要的参考价值。

关键词：新疆；焉耆；七个星；佛寺遗址；墓葬

新疆焉耆回族自治县七个星佛寺遗址南墓葬位于七个星佛寺遗址以南约200米处的西北—东南走向的山梁上（图一）。2014年7月，当地居民用推土机在该墓葬区取土过程中发现了14座古代墓葬，但均遭到不同程度的破坏。七个星佛寺遗址的文管员郝新平得知消息后，及时报告给焉耆县文物管理所，文管所人员立即采取措施并使之停工。与此同时，受焉耆县文物管理所的邀请，正在巴州博物馆整理资料的西北大学文化遗产学院师生，协助焉耆县文物管理所，对这批遭到破坏的墓葬

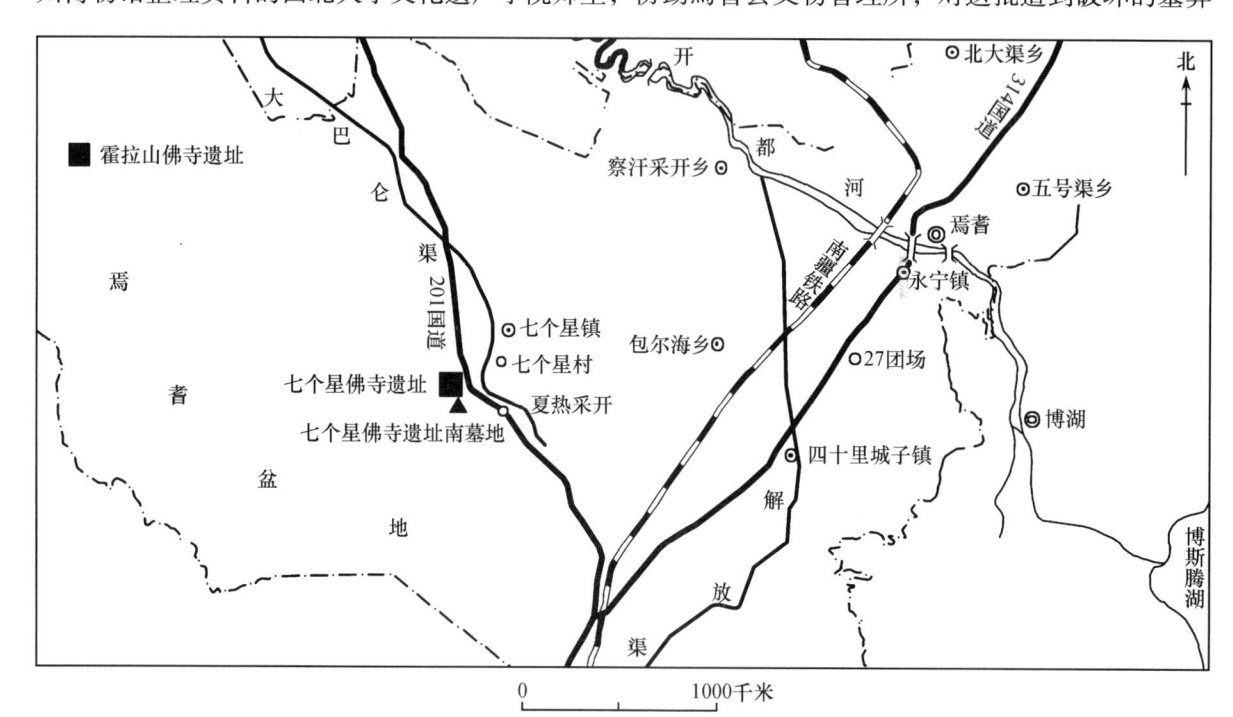

图一　新疆焉耆七个星佛寺遗址南墓地位置图

进行了紧急抢救性清理、测绘和记录。在此次清理的14座墓葬中，仅个别墓葬的墓室尚保存较好，大多数破坏严重，有的仅存墓室底部。由于这批墓葬距离七个星佛寺遗址约200米，它们虽然破坏严重，但从其分布状况来看，可能与七个星佛寺遗址存在密切的关系，所以将整个清理结果全部予以报道。

一、M1

（一）位置与形制

M1位于墓地东北部的山梁上。东距218国道8.6米；西侧与M2相距13.4米。在墓葬所在处测得地理坐标为：北纬41°55′58.9″，东经86°20′42.6″，海拔1067米。

M1遭到严重破坏，形制不明。仅残存股骨等。根据残存人骨，推测死者应为头北脚南。在骨架附近发现腐朽的木板碎片及锈蚀的小铁钉，推测应该采用铁钉钉制的木棺作为葬具。

（二）随葬品

由于该墓葬遭到严重破坏，不仅形制不明，而且出土物也被施工者拿走。我们在清理过程中向目击者详细询问了该墓葬发现时的状况。据目击者称，在M1的所在位置出土的随葬品包括1件三足罐、1枚开元通宝铜钱。其中的三足罐和双系罐已追回，可惜开元通宝下落不明。后又采集到可能属于M1出土的1件双耳罐。

红陶三足罐　1件。标本M1：1，保存完整。夹细砂泥质红陶，采用轮制、模制及粘接工艺制作而成。口沿略残。侈口，方唇，束颈，圆肩，扁圆腹，平底。腹部下粘接三个模制的兽蹄状足。内壁上可见轮制形成的数道平行弦纹，内底中心略凹。外壁表面抹光，呈红褐色，表面有碱化泛白现象。通高14.1、口径10.6、腹径16.4、底径8.8、足高4.6、壁厚0.7厘米（图二，1；图三）。

红陶双耳罐　1件。标本M1：2，夹细砂泥质红陶，轮制而成。直口，方唇，束颈，圆肩，鼓腹，小平底，肩部两侧有双系，一侧系已经残缺。高17.2、口径12、最大腹径19.2、底径8.2、厚0.8厘米（图二，2）。

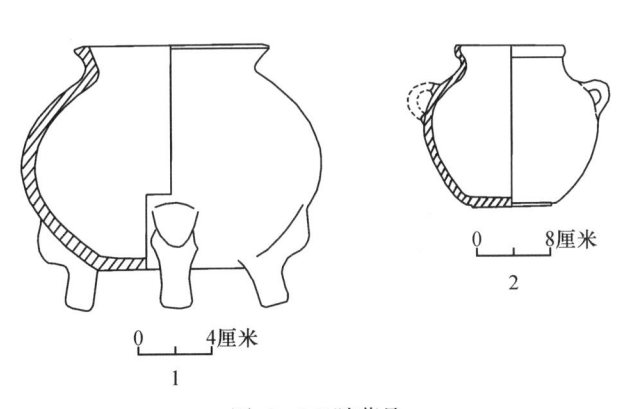

图二　M1随葬品
1.红陶三足罐（M1：1）　2.红陶双耳罐（M1：2）

图三　M1出土红陶三足罐（M1：1）

从该墓出土的红陶三足罐的形制来看，与中原地区唐代墓葬及遗址中出土的三足罐相似。又据目击者云，该墓曾出土1枚开元通宝钱币，但下落不明，因此，可以初步判定该墓葬的年代为唐代。

二、M2

（一）位置与形制

M2位于墓地北部。东距M1约13.4米；西北距M3约2.1米；南距M4约3.3米。在墓室封门东侧中央测得地理坐标为：北纬41°55′58.5″，东经86°20′42.4″，海拔1099米。墓葬方向16°。

M2为一带斜坡墓道的砾岩洞室墓，坐西面东。墓道位于墓室东侧，已破坏殆尽，仅存墓室及墓门。墓门略呈上部为圆弧的拱形，以土坯封门，其间以碎砖块、砾石等填充塞实。下层土坯错缝平砌，中部偏上处土坯斜向平砌，上部及两侧的土坯夹杂的砖块中夹杂砂粒、小石子等，土坯残长33.6—40、宽20、厚8厘米（图四）。墓门高89.5、面阔64、进深76厘米（图五）。

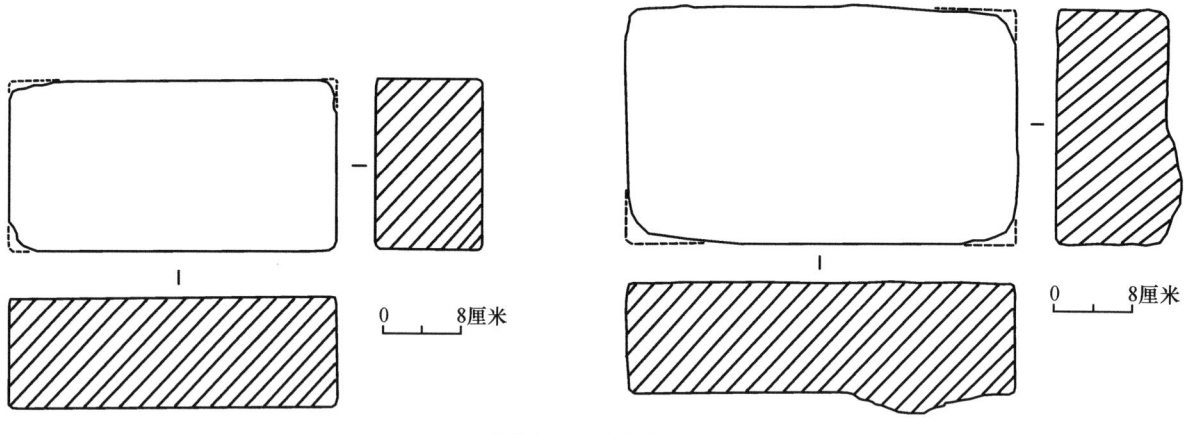

图四　M2出土土坯

墓室平面呈南北向的圆角长方形，墓室南北长254、东西长150、高96厘米。墓室方向为290°，墓室底面距沙梁表面1.70米。墓葬中填土为含大量砂粒和小石子的细砂土。

墓室中有两具人骨，均为仰身直肢，头北脚南，双手置于身体两侧，双脚合拢，身体方向与墓道垂直，人骨保存状况较好。西侧人骨头向西（右）倾，面部朝上，身高164厘米，牙齿保存完整，应为一壮年个体；东侧人骨头略偏西（右），面部朝上，身高165厘米，牙齿脱落严重，应为一老年个体。肢骨上残存衣物残片。未发现葬具的痕迹。

（二）随葬品

随葬品共3件，包括1枚银币、2件红陶罐。

银币　1枚。标本M2∶1，出土于西侧人骨右胸下部，从骨架头部偏于右侧且口部张开的情况来看，该银币原来应为死者的口含，后脱落至右胸下部这一位置。直径2.5、厚0.1厘米，上有一穿

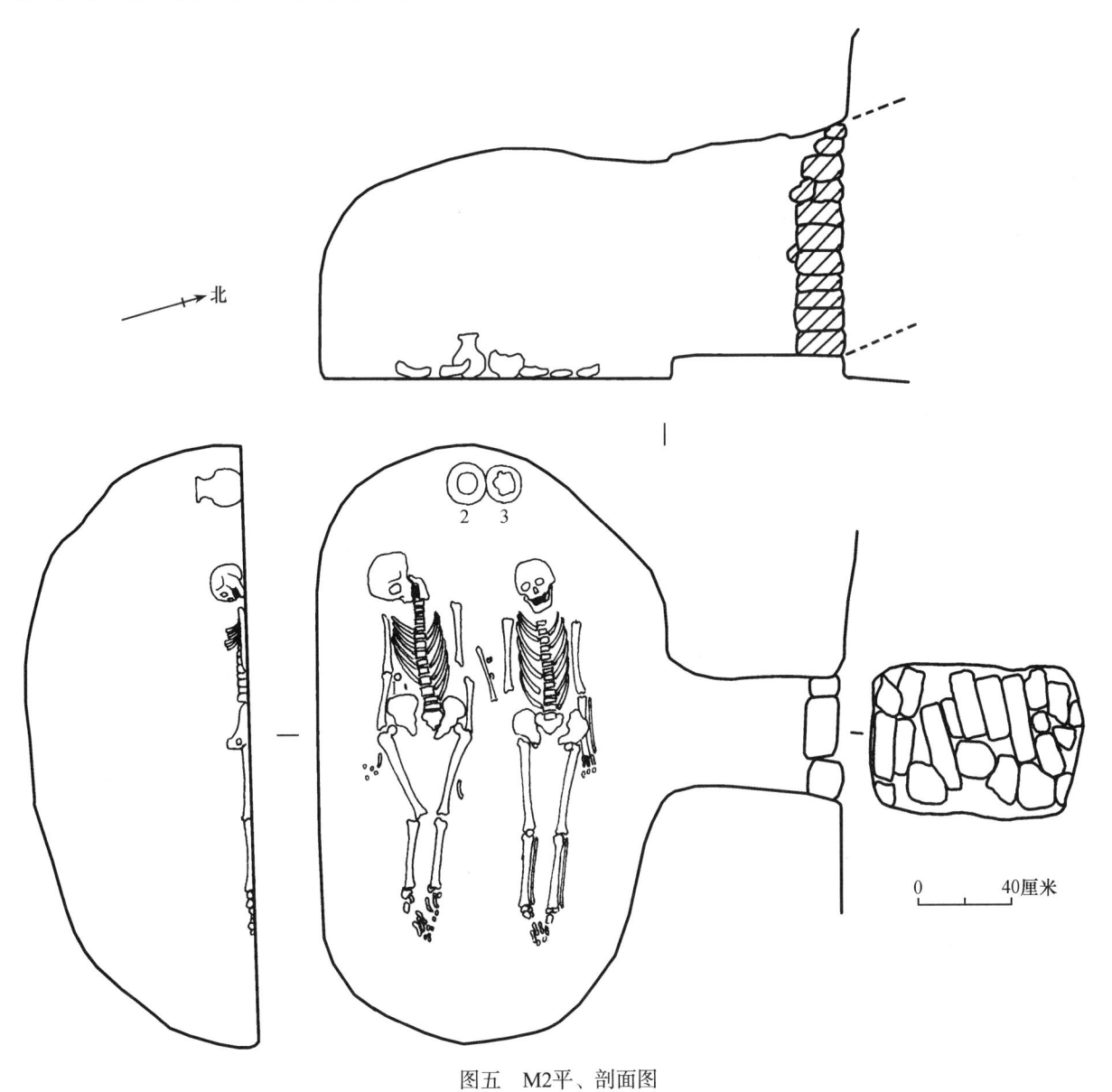

图五　M2平、剖面图
1.银币（M2:1）　2.红陶罐（M2:2）　3.红陶罐（M2:3）

孔。其中一面已经剥蚀，另一面可见3个竖立的凸棱，疑似波斯银币的祭祀和圣火坛，初步推测其可能是仿制的波斯银币，目前尚在对其进行处理中（图六）。

红陶罐　2件，均出土于墓室北部靠近北壁处。标本M2:2，泥质红陶，口微侈，方唇，直颈，圆腹，平底，质地粗疏，表面层状剥离。通高20、口径10、腹径16、壁厚0.8—1厘米（图七，1）。标本M2:3，夹砂红陶，轮制而成，表面施一层化妆土。扁圆腹，平底。破损严重，口部无存。残高10、腹径14、底径9.6、壁厚1.2厘米（图七，2）。

图六　M2出土银币（M2∶1）

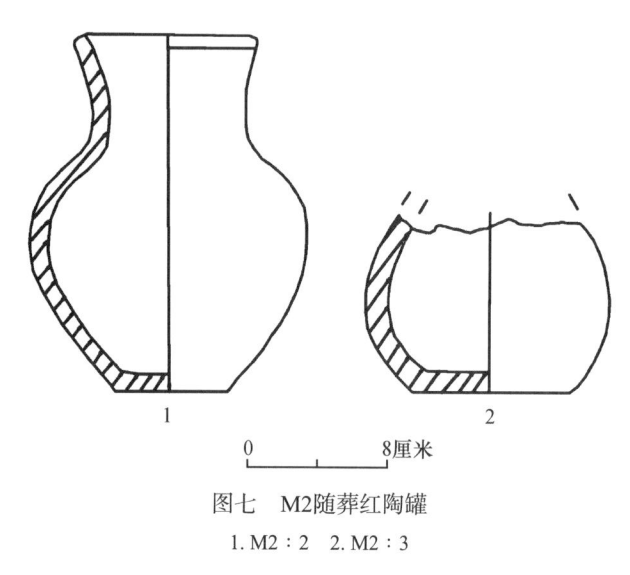

图七　M2随葬红陶罐
1. M2∶2　2. M2∶3

三、M3

（一）位置与形制

M3位于墓地北部。墓道南与M2相邻，两者相距2.1米；西邻M14，两者相距15.4米。在墓道北端测得地理坐标为：北纬41°55′58.5″，东经86°20′42.3″，海拔1059米。方向347°。

M3为一带斜坡墓道的砾岩洞室墓，墓葬坐南朝北，由北侧的墓道及南侧的墓室组成。墓道呈斜坡状上宽下窄的圆拱形，与墓室衔接处不规整，倾斜角约21°，底部长244—296、宽56—75、后部残高80厘米。墓道南部与墓道北部之间有落差约12厘米的坎（图八）。

墓室平面呈南北向的不甚规整的圆角长方形，墓室南北长176—230、东西宽95—138厘米，墓顶坍塌，残高86厘米。墓底呈北高南低的斜坡状，南北向剖面呈弧形，东西向剖面呈半圆形。墓葬中填土为含小石子、砂粒的细砂土。墓室南端与M4之间有一坍塌形成的圆洞，洞左右宽55、上下长60厘米。从该洞低洼处有大量淤积物来看，其与M3非打破关系，系水冲坍塌形成。

墓中有一具人骨，仰身直肢，头北脚南，头向右倾斜。双手置于身体两侧，双脚分开呈外"八"字形，骨骼保存较为完整，身高170厘米，身体与墓道方向平行。小腿骨之下有木棺底板的残迹，厚约1厘米。人骨骨缝均愈合，牙齿保存较好，臼齿表面磨损极少。耻骨夹角呈锐角，推断应为一青壮年男性个体。

头骨之下垫有一毡状枕，已经腐朽，从其残存的毛状纤维来看，系毡状物，其痕迹残长45、宽14、厚8厘米。腿骨上残存衣物痕迹，可能为丝织品，呈暗黄色，碎片状。人骨的上方残存厚约1厘米棺板痕迹及铁钉的锈痕，棺板表面残存红色颜料，可知其棺木系用铁钉钉制而成。

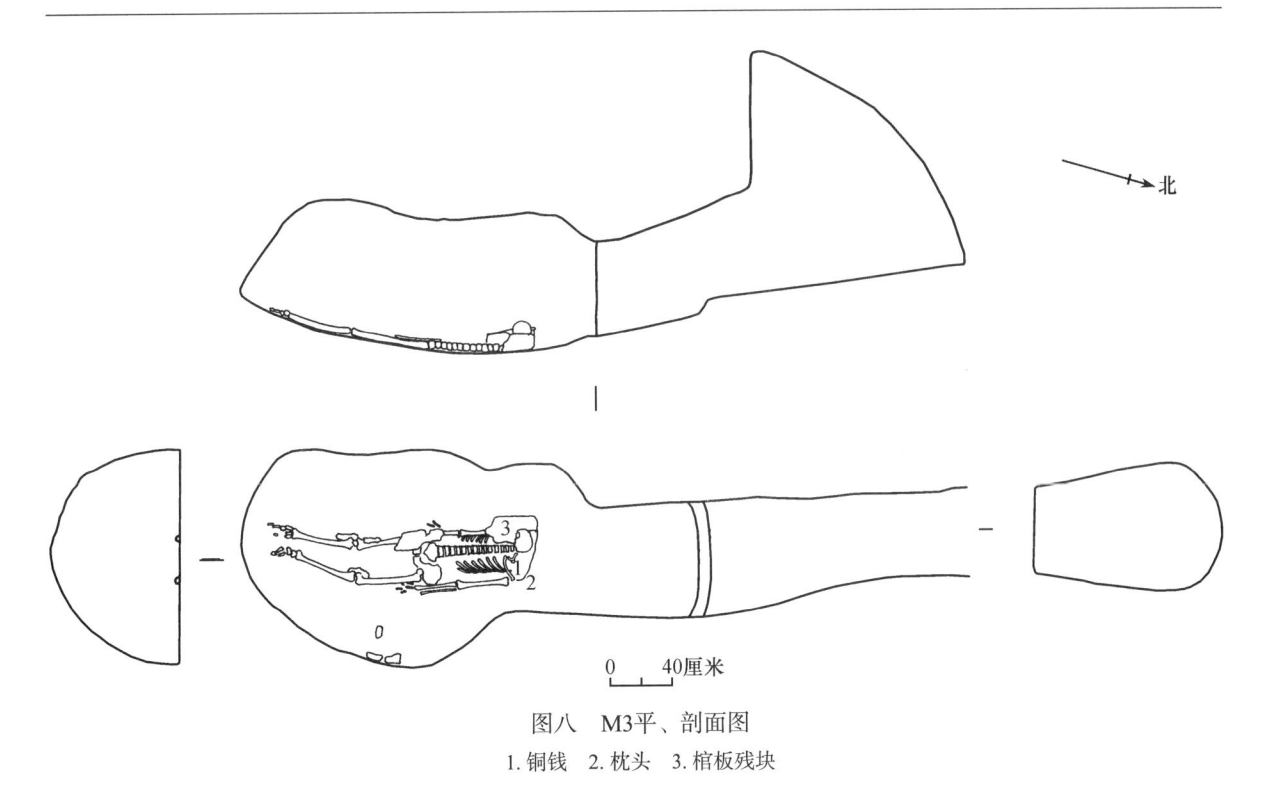

图八　M3平、剖面图
1. 铜钱　2. 枕头　3. 棺板残块

（二）随葬品

M3仅出土1枚铜钱。

铜钱　1枚。标本M3：1，铜钱锈蚀严重，表面字迹无法辨认。位于人骨左胸上部。从骨架头部的姿态来看，口部张开，并且偏于右侧，而这枚铜钱与下颌骨在一起，原来应为死者的口含，从口中脱落至左胸上部。铜钱圆形方孔，一面仅有内郭，一面内外郭俱存。直径2.3、外郭厚0.15、方孔边长0.5、内郭宽0.1、外郭宽0.2厘米（图九）。

图九　M3出土铜钱（M3：1）

四、M4

（一）位置与形制

M4位于墓地北部。北临M2，两者相距3.3米；南邻M5，两者相距10.4米。在墓室东侧封门中央测得地理坐标为：北纬41°55′58.4″，东经86°20′42.1″，海拔1117米。方向53°。

M4为一坐西面东的带斜坡墓道的洞室墓，墓道位于墓室东侧，已被破坏。残存墓室东侧的封门。封门以土坯砌筑而成，在墓室东侧近封门处有坍塌的土坯残块，应为封门土坯倾塌后所致。土坯均已成碎块状，残长10—20厘米不等，宽18.5、厚8.8厘米。从这些土坯的出土位置来看，M4原以土坯封门。墓门残存部分面阔95厘米，墓门底部高出墓室地面81厘米（图一〇）。

墓室平面呈南北向的圆角长方形，墓顶及墓壁有不同程度的坍塌，凹凸不平。墓室南北长300、东西宽185、高140厘米。墓室方向为320°。墓底距离沙梁表面2.2米。

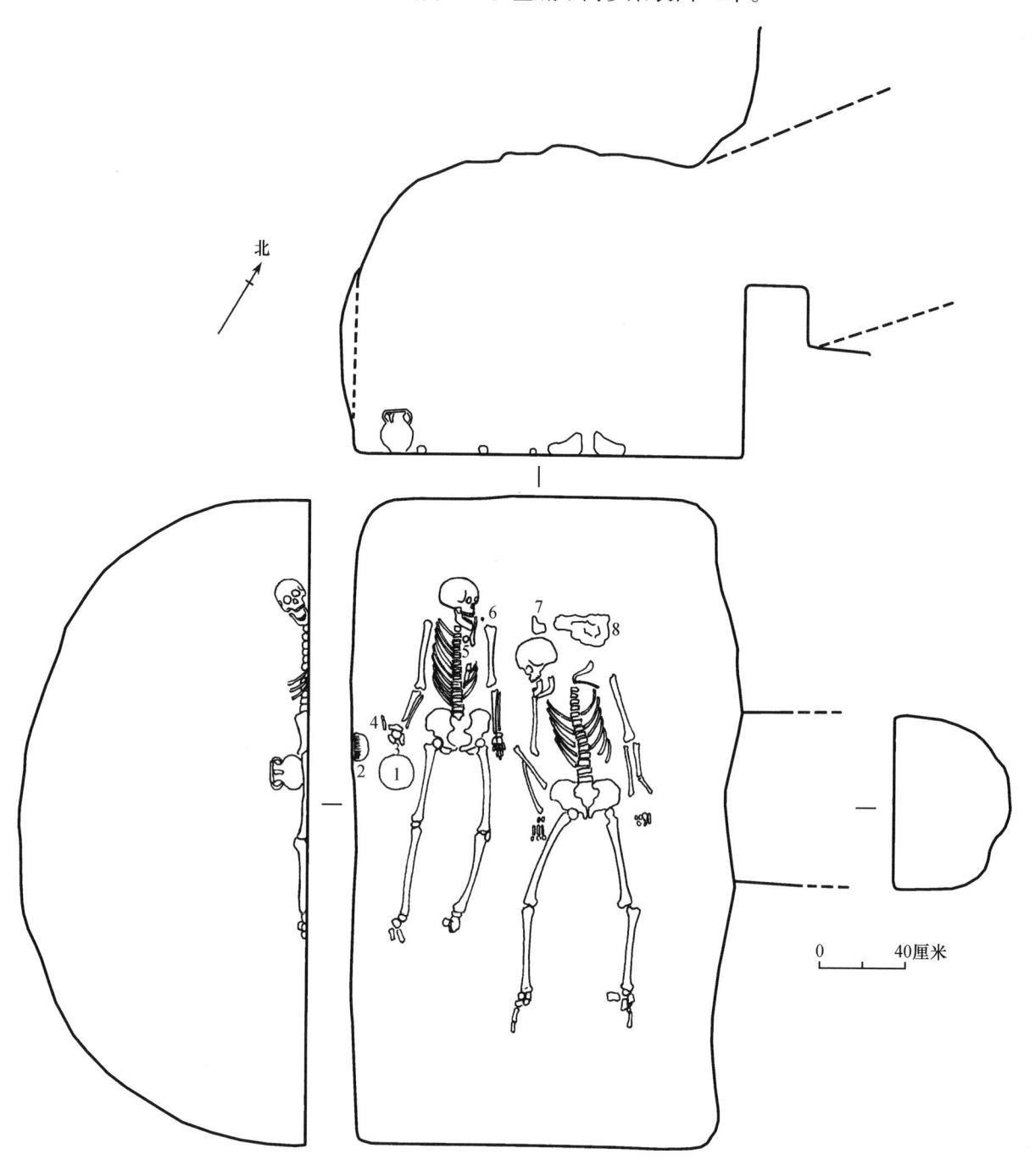

图一〇 M4平、剖面图

1. 红陶罐（M4∶1） 2. 角梳（M4∶2） 3. 漆盘（M4∶3） 4. 木器柄（M4∶4） 5. 金片（M4∶5） 6. 银币（M4∶6）
7. 毡块（M4∶7） 8. 丝织品（M4∶8）

墓室中有两具人骨，头北脚南，均为仰身直肢，骨骼保存较完整，与墓道方向垂直。人骨下肢上均残存衣物痕迹。西侧人骨面朝左（东），身高165厘米，耻骨结合部呈钝角，头骨骨缝基本愈合。牙齿保存较好，臼齿表面磨平，可能为一壮年女性个体。

西侧人骨右手附近出土一漆盘，漆盘附近出土1件木器柄，漆盘南侧出土1件角梳。头左侧口部出土1件仿制的波斯银币，上有穿孔。胸骨偏右侧上出土1枚圆形金片，从骨架的口部张开并偏于一侧来看，应为死者口中掉落的口含。

东侧人骨的头骨偏向西侧，面朝右侧（西），人骨小腿及膝盖处压有封门处坍塌的土坯，使小腿骨向两侧撑开，呈外"八"字形，身高182厘米。头骨骨缝明显，牙齿保存较完整，臼齿表面磨平，耻骨夹角呈锐角。应为一壮年男性个体。东侧人骨头部附近出土两块毡状物及芦苇的果实（俗称毛腊），推测应为支垫头部的枕头，填充物为芦苇的果实。头骨东侧出土丝织物，呈红色、棕色、黑色，分布较集中，呈碎片状。

（二）随葬品

随葬品位于死者头部附近以及墓室西侧靠近西壁的中部附近。

红陶三耳罐　1件。标本M4∶1，保存完整。出土于墓室西侧人骨右手外侧。夹细砂泥质红陶，轮制而成，内壁可见轮制的痕迹，侈口，方唇，束颈，圆肩，圆腹，下部斜收，平底略内凹。口沿与肩部之间有三耳，耳为手制，后粘贴于陶罐上。耳部上端近口沿处均贴一圆形泥点。通高20.7、口径11.5、腹径17、底径7.6、壁厚1.2、耳宽1.8厘米（图一一）。

角梳　1件。标本M4∶2，略残。出土于墓室西侧人骨右侧手骨附近。南侧紧邻漆盘。呈圆弧形，角质。长12.8、宽7、梳背厚约0.2、梳背宽4.2厘米（图一二，1；图一三）。

漆盘　1件。标本M4∶3，已残。出土于墓室西侧人骨右侧手指骨附近，南侧紧邻三耳罐。木胎，内髹红漆，外髹黑漆，圈足，上部已残。底径7.0、圈足高0.2、残高2.6、壁厚约0.4厘米（图一二，2）。

木器柄　1件。标本M4∶4，出土于墓室西侧人骨右侧手骨附近。位于漆盘附近，上端较粗，下端较细，两端皆残。残长8.4、直径0.9—1.3厘米（图一二，3）。

金片　1件。标本M4∶5，已变形开裂。出土于西侧人骨右胸偏上处，金质，圆形片状。表面有褶痕，凹凸不平，边缘有两个小圆孔。直径3.3—3.6、厚约0.05厘米（图一二，4；图一四）。

图一一　M4出土红陶三耳罐（M4∶1）

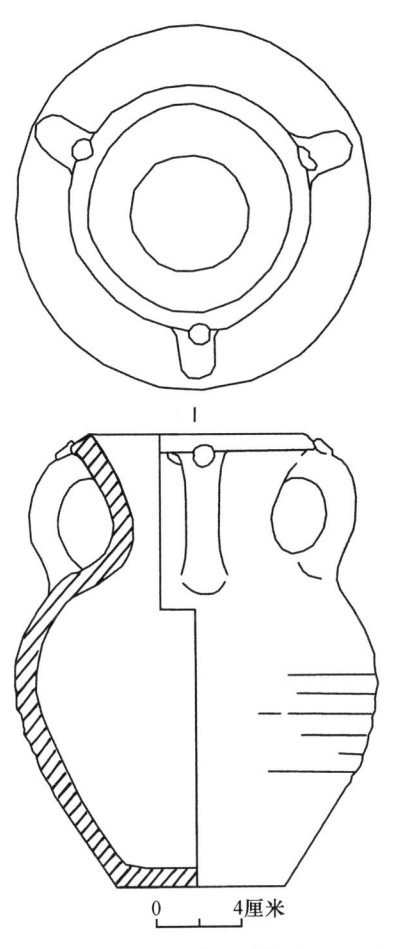

图一二　M4随葬品

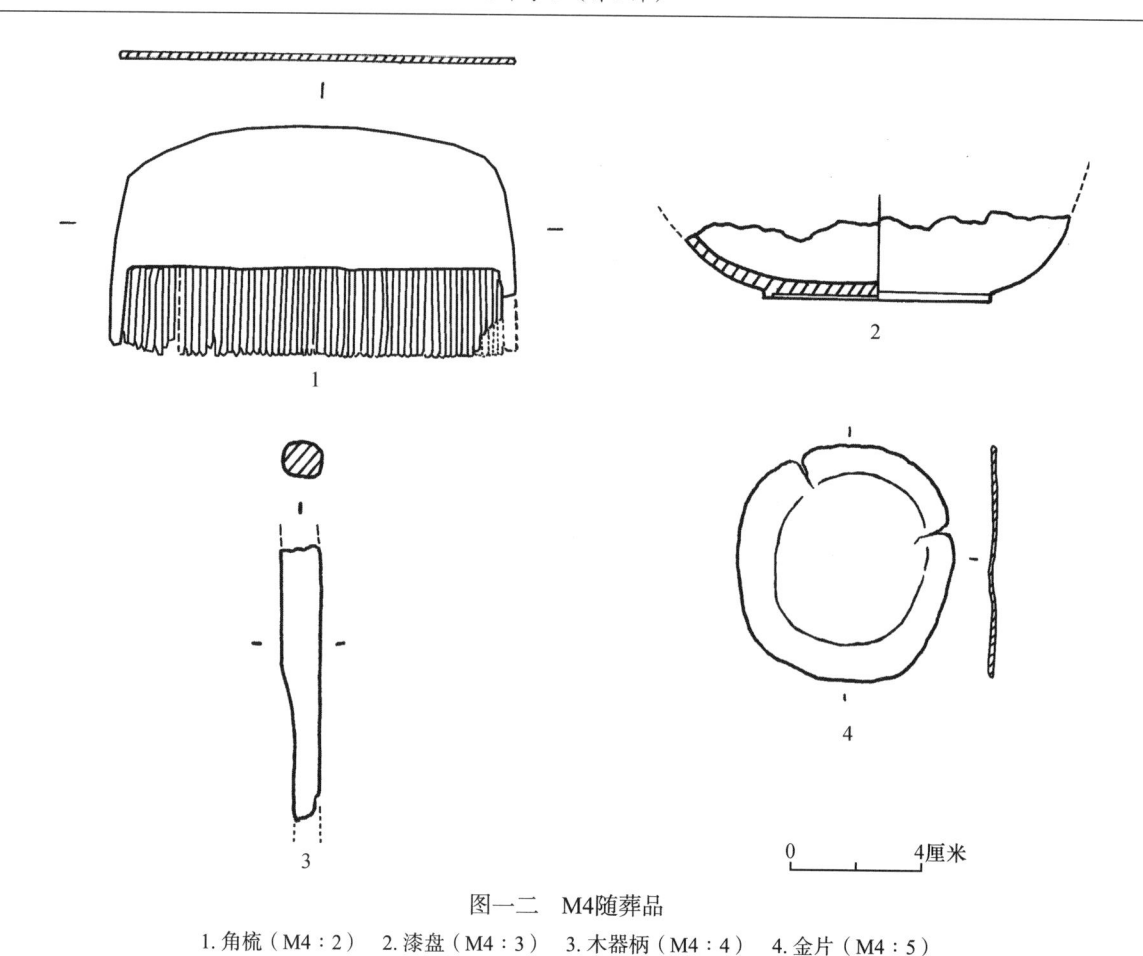

1. 角梳（M4:2）　2. 漆盘（M4:3）　3. 木器柄（M4:4）　4. 金片（M4:5）

图一三　M4出土角梳（M4:2）

图一四　M4出土金片（M4:5）

银币　1件。标本M4:6，表面剥蚀。出土于西侧人骨张开的口部附近，应为口含脱落而致。圆形，近边缘处有一小穿孔。直径1.7、厚0.1、小孔直径0.1、距边缘处0.1厘米。其中一面隐约可见凸起的柱状纹饰，疑似波斯银币背面的祭祀和圣火坛；另一面已经剥蚀，表面沾满砂粒，模糊不清。从其形制和纹饰来看，似为仿波斯银币制作而成（图一五）。

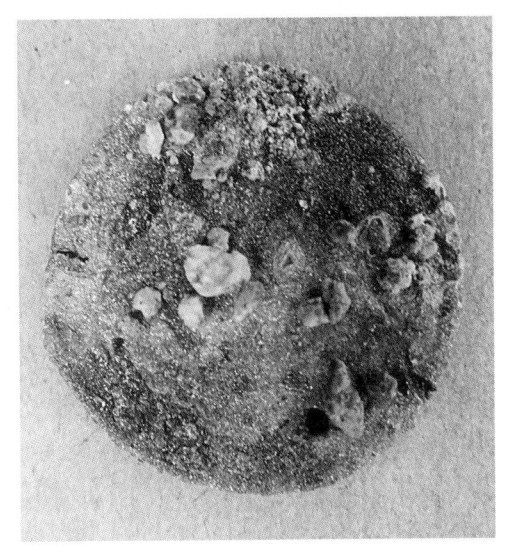

图一五　M4出土银币（M4∶6）

毡块　标本M4∶7，出土于东侧人骨头骨两侧，已断为两段，严重腐朽，从其周围有大量腐朽的芦苇果实来看，可能为枕头，其填充物为芦苇果实（俗称毛腊）。

丝织物　出土于东侧人骨头骨东侧。呈棕色、红色、黑色等，碎片状，分布集中。

五、M5

M5位于墓地北部。北邻M4，两者相距10.4米；南邻M6，两者相距10.6米。该墓破坏严重，在残存部分中心测得地理坐标为：北纬41°55′58.0″，东经86°20′42.5″，海拔1060米。方向70°。

M5应为一砾岩洞室墓。墓葬遭到严重破坏，仅存墓室西端一部分，人骨亦被破坏，残存膝盖以下的骨骼。墓室为东西向，平面形制呈半圆形，推测完整的墓葬形制应为圆角长方形。墓室东西残长90、西端宽77、东端宽96、残高53厘米。墓底距离山梁表面约2.5米。墓中填土为粉末状细砂土，含砂粒、小石子等（图一六）。

人骨仅残存膝盖以下的部分，脚趾位于西端，从残存的骨骼及其位置可知，墓葬中仅有一具人骨，头东脚西。未发现葬具痕迹及随葬品。

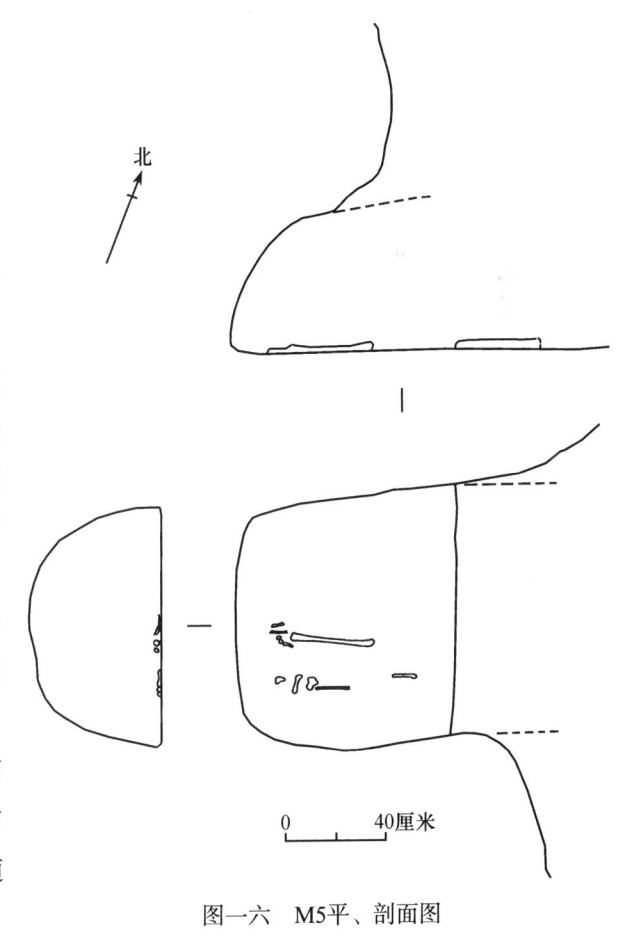

图一六　M5平、剖面图

六、M6

M6位于墓地北部。北邻 M5，两者相距10.6米；南邻 M7，两者相距37.4米。在残存部分中心测得地理坐标为：北纬41°55′57.6″，东经86°20′42.8″，海拔1063米。方向23°。

M6为一带斜坡墓道的砾岩洞室墓，坐西朝东，墓室方向327°。墓葬破坏严重，仅存墓室底部。墓室呈南北向的圆角长方形，长212、宽74—80、残高50厘米。封门为土坯砌筑，现仅存一排土坯，共6块，土坯一端均残，砌筑方式为斜向平砌，土坯自西向东倾斜，与地面夹角约45°，封门残高18、面阔108、高出墓室地面20厘米。土坯标本M6∶1，规格为：长34、宽19、厚9—9.5厘米。墓底距山梁表面1.02米。墓中填土为细砂土，含大量砂粒及较多的小石子（图一七）。

墓中有人骨一具。侧身直肢，头北脚南，头向右侧（西侧）倾斜。人骨保存完整，身高约164厘米，牙齿保存完整，臼齿磨损严重，耻骨夹角呈锐角，应为一老年男性个体。肋骨、髋骨、膝盖处均残存衣物碎片，已腐朽，呈黑色。未发现葬具痕迹及随葬品。

图一七　M6平、剖面图

七、M7

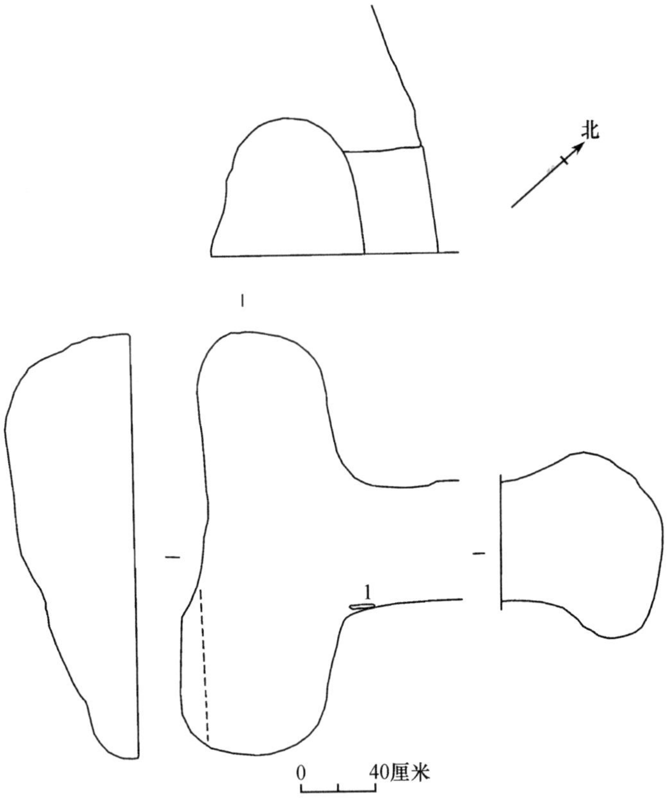

M7位于墓地南部北端。北邻M6，两者相距37.4米；南邻M8，两者相距4.1米。在封门中央位置测得地理坐标为：北纬41°55′56.8″，东经86°20′43.9″，海拔1061米。方向48°。

M7为一砾岩洞室墓，墓道已被破坏。封门位于墓室东侧，面阔60—72厘米，残进深60厘米，残高约56厘米。墓室呈西北—东南方向的圆角长方形，墓壁上可见层状节理明显的砂岩，含大量石子和砂粒，墓壁部分坍塌，表面凹凸不平。墓室南北长226、东西长70、残高70厘米。墓室方向为316°。墓底距沙梁表面1.6米。墓葬中填土为含大量小石子、砂粒的细砂土（图一八）。

墓中人骨被破坏殆尽。在墓门东侧壁可见一块腐朽的长方形木块，残长13、残宽2、厚约2厘米，南侧距封门边4厘米，应为棺木的残存部分。

图一八　M7平、剖面图
1. 棺木残片

八、M8

（一）位置与形制

M8位于墓地的南半部。墓葬区所处的自然地理环境与佛寺遗址区有较大的不同，全部为砂砾堆积，不见黄土堆积。北邻M7，两者相距4.1米；南邻M9，两者相距8.0米。在墓室东侧测得地理坐标为：北纬41°55′56.6″，东经86°20′43.8″，海拔1091米。方向64°。

M8为一砾岩洞室墓，墓室结构遭到严重破坏，墓顶不存，现仅存北、西、南三侧墓壁。墓室平面形状呈南北向的圆角长方形，南北长218、东西90厘米。墓室西壁稍高，残高17—32厘米，南北壁均呈自西向东的倾斜状，北壁残高13—24厘米，南壁残高19—22厘米。墓底东侧地面上隐约可见墓门的遗迹。墓室方向330°。墓底距沙梁表面2.24米。墓中淤土为细砂土，含大量砂粒及小石子（图一九）。

墓中有一具人骨，头北脚南，仰身直肢葬。人骨保存较差，头骨破碎。双脚外撇呈"八"字形，身高约168厘米，死者臼齿磨损严重，耻骨下角呈钝角，应为一老年女性个体。

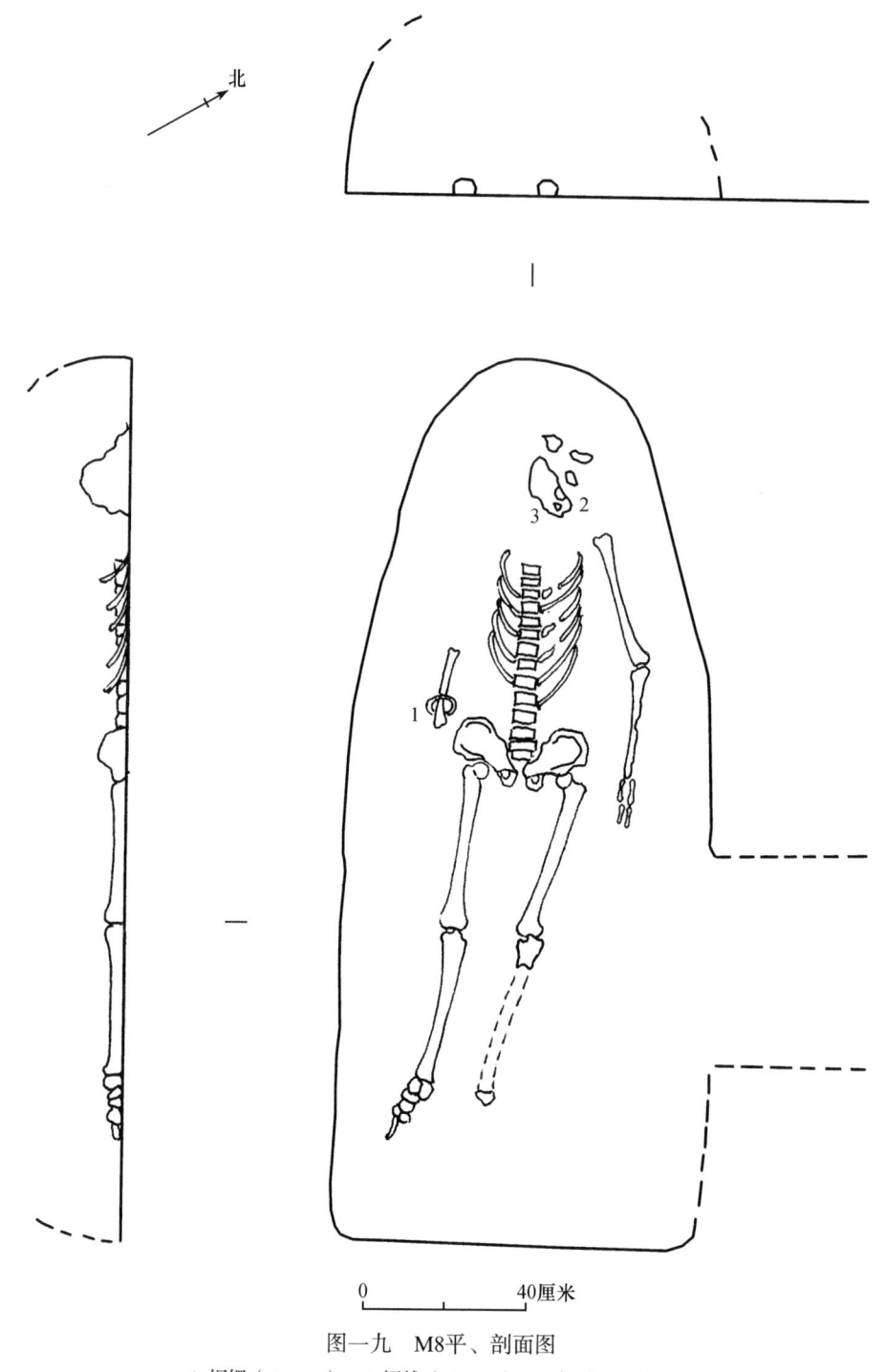

图一九　M8平、剖面图
1. 铜镯（M8∶1）　2. 铜钱（M8∶2）　3. 铜片（M8∶3）

　　死者口中含有1枚铜钱及鸡骨，铜钱出土时与喉骨粘连在一起，铜钱应为口含，鸡骨应为饭含。死者左侧下颌骨表面粘贴一枚铜片，铜片一侧钻一小孔，可能为死者的耳饰。右侧手腕上佩戴1件铜手镯，已锈蚀呈青绿色。手指骨上可见黑色的斑块状痕迹，可能为手上的衣物残迹或肌肉组织。

（二）随葬品

M8出土随葬品3件，包括1件铜镯，1枚铜钱，1件铜片。

铜镯　1件。标本M8：1，出土于死者右手手腕处。锈蚀严重，呈青绿色，形状近圆形，系以铜条弯制而成，不甚规则，最大直径6.9、最小直径6.4、铜条直径0.3厘米（图二〇，1）。

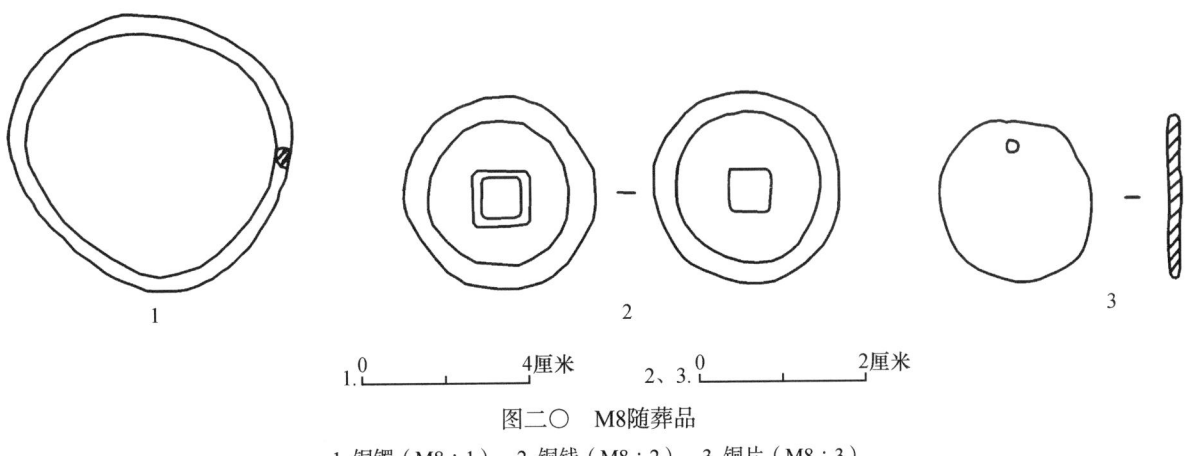

图二〇　M8随葬品
1.铜镯（M8：1）　2.铜钱（M8：2）　3.铜片（M8：3）

铜钱　1枚。标本M8：2，出土于头骨口中。圆形方孔，一面仅有外郭，一面内外郭俱全。锈蚀严重，呈青绿色，表面字迹模糊，无法辨识。直径2.3、郭厚0.1、外郭宽0.25、内郭宽0.1厘米（图二〇，2；图二一）。

铜片　1件。标本M8：3，出土于左侧下颌骨表面，锈蚀严重。圆形，直径2、厚0.15厘米。边缘处有一小圆孔，孔径0.1、距离铜片边缘0.2厘米（图二〇，3）。

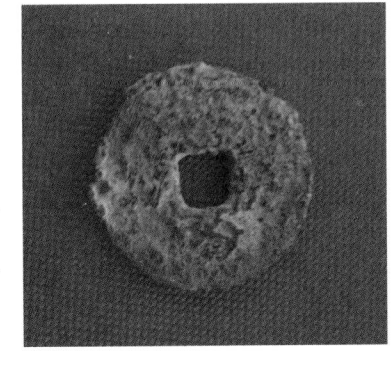

图二一　M8出土铜钱

九、M9

（一）位置与形制

M9位于墓地的南半部。北邻M8，两者相距8.0米；南邻M10，两者相距15.7米。在墓室东侧测得地理坐标为：北纬41°55′56.5″，东经86°20′44.0″，海拔1067米。方向328°。

M9为一砾岩洞室墓，墓室墙壁上层的砾岩较分明，墓室东半部被破坏。墓室平面呈南北向的圆角长方形，墓室顶部中间高，南北两侧低。墓室南北长170、东西长70、残高30—75厘米。墓底距沙梁表面2.1米。墓中堆积为细砂土，含沙粒及小石子（图二二）。

墓葬中有一具人骨，已残缺不全，仅存右侧上肢骨、髋骨及其以下的部分，脚掌外翻，可能属于一种特殊的葬俗，人骨残长130厘米，年龄性别不明。骨骼受地下水中盐碱的侵蚀，表面有白色的斑点状结晶。骶骨等处残存黑色的遗物痕迹，推测为衣物残迹或肌肉组织。根据残存的人骨及其位置可推测人骨应为头北脚南放置。头部位置有一木枕残块，木枕南侧随葬1件红陶单把罐。墓葬中有残存棺板痕迹，呈平板状，已干裂朽坏，厚约1—2.5厘米。

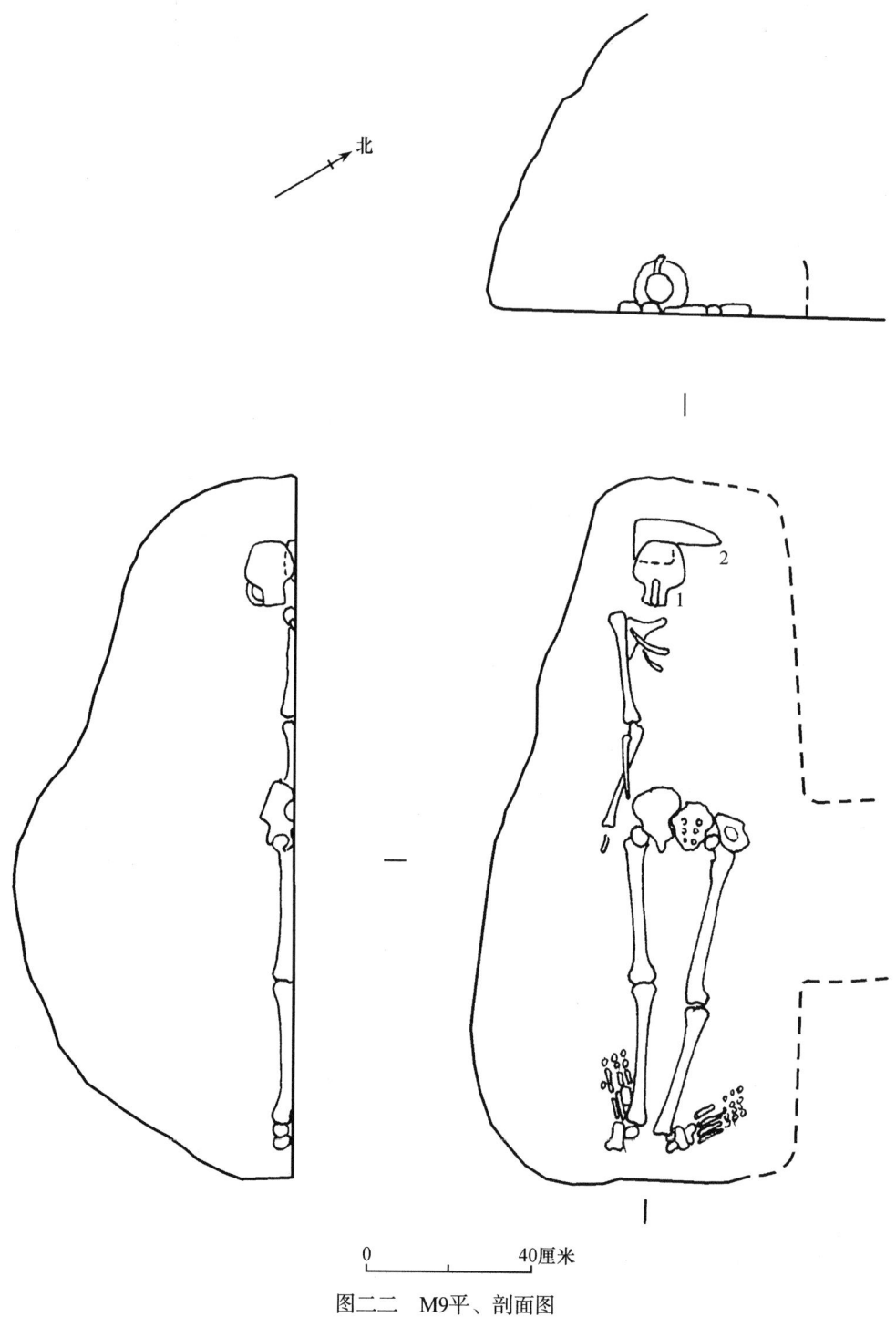

图二二　M9平、剖面图
1.红陶单把罐（M9∶1）　2.木枕（M9∶2）

（二）随葬品

M9出土1件红陶单耳罐、1件木枕。

红陶单把罐　1件。标本M9∶1，出土于墓室北侧死者头骨附近。夹细砂泥质红陶，轮制而成。一侧口沿处残，可复原。侈口，方唇，直颈，圆肩，圆腹，腹部下部斜直，平底，一侧肩与口沿处有一把手，把手为捏塑而成，然后分别粘贴于陶罐的口沿与肩部。高16.3、复原口径10.4、颈部直径6.8、最大腹径13.4、底径8.4、壁厚0.5、耳宽1.4、高7厘米（图二三，1）。

木枕　1件。标本M9：2，已残，呈长方形。残长20、残宽11.5、高2.2厘米（图二三，2）。

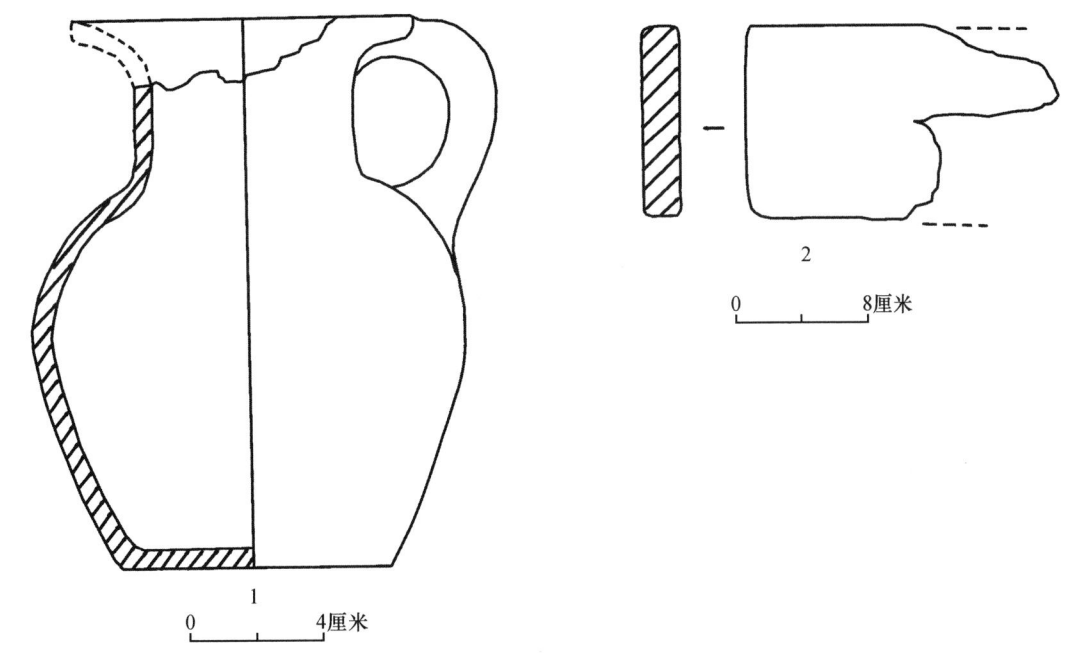

图二三　M9随葬品
1.红陶单把罐（M9：1）　2.木枕（M9：2）

十、M10

M10位于墓地的南半部。北邻M9，两者相距15.7米；南邻M11，两者相距6.2米。在墓室东端中央测得地理坐标为：北纬41°55′55.6″，东经86°20′44.3″，海拔1056米。方向217°。墓底东端距沙梁表面2.3米。

M10为一砾岩洞室墓，墓葬坐西面东，由墓道、封门及墓室三部分组成。墓道位于墓室西端，因未发掘，所以形制及尺寸未知。墓底西端残存封门的遗迹，封门处残存两块丁砌的土坯，土坯的规格为：长32、宽18.5、厚10.5厘米。墓室东端部分遭到破坏，其余处较完整。墓室平面呈东西向的圆角长方形，墓室东西长200、南北长95、高70—100厘米。墓顶及墓室底部均呈西高东低的斜坡状，倾斜角约24°。墓葬因开挖于砾岩层中，墓顶及两侧壁均有坍塌，表面凹凸不平。墓中堆积为细砂土，含大量沙子及小石子（图二四）。

墓室中有一具人骨，仰身直肢，头西脚东放置，人面朝上，头向左侧微倾，额骨左右两侧均有较浅的弧形划痕，可能为利器所致。身高约160厘米。牙齿保存完整，磨损较轻微，臼齿发黑，可能为龋齿病。头骨上冠状缝、矢状缝均未愈合。额骨前倾，眉弓发达，耻骨夹角为锐角。推断死者应为一青壮年男性个体。头骨右侧及肱骨、髋骨处残存衣物，已腐朽呈碎片状。人骨两侧及表面上残存开裂的棺板，表面呈红色，原应涂红色颜料，平板状，厚约1—1.5厘米。墓室中出土数枚已锈蚀的铁棺钉。该墓未发现随葬品。

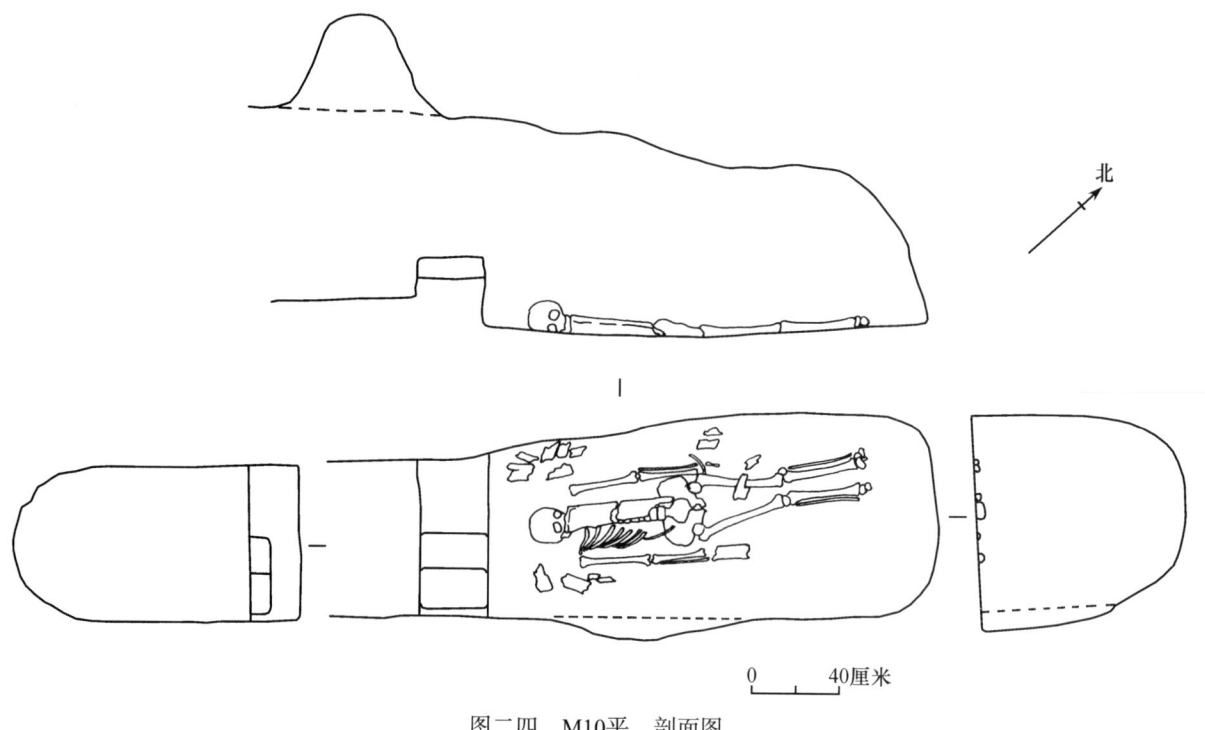

图二四　M10平、剖面图

十一、M11

M11位于墓地的南半部。北邻M10，两者相距6.2米；南邻M12，两者相距4.1米。在墓室东端测得地理坐标为：北纬41°55′56.0″，东经86°20′44.0″，海拔1107米。方向225°。墓底东端距沙梁表面2.73米。

M11为一砾岩洞室墓，坐东面西。由墓道、封门、墓室三部分组成。墓道因尚未清理，形制及尺寸未知。墓道口处残存土坯封门的遗迹，封门共残存三块土坯，其中一块已脱落。土坯长43.6、宽18、厚8.8厘米。墓室平面呈东西向的椭圆形，墓室东西长218、南北长78、高60—107厘米。墓顶及墓室底部均呈西高东低的斜坡状，倾斜角约为22°。墓壁为砾岩层，有不同程度的坍塌，墓壁表面凹凸不平。墓室中堆积为细砂土，含大量沙子及小石子（图二五）。

墓室中有一具人骨，头西脚东，仰身直肢，头微左倾，两脚脚后跟并拢，脚尖外撇，呈外"八"字形。人骨保存较完整，身高约148厘米。颅骨骨缝尚未完全愈合，牙齿保存完整，臼齿齿面基本磨平。耻骨夹角呈钝角，推断应为一壮年女性个体。人骨之上残存棺板，表面为红色，应涂抹红色颜料，已干裂，厚约1.5—2厘米，附近出土已锈蚀的铁棺钉。下肢骨表面残存衣物的痕迹。

图二五　M11平、剖面图

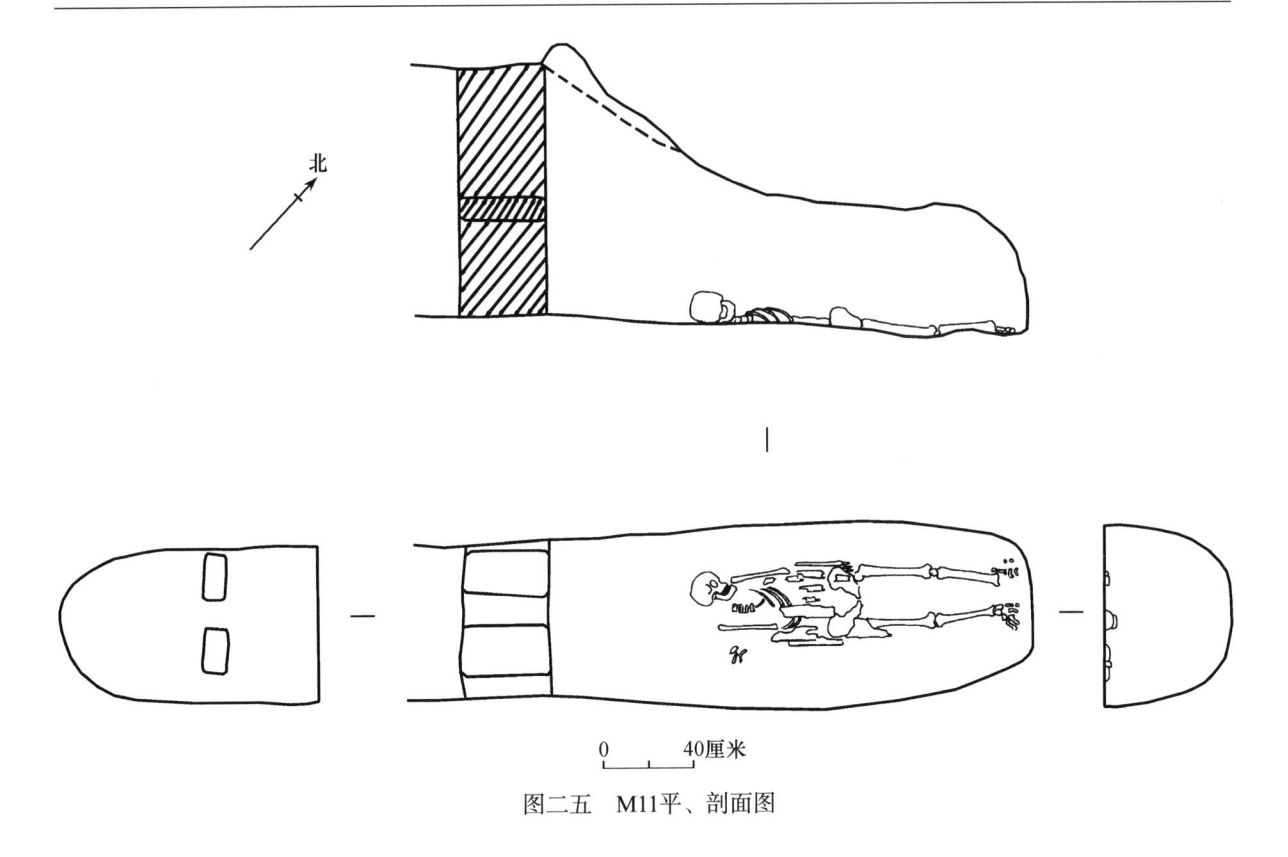

十二、M12

M12位于墓地的南半部。北邻M11，两者相距4.1米。在墓室西半部东端测得地理坐标为：北纬41°55′55.5″，东经86°20′44.3″，海拔1063米。方向77°。

M12为一砾岩洞室墓，坐西面东，墓葬遭到严重破坏，仅存墓室西半部。残存部分平面近半圆形，东西向剖面呈平缓的弧形，南北向剖面近半圆形。墓室残长173、宽107厘米，顶部坍塌，西高东低，残高70—109厘米。墓壁为砾岩层，有不同程度的坍塌，表面凹凸不平。墓门处顶部坍塌尤其严重，形成一个类似圆洞的遗迹。墓底距沙梁表面1.63米（图二六）。

墓室中人骨已经无存。室内堆积为细砂土，含大量石子及沙粒。出土物中包含塑料编织袋等现代垃圾，据当地村民介绍，早在20世纪80年代该墓葬已经被破坏。

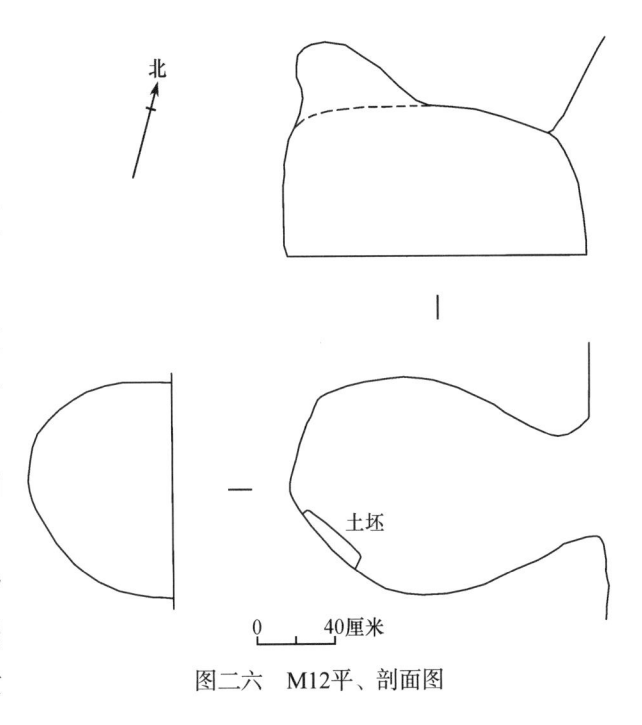

图二六　M12平、剖面图

十三、M13

M13位于墓地的北半部。北邻 M4，两者相距3.55米；南邻M5，两者相距6.43米。在墓道中央测得地理坐标为：北纬41°55′58.5″，东经86°20′43.2″，海拔1066米。方向20°。

M13为一带斜坡墓道的砾岩洞室墓，坐西面东，由墓道及墓室组成。墓道位于墓室东侧，东端已残，墓道底面呈东高西低的斜坡状，东端高出墓室地面77厘米，西端高出墓室地面62厘米。墓道残长90、宽65—68厘米，墓道两侧壁为砾岩层，表面凹凸不平，未发现封门现象（图二七）。

墓室平面呈南北向的圆角长方形，墓顶中间高四周低。墓室东西长203、南北长115、残高113厘米。墓室方向为335°。墓底距沙梁表面2.02米。墓壁上可见斜向层状的砾岩，墓顶及墓壁均有脱落，表面凹凸不平。墓中堆积为含沙子及小石子的细砂土。

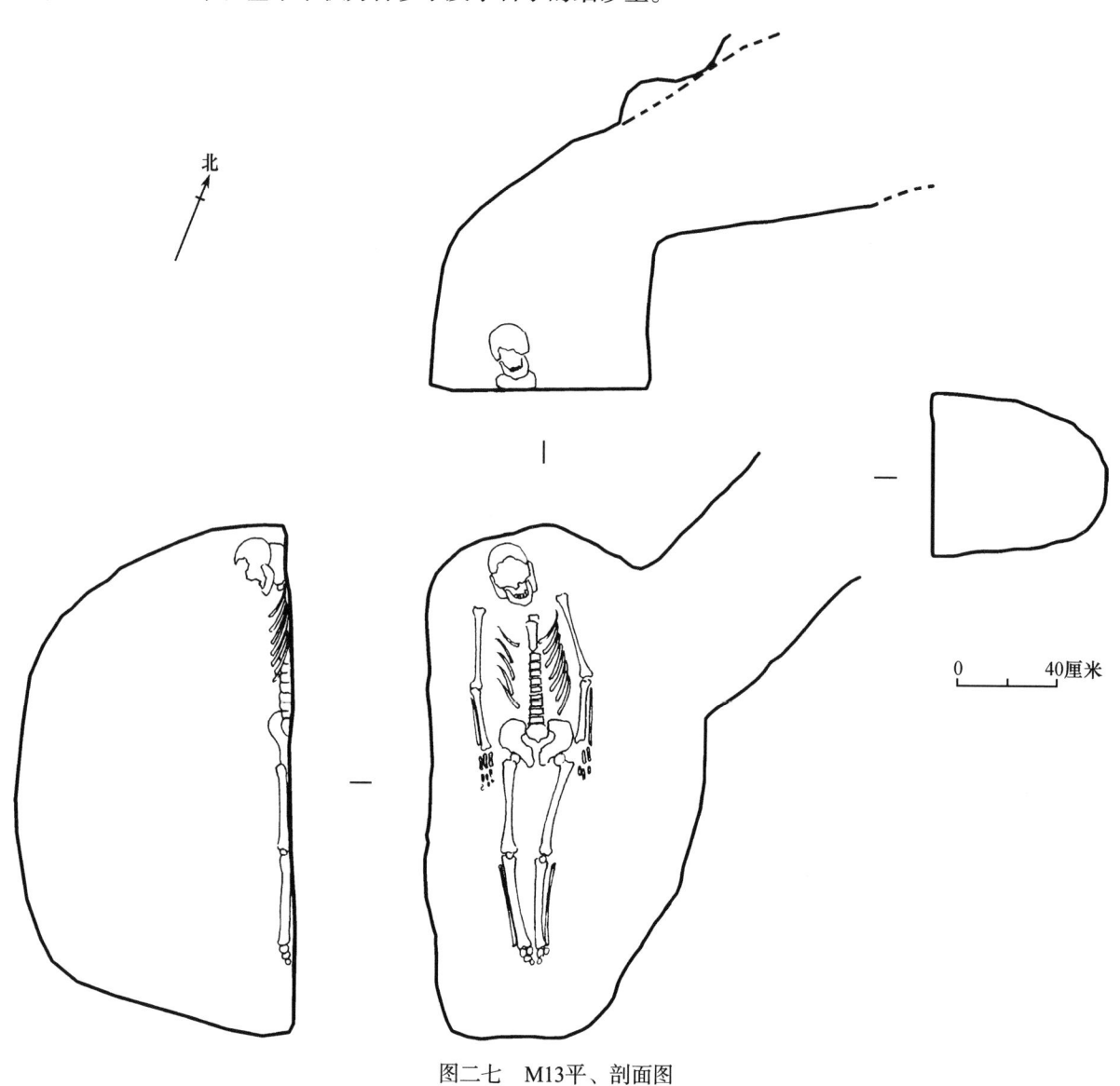

图二七　M13平、剖面图

墓室中有一具人骨，头北脚南，仰身直肢，面朝上，两手臂平行置于体侧，双脚并拢，人骨与墓道夹角近直角。人骨保存相对完整。额骨及上颌骨残损，身高约172厘米。死者牙齿磨损严重，臼齿面已经磨平，耻骨夹角为锐角，推断应为一老年男性个体。该墓未发现随葬品。

十四、M14

M14位于墓地的北半部。东邻M3，两者相距15.4米。在墓室南端测得地理坐标为：北纬41°55′58.2″，东经86°20′41.7″，海拔1061米。方向290°。

M14破坏严重，仅存墓底南半部及墓室东、南两侧残壁。墓室平面呈西北—东南走向的椭圆形，残存部分形状不规则。墓室南北残长116、东西残长68、残高26—58厘米。墓底距沙梁表面0.58米。墓葬中堆积为含沙子及小石子的细砂土（图二八）。

墓室南侧壁及北侧壁均可见斜插的土坯，砌筑方式不明，土坯皆残，一较完整的标本残长22.5、宽18、厚9厘米，土坯以黄土和少量砂粒、小石子等混合而成，质地致密坚硬（图二九）。

墓室中有一具人骨，上半部破坏殆尽，仅存股骨及以下部分。人骨残长95厘米。下肢骨与墓壁平行，两脚向外分开，呈外"八"字形。从残存的骨骼推断葬式可能为仰身直肢。墓葬中未发现随葬品。

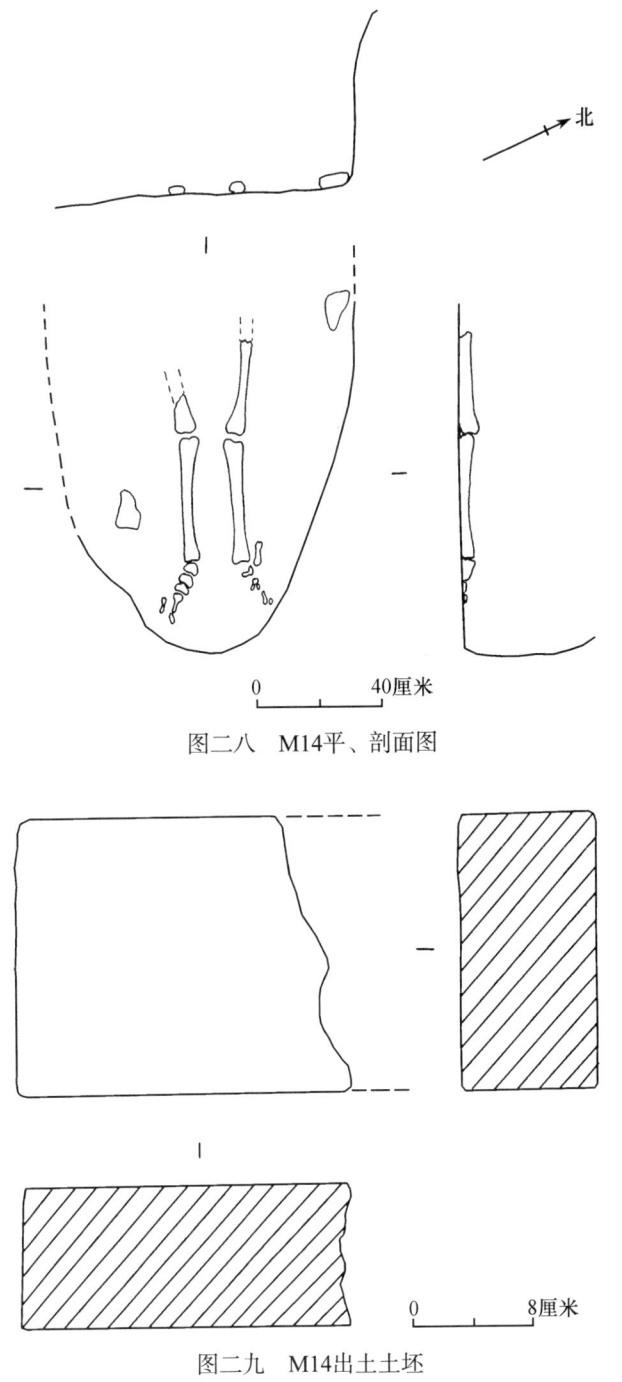

图二八　M14平、剖面图

图二九　M14出土土坯

十五、采集品

在墓地附近采集到1件石膏范。

石膏范　1件。标本采：1，石膏质地，整体略呈长方形，断面呈梯形，左右两侧各有一略弧的长条形卯孔，该范为完整瓶范的一半，另一半不存，范正中为瓶的模型。长21.2、宽18、厚8厘米（图三〇；图三一）。

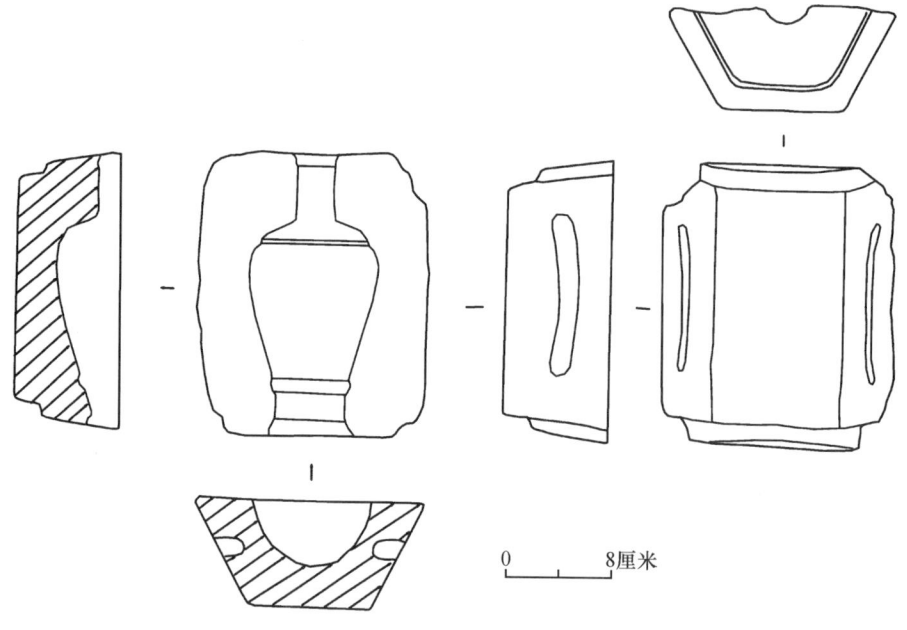

图三〇 石膏范（采：1）

图三一 石膏范（采：1）

十六、结　语

新疆焉耆七个星佛寺以南发现的这批墓葬虽然遭到了严重破坏，墓主身份不明，但由于其位于七个星佛寺之南，应该与七个星佛寺遗址有密切关系。从这些墓葬发掘的情况来看，夫妇合葬墓较少，仅2座。其余残留人骨者均为单人葬，以男性为主，大多数无随葬品。推测其为僧侣墓葬或者佛教信仰者的墓葬群。从可以判断出年代的墓葬来看，这批墓葬年代大约在唐代，是研究唐代之时焉耆地区丧葬制度的重要材料。现将有关思考略述于下：

1）这批墓葬沿着一条南北向的山梁开挖而成，位置随山梁起伏而高低错落。可以推测原来均为洞室墓，其前部所带的墓道均为斜坡状洞室墓道。其墓葬一般自山梁侧面或者山梁顶部向一侧（西侧为主）开挖斜坡状墓道，个别墓葬在墓道与墓室之间形成一个较短的甬道，在墓道之后开凿有低于墓道或呈斜坡状的洞室墓，在埋葬结束后，将洞室墓道与墓室衔接处的墓门以土坯封堵，而将墓道用含有大量石子的沙土掩埋。

2）关于口含。在14座墓葬之中，有5座墓葬发现了口含，口含包括铜钱、金片、仿制的波斯银币等。在个别墓葬的头骨口中，除发现以铜钱为口含之外，还发现以鸡骨为饭含的现象，如M8即是如此。

3）关于枕。在M3、M4死者的头部下方发现腐朽的毡片状物，其中以芦苇果实（俗称毛腊）为填充物。根据吐鲁番地区高昌时期和唐代西州时期墓葬发现的丝绸鸡鸣枕来看，死者在埋葬之时在其头下也安置有鸡鸣枕。另有一种枕则以长方形木板制作而成，以M9为代表。

4）关于陈尸方式。14座墓葬采用了两种埋陈尸方式，即采用棺木埋葬和直接陈尸于墓室之内。从M1、M3、M7、M9、M10、M11发现有棺木痕迹来看，这几座墓葬应该采用木棺埋葬。有些木棺之上残存红色颜料，应该是木棺之上髹红漆所致。其余墓葬（除M12早年遭到破坏之外）则均采用直接陈尸于墓葬之中的方式埋葬。

执笔：冉万里　徐卫胜

The Excavation of Tombs of the Shikchin Buddhist Temple Site in the Yanqi County, Xinjiang

Yanqi Hui Autonomous County Institute of Cultural Relics Management

School of Heritage College, Northwestern University

Abstract: Yanqi Shikchin Buddhist Temple Site tombs is located on a northwest–southeast ridge which is 200 metres south of the Shikchin Buddhist Temple Site. The construction made the tombs exposed and destroyed. After the exigent excavation, we still got some important information. From the characteristics of funerary objects, these tombs probably belong to the Tang dynasty. And from it away from the Shikchin Buddhist Temple Site about 200 meters, these tombs may keep closed relations with the temple site. Although the tomb was destroyed, signs of its residual still provides an important reference value to study of funeral custom in Tang Dynasty in Yanqi area and Shikchin Buddhist Temple Site.

Keywords: Xinjiang, Yanqi, Shikchin, buddhist Temple Site, tomb

夏商时期以顺山屯类型为中心的考古学文化间的交流与融合

李树义　付永平　王允军

内容摘要：顺山屯类型作为辽中地区一支重要的青铜时代考古学文化，可以分为早、晚两期，其中早期相当于高台山文化的早期晚段，晚期相当于高台山文化的晚期。顺山屯类型是在吸收了高台山文化、新乐上层文化、朱开沟文化的东传因素后形成的一个复杂的文化复合体。在夏商时期，以顺山屯类型为中心的考古学文化间进行了频繁的互动和融合，这为研究辽河流域青铜时代的考古学文化的交流与融合提供了样本。

关键词：夏商时期；顺山屯类型；考古学文化；交流

顺山屯类型得名于1977年康平县顺山屯遗址[1]的发掘。顺山屯类型被命名后，引起了学界的重视。学界对顺山屯类型的认识，有以下五种意见：

第一种意见认为顺山屯类型是与高台山文化是大体平行发展而又相互联系的两种考古学文化[2]。

第二种意见认为顺山屯类型不应该成为一个独立的考古学文化类型，而应该归属于高台山文化[3]。

第三种意见认为下辽河流域早期青铜文化可分为两个大的期段，即高台山文化和顺山屯类型，两者在年代上是连续递进的承接关系，顺山屯类型直接演变为新乐上层文化[4]。

第四种意见认为在下辽河区，继高台山文化之后，考古学文化由同一特征的一种考古学文化分化成若干种年代相近、面貌各异的文化遗存。下辽河以西的为顺山屯类型，下辽河以东的为新乐上层文化。该意见与第三种意见的区别在于对顺山屯类型与新乐上层文化相对年代关系的认识不同[5]。

第五种意见认为辽东北地区的夏商时期遗存实际上是一种考古学文化，将其整合命名为"马城子文化"，而将顺山屯类型归入了"马城子文化"，并认为马城子文化与高台山文化年代大致对应[6]。

虽然学术界对于顺山屯类型认识存在着不同看法，但不可否认的是，顺山屯类型是一种包含了诸多考古学文化因素，或者说在其形成过程中受到了诸多周边考古学文化的影响的考古学文化。

顺山屯类型的年代大致在商代，上限或可早至夏代晚期。同时期，顺山屯类型周边存在着夏家店下层文化、高台山文化、新乐上层文化、马城子文化、魏营子文化等考古学文化。本文拟在分析、梳理顺山屯类型遗存的基础上，探讨夏商时期以顺山屯类型为中心的考古学文化间的交流和融合。

李树义：沈阳市文物考古研究所　馆员
付永平：沈阳市文物考古研究所　副研究馆员

一、顺山屯类型的分期、文化特征与分布

（一）顺山屯类型的分期

顺山屯类型的材料有1977年顺山屯遗址的发掘材料和遗址周边的采集材料[7]。

1. 顺山屯遗址

顺山屯遗址报告发表了F1、F2、H1—H3、H5等6个单位的居址材料，和M4—M6、M9—M14等9个单位的墓葬材料，可明确的地层关系有M10→F2→F1，M6→F1，H1→M5→M9，H1→H5等。发掘者认识到顺山屯遗址的上层遗物和下层遗物有一定的发展变化，并且遗址的2个^{14}C测年数据也表明遗址有2个发展阶段。因此，具备了探讨顺山屯类型分期的条件。有学者对顺山屯类型进行了初步的分期研究[8]。

顺山屯遗址的居址材料与墓葬材料差别较大，故本文将顺山屯遗址的居址材料和墓葬材料分别进行分析。

（1）居址材料

F1属于早期单位，F2、H1属于晚期单位。T3②：1的陶鬲与F1：1陶鬲有一种演变关系，将T3②列入晚期单位。陶钵H3：2与陶钵F1：4相近，可将H3列入早期单位。陶钵H2：1与陶钵H1：8类似，可将H2列入晚期单位。

根据以上分析，可将顺山屯遗址的居址材料分为两段：

早段：F1、H3

晚段：F2、H1、H2、T3②

据此，得出居址典型陶器的分期图（图一、图二）。

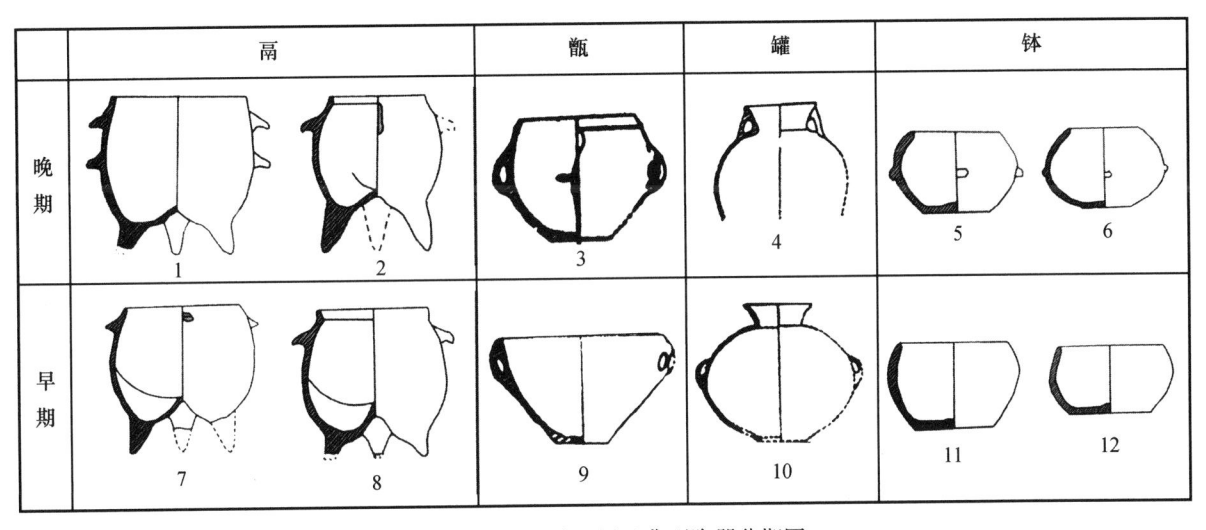

图一 顺山屯遗址居址典型陶器分期图

1. H1：2 2. T3②：1 3. H1：3 4. H1：4 5. H1：8 6. H2：1 7. F1：2 8. F1：1 9. H3：1 10. F1：3 11. F1：4 12. H3：2

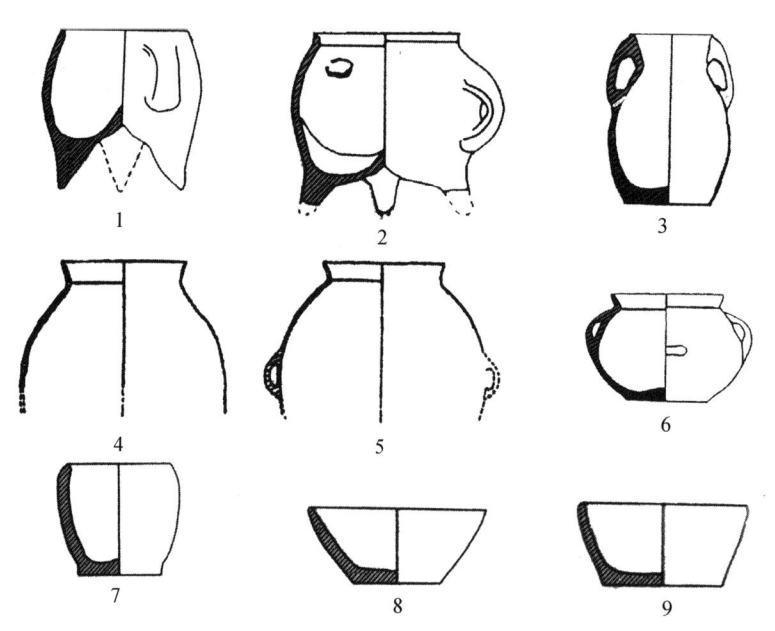

图二 顺山屯遗址居址晚期其他陶器
1、2.鬲（H1∶1、F2∶1） 3.壶（H1∶5） 4、5.瓮（H1∶5、H2∶2） 6.罐（H1∶7） 7.杯（H1∶9）
8、9.碗（F2∶4、F2∶5）

可以看出：陶鬲的腹部形态由早期的腹部较鼓发展到晚期的腹部略内收，实足跟随之增高。陶甑由盆形甑演变到罐形甑。矮领鼓腹罐的最大直径由早期的中腹部向晚期的上腹部演变。陶钵由早期无贴饰，发展到晚期有横向贴饰。

（2）墓葬材料

M9是早段墓葬，M5、M6、M10是晚段墓葬。而通过对比居址材料，盆M14∶2形制与盆形甑H3∶1类似，可将M14归为早段。双耳壶M4∶3与H1∶6相近，可将M4归为晚段。四耳钵M11∶1与H1∶8相近，故将M11归为晚段。单把壶M12∶1与H1∶7相近，可将M12归为晚段。

根据以上分析，将顺山屯的墓葬材料分为两段。

早段：M9、M14。

晚段：M4、M5、M6、M10、M11、M12。

据此，得出墓葬材料的陶器分期图（图三）。

墓葬早、晚两期可对比性的器物较少。顺山屯遗址的墓葬分期与居址分期基本对应。

通过观察出土器物，可知顺山屯遗址的陶器为夹砂红陶或红褐陶，有少量陶器器表颜色斑驳。陶器陶质较硬，火候较高。典型器型有小陶鬲、鼓腹罐、双耳盆、陶钵、陶碗、广口瓮等。

2. 遗址周边的采集材料

20世纪80年代以来，在顺山屯遗址周边采集了一些顺山屯类型的陶器，陶器多为夹砂红陶或红褐陶，有一些陶器夹少量云母，陶器陶质较硬，火候较高，陶器器型主要有壶式罐、钵型罐、小陶鬲、陶钵、陶碗等。这些采集的陶器多为非实用器（图四）。遗址周边地点采集的陶器是对顺山屯遗址发掘资料的补充，充实了顺山屯类型的典型器物。由于缺乏典型的层位关系或共出关系，这批材料不便进行分期研究。

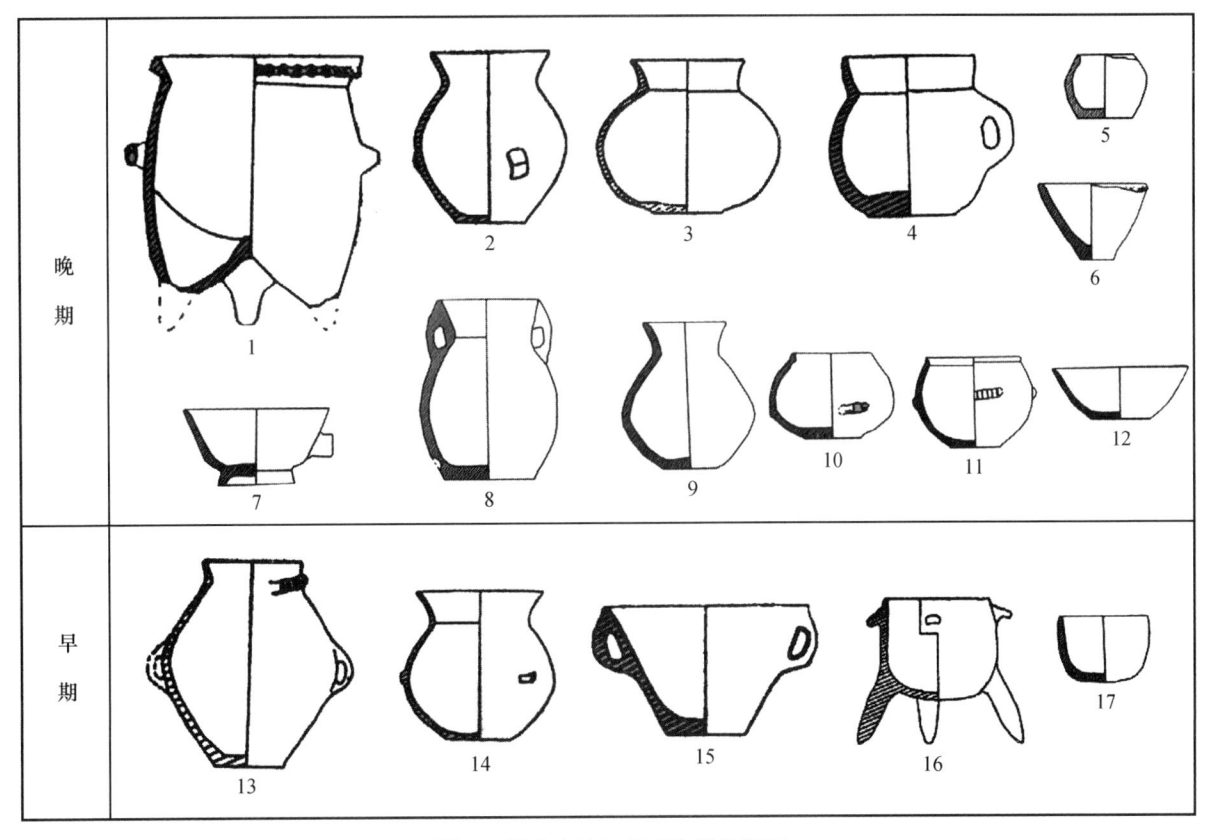

图三 顺山屯遗址墓葬陶器分期图

1.鬲（M10∶1） 2、3、8、9、13、14.壶（M6∶1、M12∶2、M4∶3、M4∶1、M14∶1、M9∶2） 4、5、10、11.罐（M12∶1、M6∶3、M6∶2、M11∶1） 6.杯（M6∶4） 7.碗（M11∶2） 12、17.钵（M4∶2、M9∶1） 15.盆（M14∶2） 16.鼎（M9∶3）

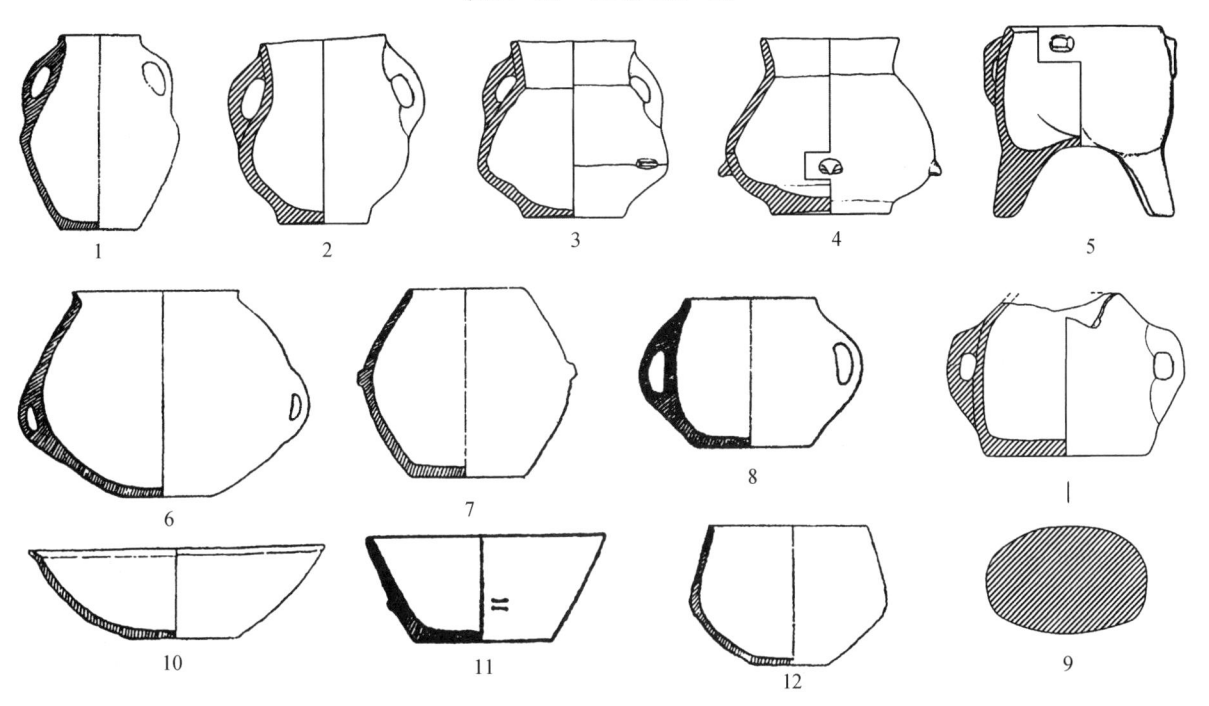

图四 顺山屯类型采集的典型陶器

1.陶壶（康平县委） 2—4.壶式罐（顺山屯天龙山、县防疫站、顺山屯天龙山电信家属楼） 5.陶鬲（顺山屯） 6—9.钵式罐（胜利中学、康平县委、冷库、方家屯东小陵） 10、11.陶碗（康平县委、冷库） 12.陶钵（县图书馆）

（二）顺山屯类型的文化特征

根据现有的材料，对顺山屯类型的基本特征进行初步归纳。

1. 遗址

在顺山屯遗址发现3座房址，均为椭圆形半地穴式结构，有灶址和柱洞。

2. 墓葬

仅顺山屯遗址就发现了14座墓葬，在周边地点采集的陶器也多为非实用器。

墓葬形制以土坑竖穴墓为主，不见葬具。形状以圆形或椭圆形为主。葬式以单人侧身屈肢葬为主，还有直肢葬、俯身葬等，存在多人合葬的现象。随葬品种类以陶器为主，少量墓葬中还伴随石纺轮、陶纺轮、穿孔玉饰、卜骨、猪下颌骨等。随葬陶器以平底容器壶、钵、碗、罐、盆为主，有少数墓葬随葬陶鼎、陶鬲等三足器。

3. 遗物

顺山屯类型的陶器多为夹砂红陶或红褐陶，多为素面磨光，有些器表施红陶衣。陶器陶质较硬，火候较高。典型陶器器型有小陶鬲、小陶鼎、鼓腹罐、壶式罐、钵式罐、陶钵等。

石器均为磨制石器，器型有斧、锛、刀、磨盘、磨棒、砺石、镞、纺轮等。

骨器有凿、锥、针、镞、珠、穿孔骨器、卜骨等。

（三）顺山屯类型的分布

根据康平、法库及铁岭等地的馆藏文物资料，在康平县二牛所口镇四家子遗址、东升乡善友屯遗址、方家屯镇东小陵遗址、郝官屯镇老山头遗址等发现了顺山屯类型的典型陶器。在法库县卧牛石乡麻子泡遗址、丁家房镇湾柳遗址、大孤家子镇大岭遗址、铁岭市调兵山市太平山等发现了顺山屯类型的典型陶器（图五）。

由此，推测顺山屯类型的分布范围西至康平境内的利民河、法库境内的秀水河，南至法库境内的辽河右岸，东至辽河，北界尚不清楚，当扩散到内蒙古科尔沁左翼右旗境内。顺山屯类型主要分布在今康平、法库境内及铁岭东部的一些地区。在夏商时期，顺山屯类型以辽河、秀水河（利民河）为界，与高台山文化、新乐上层文化相邻，虽然三种文化年代并不完全一致，但有一段相当长的共存时期。

二、文化因素分析、文化性质的探讨及年代的推断

（一）文化因素分析

任何考古学文化的形成和发展总会在特定的历史条件和地理环境的制约下，与稍早或同时期周邻的考古学文化发生程度不同的文化的借鉴、吸收和融合。认识某一个考古学文化的性质，需要从该考古学文化构成因素的分析入手。我们依据能够反映不同文化特征的典型器物组合及器物群的整体风格，将顺山屯类型分成四组不同的文化因素。

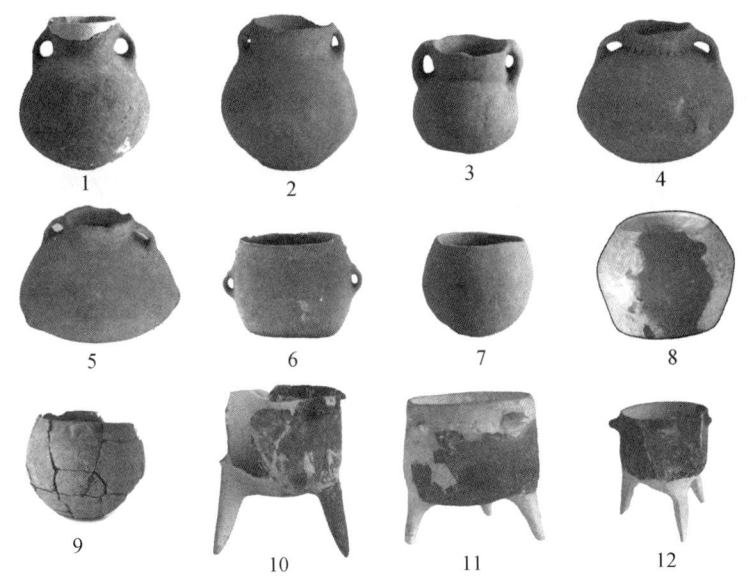

图五　周边遗址发现的顺山屯类型典型陶器

1—5.壶式罐（康平二牛所口镇大莫力克村、法库丁家房湾柳、康平方家屯东小陵、法库大孤家子镇大岭、法库丁家房湾柳）　6—9.钵式罐（康平东升乡善友屯、康平方家屯东小陵、法库丁家房湾柳、法库卧牛石乡麻子泡）　10—12.陶鼎（法库丁家房湾柳、康平郝官屯老山头、铁岭调兵山太平山）

1. 甲组

继承了平安堡二期和高台山文化的因素。学术界普遍认为平安堡二期是高台山文化的前身。

顺山屯类型的陶器陶质较硬，火候较高，陶器多为素面磨光，有一些装饰红陶衣。这些特点是继承了平安堡二期和高台山文化的因素。从陶器器型上，陶鬲显然是受到了高台山文化的影响，惟顺山屯类型陶鬲多为非实用器。顺山屯类型早期的鋬耳鬲F1：2（图六，1）与平安堡遗址[9]的鋬耳鬲T103④：7（图六，7）装饰风格类似，应该是吸收了高台山文化的影响。顺山屯类型早期的盆型甑H3：1（图六，2）与平安堡遗址的H3058：24（图六，8）形态相近。平安堡遗址出土的鋬耳鬲T103④：7和盆形甑H3058：24都是高台山文化早期的典型器物[10]。顺山屯类型晚期的单把鬲F2：1（图六，3）与平安堡遗址的T108③：4（图六，9）风格接近。顺山屯类型晚期的盆M14：2（图六，4）、杯M6：4（图六，5）、碗F2：4（图六，6）与平安堡遗址的H3006：1（图六，10）、T101⑤：5（图六，11）、H3013：1（图六，12）造型接近。而平安堡遗址的盆H3006：1、杯T101⑤：5、碗H3013：1是高台山文化晚期的器物[11]。

2. 乙组

来自新乐上层文化的因素。

陶鼎是新乐上层文化的重要生活用具，出土数量较多。在顺山屯类型中，非实用型的陶鼎发现较多，应该是受到了新乐上层文化的影响，在新乐上层文化中，非实用型的陶鼎在百鸟公园遗址水木清华地点[12]、郝心台遗址[13]出土过。顺山屯类型早期的陶鼎M9：3（图七，1）与水木清华地点的H2：1（图七，4）、新乐遗址[14]T12：2（图七，5）在造型上有借鉴之处。顺山屯类型晚期的陶壶H1：5（图七，2）、陶碗（图七，3）与新乐上层文化辽宁大学遗址[15]出土的陶壶

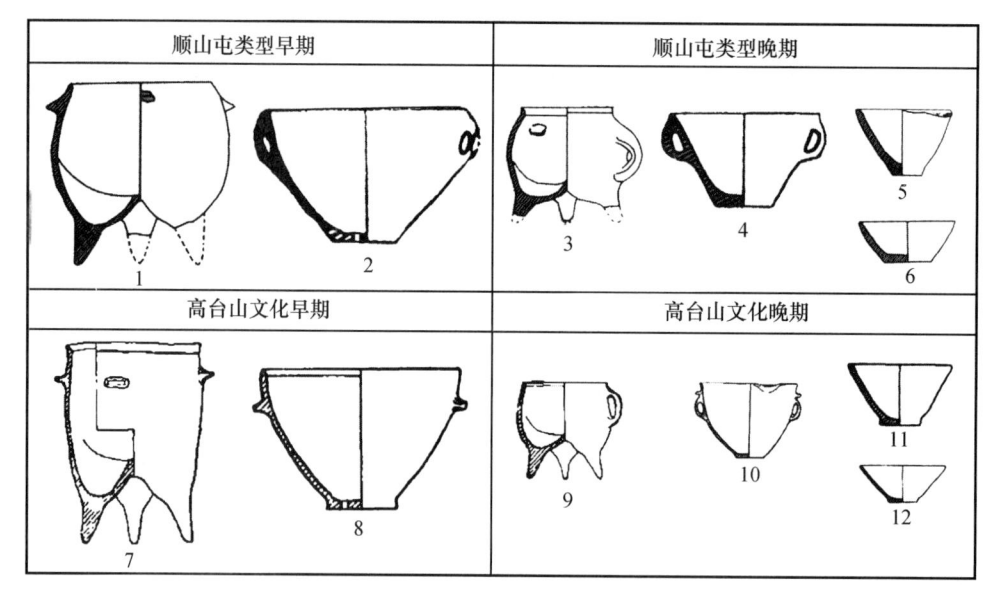

图六　甲组因素与高台山文化比较图

1—6.顺山屯遗址（F1：2、H3：1、F2：1、M14：2、M6：4、F2：4）　7—12.平安堡遗址（T103④：7、H3058：24、T108③：4、H3006：1、T101⑤：5、H3013：1）

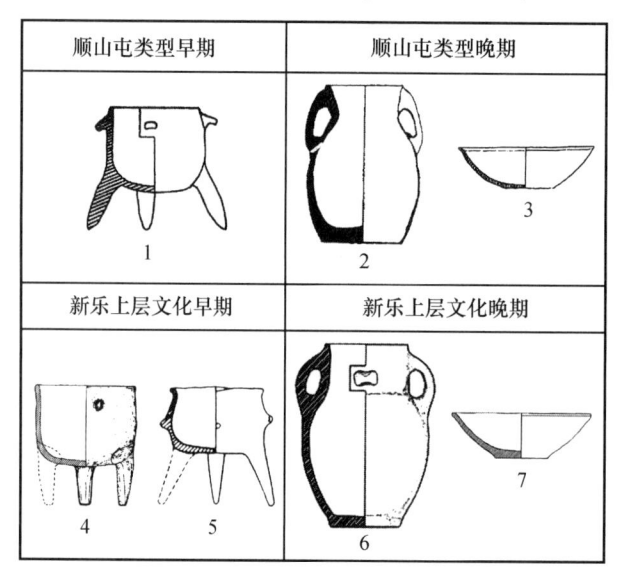

图七　乙组因素与新乐上层文化比较图

1、2.顺山屯遗址（M9：3、H1：5）　3.康平县委（采集）　4.水木清华（H2：1）　5.新乐遗址（T12：2）　6.辽宁大学（T14⑤：5）　7.郝心台（H10①：7）

T14⑤：5（图七，6）、郝心台遗址出土的陶碗H10①：7（图七，7）的形态相近。辽宁大学遗址的陶壶T14⑤：5和郝心台遗址的陶碗H10①：7皆是新乐上层文化晚期的器物。

3. 丙组

来自辽西的夏家店下层文化及魏营子文化的因素。

顺山屯类型出土或采集了一些非实用器的陶鬲，并且顺山屯类型中有少数接近灰陶的陶器。顺山屯类型早期出土的陶鬲M13：1（图八，1）与夏家店下层文化雪山遗址[16]出土的陶鬲

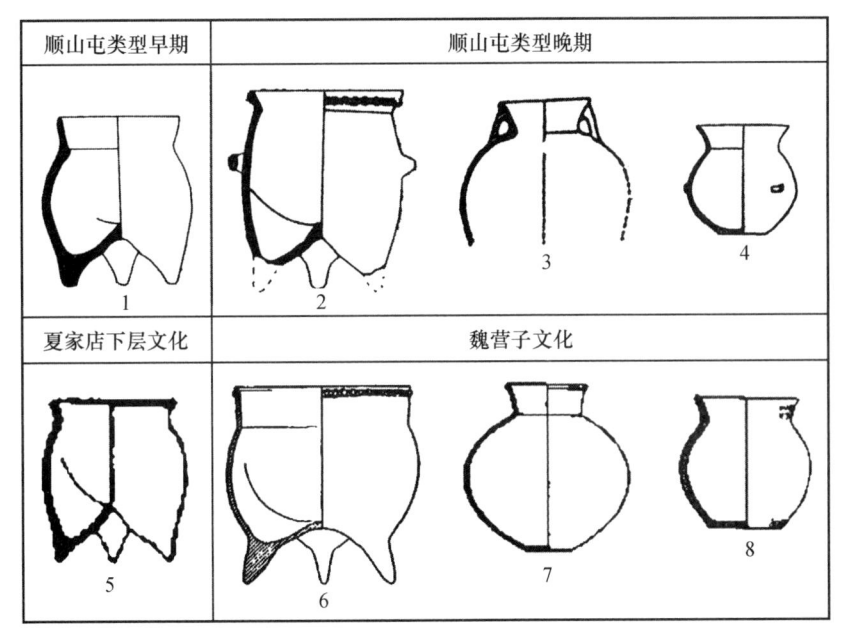

图八 丙组因素与夏家店下层文化、魏营子文化比较图

1—4.顺山屯遗址（M13∶1、M10∶1、H1∶4、M9∶2） 5.雪山（H66④∶94） 6、7.平顶山（H201∶1、H307∶1）
8.喀左后坟

H66④∶94（图八，5）造型类似。这些因素是吸收了夏家店下层文化因素的反映。顺山屯类型晚期出土的一个花边陶鬲M10∶1（图八，2）可认为是魏营子文化因素的体现。此外，顺山屯类型晚期的鼓腹罐H1∶4（图八，3）、M9∶2（图八，4）分别与魏营子文化中的平顶山遗址[17]出土的鼓腹罐H307∶1（图八，7）、喀左后坟[18]出土的鼓腹罐（图八，8）风格近似。

4. 丁组

自身文化因素。

顺山屯类型因其有特定的器物组合而成为一个独立的考古学文化类型。器物群主要是双耳壶、壶式罐、钵式罐、陶钵以及陶瓮等。其中壶式罐、钵式罐、陶钵数量发现较多。

（二）文化性质的探讨

顺山屯类型包含的四组文化因素，其中甲组的高台山文化因素是贯穿始终的，这与二者所处的地理位置接近，并无大山大河阻隔，便于文化的交流是分不开的。而秀水河（利民河）是两种文化大致的边界。乙组的新乐上层文化因素，是在顺山屯类型的晚期，两者的文化交流跨越了辽河，互有影响。丙组的夏家店下层文化的因素对顺山屯类型早期的影响不多，主要体现在陶色与随葬习俗上。魏营子文化因素和顺山屯类型晚期关系较大，这是朱开沟文化因素东传与其他文化因素交融的结果，这将在下节论述。由此，顺山屯类型是甲组的高台山文化早期因素与丙组的夏家店下层文化因素再与朱开沟文化东传的一些因素交融后形成的一个文化复合体，并且顺山屯类型晚期接受了北上的新乐上层文化的因素的影响。

（三）年代的推断

通过对顺山屯类型的文化因素分析，可以看出顺山屯类型的早期与高台山文化、夏家店下层文化、新乐上层文化早期有一定的对应关系，大致相当于这些考古学文化的早期晚段，年代可推为夏代晚期至早商。顺山屯类型的晚期与高台山文化的晚期、魏营子文化、新乐上层文化晚期大致对应，年代可推为商代晚期。对其年代的推定与顺山屯类型已有的经过树轮校正后的^{14}C测年结果大致相符。

三、朱开沟文化因素东传与顺山屯类型的形成与发展

朱开沟文化是主要分布在内蒙古中南部夏商时期的考古学文化遗存。发掘材料较丰富的是1977—1984年对朱开沟遗址的四次发掘，出土了十分丰富而且系统的材料[19]，发掘者在报道朱开沟遗址的资料时，提出了"朱开沟文化"的命名，得到了学术界的认同。本文认同将朱开沟遗址的二至五段定为朱开沟文化，并以此为基础，将朱开沟文化分为四期的观点[20]。朱开沟文化在第四期之后，似在本地区突然消失，而向其他地区广为传播。其最突出的表现就是高领花边鬲在各地的出现[21]。在大小凌河流域的魏营子文化、下辽河流域的顺山屯类型晚期、嫩江流域的古城遗存（也称"先白金宝文化"）[22]中，皆出现了这种文化因素。

魏营子文化的主体成分应该是来自西部长城地带朱开沟文化以绳纹花边鬲为代表的遗存，从某种程度上讲，它应该是夏家店下层文化迁出辽西以后，西部的朱开沟文化趁机东迁而入的结果[23]。义县向阳岭[24]H153：2（图九，8）是朱开沟文化因素的花边鬲。平顶山遗址[25]出土的矮领鼓腹罐（图九，9）与朱开沟文化第四期[26]中朱开沟遗址出土的H5030：3（图九，3）形态相近。喀左后坟[27]出土的侈口鼓腹罐（图九，10）与朱开沟文化第四期的鼓腹罐M2006：3（图九，4）造型近似。

顺山屯类型晚期除出土了一件花边陶鬲M10：1（图九，5）外，顺山屯遗址出土的双耳鼓腹罐H1：4（图九，6）、侈口鼓腹罐（图九，7）与朱开沟文化第四期的H5030：3（图九，3）、M2006：3（图九，4）风格近似。

古城遗存以使用花边口绳纹高领袋足鬲为特色，同时口部造型外侈、少见台底器。其在嫩江流域有自己的空间位置，在黑龙江肇源、吉林大安和内蒙古科右中期霍林谷底等地，均可以找到属于这种遗存的独立单位或陶器标本[28]。白金宝遗址[29]出土的花边鬲H3086：1（图九，11）是和朱开沟文化因素相符的。另外，矮领鼓腹罐F3012：17（图九，12）、侈口鼓腹罐H3244：6（图九，13）与朱开沟文化第四期的矮领鼓腹罐H5030：3（图九，3）、侈口鼓腹罐M2006：3造型相近。

因此，魏营子文化、顺山屯类型、古城遗存这些文化因素的共性和朱开沟文化第四期后东传是分不开的，朱开沟文化的因素和当地的其他考古学文化因素形成了这几种各具特色的考古学文化。也就是说，顺山屯类型晚期时所对应的魏营子文化的因素实际上是朱开沟文化因素东传的结果。

再者，比较顺山屯类型晚期与晚于魏营子文化的凌河遗存和晚于古城遗存的白金宝文化，可发现凌河遗存和白金宝文化中存在一些文化因素能够和顺山屯类型晚期的一些文化因素对应。

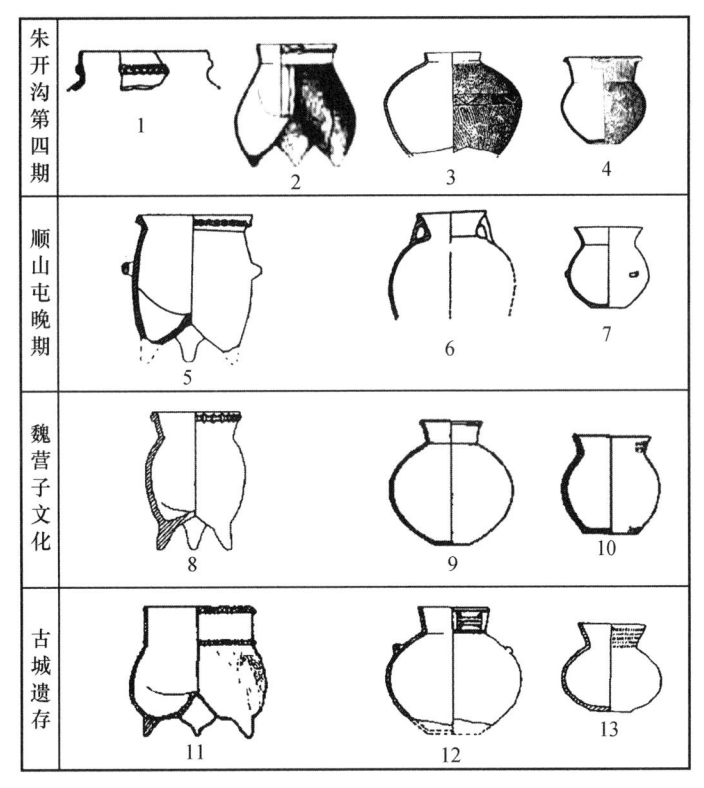

图九　朱开沟第四期、顺山屯类型晚期、魏营子文化古城类型陶器比较图

1—4.朱开沟遗址（T405②∶18、M1064∶1、H5030∶3、M2006∶3）　5—7.顺山屯遗址（M10∶1、H1∶4、M9∶2）
8.义县向阳岭（H153∶2）　9.平顶山（H307∶1）　10.喀左后坟出土　11—13.1986年白金宝遗址（H3086∶1、F3012∶17、H3244∶6）

顺山屯遗址出土的侈口鼓腹罐M12∶2（图一〇，1）、H1∶7（图一〇，2）与凌河遗存的凌源河汤沟[30]M7041（图一〇，5）、喀左南洞沟[31]（图一〇，6）风格比较接近。凌源河汤沟出土的鼓腹罐和喀左南洞沟出土的鼓腹罐都是凌河遗存早期的典型器物[32]。

顺山屯遗址出土的陶壶M4∶1（图一〇，3）与白金宝遗址[33]出土的陶壶74T1②∶4（图一〇，7）形态接近。顺山屯遗址的矮领鼓腹罐H1∶4（图一〇，4）与讷河二克浅墓地[34]出土的陶罐M63∶11（图一〇，8）风格相像。白金宝遗址陶壶74T1②∶4和讷河二克浅墓地出土的陶罐M63∶11都是白金宝文化的典型器物[35]。

凌河遗存早期和白金宝文化从相对年代上是要晚于顺山屯类型晚期的，那么，顺山屯类型能够与前两种考古学文化有一定的联系，是顺山屯类型对周边考古学文化的一种影响或传播的反映，当然，这与其前身都各自受到朱开沟文化东传的影响是密不可分的。

文化的传播离不开传播路径的考察。之所以顺山屯类型晚期、魏营子文化、古城遗存有一些共性的文化因素，究其原因，是朱开沟文化第四期后的一部分人进入大小凌河流域，进而对魏营子文化产生了深刻影响；另一部分人群越过医巫闾山后，进入辽中平原，进而对顺山屯类型产生了影响；另有一部分人群则沿着西辽河沿线进入了第二松花江流域、嫩江流域，进而对古城遗存产生了影响。

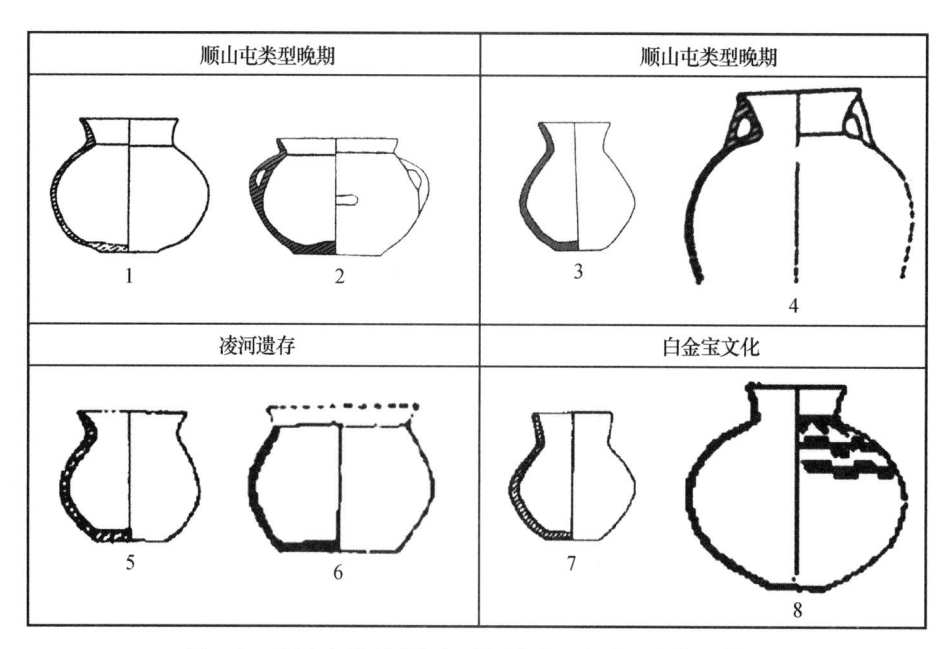

图一〇 顺山屯类型晚期与凌河遗存、白金宝文化比较图

1—4. 顺山屯遗址（M12∶2、H1∶7、M4∶1、H1∶4） 5. 凌源河汤沟（M7041） 6. 喀左南洞沟 7. 白金宝（74T1②∶4）
8. 讷河二克浅（M63∶11）

四、顺山屯类型与周边考古学文化的关系

（一）与高台山文化

顺山屯类型的形成时间大致相当于高台山文化早期晚段，两者有很长一段时间是共存的。顺山屯类型在陶质、陶色等因素上和高台山文化表现出更亲缘的关系。高台山文化对顺山屯类型的影响是主要的，很少吸收顺山屯类型的因素，这反映在高台山文化的分布范围内很少见到顺山屯类型的文化因素。两者的大致界限是清楚的，即以秀水河（利民河）为界。

（二）与新乐上层文化

新乐上层文化可分为早晚两期，与高台山文化早晚两期大致对应[36]。新乐上层文化的陶色斑驳，陶质疏松，火候较低，这和顺山屯类型陶质较强，火候较高区别较大。顺山屯类型早期受到新乐上层文化早期的影响较少，其主要表现在顺山屯类型出土的数件小陶鼎，这是新乐上层文化的因素。在顺山屯类型晚期时，两种文化的交流比较频繁，这主要表现在双耳壶和陶钵上。

（三）与夏家店下层文化、魏营子文化

顺山屯类型早期受到了夏家店下层文化的影响，主要体现在其有少量近似灰陶，陶质较硬，且陶鬲作为主要的随葬品种类之一。顺山屯类型晚期与魏营子文化则分别是受到了朱开沟文化因素东传后与当地的考古学文化因素结合而形成的文化复合体。

（四）与马城子文化

辽东山地的马城子文化和顺山屯类型的交流不多。在顺山屯类型中出现的合葬墓，墓葬中随葬纺轮、卜骨等现象，在马城子文化中也有发现。这应该是两种文化交流的一种证据。

（五）与湾柳遗存

湾柳遗存因湾柳遗址[37]的发掘而得名，并因出土了不少青铜器而引起关注。本文认为湾柳遗存地处顺山屯类型的分布范围，其主体的文化遗存主要是顺山屯类型，特别是较多的壶式罐、钵式罐等，当然，湾柳遗存受到高台山文化的影响较深。因此本文主张将湾柳遗存归入顺山屯类型。

（六）与第二松花江流域的考古学文化

在第二松花江流域，属于夏商时期的考古学文化遗存较少，近年在吉林双辽市的后太平遗址[38]中发现的后太平第一期遗存与高台山文化晚期相似，由于其发现的代表性遗存和遗物较少，尚不足确定其属于高台山文化还是仅是高台山文化因素的影响。虽然目前并未发现顺山屯类型与第二松花江流域交流的证据，但是顺山屯类型地处东、西辽河及下辽河交汇地带，肯定会与第二松花江流域的考古学文化存在交流，这有待日后的考古工作来印证。此外，在后太平遗址中还发现西周时期的白金宝文化的因素，联系到前文所述的顺山屯类型对凌河遗存和白金宝文化的影响，在后太平发现的白金宝文化的因素，可视为顺山屯类型对西周时期的第二松花江流域考古学文化的影响的体现。

五、结　语

顺山屯类型作为辽中地区一支重要的青铜时代考古学文化，其可以分为早、晚两期，其中早期相当于高台山文化的早期晚段，晚期相当于高台山文化的晚期。顺山屯类型是在吸收了高台山文化、新乐上层文化、朱开沟文化的东传因素后形成的一个复杂的文化复合体。在夏商时期，以顺山屯类型为中心的考古学文化间进行了频繁的互动和融合，这为研究辽河流域青铜时代的考古学文化的交流与融合提供了宝贵的资料。

本文得到辽宁省社会科学规划基金项目（L13CKG010）的资助。

注　释

[1]　辛占山：《康平顺山屯青铜时代遗址试掘报告》，《辽海文物学刊》1988年第1期，第27—40页。

[2]　辛岩：《辽北地区青铜时代文化初探》，《辽海文物学刊》1995年第1期，第49—53页。

[3]　田耘：《顺山屯类型及其相关问题的讨论》，《辽海文物学刊》1988年第2期，第68—78页。

[4]　李晓忠、蔺新建：《下辽河流域早期青铜文化谱系研究》，《辽海文物学刊》1991年第1期，第47—60页。

[5]　朱永刚：《东北青铜文化的发展阶段与文化区系》，《考古学报》1998年第2期，第133—151页；华阳、霍东峰：《顺山屯类型遗存试析》，《北方文物》2008年第4期，第11—13页。

[6] 赵宾福：《马城子文化新论——辽东北部地区夏商时期遗存的整合研究》，《边疆考古研究（第6辑）》，科学出版社，2007年，第143—164页。

[7] 张少青：《康平县胜利村遗址及其附件的遗物》，《辽海文物学刊》1990年第1期，第25—30页。（此外，包含近年康平、法库、铁岭等地文物部门采集或征集的顺山屯类型的文物。）

[8] 赵宾福：《马城子文化新论——辽东北部地区夏商时期遗存的整合研究》，《边疆考古研究（第6辑）》，科学出版社，2007，第143—164页；华阳、霍东峰：《顺山屯类型遗存试析》，《北方文物》2008年第4期，第11—13页。

[9] 辽宁省文物考古研究所、吉林大学考古学系：《辽宁彰武平安堡遗址》，《考古学报》1992年第4期，第437—475页。

[10] 赵宾福：《高台山文化再论》，《华夏考古》2012年第3期，第38—46页。

[11] 赵宾福：《高台山文化再论》，《华夏考古》2012年第3期，第38—46页。

[12] 沈阳市文物考古研究所：《沈阳百鸟公园遗址考古发掘报告》，《沈阳考古文集（第1集）》，科学出版社，2007年，第21—37页。

[13] 沈阳市文物考古研究所：《沈阳市郝心台遗址2011年发掘简报》，待刊。

[14] 沈阳市文物管理办公室：《沈阳新乐遗址试掘报告》，《考古学报》1978年第4期，第449—466页。

[15] 沈阳市文物考古研究所：《辽宁大学青铜时代遗址发掘简报》，《边疆考古研究（第5辑）》，科学出版社，2007年，第294—326页。

[16] 邹衡：《夏商周考古学论文集》，文物出版社，1980年，第262—265页。

[17] 辽宁省文物考古研究所、吉林大学考古学系：《辽宁阜新平顶山石城址发掘报告》，《考古》1992年第5期，第399—417页。

[18] 喀左县文化馆：《记辽宁喀左县后坟村发现的一组陶器》，《考古》1982年第1期，第108—109页。

[19] 内蒙古考古研究所：《内蒙古朱开沟遗址》，《考古学报》1988年第3期，第301—302页；内蒙古自治区文物考古研究所、鄂尔多斯博物馆：《朱开沟》，文物出版社，2000年。

[20] 中国社会科学院考古研究所：《中国考古学·夏商卷》，中国社会科学出版社，2003年，第575—584页。

[21] 韩嘉谷：《花边鬲寻踪》，《内蒙古东南区考古文化研究文集》，海洋出版社，1991年，第41—52页。

[22] 赵宾福：《中国东北地区夏至战国时期的考古学文化研究》，科学出版社，2009年，第23—26页；朱永刚：《松嫩平原先白金宝文化遗存的发现与研究》，《北方文物》1998年第1期，第19—28页。

[23] 赵宾福：《辽西地区汉以前文化发展序列的建立及文化纵横关系的探讨》，《边疆考古研究（第10辑）》，科学出版社，2011年，第191—207页。

[24] 辽宁省文物考古研究所：《辽宁义县向阳岭青铜时代遗址发掘报告》，《考古学集刊（第13集）》，中国大百科全书出版社，2000年，第41—82页。

[25] 辽宁省文物考古研究所、吉林大学考古学系：《辽宁阜新平顶山石城址发掘报告》，《考古》1992年第5期，第399—417页。

[26] 中国社会科学院考古研究所：《中国考古学·夏商卷》，中国社会科学出版社，2003年，第575—584页；内蒙古自治区文物考古研究所、鄂尔多斯博物馆：《朱开沟》，文物出版社，2000年。对朱开沟文化分期的观点参考以上二者的观点。朱开沟文化分为四期，分别对应朱开沟报告中的第二至第五段。

[27] 喀左县文化馆：《记辽宁喀左县后坟村发现的一组陶器》，《考古》1982年第1期，第108—109页。

[28] 赵宾福：《中国东北地区夏至战国时期的考古学文化研究》，科学出版社，2009年，第23—26页。

[29] 黑龙江省文物考古工作队：《黑龙江肇源白金宝遗址第一次发掘》，《考古》1980年第4期，第311—324页；黑龙江省文物考古研究所、吉林大学历史系考古专业：《黑龙江肇源白金宝遗址1986年发掘简报》，《北方文物》1997年第4期，第10—22页。

[30] 靳枫毅：《朝阳地区发现的剑柄端加重器及其相关遗物》，《考古》1983年第2期，第133—145页。

[31] 辽宁省博物馆、朝阳地区博物馆：《辽宁喀左南洞沟石椁墓》，《考古》1977年第6期，第373—375页。

[32] 赵宾福：《中国东北地区夏至战国时期的考古学文化研究》，科学出版社，2009年，第90—96页。

[33] 黑龙江省文物考古研究所、吉林大学历史系考古专业：《黑龙江肇源白金宝遗址1986年发掘简报》，《北方文化》1997年第4期，第10—22页。

[34] 黑龙江省文物考古研究所：《黑龙江讷河市二克浅青铜时代至早期铁器时代墓葬》，《考古》2003年第2期，第11—23页。

[35] 赵宾福：《中国东北地区夏至战国时期的考古学文化研究》，科学出版社，2009年，第23—26页。

[36] 赵晓刚：《新乐上层文化综述·庆祝宿白先生九十华诞文集》，科学出版社，2012年，第49—87页。

[37] 铁岭市博物馆：《法库县弯（湾）柳街遗址试掘报告》，《辽海文物学刊》1990年第1期，第31—41页；辽宁大学历史系考古教研室、铁岭市博物馆：《辽宁法库县湾柳遗址发掘》，《考古》1989年第12期，第1076—1086页。

[38] 吉林省文物考古研究所等：《后太平——东辽河下游右岸以青铜时代遗存为主的调查与发掘》，文物出版社，2011年。

Interaction and Integration Focused on Shunshantun Type in the Xia and Shang Dynasties

Li Shuyi   Fu Yongping   Wang Yunjun

Abstract: As an important archaeological culture of the Bronze Age, Shunshantun type can be divided into two stages, early stage and late stage. The early period corresponds to the late period of the early stage of Gaotaishan culture. And the late stage of Shunshantun corresponds to the late stage of Gaotaishan culture. Shunshantun type was a cultural complex, absorbing eastward spread factors of Gaotaishan culture, Xinle upper culture and Zhukaigou culture. In the Xia and Shang dynasties, the frequent interaction and integration focused on Shunshantun type provided a sample for the research on the archaeological culture exchange and integration of Liaohe River basin in the Bronze Age.

Keywords: Xia and Shang Dynasties, Shunshantun type, archaeological culture, exchange

对关中地区几个商代遗址分期的再考察

宋江宁

内容摘要：关中地区商代考古学研究在一些重要遗址的分期上仍存在一些分歧和异见，只有厘清这些基础性的认识才能进一步去探讨文化结构的变化，因此，本文在综合前人研究成果基础上，结合具体的地层分析、器物分析和整体的文化结构变迁等对几处重要遗址进行分期探讨。

关键词：关中；商代；分期

从认识论的角度来讲，任何研究都存在本体和解释两个层面。科泽勒克区分过"三种重写历史的方式：新材料、对材料的新的解读模式、新的阐释视角"[1]，其中前两者可以归入基础研究的层面，后者是阐释层面。新材料对考古学家而言多指新出土的资料或利用新的技术手段而得来的新信息，这一点本文不拟进行。对材料的新的解读模式，其实至少存在两方面的理解，一是在利用学科已有的方法再次检视资料，二是从新的角度对原有资料进行另一种解读，本文将利用这两个角度对下面几个遗址的分期进行新的研究。

一、刘家墓地

墓地位于周原遗址刘家村西南，面积不详，商后期墓葬共发现22座[2]。

对于刘家墓地分期的研究成果众多，我们不一一罗列，仅列举出以下几个代表性的意见。发掘者尹盛平先生根据"陶器的演变、器物组合以及墓葬形制的变化"并结合郑家坡遗址、斗鸡台墓地和贺家先周墓资料将18座墓葬分为六期。第一期为M3，第二期为M27。第三期包括M11、M21、M40、M41、M44、M47计6座。第四期也有6座墓，为M4、M7、M8、M20、M46、M53。第五期3座墓，为M9、M14、M37。第六期一座墓，为M49。从简报中的论述可以看到，作者主要还是基于和其他遗址的陶器比对来确定基点，如第一期M3的鬲和高领球腹罐（双耳罐）"具有齐家文化陶鬲和客省庄二文化瓒足的风格，形制与二里头三期的一件陶鬲近似"，"与甘肃永靖大河庄齐家文化遗址TA：17高领球腹罐（双耳罐）酷似"。"所以一期墓葬的年代与齐家文化比较接近，与二里头文化晚期相当。"第二期的折肩罐与郑家坡先周前期的同类器相近，时代应为二里冈下层。第六期M49的墓葬形制与岐山贺家村的先周墓相同，圆肩罐接近周式圆肩罐，陶鬲与召陈西周前期双耳袋足分裆鬲一致，所以时代最晚[3]。在这种器形对比确定时间基点的基础上，研究者才能建立刘家墓地的陶器序列，但这种序列缺乏地层学证据的支持。

宋江宁：中国社会科学院考古研究所 助理研究员

卢连成先生于1985年发表不同意见，基于"二十座墓葬排列有序，相互没有打破关系。因此，有关墓葬的分期，只能依据陶器组合及器类、器形的变化来判定。"这样将墓地分为三期。原简报的一期不变，二至五期归为第二期，第六期为三期[4]。这一点就方法而言与尹盛平先生并无大的区别。区别在于他认为"各期墓葬时代之间不会再有大的空缺，前后衔接是比较自然的。仅据现有资料分析，刘家墓地延续时间不会太长"。后又著文将第一二期合并为第一期，年代约相当于殷墟第三期，原第三期为第二期，时代相当于殷墟四期，即文王前后[5]。

碾子坡是商代后期时关中地区发掘面积最大，遗存揭露最丰富的一处遗址。胡谦盈作为其发掘者，在1986年对刘家墓地与碾子坡晚期墓地和徐家碾墓地的面貌进行比较后，认为刘家墓地陶器面貌与碾子坡遗址晚期墓葬相同，属于先周文化第二期，"约属于古公、季历时期的先周文化遗存，大致与殷墟三期文化的年代相当"[6]。可见他认为刘家墓地无法进一步分期。

至1989年，张天恩进一步结合碾子坡、郑家坡和壹家堡等遗址的资料，以高领袋足鬲的类型学研究为基础，将刘家文化分为五期（未包括M3[7]）。刘家墓地的二至五期为刘家文化第三期，略晚于殷墟二期。第六期为刘家文化第五期，年代相当于殷墟第三期后段至第四期或略晚[8]。张天恩的分期研究也是基于地层学证据之上的。

1993年，孙华以壹家堡遗址的发掘资料为基础，对当时关中地区的十个商代主要遗址进行了分期[9]。他同意卢连成的分期结果，但对第一期M3的器物是否是一个共存体表示了怀疑，并认为从总体上看，第一期似乎与第三期更接近，应属于寺洼文化的范畴。他认为第二期的时代应介于壹家堡三四期之间，并更接近后者，绝对年代应在商王康丁之后，帝乙之前，即殷墟三期晚段到四期早段。

至2002年，雷兴山在上述遗址的基础上，又增加了周原、蔡家河等遗址的地层关系和研究成果，将刘家墓地分为4段，并依据礼村H8和沣西H18的发现确认M3为刘家墓地最晚段[10]。他的分期与上述各位又有所不同。第一段包括M37和2001年征集的2座墓。第2段包括M8、M9、M11、M20、M40、M41、M46计7座墓。第3段包括M4、M7、M14、M21计4座墓。第4段包括M3、M27、M49计3座墓。墓地时代从殷墟二期偏早阶段或殷墟二期延续到商代末期或灭商前夕。

另，高领袋足鬲足根的变化很明显，在实践中也经常使用到。张天恩将足根分为鸭嘴形、扁柱形、扁锥形、圆锥形由早到晚的四种形状。雷兴山将足根分为鸭嘴状、扁柱状、椭圆柱状、扁锥状、圆锥状五种[11]。两位的结果基本相同，仅在于后者多出了椭圆柱状足根一种。鉴于目前资料发表较少，以及大部分资料只能参考线图的原因，我们可以采用张天恩的分类方案。

笔者在上述分析的基础上，结合高领袋足鬲的演变序列，将刘家墓地分为两期。第一期包括雷文前三段，高领袋足鬲以扁锥状足根为主，个别的圆锥状足根与扁锥状足根共存于同一座墓内。第二期为雷文的第四段，高领袋足鬲的足根为圆锥状，折肩罐为尖圆唇，另外还有异型鬲和典型最晚期的圆肩罐。两期的年代约为殷墟三四期。

二、壹家堡遗址

壹家堡遗址位于扶风县壹家堡（又称益家堡）村西，漳河北岸的塬地上。面积约40万平方米[12]。

1980年以来，扶风县博物馆曾对遗址进行过调查和试掘[13]。1986年北京大学考古系商周组进行了发掘。

孙华将遗址分为四期6段[14]。第一期包括第1段，为商文化京当类，时代相当于殷墟第一期第1组偏晚，即商王盘庚、小辛、小乙之时；第二期包括第2段，为郑家坡类遗存，上限不早于殷墟第一期第1组，下限相当于武丁时期，最晚不过祖庚之时，即大约在殷墟一、二期左右；第三期包括第3段，在祖甲至康丁前后，即殷墟第二、三期左右；第四期包括第4、5、6段，上限不早于商王武乙，下限为商王帝乙或稍晚，即大约在殷墟三四期。

梁星彭将遗址分为三期，第一期与孙文的第一期相同，第二期与孙文的第三期相同，第三期将孙文的第二期与第四期合并。认为第三期的年代应为西周前期[15]。

张天恩将孙文的第一、二期合并作为第一期，性质为商文化京当类，时代为殷墟一期[16]。雷兴山赞同张天恩的做法，但认为第一、二期的时代相当于殷墟一、二期之际至第二期。第3、4段（注：孙文的第三期和第四期早段）的时代尚属先周，第5段的时代采纳了梁星彭的意见，定为西周前期[17]。

笔者基于自己的研究[18]，同意张天恩将第一、二期合并作为第一期的意见，大致为京当类最后阶段的遗存。

以往学者都认为孙文的第三、四期可以分开，笔者经过分析，认为这两期应为同一期。原因如下：第一，孙文的论证是以T31、32的第③—④B层的地层关系为基础的。据报告的描述，T31、32第③—③Ⅰ层以及其中的H35和H36是一个牲畜圈栏毁弃后的堆积，灰坑是圈栏底部为盛贮牲畜粪便而挖掘的浅坑，根据相关的遗存分析结果，我们同意这个看法。但观察报告提供的剖面，第④—④B层的堆积状况与第③—③Ⅰ层是一致的，所以第④—④B层应是圈栏的一部分。第二，陶器器形方面的证据。根据发表的器物来看，高领袋足鬲T32④：16为圆锥状足根，T32④A：33、41也具有晚期的特征。折肩罐T32④：29为尖圆唇。可见的3件真腹豆有明显的商式器特征，但这类豆的序列也不明显，在周原遗址可以延续到第五期[19]。假腹豆也有类似的情况。参考周原遗址的分期，可见壹家堡第三期的面貌总体上更倾向于周原的第五期，但因为资料少无法确定。我们试根据上面的地层分析将孙文第三期（T31、32④—④B、H37）和第四期4、5段（H21、T31、32③—③Ⅰ）的遗迹单位合并起来与1997年沣西H18进行对比，可以发现，高领袋足鬲H21：7和T32④：16都在沣西H18中有同类器。H37：5的甗与沣西H18：142甗的口沿相似。T31③：31簋圈足与沣西H18：46簋的圈足相似。T31③：14唇部的风格与沣西H18：51鬲的唇部风格一致。折肩罐T31③：24、T32④：29和盆T31③G：63也与同类器相近（图一）。综合看来，将二者合并起来是可行的。第三，陶器器类统计数据的分析。报告中第三期高领袋足鬲为189件，占22%，联裆鬲为112件，占13%。甗80件，占9%，但不能确定高领袋足甗和联裆甗的数量，所以高领袋足鬲和高领袋足甗与联裆鬲和联裆甗的数量对比不能确定，也就是说，无法据以得出这一期高领袋足鬲和高领袋足甗才具有代表性的认识，所谓的"刘家村遗存"自然也就失去了支持的基础，或者最起码要打上一个大的问号。而且这种现象与已知的其他遗址都无法相比较。同时，报告中第四期4、5段联裆鬲和联裆甗的数量远远多于高领袋足鬲和高领袋足甗。T21、22的第4文化层（包括了H21）有联裆鬲256件，占15%，高领袋足鬲22件，占1%。联裆甗也多于高领袋足甗，但数量不清楚。T31、32第4文化层（包括第③—③Ⅰ层）有联裆鬲1458件，占33%，高领袋足鬲100件，不到总数的1%。联裆甗仍多

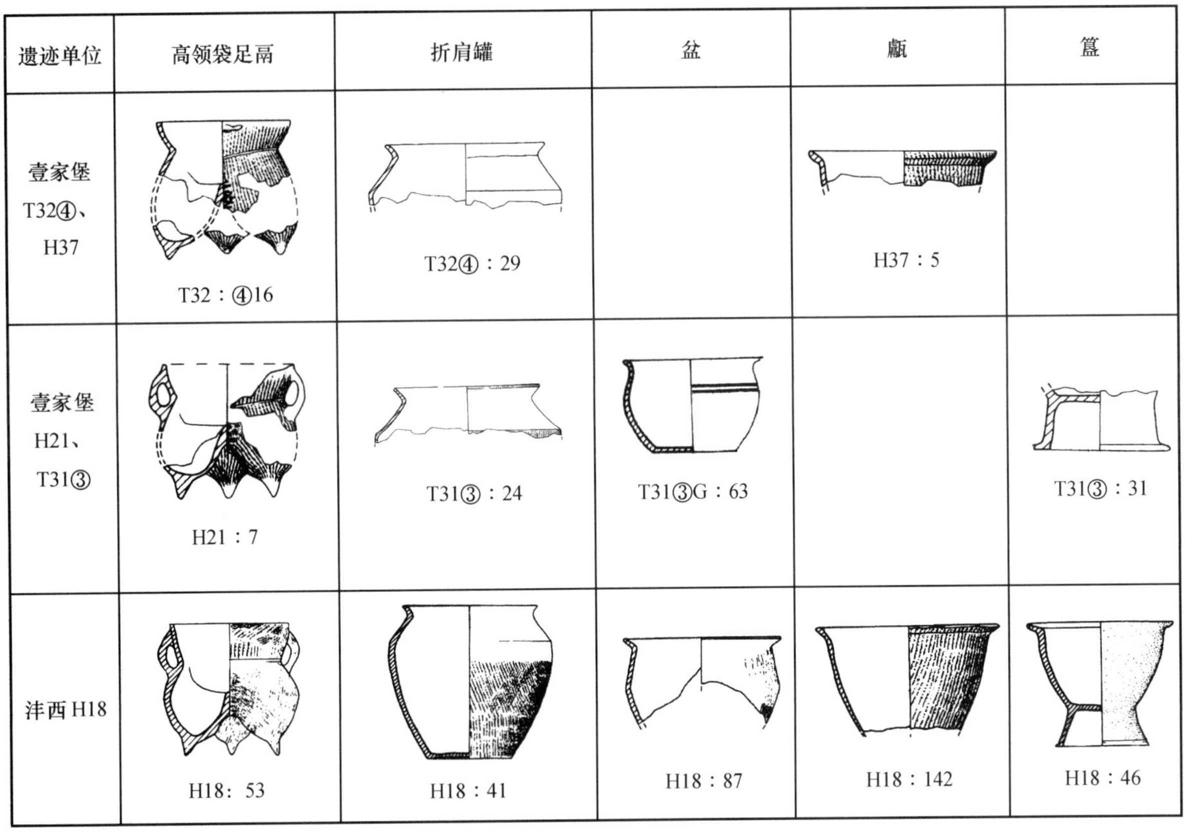

遗迹单位	高领袋足鬲	折肩罐	盆	甗	簋
壹家堡 T32④、H37	T32:④16	T32④:29		H37:5	
壹家堡 H21、T31③	H21:7	T31③:24	T31③G:63		T31③:31
沣西 H18	H18:53	H18:41	H18:87	H18:142	H18:46

图一　壹家堡遗址第二期与沣西H18陶器对比图

于高领袋足甗，但数量还是不清楚。结合前面第一、二点的分析，如果将第三、四期合为一期，那么依然是联裆鬲和联裆甗远多于高领袋足鬲和高领袋足甗，这种情况与沣西H18、周原遗址第五期晚段、周公庙遗址第一期第2段都很相似。

基于以上分析，我们将壹家堡遗址分为两期，第一期的面貌为京当类，第二期的面貌与沣西H18、周原遗址第六期晚段、周公庙遗址第一期第2段的遗存面貌相近，以联裆鬲、联裆甗和折肩罐、盆等为主，高领袋足鬲的足根为圆锥状。第一期的时代约为殷墟一期左右，第二期约为商周之际。

三、碾子坡遗址

遗址位于长武县亭口乡碾子坡村，地处黑河北岸，面积约16万平方米[20]。发掘者将遗址分为早、晚两期[21]。早期略早于古公亶父时期，年代大致与殷墟二期相当，晚期可能是周人迁岐前夕或稍晚的遗存。

由于正式报告迟至2007年才出版，以往的研究者都只能在简报的基础上进行研究，因此对分期提出了不同的意见。牛世山基于壹家堡和岸底等遗址的分期，以类型学的分析将早期居址分为2段，认为第1段的时代相当于殷墟二期偏晚，为商王祖庚、祖甲之时。第2段的时代为殷墟三期偏早阶段，为商王廪辛、康丁之时。还认为晚期墓葬不晚于殷墟四期偏早[22]。张天恩综合了碾子坡、园子坪和蔡家河三个遗址的资料，将碾子坡文化分为三期6段，每期各有两段。碾子坡遗址早期居址的大部分和前期墓葬属于第一期，时代为殷墟一期或略晚。早期居址的H166、H151等单位属于第二期，时代为殷墟二期或略晚。晚期墓葬为第三期，时代相当于殷墟三、四期[23]。刘军社也将碾子坡遗址分为三期，时代上限为殷墟一期或略早到殷墟三期左右[24]。王巍和徐良高认为晚期墓葬可以细分，最晚可至商末周初，并可与遗址的西周初期墓葬相接续[25]。

待正式报告发表后，雷兴山指出报告以发表完整器物为主，无居址单位的器类统计表，所以沿用了报告的分期，但认为早晚期不是直接相连的，并对年代提出了自己的意见，提出前期的时代相当于殷墟一期前后，晚期的时代下限在商周之际[26]。

笔者为了确定遗址是否可以进一步分期，经过仔细分析，发现多组同一件陶器出自不同遗迹单位的现象，如：Ⅱ式甗H1104：40出自H1104、H192、T172②，AⅡa式鬲H151：97出自H151、H190，Ⅲ式甗H813：50出自H813和T816③，一类Ⅱ式豆H188：60出自H188、H151、H189，一类Ⅲ式豆H151：129出自H151和H189，二类Ⅰ式豆H159[27]出自H159和T132③，三类BⅢ式豆H159[28]出自H159和H185，Ⅲ式盂H128：40出自H128、H151和H131，Ⅳ式盂H7：30出自H7和H2，Ⅲ式小盆H191：170出自H191和H188，Ⅵ式小盆H191：171出自H191和H151，Ⅲ式小罐H191：72出自H191、H111、H151、H1113，Ⅰ式折肩罐H124：20出自H124和H111，Ⅳ式尊H151：135出自H116、H140、H151。

整理后发现，可能存在共时性关系的遗迹单位有以下几组：

第1组　H192、H1104、T172②。

第2组　H111、H116、H124、H128、H131、H140、H151、H188、H189、H190、H191、H1113。

第3组　H813和T816③。

第4组　H159、H185、T132③。

第5组　H2、H7。

根据上述可能的共时性关系，我们考察了报告中发表的线图和器物照片，发现各组器物特征基本都保持一致。如H151的3件高领袋足鬲和1件甗都为扁柱状足根。H7的鬲虽然为扁锥状足根，但口沿的形状、口沿外附加的一周泥条都具有早期风格。H1104：1鬲为圆锥状足，但其形态明显与高领袋足鬲不同，口沿外花边的做法，袋足的形状等具有赵家沟类和枣树沟脑类遗存的特征[29]。盂、小盆、大口罐、折肩罐、盆、尊等器类唇部的主要特征是附加较薄的泥条，形成圆方唇或方圆唇，另有少量的商式斜方唇，以及似未加泥条的方唇。

早期墓葬只有6座墓有随葬品，8件陶器中有5件袋足鬲、1件联裆鬲、2件豆。另有农民在墓地修梯田时挖出的5件完整陶鬲，其中4件为袋足鬲，1件联裆鬲。袋足鬲有足根者7件（M662：1、采集04、M670、采集02、M672：1、采集03、M660：1），其中扁柱状足根者4件，扁锥状足根者3件。袋足鬲无足根的2件为采集01和M663：2。采集01报告中认为是圆锥状足根，根据线图和照片看都不明显，而且口沿外附加泥条的形状有扶风赵家沟H1[30]和枣树沟脑类的特征。M663：2这种鬲形状很少见，其颈部的锯齿状纹饰与瘪裆鬲（采集05）和居址T331③：12相似。两件也都与居址的同类器相近。

晚期墓葬出土陶器113件，全部为陶鬲，发表了68件。其中高领袋足鬲64件，联裆鬲3件，另外1件为袋足鬲，但形制特殊（M1201:1）。高领袋足鬲中明确表述为扁柱状足根者1件（M1193:1），扁锥状足根者4件（M303:1、M178:1、M1182:1、M135:1），圆锥形足根者32件，其余据线图和照片观察应大多为圆锥状足根和少量的无足根（图二）。M1193:1的形制与前期陶鬲差别极大，反而与晚期M1:1、M109:1、M1178:1等和1997年沣西H18:127、H18:128、H18:53[31]等口部基本相同，而且M109:1与刘家墓地最晚期的M49:12[32]，周原礼村H14:1[33]相似。沣西H18为商后期最晚段的典型遗迹，刘家M49的时代也大致在这一时期。所以这类鬲的足根与高领袋足鬲的变化序列不同，应区别对待。雷兴山也专门对此进行过论述，并将其命名为"异型高领袋足鬲"[34]（图三）。这几件鬲所属的墓葬与其他墓葬混杂在一起，墓葬方向保持一致，而且各自分开，相距较远，可见其与周边墓葬的时代应相距不远。此外晚期还有三组墓葬的打破关系，但可用的只有M161打破M168一组，二者的陶鬲都为圆锥状足根，无法分出早晚，并且墓主人分别为男和女，打破的部分也很小，很可能是夫妻并列的墓葬。

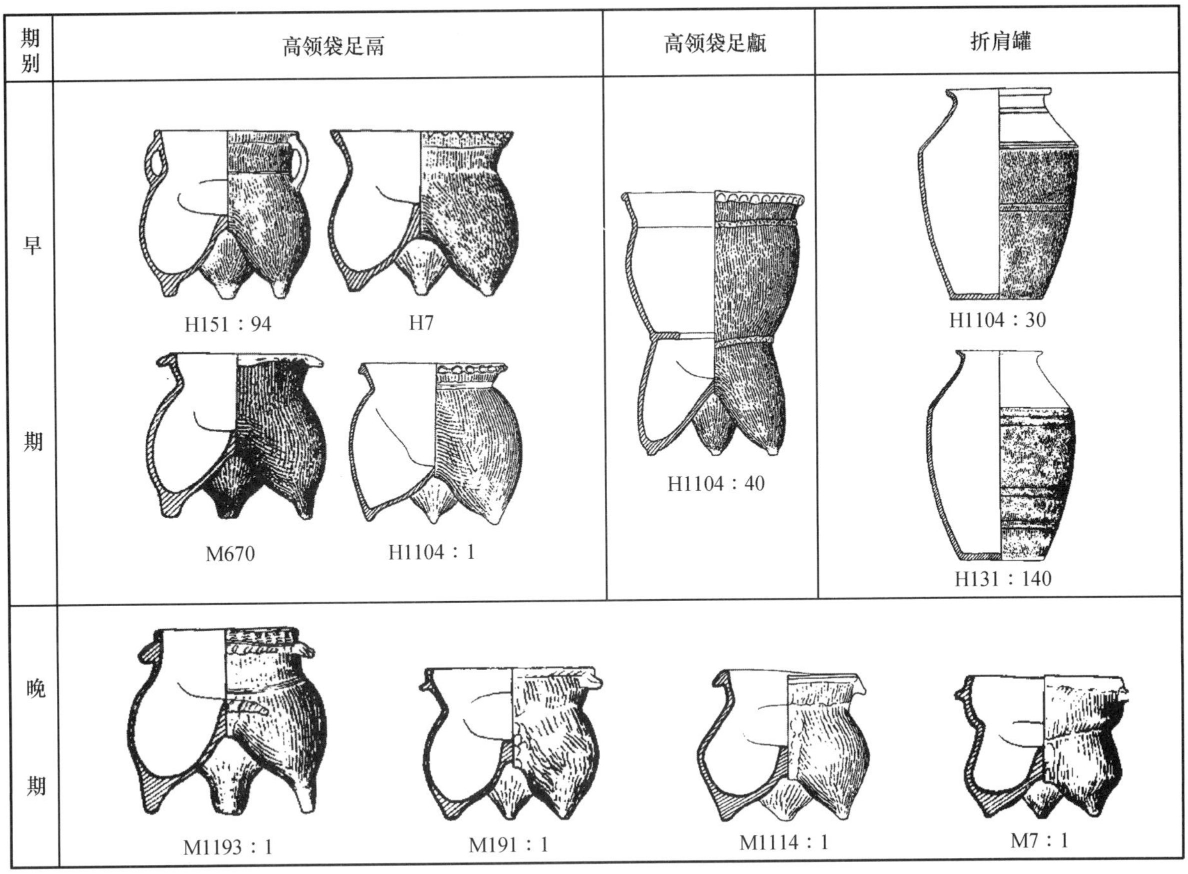

期别	高领袋足鬲	高领袋足甗	折肩罐
早期	H151:94　H7　M670　H1104:1	H1104:40	H1104:30　H131:140
晚期	M1193:1　M191:1　M1114:1　M7:1		

图二　碾子坡遗址出土陶器

根据以上的分析，可以发现早期墓葬和居址的面貌基本相似，可归为一期，符合胡谦盈先生的认识，即早期墓地为早期居址居民的墓地，时代大致相当于周原遗址的第四期。高领袋足鬲以扁柱状足根为主。折肩罐和盆、尊等器类唇部的主要特征是附加较薄的泥条，形成圆方唇或方圆唇，另有少量的商式斜方唇，以及似未加泥条的方唇。晚期墓地也可归为一期，时代大致相当于周原遗址

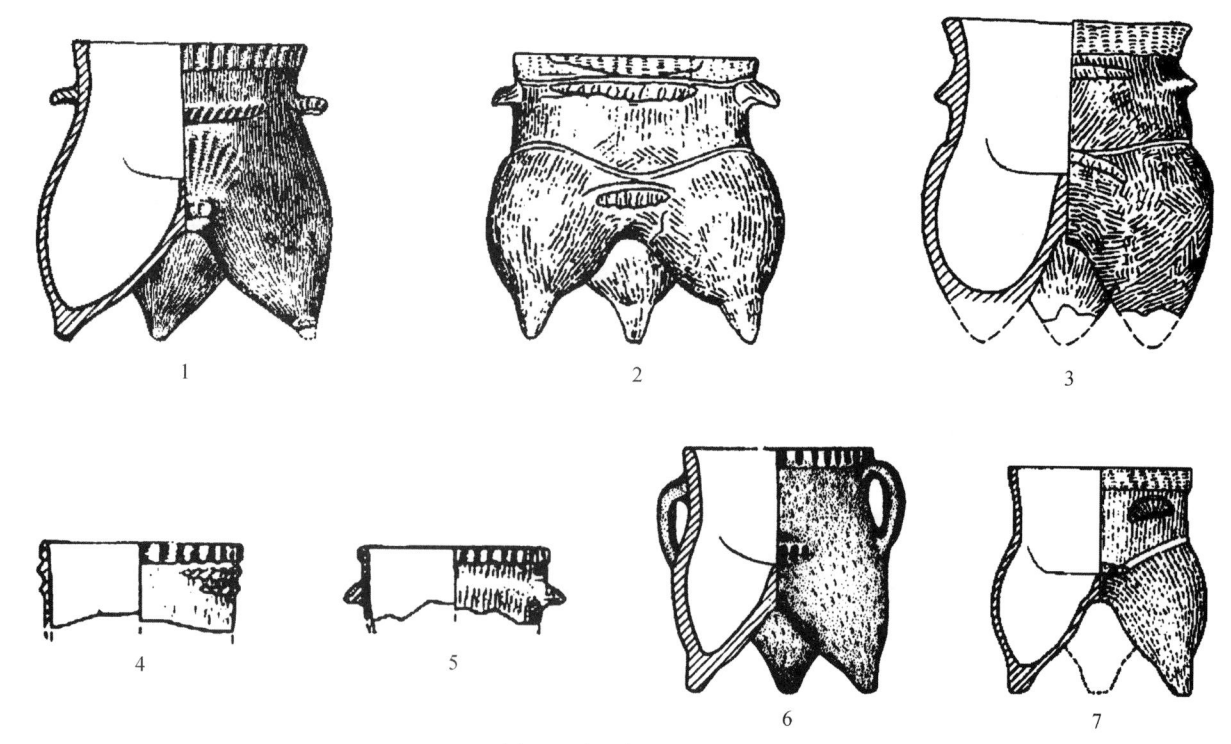

图三 异型高领袋足鬲

1. 碾子坡M109：1 2. 碾子坡M1178：1 3. 碾子坡M1：1 4. 沣西H18：127 5. 沣西H18：128 6. 刘家M49：12 7. 礼村H14：1

第六期。高领袋足鬲的足根以圆锥状为绝对多数，另有少量无足根和个别扁锥状足根。第一期的时代约为殷墟第二期或稍后，第二期为殷墟四期或商周之际。

四、老牛坡遗址

遗址位于西安市灞桥区洪庆乡老牛坡村，地处灞河北岸白莽原南沿台地上[35]。面积约200万平方米[36]。1972年即出土过一批商代铜器和陶器[37]。此后还陆续出土过一些商代青铜器和玉器[38]。1985—1989年，西北大学历史系考古专业先后进行了发掘。

刘士莪在《老牛坡》报告中将遗址分为两段五期。前段包括第一、二期，为商代文化前期，时代分别相当于二里冈下层和上层时期；后段包括三、四、五期，为商代文化晚期，时代分别相当于殷墟文化一二期、四期和帝辛亡国后[39]。

宋新潮将遗址分为两段六期。第一、二期为前期，年代相当于二里冈下层和上层。第三、四、五、六期为商代晚期，年代相当于殷墟一至四期[40]。后王立新认为宋文的第一期相当于早商文化第1、2组（即学界通常使用的二里冈下层），第二期相当于早商文化第3组（即学界通常使用的二里冈上层），第三至六期的年代跨度在殷墟一期之后至周初[41]。

黄尚明将遗址分为四期，第一期时代相当于二里冈下层，第二期相当于二里冈上层，第三期相当于殷墟一、二期，第四期相当于殷墟三期及四期早段。将墓葬分为三期，分别相当于遗址的二、三、四期[42]。

张天恩同意刘士莪、宋新潮和王立新等对老牛坡遗址早商阶段的划分，但根据《老牛坡》报告的地层关系和类型学分析对遗址的分期进行了调整，具体分为三期5组。第一期包括第1、2组，年代约相当于二里冈下层时期。第二期为第三组，年代相当于二里冈上层时期。第三期包括第4、5组，年代相当于洹北商城前期至殷墟文化一期。但他也指出"第一期文化遗存确实发现得很少，要进一步将其划分为两组是非常困难的"[43]，同时报告第二期并未提供可用来分组的层位关系。我们认为第一、二期发表的资料也不足以进行更细致的分期，所以仍采用报告的分期。

对于遗址的商后期，他将刘士莪的第五期归入西周时期，将原第三、四期分为三期四组。第一期包括第1、2组，时代相当于殷墟一期晚段至殷墟二期。第二期为第3组，时代约相当于殷墟第三期。第三期为第4组，时代约相当于殷墟四期[44]。对此我们将进行细致的考察，经过分析张天恩的分期，笔者发现其第一期1、2组的划分并没有直接的地层证据，只是根据类型学的排比，而且遗存面貌与刘士莪的第三期基本保持一致，唯一的差别是将报告第四期的88XLⅠ2H26提前至第3组。查阅报告，我们发现88XLⅠ2H26只发表了1件鬲和鼎足，所以可以认为他们关于这一期的认识基本上是一致的。

张文的第二、三期是基于三组地层关系，将报告除88XLⅠ2H26之外的第四期拆分开来的。笔者以为报告的第四期是不可分的，理由如下：

第一，张文的第一组地层关系是88XLⅠ2H25分别打破88 XLⅠ2H1和H19。H25发表了2件鬲、1件甗，H1发表了2件鬲，H19发表了1件鬲。第二组是87 XLⅠ2H11打破87 XLⅠ2H18。H11发表1件甗、2件豆、3件罐、2件瓮（折肩瓮[45]和敛口瓮）、1件大口缸，H18发表了2件瓮（折肩瓮和敛口瓮）。第三组关系是87 XLⅠ2H12打破H17。H12发表了1件豆、1件大口缸，H17发表1件盆、1件折肩瓮。可见各组关系中器物数量都太少，不足以分期。

第二，张文的第二期有14个典型遗迹（9座灰坑和5座墓葬，其中4座墓出土有陶器），第三期有40个典型遗迹（5座灰坑、33座墓葬和2座车马坑，其中12座墓出土有陶器）。参考报告可知，第四期灰坑总共发表了张天恩用来分期的鬲、甗、真腹豆和大口缸36件[46]。墓葬共出土完整陶器36件（29件鬲、7件罐），发表了35件（28件鬲、7件罐），分别出自16座墓葬。而张文第二、三期的典型遗迹共有54个，如此则用来分期的四类陶器最多只有71件，数量上仍无法保证分期的需要。

第三，报告中第四期的墓葬之间没有打破关系，且有22座墓葬被盗扰，22座墓葬未见到陶器（其中1座陶器不能复原），墓葬出土陶器的数量都在1—4件，单纯依靠类型学是无法进行分期的。

第四，报告中将居址的鬲分为八式，甗分为三类，豆分为八式，盆分为五式，罐分为九式，大口缸分为八式，墓葬的29件鬲分为十式，7件罐分为四式，这些就表明第四期的遗存比较丰富，面貌可能比较复杂，无法按照个别器物之间地层上的早晚关系对其他器物进行分期研究。

通过以上分析，我们认为报告的第三、四期目前无法做更细致的分期。

关于遗址第五期的时代，我们认为还不能确定已经进入西周时期，因为其文化面貌依然与第四期联系紧密，而且与紧邻的1997年沣西H18的陶器有相似之处[47]。如罐85M5（采）：1与H18：131相近。簋和豆常见于丰镐和周原西周早期遗存。我们认为将第五期定为商后期最晚段或下限为商周之际是比较合理的。

至此，我们以为报告的分期方案目前是不能做调整的，若有更多新资料的发表方可再做尝试。第一、二期相当于二里冈下层二和上层时期，第三、四、五期为前两期的延续，下限为商周之际。

注　释

[1]　凯瑞·帕内罗：《昆廷·斯金纳思想研究：历史·政治·修辞》，李宏图、胡传胜译，华东师范大学出版社，2005年。

[2]　陕西周原考古队在《扶风刘家姜戎墓葬发掘简报》（《文物》1984年第7期）中报道了20座墓，雷兴山在《先周文化探索》（科学出版社，2010年）中增加了2001年周原博物馆征集的2座墓的资料。

[3]　陕西周原考古队：《扶风刘家姜戎墓葬发掘简报》，《文物》1984年第7期。

[4]　卢连成：《先周文化与周边地区的青铜文化》，《考古学研究》，三秦出版社，1993年，第243—279页。

[5]　卢连成：《扶风刘家先周墓地剖析——论先周文化》，《考古与文物》1985年第2期。

[6]　胡谦盈：《试谈先周文化及相关问题》，《胡谦盈周文化考古研究选集》，四川大学出版社，2000年，第124—141页。

[7]　张天恩在《关中商代文化研究》（文物出版社，2004年）中将M3的年代定为殷墟三期之后，但未作具体的年代推断。

[8]　张天恩：《高领袋足鬲的研究》，《文物》1989年第6期。

[9]　孙华：《关中商代诸遗址的新认识——壹家堡遗址发掘的意义》，《考古》1993年第5期。

[10]　雷兴山：《先周文化探索》，科学出版社，2010年，第168—173页。

[11]　雷兴山在《先周文化探索》（科学出版社，2010年）第108—109页中将高领袋足鬲分为八式，我们根据其描述归纳出足根的形状有五种。

[12]　国家文物局主编：《中国文物地图集·陕西分册（下）》，第298页中编号为4-A4的遗址面积为25万平方米，高西省调查中数据为40万平方米。

[13]　扶风县博物馆　高西省：《陕西扶风县益家堡商代遗址的调查》，《考古与文物》1989年第5期。

[14]　北京大学考古系：《陕西扶风壹家堡遗址发掘简报》，《考古》1993年第1期；孙华：《关中商代诸遗址的新认识——壹家堡遗址发掘的意义》，《考古》1993年第5期；北京大学考古系商周组：《陕西扶风县壹家堡遗址1986年度发掘报告》，《考古学研究（二）》，北京大学出版社，1994年；孙华：《陕西扶风壹家堡遗址分析——兼论晚商时期关中地区诸考古学文化的关系》，《考古学研究（二）》，北京大学出版社，1994年。上述诸文中都有对遗址分期的介绍，最详细者为最后一文，本文以最后一文为准。

[15]　梁星彭：《壹家堡商周遗存若干问题商榷》，《考古》1996年第1期。

[16]　张天恩：《高领袋足鬲的研究》，《文物》1989年第6期。

[17]　雷兴山：《先周文化探索》，科学出版社，2010年。

[18]　宋江宁：《商文化京当类与郑家坡类遗存关系探讨》，《三代考古（三）》，科学出版社，2009年。

[19]　宋江宁：《区域社会的形成与发展——商代关中的考古学研究》，中国社会科学院研究生院博士学位论文，2011年5月。

[20]　国家文物局主编：《中国文物地图集·陕西分册（下）》第404页，17—A17。

[21]　中国社会科学院考古研究所泾渭工作队：《陕西长武碾子坡先周文化遗址发掘纪略》，《考古学集刊

（6）》，中国社会科学出版社，1989年。中国社会科学院考古研究所：《南豳州·碾子坡》，世界图书出版社，2007年。

[22] 牛世山：《刘家文化的初步研究》，《远望集——陕西省考古研究所华诞四十周年纪念文集》，陕西人民美术出版社，1998年，第200—213页。

[23] 张天恩：《古密须国文化的初步认识》，《远望集——陕西省考古研究所华诞四十周年纪念文集》，陕西人民美术出版社，1998年，第214—220页。

[24] 刘军社：《论碾子坡文化》，《远望集——陕西省考古研究所华诞四十周年纪念文集》，陕西人民美术出版社，1998年，第221—232页。

[25] 王巍、徐良高：《先周文化的考古学探索》，《考古学报》2000年第3期。

[26] 雷兴山：《先周文化探索》，科学出版社，2010年，第90—91、203—204页。

[27] 中国社会科学院考古研究所：《南豳州·碾子坡》，世界图书出版社，2007年。报告中未见到具体器物号。

[28] 中国社会科学院考古研究所：《南豳州·碾子坡》，世界图书出版社，2007年。

[29] 周原考古队：《2004年秋季周原老堡子遗址发掘报告》，《考古学集刊（17）》，科学出版社，2010年。

[30] 周原考古队：《2004年秋季周原老堡子遗址发掘报告》，《考古学集刊（17）》，科学出版社，2010年。

[31] 中国社会科学院考古研究所沣镐工作队：《1997年沣西发掘报告》，《考古学报》2000年第2期。

[32] 陕西周原考古队：《扶风刘家姜戎墓葬发掘简报》，《文物》1984年第7期。

[33] 周原遗址2002年发掘资料，转引自雷兴山《先周文化探索》（科学出版社，2010年）图九：18，属于周原遗址第五期晚段，时代大致与沣西H18相同。

[34] 雷兴山：《先周文化探索》，科学出版社，2010年，第112页。

[35] 张天恩先生在《关中商代文化研究》（文物出版社，2004年）中指出位于灞河东岸，与报告并无冲突，因灞河在此段为东南—西北向，所以遗址位于东岸和北岸的说法都可接受。

[36] 国家文物局主编：《中国文物地图集·陕西分册（下）》第60页，17—A17。

[37] 保全：《西安老牛坡出土商代前期文物》，《考古与文物》1981年第2期。

[38] 王长启：《建国以来老牛坡遗址散出的商代历史文物》，见刘士莪主编《老牛坡》一书，陕西人民出版社2002年版，附录一，第415—425页。

[39] 刘士莪：《老牛坡》，陕西人民出版社，2002年，第329—336页。

[40] 宋新潮：《殷商文化区域研究》，陕西人民出版社，1991年，第69—72页。

[41] 王立新：《早商文化研究》，高等教育出版社，1998年，第162—163页。

[42] 黄尚明：《论老牛坡商文化的分期》，《江汉考古》，2003年第1期。

[43] 张天恩：《关中商代文化研究》，文物出版社，2004年，第115—118页。

[44] 张天恩：《关中商代文化研究》，文物出版社，2004年，第131—141页

[45] 《老牛坡》报告中未对瓮进行分类，笔者在此为了表达上的清楚，并利用与折肩罐和敛口罐的相似做如此命名。

[46] 其中真腹豆为《老牛坡》图一四一：4，图一四二，大口缸为图一五一，图一五二：1、2、3，图一五三1、2、3。

[47] 中国社会科学院考古研究所沣镐工作队：《1997年沣西发掘报告》，《考古学报》2000年第2期。

Reconsideration on the Periodization of Several Shang Dynasty's Sites in Guanzhong Area

Song Jiangning

Abstract: There are still some disagreements and dissents about several important sites' periodization during Shang dynasty in Guanzhong Area. We have to clarify the basic knowledge above in order to further discuss the changes of cultural structure. In this paper, the author discusses the periodization of several important sites on the basis of previous research, combined with specific analysis of stratigraphy, artifacts and the whole cultural structure change.

Keywords: Guanzhong area, Shang dynasty, periodization

宝鸡石鼓山M3墓主及相关问题

辛怡华

内容摘要： 宝鸡石鼓山西周早期贵族大墓（M3）是近年来商周考古的一次重要发现，时代为成王时期。"☐父乙䕓"不只表明M3的墓主名为"父乙"，是晚辈为父辈制作的祭器，同时也表明墓主是姜姓的一支。墓葬中非户氏家族青铜器，应是商周时期流行的有姻亲或联盟关系的族氏在墓主死后所赠赠的助葬之器。在非"户"姓族氏中，"冉""重"族氏与"户"族关系最为亲近，不排斥联姻或连亲关系。

关键词： 石鼓山；西周墓葬；助葬器；墓主；父乙

宝鸡石鼓山西周早期贵族大墓（M3）是近年来商周考古的一次重要发现。主要青铜礼器都出自壁龛，出土的商周时期青铜禁，是1949年以来首次发现，其上摆设的器物，井然有序，弥补了早年宝鸡戴家湾出土青铜禁不是科学考古发掘的遗憾。

M3出土青铜礼器可分14种，31件，计有：鼎6、簋6、卣6、方彝1、禁2、尊1、壶1、甗1、罍1、盂1、盘1、爵1、觯1、斗2。发掘报告认为，"户"是墓主家族的族徽，宝鸡石鼓山一带应是姜姓户氏家族墓地[1]。K4出土的中臣尊鼎（M3：81）有铭文6字："中臣尊鼎，帝后。"按商周礼制，已亡故的王称"帝"，"帝后"即已故王的配偶，是女性。根据墓葬及该器物年代，李学勤先生认为，鼎铭内的"帝后"，就应当是武王之后邑姜了[2]。"帝后"一词出现，表明武王已故，由此推测，石鼓山M3的时代应为成王时期（图一）[3]。

图一　石鼓山M3

辛怡华：宝鸡市考古研究所　副研究员

一、M3中非墓主族属的青铜礼器应是墓主友好联盟、联姻族氏的助葬之器

M3出土的青铜礼器中，涉及的族徽有鸟、万、户、冉、彳、曲、单、亚羌、▲、重等。如果"户"就是墓主家族的族徽，那么非户氏家族的器物为什么会出现在姜姓户氏家族的墓葬里呢？

有一种说法就是因为墓主参加了武王伐商事件，因战功而受赏获得的战利品。但从对墓葬所出器物的文化属性分析，大多数壁龛里的随葬器呈现出宝鸡地方特色[4]。如果认为非墓主家族的青铜器来源于战争掠夺，那么被掠夺的家族一定会被毁庙失祠，但为什么所谓曾被掠夺的家族，却在西周时期一直存在、而且还曾作为西周高级贵族中的一员呢？如"彳"族器[5]、冉族器[6]等。特别是冉族器物在宝鸡凤翔西劝读西周中期建筑基址窖藏中发现，表明该族不但没有被灭庙绝祠，而且还在关中西部过着高级贵族的生活。同样户族器物在距石鼓山以西不到10千米的同时代的彊国墓葬中发现[7]，表明户氏与彊国可能有着联盟或联姻的友好关系。

商周时期各族氏之间广泛地存在着联姻或联盟关系，在丧葬制度上的反映就是赠赠制度，即相互助葬。只是西周后期礼制严格化以后，限制非墓主铜器的随葬，礼器赠赠也受到限制。因此，西周早期墓葬中出现多个族氏人名，表明该墓主与这些族氏有某种直接或间接的关系。可能是墓主有联姻或联盟关系的族氏所赠送的助葬之器，或是生前通过交换、纳贡等其他方式所得他族之器而被埋入墓中的。因此，石鼓山M3发现非户氏家族青铜器，应是商周时期流行的有姻亲或联盟关系的族氏在墓主死后所赠赠的助葬之器[8]。

二、M3的墓主是"父乙"

在石鼓山3号墓出土的31件青铜礼器中，有16件发现有铭文，虽然字数不算多，但信息量大。涉及的族徽有鸟、万、户、冉、彳、曲、单、亚羌、▲、重等，涉及的人名以日名为主，有父甲、父乙、父丁、父癸等。这么多族徽与人名涌进一座墓葬中，使得墓主人的身份扑朔迷离。

位于墓葬北壁的三号龛，宽2.30米，在6个龛中形制最大，器物最多，有10种，16件，均为酒器。K3是墓葬中最重要的壁龛（图二），墓主家族的代表器物摆放在这里，如青铜禁、户方彝、户卣等，按理，墓主的器物也应在这里。我们认为，大铜禁（M3：25）及其之上的小铜禁（M3：21）"户"卣乙（M3：21）、"户"卣甲（M3：23）、1号铜斗（M3：22）、"户"彝（M3：22）、铜斝（M3：98）这7件一套酒器，是户氏家族之器，代表户氏家族。

属于户氏家族的青铜器，多有高大、凝重的形体，华美、张扬的造型。全新纹饰主要有见于宝鸡戴家湾墓地的长冠凤鸟纹和宝鸡石鼓山M3方座簋上的勾喙象鼻鸟纹，少了凶悍的感觉，多了温婉之情趣。而更显眼的是对多种铜器的扉棱有意识地进行了增大、加宽、增高，并多置勾叉，在有些器物上增添高张的叉、齿，使得许多铜器呈现出奢华、豪放、张扬的色彩[9]。

而紧靠青铜大禁右侧的亚羌父乙罍（M3：19），应是墓主之器，这不仅是由于它摆放位置显要，器型大，制作精美，更是由于其铭文。该罍内口沿铸"⊠父乙"，"父乙"是日名亲属称谓，

图二　石鼓山K3

是受祭者，表明器物是子辈为父辈丧葬而专门制作的祭器。"🆎"，外框亚字形，内为羌字，羌字旁有走字旁符，可能表明，羌人是一个多迁徙的氏族，商代晚期祖甲以后常见。加走字旁与否，古人要求并不严格，因而与羌同。

羌是商周时期一支实力强大的族群，商对羌地的方国或部落都称为"羌方"，两者关系十分密切。据顾颉刚先生研究，羌的疆域广大，大致说来据有今甘肃省大部分和陕西省西部，向东则已达到今山西南部及河南西北一带[10]。对商人来说，羌方是一个特殊的国家，他是卜辞中唯一提到在商人祖祭中被当做牺牲的异邦，对羌方的战争也总是动用大批军队，有时一次就动员1.3万人[11]。羌人也是商人战俘的主要来源，据卜辞记载，这些羌人战争俘虏常在商人的祖祭中被用作牺牲而杀死，他们作为供品，意义与牛、绵羊和小山羊无异。据胡厚宣先生统计，在大批羌人被看做是牺牲的卜辞中，被作为牺牲而处死的羌人个体就达7426人[12]。

目前见到的同类铭文的"亚羌"器，是1985年山西灵石旌介村商代晚期M1出土的两件亚羌爵（M1∶11、M1∶13），铭文都位于鋬内腹壁上[13]。曹定云先生认为："亚是一种武职官员，担任这一职务官的通常是诸侯。凡担任这一职官的诸侯，往往在其国名或其私名前加'亚'字，或框以亚形，此种诸侯之地位，在一般诸侯之上。"[14]羌族为姜姓，是姬姓周人的同盟军。

据媒体报道，2013年12月在宝鸡石鼓山发掘的四号墓葬与三号墓有共同的葬俗，该墓发现了8个壁龛，同样，在墓室北壁西北角壁龛内发现了一件高领袋足鬲，同时摆放4件青铜礼器，其中一件方鼎上铸有铭文5字："作韦亚乙尊。"笔者认为"韦亚"应为武官一类官职，这个"乙"与M3"父乙"应是同一人，只不过一个是生称，一个为死称而已。这里牵涉日名制度问题中一个重要问题，日名到底是生称还是谥号？如果此推测不谬，日名显然在生前就有了。

"🆎父乙罍"（M3∶19）是一件标志性很强的器物，它不仅表明M3的墓主名"父乙"，是晚辈（极有可能就是墓主之子）为父辈制作的祭器，同时表明墓主是姜姓羌人的一支，且曾担任武官（墓葬随葬的大量青铜兵器可资证明），其身份相当于诸侯一级。

三、从考古发现、古文献记载看，商周时姜姓贵族曾有用日名的习惯

从出土青铜器铭文看，商周时至少部分姜姓贵族是用日名的。如石鼓山一号出土的"亚共庚父丁"尊（M1：1），"亚"，表示武职身份，在石鼓山一号墓葬首次发现了西周时期铜甲，也说明了墓主的身份是武将一类。"共"，表明族属；"父丁"，日名亲属称谓。"共"氏族器在殷墟也有发现。如1969—1977年安阳殷墟西区孝民屯商M907出土"共"鼎、"日辛共"爵等，时代为殷墟四期。1973年清理的GM152出土"共"爵、"共"罐，1972年春发掘的GM93出土"亚共"尊2件[15]。"共"为族名，甲骨文中有"妇共"之"共"为族名。殷墟西区第七墓区的"凩"（共）族徽，由武丁时期卜辞中有"妇共"可知，它同商王是异姓关系。张天恩先生推测，共族为古文献记载"共工氏"[16]。共工氏是继神农氏以后，又一个为发展农业生产做出过重要贡献的人。关于他的传说，几乎全与水有关，最有名的故事是共工怒触不周山。传说共工氏姓姜，是炎帝的后代。《山海经·海内经》有："炎帝之妻，赤水之子听𬾨生炎居，炎居生节并，节并生戏器，戏器生祝融，祝融降处于江水，生共工。"因此，考古发现的"共"族，是姜姓一支，他们曾采用日名制度。

同样，在古文献中，姜姓也有用日名亲属称谓的习惯，最典型的例子莫过于齐国开国之君姜太公的继任者。《史记·齐太公世家》云："盖太公之卒百有余年，子丁公吕伋立。丁公卒，子乙公得立。乙公卒，子癸公慈母立。""丁公""乙公""癸公"，都为日名。

可见无论金文资料，还是古文献佐证，有一部分姜姓是采用日名亲属称谓习惯的。因此M3主人采用日名亲属"父乙"称谓，与他是姜姓族氏，并不矛盾。

四、"冉父乙"卣、"重父乙"卣，是墓主友好族氏"冉"族、"重"族为墓主"父乙"丧葬，专门制作的助葬之器

在M3中，涉及"父乙"的器物有"亚羌父乙罍"（M3：19）、"冉父乙卣"（M3：13）、"重父乙卣"（M3：30），在这三件器物中，涉及的族氏有"户""冉""重"（表一）。

父乙卣2件（冉父乙卣、重父乙卣），其形制、纹饰相同，大小相次，为一对列卣。盖顶正中花蕾状盖钮，饰蝉纹。盖顶纹饰一周，以连续小圆圈纹为边，中饰菱形几何纹。索状提梁，两端圆环与卣体肩部的半圆形耳相穿连。肩部纹饰一周两组，各组纹饰正中高浮雕兽首纹，兽首两侧饰菱形几何纹，几何纹上下以连续小圆圈纹为边。

此两卣形制、纹饰相同，日名也相同，文字风格相似，但族徽却不同。如何解释这个问题？如果是同一人之器，为什么族徽不同？如果是不同族氏之器，又为什么人名相同？如果说是不同氏族，同名不同人的器物，它们因某种原因，作为列卣埋在同一座墓里，简直太巧合了。虽然未经器物理化成分分析，但从该组列卣的器物外表成色看，应是同批次铸造。如果是同批次铸造，按常理推测应是为同一人定制之器。笔者认为，这三个"父乙"应是同一个人的亲属称谓，这个人就是墓

表一　亚羌父乙罍、冉父乙卣、重父乙卣比较

器物名	器物	亲属称谓	族徽	尺寸	出土龛号（K）及器物编号
亚羌父乙罍				通高50、口径18.2、圈足径23.2厘米，重14.08千克	K3（M3:19）
冉父乙卣				通高32、口径1.7—14.6、圈足4.5—18.5厘米，重4.92千克	K3（M3:13）
重父乙卣				通高21.6、口径7.2—9.6、圈足9.5—12.5厘米，重1.85千克	K6（M3:30）

主。"冉父乙卣"，是"冉氏"家族为墓主"父乙"丧葬定制的助葬器，同样，"重父乙卣"是"重氏"家族为墓主"父乙"丧葬定制的助葬器。

在高度发达的青铜时代，酒器是大宗，以酒器命名的青铜礼器，几乎占到礼器器名的一半。祭神祭祖是商周时期的政治核心，酒有香气溢出，古人设想它很容易飘升通天神，甚至可以设想，让神多饮酒而醉，神就会于高兴迷乱之中，多多降福给献祭人。在商周金文中，祭祀祖先的铭文内容比比皆是，其中铭文中也有涉及赐酒的记载，但多是以卣作为盛装所赐酒的器具。如：盂鼎："赐汝鬯一卣。"毛公鼎："赐汝秬鬯一卣。"彔伯簋："余赐汝秬鬯一卣。"古文献也有类似表达，《尚书·洛诰》："秬鬯二卣。"《诗·大雅·江汉》："秬鬯一卣。"

可见，卣在酒器中地位是独有的，酒器卣中的铭文格外重要。因此，在为墓主专门制作的助葬器卣上铸上墓主的称谓，并铸上助葬族氏的族徽，是顺理成章的事。也就是说，一对"父乙"列卣，是与户族友好族氏"冉""重"，专门为"户"族"父乙"的丧葬而定制的助葬器，而器物上的族徽，是代表前来助葬的族氏的标志。

从亲属称谓"父乙"分析，作器者与受祭者之间有子辈与父辈的关系。"冉""重"族氏应该是墓葬中所有非"户"姓族氏中，与"户"族关系最亲近的族氏，不排斥联姻或连亲关系。从摆放的位置看，"冉父乙"卣放置在三号龛，而且体形大，同时在三号龛青铜禁后放置"冉"族铜盉，也表明"冉"族与墓主关系最为密切。

诚然，"亚羌父乙罍"是墓主的器物，它虽然也是墓葬中重要的器物，但在整个墓葬中，它仅

代表墓主，而相对于代表整个"户"族的器物来说，它显然退居次要地位；而代表该族氏的列卣"户卣甲、乙"与"户彝"放置于"禁"之上，其地位显然要高于"亚羌父乙罍"，这是氏族利益高于个体利益的体现。

注　释

[1] 石鼓山考古队：《陕西宝鸡石鼓山西周墓葬发掘简报》，《文物》2013年第2期。
[2] 李学勤：《石鼓山三号墓器铭选释》，《文物》2013年第4期。
[3] 辛怡华：《石鼓山M3壁龛及其相关问题》，《秦始皇帝陵博物馆》2014年总第4辑。
[4] 张懋镕：《宝鸡石鼓山墓地文化因素分析》，《"石鼓山西周墓葬与青铜器文化"学术研讨会论文集》，2013年。
[5] 朱凤瀚：《商周家族形态研究》，天津古籍出版社，2004年，第282—283页。
[6] 曹明檀、尚志儒：《陕西凤翔出土的西周青铜器》，《考古与文物》1984年第1期。
[7] 宝鸡市考古研究所：《陕西宝鸡纸坊头西周早期墓葬清理简报》，《文物》2007年第8期。
[8] 辛怡华：《石鼓山M3壁龛及其相关问题》，《秦始皇帝陵博物馆》2014年总第4辑。
[9] 张天恩：《石鼓山户氏青铜器简论》，《"石鼓山西周墓葬与青铜器文化"学术研讨会论文集》，2013年。
[10] 顾颉刚：《从古籍中探索我国的西部民族——羌族》，《社会科学战线》1980年第1期。
[11] 陈梦家：《殷墟卜辞综述》，科学出版社，1956年。
[12] 转引自张光直：《商文明》，生活·读书·新知三联书店，2013年，第250页。
[13] 山西省考古研究所、灵石县文化局：《山西灵石旌介村商墓》，《文物》1986年第11期。
[14] 曹定云：《"亚其"考》，《文物集刊》第2辑，文物出版社，1980年。
[15] 中国社会科学院考古研究所安阳工作队：《1969—1977年殷墟西区墓葬发掘报告》，《考古学报》1979年第1期。
[16] 张天恩：《关中商代文化研究》，文物出版社，2004年，第161—162页。

Baoji Mount Shigu M3 Owner and Related Problems

Xin Yihua

Abstract: The Baoji mount Shigu early western zhou noble tomb (M3) is an important discovery of Shang and Zhou dynasties archaeological research in recent years, which age was the king of Cheng. "Fuyi lei" not only indicates the owner's name of this tomb is "Fuyi"—which is the younger generation making for sacrificial fathers, but also shows that the owner is a part of surname Jiang. The non-Hu bronze in the tombs that the alliance clan bestow to the owner as burial assist was popular in the Shang and Zhou dynasties. In the non-Hu family, Ran and Zhong family had the closest relationship with Hu family. There is no rejection of the marriage or the relationship between them.

Keywords: mount Shigu, Western Zhou tomb, burial assist, owner, Fuyi

陕西米脂县博物馆藏青铜器介绍

艾 剑

内容摘要：在榆林米脂县博物馆藏有一批战国时期的青铜器，保存较好。不仅纹饰精美，工艺考究，而且部分还有铭文。现就这批馆藏青铜器的情况进行介绍，以便对该地区战国时期青铜器的纹饰、制作工艺、铭文以及时代特征的研究提供实物参考资料。

关键词：米脂县；战国时期；青铜器

米脂县博物馆所藏的七件青铜器，均属战国时期。这批青铜器制作工艺考究，装饰纹饰精美，为榆林地区青铜器的工艺、纹饰、铭文及发展特征等问题的研究提供了考古实物资料。现就这批青铜器的情况介绍如下：

1. 错金银云雷纹带盖铜簋

口径19.2、高15.5、腹径21、足径14.1厘米。器身呈半圆形，子母口，鼓腹，圜底较平，圈足、足棱内卷。腹饰铺首衔环，一环已掉。簋盖呈半圆形，盖顶呈圆饼形，半圆形钮，钮座为铺首，盖饰四环状兽纹钮。通体饰错金银云雷纹、凤鸟纹。器物造型浑圆饱满，纹饰精美（图一）。

2. 蹄足带盖铜鼎

口径16.6、高15.7、腹径18.3厘米。器物呈圆形，子母口，深圆腹，圜底，三蹄足较短，一足残缺。肩饰长方镂空双立耳，腹饰扉棱一道。腹和盖饰夔龙纹数周，耳部和钮部饰变体方纹，盖饰三圆环耳。器物造型敦厚，胎体厚重（图二）。

图一　错金银云雷纹带盖铜簋　　　　　　　　图二　蹄足带盖铜鼎

艾剑：米脂县博物馆　文博馆员

3. 兽面纹铜爵

高19.6、长16.8、宽7.5厘米。器物呈圆柱形，侈口，前有管状流，后有三角尾，口沿有两柱形足。深圆腹，圜底，三锥形足外撇，有单耳。腹部饰两组饕餮纹为主纹，云雷纹为地纹，腹的上下各有两条弦纹，腹部有铭文。柱头饰圆形、长方形等几何纹，还有弦纹。造型规整，铜质精良，纹饰精美，品相完好（图三）。

4. 铜剑

长41.8、宽3.7、柄径3厘米。器物呈长条形，剑首呈圆柄形，扁圆柱茎，剑格平面呈菱形。剑刃锋利带脊，锋尖锐。剑身有篆体铭文"□□□"。器物保存较好，造型简洁流畅，铜质优良，所刻铭文对研究古代军事文化具有一定价值（图四）。

5. 蟠螭纹带盖铜壶

口径9.8、高33.8、足径12.2厘米。侈口，口沿外镶素宽边、束颈、斜肩、鼓腹、圈足。盖饰云纹，上有半圆环钮，肩饰对称的铺首衔环。器物保存较好，造型精巧，是战国常见的丧葬用品（图五）。

6. 双耳铜鍪

口径13.85、腹径18、高15.6厘米。敛口，口沿外撇，束颈，鼓腹，圜底。肩饰环耳，一大一小，环饰细弦纹。器底有烟炱痕。器形浑圆端庄，器壁薄厚均匀，对研究战国时期的铜器铸造技术有一定的意义（图六）。

图三　兽面纹铜爵

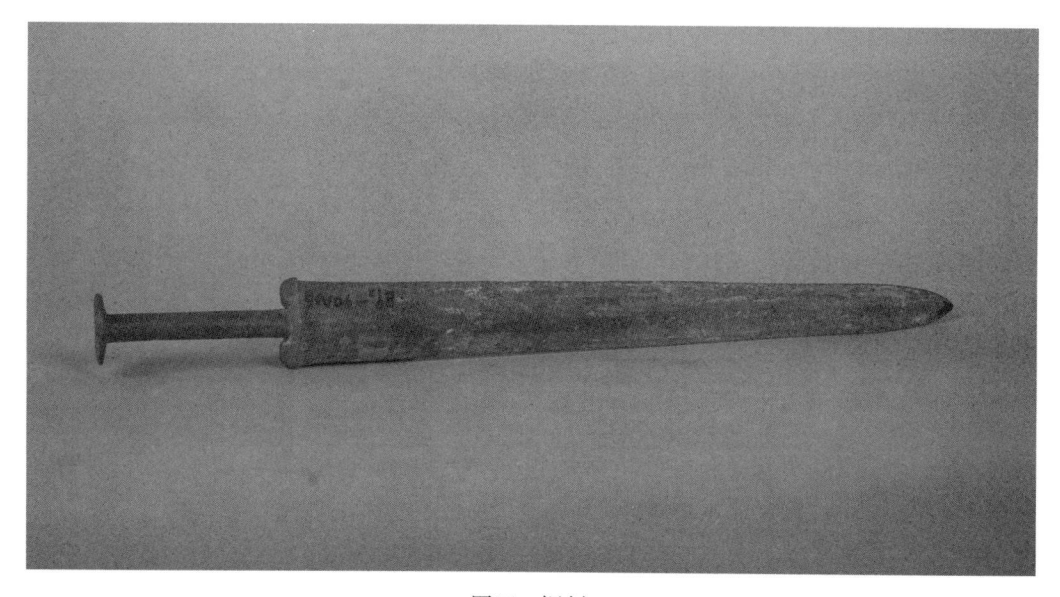

图四　铜剑

图五　蟠螭纹带盖铜壶

图六　双耳铜鍪

图七　兽首错银铜带钩

7. 兽首错银铜带钩

长21、宽3.5厘米。呈"S"形，虎首作钩。钩身面呈宽扁状，上饰四组突起的纹饰。通身错金银，有三条宽带纹相间隔，第三组纹饰剥落。钩背呈槽形，钩钮居中为圆钉钮。槽内留有木芯痕，通身锈蚀严重。器体厚重，为榆林地区馆藏带钩之精品（图七）。

这批馆藏青铜器对榆林地区青铜器的研究有重要意义。首先，在文化交流方面，榆林地区在春秋晚期至战国时期，草原文化盛行，出土青铜器与甘宁地区有着较大联系[1]。通过实物比对，可为战国时期两地文化交流提供考古证据。其次，在制作工艺方面，这批青铜器铜质优良，器型规整，纹饰精美。如其中的错金银云雷纹带盖铜簋，通体饰错金银凤鸟纹、云雷纹。另如兽面三蹄足铜鐎和双耳铜鍪，器壁厚薄均匀。第三，在铭文的价值方面，在铜爵和铜剑上均发现有铭文，这为当地青铜器制作背景的研究提供了线索。最后，在年代判断方面，鍪属炊食器的一种，目前发现最早的铜鍪出现在战国时期，沿用至汉[2]。鍪的形制由单耳发展至双耳，双耳则由等大发展为一大一小[3]。由此故推断文中的双耳铜鍪出现时间较晚，应在战国晚期。

注　释

［1］　曹玮主编：《陕北出土青铜器》第一卷，巴蜀书社，2009年，第149—152页。
［2］　朱凤瀚著：《中国青铜器综论（上中下）》，上海古籍出版社，2009年，第2107页。
［3］　云梦睡虎地秦墓编写组：《云梦睡虎地秦墓》，文物出版社，1987年，第68页。

Introduction the Bronzes Collected in Mizhi Museum of Shaanxi Province

Ai Jian

Abstract: In Mizhi museum, there are some bronzes well-preserved dating from the Warring States Period. which are not only have beautiful decorating and elegant craft, but also rare inscription. In this paper, the author will introduce the collected bronzes in order to offer archaeological information for studying the decoration, craft, inscription and characters in the area.

Keywords: Mizhi, the Warring States Period, bronzes

凤栖原西汉墓园大墓主人试探

丁 岩

内容摘要：本文根据墓园及大墓的特征和出土器物，认为凤栖原西汉大墓时代为西汉中期，属列侯级别。再依据出土的"卫将长史"和"张"等文字材料，并与《汉书》等的记载比照，推定大墓主人是西汉中期的富平侯卫将军张安世。

关键词：西汉大墓；列侯；卫将军；张安世

2008年7月至2011年12月，陕西省考古研究院对位于西安市南郊凤栖原的一处西汉家族墓地进行了第一阶段的考古发掘工作。这处墓地南望秦岭，东临西汉杜陵陵园，西近秦汉杜城，面积约6万平方米。墓地核心区域是一近长方形的墓园，由一座带有六个从葬坑的甲字形大型墓葬M8、中型墓葬M25（夫人墓）、规模较大的建筑基址（祠堂）和四周不相连接的兆沟构成，周围衬葬数十座中、小型墓葬，时代由西汉中期延续到王莽新朝前后[1]。

该墓园墓地阶段性的发掘工作已告一段落，本文依据考古发现和相关文献资料，对墓园大墓主人进行相关探讨。关于凤栖原西汉墓，据刘庆柱、李毓芳的《西汉十一陵》云："《太平寰宇记》卷二十五，'张安世家在明德门南八里，俗称为张车骑冢'。此地在今长安县下塔坡村一带。"该书又据《咸宁县志》卷十四记载的"富平侯张安世墓在城南长延堡西"，推测其具体位置"在今西安南郊杨家庄，位于陕西师范大学以西、西北政法学院以南"[2]。依据本文论述，可确定上书引述的两条有关张安世墓葬所在地的记载均误。

一、墓园时代与级别

（一）墓园时代

大型甲字形墓葬M8耳室出土的仿铜陶礼器组合较为完整，有鼎、壶、钫等，这些器物多有彩绘，大部施釉（图一）。它们的特征与《长安汉墓》中第二期[3]的该类器物特征类似，时代也为相近，当在西汉中期。

另外，大墓M8从葬坑还出土了数量众多的着衣式彩绘陶武士俑，体型较苗条，面部轮廓清晰，近国字脸，其造型模式与宣帝杜陵出土的此类陶俑极其类似（图二），却与景帝阳陵出土的该类陶俑有所差别。如此，其年代与杜陵的时代也应相近，而杜陵时代在西汉中期。

丁岩：陕西省考古研究院　副研究员

图一　大墓M8出土的早期瓷器　　　　图二　大墓M8从葬坑出土的着衣式陶俑

该大墓出土的陶器组合及器物特征、出土的着衣式陶武士俑形态特征，均明显表现出关中地区西汉中期的墓葬特征。就此，基本可以确定以大墓为核心的墓园时代就在西汉中期。

（二）墓园级别

墓园以大型甲字形大墓M8为核心，大墓两侧有六个从葬坑，又有建筑基址（祠堂）、壕沟（界域）等设施，初步的发掘结果表明墓园布局完整、规格很高[4]。

大墓M8前椁室内随葬有大型彩绘车、马；从葬坑出土大量具备甲胄、武器装备的着衣式陶甲士俑，青铜钟、钺、衡量器以及明器车具、马具等；祠堂基址中有方形踏步砖、空心砖，另外又发现"长乐未央"瓦当等高等级建筑构件。这些高等级的随葬器物和建筑构件的存在，反映了大墓主人身份的高贵与特殊。

与已经发掘过的多座长安地区西汉列侯级别大墓比较，大墓M8在形制、规模，和随葬品内容、规格等方面均为一致，表明墓葬级别也应相似。

杨家湾四号、五号两座西汉大墓，均为大型甲字形墓，其规模、出土器物类别及特征，明确表明属于列侯级别[5]。西安新安砖厂西汉大墓，其形制也是甲字形土圹墓，规模也大，依照出土遗物和文字材料，也属于列侯级别[6]。

凤栖原大墓M8深度约15米，台阶设置至少为三层，依照大型墓葬台阶数量设置的规律，有学者研究认为设置三层台阶的西汉大墓应该属于列侯级别[7]。如此，该凤栖原大墓主人应该属于列侯级别，或者不低于列侯级别。

另外，就此祠堂而言，根据文献记载与考古调查资料，西汉数位著名的列侯墓葬确切设有。就此，设置祠堂的凤栖原西汉大墓，其级别也应该近与列侯级别[8]。

就目前长安地区发现的明确的列侯墓葬而言，它们共同的特征是：均是大型甲字形墓葬，坟丘高大，墓圹巨大，椁室结构复杂，墓葬规模大，有从葬坑，随葬品数量多、等级高，包括彩绘陶礼器、陶武士俑、车、马等。从规模、规格以及随葬器物的类型和级别等方面比照，时代在西汉中期的凤栖原西汉大墓，其应属于"列侯"级别。

二、墓园主人的探索

比照相关考古资料，可以确定该座随葬陶礼器、陶武士俑、高等级车马，并享有祠堂等的大墓M8，应该属于"列侯"级别，从而，该墓园大墓墓主应具列侯身份。在此基础上，大墓及从葬坑出土的有关文字材料，为墓主的进一步探讨与确定提供了重要线索。

（一）封泥"卫将长史"

墓园内大墓的一号耳室出土有二十多枚形式相同、内容一致的"卫将长史"封泥（图三），"卫将长史"意即"卫将军幕府的长史"[9]。从汉代的赗赙制度模式分析，应该就是"卫将长史"为该墓葬主人提供了有关赗赙物品。"卫将长史"封泥，就是该长史为其上司——卫将军[10]，封缄大量赗赗物品而遗留的确切证据。这些"卫将长史"封泥的出土指示出该大墓墓主应该担任过卫将军一职。

卫将军首现于西汉文帝时期。文帝以代王身份即位皇帝的当天晚上，在情势紧迫中当即封心腹中尉宋昌为"卫将军，镇抚南北军"[11]，负责皇家安全，"卫将军"之号就此出现。依据《汉书》记载，文帝至王莽新朝结束，西汉共有12位重臣被封为"卫将军"（表一）。

表一　西汉时期的卫将军

帝王	在职	文献有关记载及执掌范围	时间	序号
文帝	宋昌	（文帝）夜拜宋昌为卫将军，镇抚南、北军。——《史记·孝文本纪》		1
文帝	周舍	（十四年冬）中尉周舍为卫将军，郎中令张武为车骑将军，军渭北，车千乘，骑卒十万。——《史记·孝文本纪》		2
宣帝	张安世	大将军光薨（地节二年）后数月……（安世）更为卫将军，两宫卫尉，城门、北军兵属焉。——《汉书·张汤传》		3
哀帝	丁明	会大司马（傅）喜免，以阳安侯丁明为大司马卫将军，置官属，大司马冠号如故事。——《汉书》	建平三年，公元前5年	5
哀帝	傅晏	元寿元年正月朔，上以皇后父孔乡侯傅晏为大司马卫将军。——《汉书》	公元前2年	4
哀帝	董贤	大司马卫将军，正三公官公职（以代明为大司马卫将军。……时，贤年二十二，虽为三公，常给事中，领尚书，百官因贤奏事。）——《汉书》	元寿二年五月，公元前1年	6
哀帝	王音	（音薨，成都侯商代为大司马卫将军）。（元延元年）冬十二月辛亥，大司马大将军王商薨。——《汉书》		7
哀帝	王商	成都侯王商，大司马卫将军辅政。（音薨，成都侯商代为大司马卫将军）——《汉书》		8
王莽新朝	甄丰	大司空、卫将军广阳侯甄丰为更始将军，广新公。——《汉书》		9
王莽新朝	王兴	京兆王兴为卫将军。——《汉书》		10
王莽新朝	王涉	以真道侯王涉为卫将军。——《汉书》	更始五年	11
王莽新朝	王林	同说侯林为卫将军（林，舜子。舜，莽之从弟）——《汉书》	长安元年	12

图三　大墓M8出土的"卫将长史"封泥印　　图四　大墓M8从葬坑出土"张"铜印

前述墓园大墓的时代在西汉中期，级别属于列侯级别，而西汉中期的卫将军唯有宣帝朝的"大司马卫将军"张安世，在昭帝朝就已被封为列侯——"富平侯"。另外，西汉时期的十二位卫将军，姓张的只有一位，就是张安世。这样，张安世应该就是这座处于西汉中期、列侯级别墓园大墓墓主的首要人选。

（二）大型"张"字铜印

发掘者依据墓园时代、墓园级别以及出土的"卫将长史"封泥，推测墓园大墓主人可能是西汉中期宣帝朝的张安世。"卫将长史"封泥发现后不久，墓园大墓M8的四号从葬坑中，又出土了"张"字大型铜印（图四），为墓园主人的确认提供了更为直接的证据。

该枚大印印面为阴文篆书"张"，印面呈长方形，长7、宽4、高1厘米，有捉手，捉手长6厘米。"张"字大印的出现，表明这些随葬物品为"张"氏所属，进而该大型甲字形墓葬M8主人即为"张"氏，该墓园即是"张"氏——张安世墓园。该"张"字大印的出现，进一步印证了考古发掘者对大墓、大墓所在的墓园主人是张安世的有关认识。

（三）墓园附近的祔葬墓葬

考古工作者在墓园附近东、西、北三侧发现数量较多的西汉中、晚期墓葬，其墓道均朝着大墓的方向，时代从西汉中期一直延续到王莽时期前[12]。而且，这些墓葬大多形制较大、修造奢华、级别很高，不为普通人员所享用。此与文献记载的张安世家族八代，自宣帝以后至东汉安帝一朝，多为高官且累世不失封侯的历史相吻合[13]。依据此布局、规模级别和时代延续的特征，它们应该就是张安世家族在两汉时期后代的祔葬墓。

距离凤栖原西汉墓地西北约400米处，20世纪80年代发掘了一处东汉时期的家族墓地，这些墓葬的墓道均为东西向，其中的一座墓葬中出土有朱书陶瓶，自题属于"张氏"[14]。这一信息的出现，不仅佐证了本次发掘的西汉家族墓地应该就是张氏墓园，而且进一步明确表明，张氏家族墓地一直延续东汉时期，并且依旧袝葬于始祖张安世墓园。

三、结　语

张安世是西汉著名的御史大夫张汤之子，武帝时，"以父任为郎"，昭帝时，为"右将军光禄勋"，封"富平侯"，宣帝时，至"大司马车骑将军""大司马卫将军"。他历经武、昭、宣三朝，前后为官五十年许，七十多岁终老职位，当朝宣帝隆重以葬。关于张安世的死葬，《汉书》有着较多的记载，元康四年"安世复强起视事，至秋薨。天子赠印绶，送以轻车介士，谥曰敬侯。赐茔杜东，将作穿复土，起冢祠堂"。考古揭示的凤栖原西汉墓园大墓具备的信息，与文献关于张安世死葬的记载几乎契合。

以M8为主的墓园，其年代为西汉中期，与张安世去世的年代接近。墓园级别较高，应为列侯级别，而张安世即是富平侯。墓园位置西距秦汉的杜县（位于西安南郊的杜城村）约6千米，属于杜东范围，应合"赐茔杜东"。墓葬出土高级别的车马器具，从葬坑内出土大量着衣式彩绘陶武士俑，应合"轻车介士"。大墓M8东侧约80米处有祠堂建筑一座，是为"起冢祠堂"。

该凤栖原西汉墓园的考古材料与文献记载的张安世死葬事宜非常吻合。不仅如此，墓园大墓耳室出土的"卫将长史"所指示的"卫将军"，从葬坑出土的"张"字大印，也合于张安世，进一步印证了墓园大墓主人是张安世的认识。并且，墓园附近的墓葬资料也指出，它们与该墓园有密切的关联，就是袝葬在该墓园附近的张安世后代的墓葬。

考古揭示的凤栖原西汉墓园及周围袝葬墓所反映的家族墓地的基本情况，与文献记载的张安世及其家族的消长和所处时代的变化较为符合。至此，我们认识到该墓园大墓主人应该就是西汉中期的张安世，该墓园就是张安世夫妇的墓园，而该墓地就是张安世及其后代子孙在两汉时代的聚族而葬的墓地。

凤栖原西汉张安世墓园及其家族墓地的确认，为汉代列侯级别墓园及其家族墓地的考古发掘和布局认识提供了一个可资比较的较为难得的清晰案例。

本考古发掘项目领队张仲立研究员，最早提出墓主为张安世的认识。该认识在前期的多次报道亦有简述。本文写作过程中，张仲立研究员多有指导。特以记。

注　释

［1］　张仲立、丁岩、朱艳玲：《西安凤栖原西汉家族墓地田野考古发掘收获》，《考古与文物》2009年第5期，第111—112页。

［2］　刘庆柱、李毓芳：《西汉十一陵》，陕西人民出版社，1987年，第100页。

［3］　西安市文物保护考古所、郑州大学考古专业：《长安汉墓》，陕西人民出版社，2004年，第823页。

［4］　张仲立、丁岩、朱艳玲：《西安凤栖原西汉家族墓地田野考古发掘收获》，《考古与文物》2009年第5期，第111—112页。

[5] 陕西省文管会、博物馆和咸阳市博物馆：咸阳杨家湾汉墓发掘简报：《文物》1977年第10期，第10—26页。从墓中残存的银缕玉衣片和兵马俑陪葬坑看，两墓的主人地位不低于列侯，时代当在文景时期。尽管该两座墓葬在西汉前期，但是对于判断处于西汉中期的凤栖原大墓的级别，具有重要的参照意义。

[6] 郑洪春：《陕西新安砖厂汉初积炭墓发掘报告》，《考古与文物》1990年第4期，第31—56页；郑洪春、韩国河：《试论汉初"利成"积炭墓》，《考古与文物》1990年第4期，第101—106页。笔者按：该墓葬不见从葬坑，主要随葬器物有骑马俑、马俑、男女牵牛俑、牛俑、车饰等。依据出土文字推测为墓主利成（利乡）侯，生前身份为列侯，时代为武帝初年。

[7] 刘卫鹏：《台阶墓初探》，《文物考古论集——咸阳市文物考古研究所成立十周年纪念》，三秦出版社，2006年，第47—65页。

[8] 孙德润：《西汉帝陵及陪葬墓祭奠场所的有关问题》，《泾渭稽古》1996年第2期，第14—18页。

[9] （宋）范晔：《后汉书·百官一》，中华书局，1965年，第3555—3569页。载：卫将长史，千石。

[10] 同[9]载："将军，不常置。本注曰：掌征伐背叛。比公者四：第一大将军，次骠骑将军，次车骑将军，次卫将军。又有前、后、左、右将军。"

[11] （汉）司马迁：《史记·孝文本纪》，中华书局，1982年，第423—438页。载："（文帝）乃夜拜宋昌为卫将军，镇抚南北军"；（汉）班固：《汉书·文帝纪》，中华书局，1962年，第105—136页。载："（文帝）夜拜宋昌为卫将军，领南、北军。"

[12] 张仲立、丁岩、朱艳玲：《西安凤栖原西汉家族墓地田野考古发掘收获》，《考古与文物》2009年第5期，第111—112页。

[13] （宋）范晔：《后汉书·张曹郑列传》，中华书局，1965年，第1193—1216页。载："自昭帝封安世，至吉，传国八世，经历篡乱，二百年间未尝遣黜，封者莫与为比。"

[14] 负安志、马志军：《长安县南李王村汉墓发掘简报》，《考古与文物》1990年第4期，第63—71页。笔者按：前引《后汉书》记张吉卒后无子而被除封国。事在东汉安帝永初三年，公元109年。依此，传至东汉时代的住在长安的张安世的后代依旧埋葬在祖茔附近，是可能的。

Considerations on the Owner of the Large Tomb of the Western Han Dynasty Cemetery in Fengxiyuan Plateau

Ding Yan

Abstract: The large tomb of the cemetery in Fengxiyuan plateau was thought to be dated to midterm of the Western Han dynasty and belonged to the class of vassals according to the scale and shape of the tomb. Based on the characters on the objects unearthed from the tomb such as "*Wei Jiang Chang Shi*" and "*Zhang*", and the historic records in *Hanshu*, the author suggested that the owner of the tomb were the guard officer of the Fuping marquis, Zhang Anshi.

Keywords: large tomb dated to Western Han dynasty, vassals, guard officers, Zhang Anshi

西安北郊郑王村西汉墓出土釉陶礼器与陶礼器之关系初探

肖健一

内容提要： 釉陶器、陶器关系问题在有关研究中少见。本文通过对西安北郊郑王村西汉墓中出土陶礼器与釉陶礼器型式的比较，发现釉陶礼器绝大部分仅是吸收了陶礼器的一些特征，不是仅在烧造陶礼器的陶胎上施釉再放入不同的陶窑中烧造而形成。釉陶礼器刚开始出现时，与陶礼器关系密切，很快形成了自己独立的发展系列，最后形态与陶礼器差别较大，但始终没有出现新器类。

关键词： 西安北郊；西汉墓；陶礼器；釉陶礼器

西安北郊郑王村墓地，位于汉长安城东3.5千米处，介于汉长安城东城墙北边第一个城门宣平门与第二个城门清明门之间的东面地带。为配合基本建设项目，陕西省考古研究所于2002年、2003年分两次发掘了164座汉代至南北朝时期的墓葬，其中81座西汉墓葬保存较为完整，出土器物较为丰富。其规模皆为中小型，时代从西汉早期开始，持续到中期、晚期、王莽及稍后时期[1]。此批墓葬出土的器物中陶器、釉陶器占了绝大多数，但在目前秦汉考古的研究中，未见对陶器与釉陶器的关系进行研究的专文。本文拟在此批发掘资料的基础上，从类型学的角度出发，对釉陶礼器与陶礼器之间的关系做初步的探讨。

一、该问题的研究思路及预设的研究目标

在以往有关西汉墓葬的研究文章及发掘报告、发掘简报中，研究者一般把釉陶器放入陶器中，合在一起进行型式的分析。我以为这种做法本身暗含一个假设，即陶器与釉陶器的型式是一致的，或者釉陶器的型式是陶器型式的延续。截至目前，长安地区西汉时期烧造釉陶器及陶礼器、日常陶用品、陶明器的陶窑遗址并未找到，一些推测尚未被证实。如果我们能够从类型学上证明相同型式的陶器与釉陶器同时出现，或者釉陶器的型式是陶器型式的延续，就可证明以上假设是对的。如果釉陶器是仅在陶胎上施一层釉放入不同的窑中烧造，那么需要搞清楚具体在哪些类型、哪些型式的陶器上施釉；如果不是，否定上述观点。所以在分析此批材料时，从方法上我们尝试把陶器与釉陶器分开，看作不同的系列，把握各自的演变特征，如果陶器与釉陶器的特征在类型学上表现一致或有延续性，可以再合起来。

肖健一：陕西省考古研究院　研究员

二、随葬陶礼器、釉陶礼器的类型学研究

81座西汉墓葬中，共出土陶鼎30件、釉陶鼎16件、陶盒22件、釉陶盒22件、陶壶21件、釉陶壶28件、陶钫20件。由于未见釉陶钫，故此我们将对礼器中的鼎、盒、壶三类器物，进行类型学上的比较研究，来考察它们之间的关系。

1. 鼎

陶鼎 30件。皆为泥质灰陶。以盖、腹部剖面形状、足、附耳的差异分两型。

A型 19件。盖，覆钵形，平顶或弧顶，鼎身剖面椭圆形，双附耳外撇，蹄形足较短粗。根据盖、腹、附耳的变化、有无彩绘等分为四式。

AⅠ式 盖顶部较平，有的顶部有三乳钉，折腹，底尖圆，腹深较浅，耳上端圆钝。盖顶部以白色、红色彩绘云纹等。包括M146：8（图一，1）等。

AⅡ式 盖顶稍弧起，圆腹圜底，腹深加大，双附耳上部外撇。顶部彩绘艳丽。包括M151：8（图一，2）等。

AⅢ式 盖顶部稍弧，圆腹圜底，腹深进一步加大，双附耳上部外撇较甚。顶部彩绘明显。包括M49：5（图一，3）等。

AⅣ式 盖顶尖圆，圆腹平底，腹深加大，双附耳上部外撇较甚。外表无彩绘。包括M161：3（图一，4）等。

B型 11件。盖顶部较平，上有三乳钉，有的中部有一圆环，腹部圆收，平底或圜底，蹄形足相对细长，双附耳外撇。根据盖、腹、足、附耳的变化分为三式。

BⅠ式 盖弧起，顶部较平，腹扁圆，平底，双附耳外撇，蹄形足上端粗壮，下端突变细。包括M175：7（图一，5）等。

BⅡ式 盖顶圆折起，中部较平，中间一环钮。圆腹圜底，腹深加大，蹄形足细长。包括M83：9（图一，6）等。

BⅢ式 盖顶圆折起，中部较平，中间一环钮。圆腹圜底，腹深加大，蹄形足长粗。包括M128：11（图一，7）等。

釉陶鼎 16件。皆为泥质红陶。以盖、腹部剖面形状、足、附耳的差异分两型。

A型 7件。鼎盖圆折起，弧顶或平顶，上有三乳钉。鼎身剖面椭圆形，双附耳外撇，蹄形足外部有刻槽。根据盖、腹、足、附耳的变化分为两式。

AⅠ式 盖平顶，圆腹宽深，平底。足外端刻槽，足尖稍内敛。包括M73：1（图一，8）等。

AⅡ式 盖顶圆折起，中部较圆弧，圆腹圜底，腹深加大。足外端刻槽，足竖直。包括M70：2（图一，9）等。

B型 9件。盖折起或弧起，上有三乳钉，腹较深，蹄形足或兽形足，双附耳外撇。根据盖、腹、足、附耳的变化分为三式。

BⅠ式 盖圆折起，顶较弧，中部一环钮，腹圆收圜底，较深，蹄形足。包括M103：6（图一，10）等。

BⅡ式 盖顶弧起，中部近平，中间一大乳钉，外为三小乳钉，其上模印繁缛动物纹饰。圆腹圜底，双附耳向外圆折，低矮兽形足。包括M122：5（图一，11）等。

BⅢ式 盖顶弧起，中部近平，中间一大乳钉，外为三大乳钉，中心区域模印云形纹饰。圆腹折收，平底，双附耳向外圆折，高于盖顶，兽形足。包括M34：15（图一，12）等。

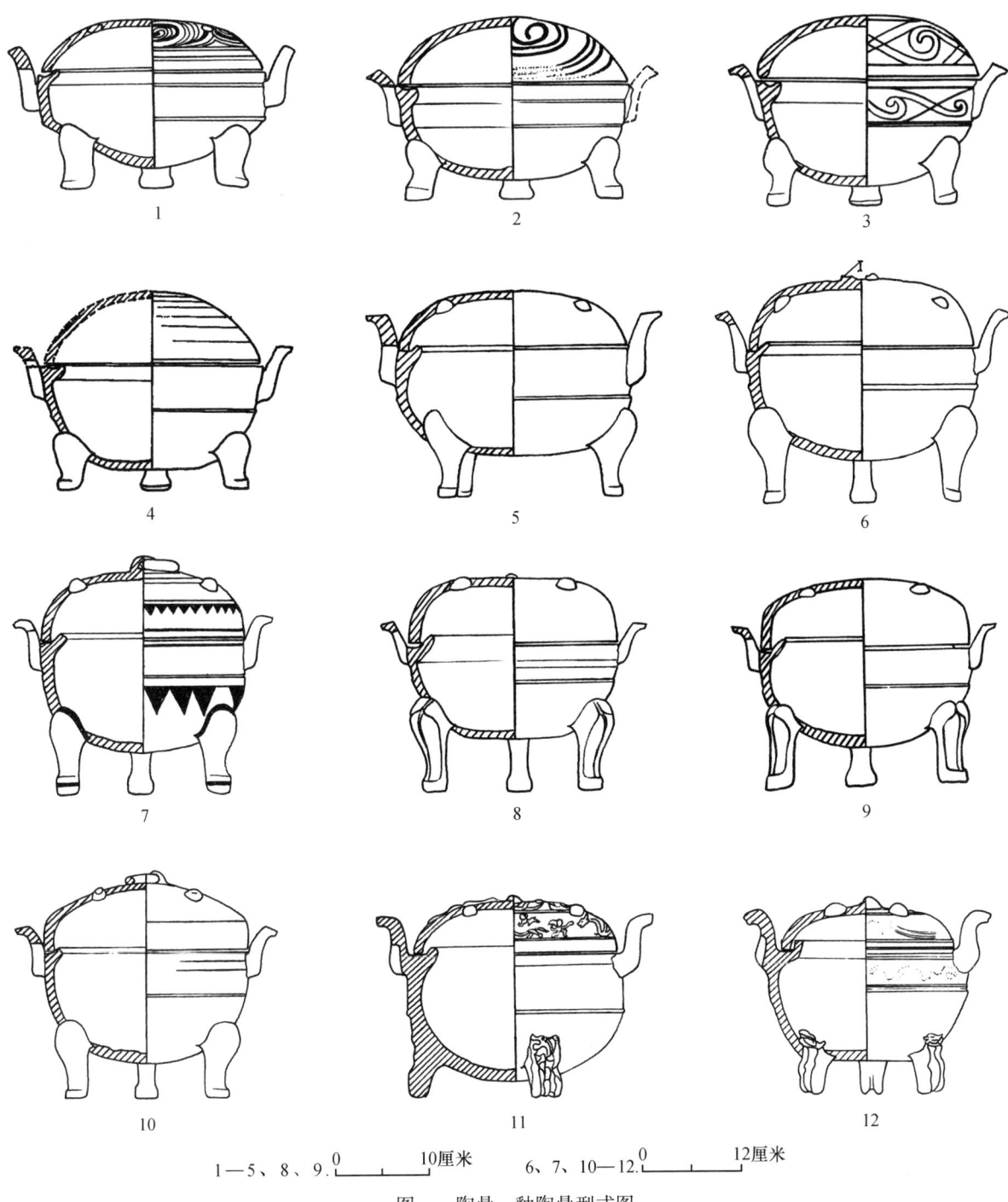

图一 陶鼎、釉陶鼎型式图

1. AⅠ式陶鼎（M146：8） 2. AⅡ式陶鼎（M151：8） 3. AⅢ式陶鼎（M49：5） 4. AⅣ式陶鼎（M161：3） 5. BⅠ式陶鼎（M175：7） 6. BⅡ式陶鼎（M83：9） 7. BⅢ式陶鼎（M128：11） 8. AⅠ式釉陶鼎（M73：1） 9. AⅡ式釉陶鼎（M70：2） 10. BⅠ式釉陶鼎（M103：6） 11. BⅡ式釉陶鼎（M122：5） 12. BⅢ式釉陶鼎（M34：15）

2. 盒

陶盒　22件。皆为泥质灰陶。以形态的差异分为A、B、C、D四型。

A型　9件。碗形盖，顶有圈足捉手。器身盆形，子母口。器盖或器身上有浓重繁缛白色、红色描绘的弧线、云形纹饰。以其形态变化分三式。

AⅠ式　腹较深，盖深浅于腹深，整体形态高深，底近平。包括M63：2（图二，1）等。

AⅡ式　盖、身皆朝宽扁方向发展，底稍内凹。包括M158：12（图二，2）等。

AⅢ式　腹宽深，底稍内凹。包括M5：5（图三，3）等。

B型　10件。碗形盖，顶有圈足捉手。器身盆形，子母口。器盖或器身无彩绘或有浅淡、稀疏彩绘。以其形态变化分三式。

BⅠ式　腹较深，盖深浅于腹深，整体形态稍高深，底近平。包括M17：11（图二，4）等。

BⅡ式　盖、身皆朝宽扁方向发展，底内凹。包括M172：24（图二，5）等。

BⅢ式　腹宽深，底稍内凹，底有假圈足。包括M1：4（图二，6）等。

C型　2件。钵形盖，顶尖圆。器身盆形，较深，子母口，底有假圈足。包括M62：4（图二，7）等。

D型　1件。碗形盖，较浅，顶有圈足捉手。器身盆形，较深，子母口。底有圈足。如M61：4（图二，8）。

釉陶盒　22件。皆为泥质红陶。以器底有无圈足分为A、B两型。

A型　11件。碗形盖，顶有圈足形捉手。器身盆形，子母口。以其形态变化分两式。

AⅠ式　器身整体形态稍宽扁，盖深浅于腹深。包括M120：15（图二，9）等。

AⅡ式　盖深变浅，腹深继续加大，器身整体变高，底有假圈足。器盖上模印云、动物等纹饰。包括M135：5（图二，10）等。

B型　11件。碗形盖，顶有矮圈足形捉手。器身碗形，子母口，底有矮圈足。以其形态变化分两式。

BⅠ式　盖深浅于腹深，腹较深。包括M112：4（图二，11）等。

BⅡ式　盖深变浅，腹深加大，器身整体变高。包括M110：31（图二，12）等。

3. 壶

陶壶　21件。皆为泥质灰陶，以口、腹、足及肩部的差异等，分为A、B两型。

A型　18件。圆唇或方唇，侈口，束颈，圆鼓腹，圈足或假圈足，体形较大。以腹部形态的差异分为Aa、Ab两亚型。

Aa型　10件。圆鼓腹。依据颈、腹、足的变化、彩绘的有无等分为三式。

Ⅰ式　圆唇，侈口，细束颈，圆鼓腹，高圈足。颈、肩彩绘繁缛。包括M89：9（图三，1）等。

Ⅱ式　圆唇，侈口，粗束颈，圆鼓腹稍扁，高圈足。颈、肩、下腹部彩绘繁缛。包括M157：2（图三，2）等。

Ⅲ式　方唇，侈口，粗束颈，扁圆鼓腹，假圈足。包括M161：9（图三，3）等。

Ab型　8件。扁鼓腹。以口、颈、腹的变化、彩绘的有无分为三式。

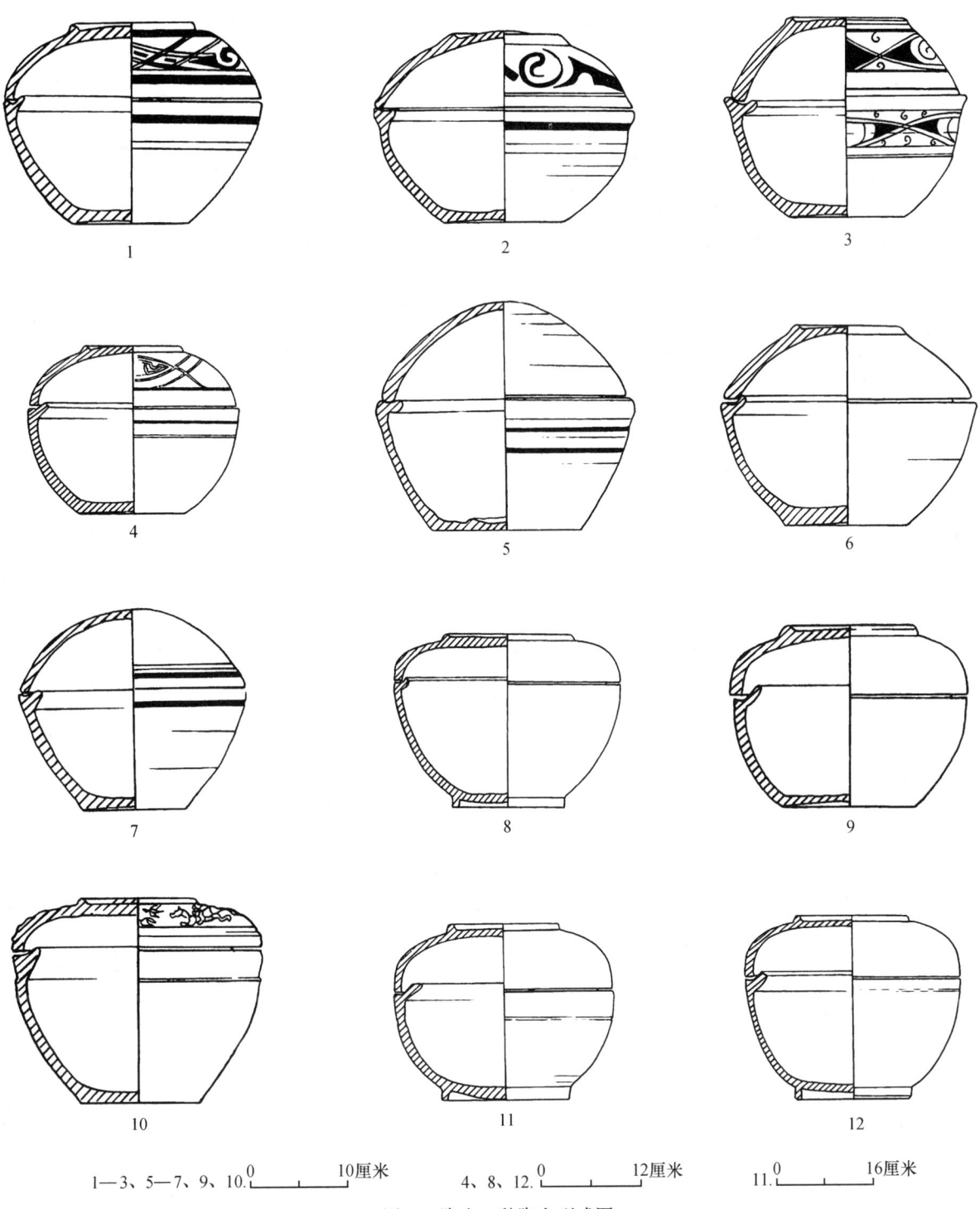

1—3、5—7、9、10. 0 ⊢──┴──┤ 10厘米　　4、8、12. 0 ⊢──┤ 12厘米　　11. 0 ⊢─┤ 16厘米

图二　陶盒、釉陶盒型式图

1. AⅠ式陶盒（M63：2）　2. AⅡ式陶盒（M158：12）　3. AⅢ式陶盒（M5：5）　4. BⅠ式陶盒（M17：11）　5. BⅡ式陶盒（M172：24）　6. BⅢ式陶盒（M1：4）　7. CⅠ式陶盒（M62：4）　8. DⅠ式陶盒（M61：4）　9. AⅠ式釉陶盒（M120：15）　10. AⅡ式釉陶盒（M135：5）　11. BⅠ式釉陶盒（M112：4）　12. BⅡ式釉陶盒（M110：31）

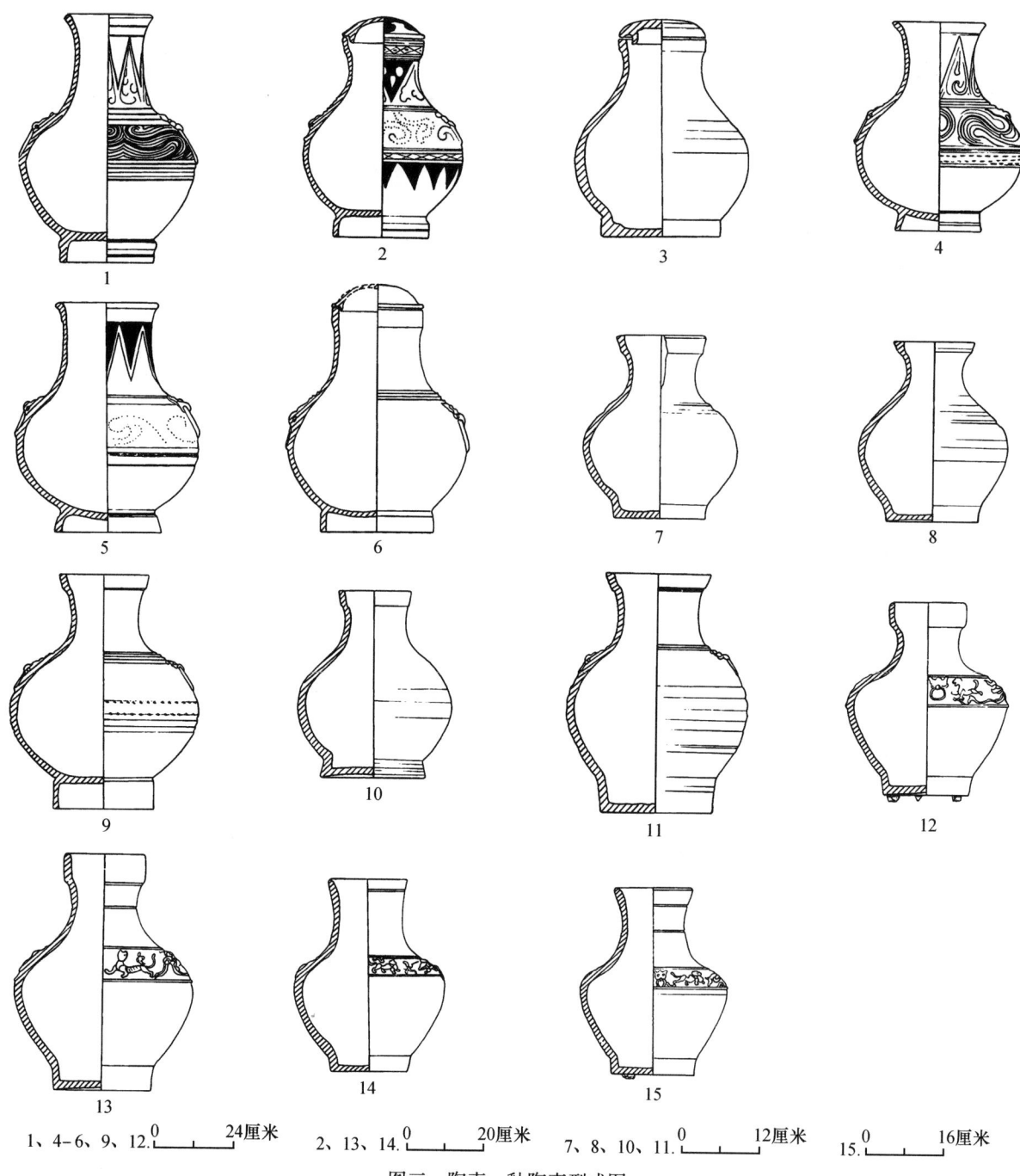

图三 陶壶、釉陶壶型式图

1. AaⅠ式陶壶（M89∶9） 2. AaⅡ式陶壶（M157∶2） 3. AaⅢ式陶壶（M161∶9） 4. AbⅠ式陶壶（M63∶6） 5. AbⅡ式陶壶（M175∶2） 6. AbⅢ式陶壶（M161∶5） 7. Ba型陶壶（M172∶16） 8. Bb型陶壶（M172∶15） 9. A型釉陶壶（M110∶5） 10. Bb型釉陶壶（M110∶23） 11. Ba型釉陶壶（M120∶19） 12. CaⅠ式釉陶壶（M90∶2） 13. CaⅡ式釉陶壶（M6∶17） 14. CbⅠ式釉陶壶（M129∶2） 15. CbⅡ式釉陶壶（M100∶3）

Ⅰ式 圆唇，侈口，束颈，扁鼓腹，高圈足。颈、肩彩绘繁缛。包括M63∶6（图三，4）等。

Ⅱ式 圆唇，侈口，束颈变粗，扁鼓腹，高圈足。颈、肩部彩绘繁缛。包括M175∶2（图三，5）等。

Ⅲ式 方唇，侈口，扁鼓腹，圈足。包括M161∶5（图三，6）等。

B型 3件。方唇，盘口，束颈，鼓腹，假圈足。体形较小。以颈、腹部的差异分为两亚型。

Ba型 2件。束颈较粗，圆鼓腹。包括M172：16（图三，7）等。

Bb型 1件。细束颈，长鼓腹。包括M172：15（图三，8）等。

釉陶壶 28件。皆为泥质红陶，以口部、腹部、足部、整体形态的差异、纹饰的有无，分为A、B、C三型。

A型 3件。方唇，盘口，束颈，圆鼓腹，圈足，体形较大。包括M110：5（图三，9）等。

B型 4件。方唇，盘口，束颈，鼓腹，假圈足，体形较小。以口、腹、肩部有无装饰的差异分为两亚型。

Ba型 长鼓腹。颈、肩部有兽首衔环装饰。包括M120：19（图三，11）等。

Bb型 扁鼓腹。包括M110：23（图三，10）等。

C型 21件。圆唇，侈口或盘口，束颈，肩部模印繁缛纹饰，假圈足。以口部的差异分为两亚型。

Ca型 12件。盘口，以颈、肩、腹的变化分为两式。

Ⅰ式 粗束颈，广肩，器形较扁。包括M90：2（图三，12）等。

Ⅱ式 长束颈，斜肩，器形较长高。包括M6：17（图三，13）等。

Cb型 9件。尖圆唇，侈口。以颈、肩、腹的变化分为两式。

Ⅰ式 粗束颈，器形较粗。包括M129：2（图三，14）等。

Ⅱ式 长束颈，器形较长高。包括M100：3（图三，15）等。

三、随葬陶礼器、釉陶礼器的组合的变化

根据对所有出土陶器及釉陶器的类型学研究，结合出土铜镜、铜钱及长安地区已发表的西汉墓葬资料与研究成果[2]，我们将81座墓葬依次排队，按照陶器、釉陶器型式的演变，分为七组。本文仅涉及陶礼器与釉陶礼器部分，详见表一。

表一 各组墓葬随葬陶礼器与釉陶礼器型式

分组	陶鼎	釉陶鼎	陶盒	釉陶盒	陶壶	釉陶壶	陶钫
第一组	AⅠ		AⅠ、BⅠ		AaⅠ、AbⅠ		AⅠ、BⅠ
第二组	AⅡ、BⅠ		AⅡ		AaⅡ、AbⅡ		BⅡ
第三组	AⅡ		BⅡ		AaⅡ		AⅠ
第四组	AⅡ、AⅢ、BⅡ	AⅠ、BⅠ	AⅡ、AⅢ、BⅡ、BⅢ、CⅠ	BⅠ	AaⅡ、AbⅡ、Ba、Bb		BⅡ
第五组	AⅢ、AⅣ、BⅢ	AⅠ、BⅠ	DⅠ	AⅠ、BⅠ、BⅡ	AaⅢ、AbⅢ	AⅠ、Ba、Bb	AⅡ
第六组	AⅣ	AⅡ、BⅡ	BⅡ	AⅠ		AⅠ、Ba、CaⅠ、CbⅠ	
第七组	AⅣ	BⅢ		AⅡ		CaⅡ、CbⅠ、CbⅡ	

从表一可知第一组墓葬随葬AⅠ式陶鼎，AⅠ、BⅠ式陶盒，AaⅠ、AbⅠ式陶壶，AⅠ、BⅠ式陶钫。礼器组合是陶鼎、陶盒、陶壶、陶钫。

第二组墓葬随葬AⅡ、BⅠ式陶鼎，AⅡ式陶盒，AaⅡ、AbⅡ式陶壶，BⅡ式陶钫，最明显的是在第二组中陶鼎出现了BⅠ式，AⅠ式发展至AⅡ式；陶盒AⅠ式发展至AⅡ式。陶礼器组合没有变化。

第三组墓葬随葬AⅡ式陶鼎，BⅡ式陶盒，AaⅡ式陶壶，AⅠ式陶钫。第三组中新出现了BⅡ式陶盒。陶礼器的组合没变化，只是型式发生了变化。

第四组墓葬随葬AⅡ、AⅢ、BⅡ式陶鼎，AⅠ、BⅠ式釉陶鼎，AⅡ、AⅢ、BⅡ、BⅢ、CⅠ式陶盒，BⅠ式釉陶盒，AaⅡ、AbⅡ式和Ba、Bb型陶壶，BⅡ式陶钫。第四组墓葬中新出现了BⅡ、AⅢ式陶鼎，AⅠ、BⅠ式釉陶鼎，AⅢ、BⅢ、CⅠ式陶盒，BⅠ釉陶盒，Ba、Bb型陶壶，第四组最明显的特征是陶器型式变化较大，釉陶器皿出现了，而且型式多、数量大。陶礼器组合也没变，釉陶鼎、釉陶盒出现。

第五组墓葬随葬AⅢ、AⅣ、BⅢ式陶鼎，AⅠ、BⅠ式釉陶鼎，DⅠ式陶盒，AⅠ、BⅠ、BⅡ式釉陶盒，AaⅢ、AbⅢ式陶壶，AⅠ式、Ba型、Bb型釉陶壶，AⅡ式陶钫。第五组墓葬中，新出现了AⅣ、BⅢ式陶鼎，DⅠ式陶盒，AⅠ、BⅡ式釉陶盒，AⅠ式、Ba型、Bb型釉陶壶，AⅡ式陶钫。AⅡ式陶钫在第五组中仅见一件，此后未见。陶礼器与釉陶礼器的型式有了进一步的发展。陶礼器的组合鼎、盒、壶、钫中，陶钫少见。釉陶礼器的组合为鼎、盒、壶，釉陶钫至王莽及稍后时期始终未见。

第六组随葬AⅣ式陶鼎，AⅡ、BⅡ式釉陶鼎，BⅡ式陶盒，AⅠ式釉陶盒，AⅠ、CaⅠ、CbⅠ式和Ba型釉陶壶。第六组墓葬中，新出现了AⅡ、BⅡ式釉陶鼎，CaⅠ、CbⅠ式釉陶壶。陶礼器中的陶鼎已发展至末势，在下一组中仅见一例，陶钫完全消失，陶盒偶见，陶壶少见，组合基本消失。随葬器物的中心已转移至釉陶器物，不仅数量大，而且做工精细，纹饰繁缛，外表美观大方。

第七组墓葬随葬AⅣ式陶鼎（仅见一例），BⅢ式釉陶鼎，AⅡ式釉陶盒，CaⅡ、CbⅠ、CbⅡ式釉陶壶。第七组墓葬中新出现了BⅢ式釉陶鼎，AⅡ式釉陶盒，CaⅡ、CbⅡ式釉陶壶。釉陶器在第六组的基础上有了较大发展。

从表一中还可以观察到，从第四组墓葬开始，釉陶鼎、釉陶盒出现，往后愈演愈烈，成为一股强大的潮流。第六、七组墓葬随葬的礼器除了为数极少的陶鼎、陶盒外，已全部为釉陶器，但是伴随着强大的釉陶器的潮流，并未出现新的器类。在第四、第五、第六组墓葬中陶礼器、釉陶礼器共存；大量釉陶礼器开始出现于第四组，从其形态与数量观察，并非釉陶礼器的初始状态，其最初的出现应早于第四组。

四、陶礼器与釉陶礼器之关系试析

为了更直观地反映陶礼器与釉陶礼器型式上的关系，并把其纳入时间概念中去考察，我们又把各组墓葬中的出土器物依照时间顺序排列成表，现在选取陶礼器与釉陶礼器部分，详见表二、表三、表四。

表二　郑王村西汉墓陶鼎、釉陶鼎变化

时间	分组	陶鼎 A型	陶鼎 B型	釉陶鼎 A型	釉陶鼎 B型
早期后段	第一组	Ⅰ式M146：8			
早期	第二组、第三组	Ⅱ式M151：8	Ⅰ式M175：7		
中段	第四组	Ⅲ式M49：5	Ⅱ式M83：9	Ⅰ式M73：1	Ⅰ式M103：6
晚期	第五组、第六组	Ⅳ式M161：3	Ⅲ式M28：11	Ⅱ式M70：2	Ⅱ式M122：5
王莽及稍后时期	第七组				Ⅲ式M34：15

表三　郑王村西汉墓陶盒、釉陶盒变化

时间	分组	陶盒 A型	陶盒 B型	陶盒 C型	陶盒 D型	釉陶盒 A型	釉陶盒 B型
早期后段	第一组	Ⅰ式 M63:2	Ⅰ式 M17:11				
中期	第二组、第三组	Ⅱ式 M158:12	Ⅱ式 M172:24				
中期	第四组	Ⅲ式 M5:5	Ⅲ式 M1:4	Ⅰ式 M62:4		Ⅰ式 M112:4	
晚期	第五组、第六组				Ⅰ式 M61:4	Ⅰ式 M120:15	Ⅱ式 M110:31
王莽及稍后时期	第七组					Ⅱ式 M135:5	

表四 郑王村西汉墓陶壶、釉陶壶变化图

时间	分组	陶壶 A型 a	陶壶 A型 b	陶壶 B型 a	陶壶 B型 b	釉陶壶 A型	釉陶壶 B型 a	釉陶壶 B型 b	釉陶壶 C型 a
早期后段	第一组	Ⅰ式 M89:9	Ⅰ式 M63:6						
中期	第二组、第三组	Ⅱ式 M157:2	Ⅱ式 M175:2						
	第四组			M172:16	M172:15				
晚期	第五组、第六组	Ⅲ式 M161:9	Ⅲ式 M161:5			M110:5	M120:19	M110:23	Ⅰ式 M90:2
王莽及稍后时期	第七组								Ⅱ式 M6:17

从表二观察，A型釉陶鼎与A型陶鼎的形态差别比较大，而与B型陶鼎的相似处较多，特别是鼎盖上皆有三乳钉。但A型釉陶鼎足上有刻槽，为其独有特色。BⅠ式釉陶鼎的足既不同于A型陶鼎，也不同于B型陶鼎，但鼎身与BⅡ式陶鼎相似。釉陶鼎发展至BⅡ、BⅢ式，其盖、身、足及纹饰与陶鼎完全不同。

从表三观察，AⅠ式釉陶盒与BⅠ式陶盒的外形相似，BⅠ式陶盒发展至BⅡ、BⅢ式，与AⅡ式釉陶盒式完全不同。BⅡ式釉陶盒与D型陶盒的外形接近，但D型陶盒本身来源不清，而两者时代相同，所以不能说BⅡ式釉陶盒是在D型陶盒的影响下产生的。

从表四观察，Bb型釉陶壶与AaⅢ式陶壶形态接近。Ba型釉陶壶与Ba、Bb型陶壶相似的成分比较多。A型、Ca型釉陶壶，与陶壶差异较大。

同时从整体情况考察，并非釉陶出现后，釉陶礼器的型式随着陶礼器的型式而变化。

根据以上对陶礼器与釉陶礼器型式的比较，可以发现釉陶礼器绝大部分仅是吸收了陶礼器的一些特征，并非是对陶礼器的摹写，即不是仅在烧造陶礼器的陶胎上施釉再放入不同的陶窑中烧造而形成釉陶礼器。釉陶礼器出现后，在型式上也并未与陶礼器同步发展。但釉陶礼器本身的特征也表现出与陶礼器千丝万缕的联系，说明它们之间可能的渊源关系。釉陶礼器刚开始出现时，与陶礼器关系密切，很快形成了自己独立的发展系列，最后形态与陶礼器差别较大，但始终没有出现新器类。至西汉晚期、王莽及稍后时期极大程度上代替了陶礼器，而陶礼器并未完全消失。

五、釉陶化现象分析

从第四组墓葬开始，釉陶出现，往后愈演愈烈，成为一股强大的不可阻挡的潮流。第六、第七组墓葬中釉陶器几乎占到了出土陶器与釉陶器之和的百分之七十以上。但是伴随着强大的釉陶化的潮流，并未出现新的器类。仅是对已经存在的陶器的器类在不同的阶段分别釉陶化而已，一些器类很早很快被大量釉陶化了，一些器类很晚才被釉陶化，一些几乎没有。

第四组墓葬中出现的釉陶器器形有鼎、盒、壶、仓、罐。这些釉陶器物，很明显不是釉陶刚开始出现的初始状态，其最早的出现应早于第四组。

在通常被人们称作陶礼器的器物中，釉陶钫在已发表的长安地区西汉墓葬资料中仅见一例。亦即在陶钫消失之前，鼎、盒、壶已经较大规模开始被釉陶化，而陶钫未被纳入。这可能与此时陶钫已进入末势、数量本身较少有关。

模型明器中，陶仓不仅被大规模釉陶化，而且也较早。而陶灶被釉陶化的较少，也较晚，在第七组墓葬中见一例。陶井出现在第七组墓葬中，仅一例，未被釉陶化。

日用陶器中，釉陶罐出现于第四组，釉陶灯、釉陶奁出现于第五、六组中。陶缶消失于第二组中，较早，未赶上釉陶化。陶盆较少，釉陶盆未见。

从釉陶技术角度考虑，釉陶化其他器物并不比釉陶化鼎、盒、壶、仓、奁、罐更困难。器物釉陶化先后次序及器类的选择是偶然现象还是观念原因所致，这值得我们进一步思索。同时釉陶的来源至今也未有定论，也值得我们进一步关注。

注　释

[1] 陕西省考古研究院:《西安北郊郑王村西汉墓》, 三秦出版社, 2008年。

[2] 参见陕西省考古研究所:《白鹿原汉墓》, 三秦出版社, 2003年; 西安市文物保护考古研究所:《西安龙首原汉墓》, 西北大学出版社, 1999年; 西安市文物保护考古研究所、郑州大学考古专业:《长安汉墓》, 陕西人民出版社, 2004年。

Trail Study on the Pottery and Glazed Pottery Ritual Vessels Unearthed at Western Han Tombs at Zhengwangcun, North Suburbs, Xi'an

Xiao Jianyi

Abstract: The research on the relationship between glazed and pottery ritual vessels from Western Han tombs are seldom seen. This essay focuses on the patterns comparison and contrast between glazed and pottery ritual vessels from Western Han tombs unearthed at Zhengwangcun, North Suburbs, Xi'an city. It conveys that glazed ritual vessels just imitated some features of the pottery one; and denies that the glazed had the same pattern with the pottery and just were put into the different kiln before firing. At the beginning of it's appearance, the glazed had a close relationship with the pottery; it had a separate development quickly and displayed its own feature at the end. But there was not new kind of glazed vessels discovered.

Keywords: north suburbs of Xi'an, Western Han tombs, glazed pottery ritual vessels, pottery ritual vessels

克孜尔石窟洞窟组合问题初探

苗利辉

内容摘要：克孜尔石窟的洞窟可分为中心柱窟、大像窟、方形窟、僧房窟和其他五种类型，石窟寺院组合可分为八种类型，可划分出几个不同的功能区域，这种区域划分与地形的分布情况有很大的相关性，同时受到印度和中亚佛寺布局的影响。大像窟是龟兹石窟佛教艺术的一大特点，其向东向西均产生了重要的影响。

关键词：克孜尔石窟；寺院组合；布局；大像窟

自19世纪末克孜尔石窟被外国探险队发现以来，克孜尔石窟的学术研究已经历了100多年的历史，经过国内外学者的努力探索，对其研究已经积累了丰厚的成果，我们对其石窟形制、壁画题材、壁画风格、题记、年代及其所反映的佛教思想、相关历史背景等方面均有了一定的了解[1]；但仍有很多方面需要进一步的研究，如克孜尔石窟寺院构成、功能和反映的佛教信仰问题等。石窟寺院构成问题反映在石窟遗址中就是洞窟的组合及其分布特点。关于这个问题，德国和中国学者的有关研究中曾涉及某个方面或某些洞窟，如格伦威德尔在他的《中亚古佛寺》中提到了几组洞窟组合，而宿白在《克孜尔石窟部分洞窟阶段划分与年代等问题的初步探索》中，说明了一些洞窟的组合现象，并认为洞窟的组合特征是至少要有一个中心柱窟。较为全面的研究是由北京大学的晁华山教授和魏正中博士提供的。晁华山教授在其《克孜尔石窟的洞窟分类与石窟寺院的组成》一文中，对寻找洞窟组合的途径进行了探讨并据此区分出七组洞窟，而后结合佛教文献探讨了有关"五佛堂"的问题。魏正中博士在他的博士论文《克孜尔洞窟组合调查与研究——对龟兹佛教的新探索》中，首先对洞窟组合这一概念进行了明确的定义，并以此为依据，将克孜尔石窟中的组合现象分为两大类八个型，并排出它们的年代序列；以此为基础，他又对整个遗址进行了分区和分期，并且还通过对洞窟组合的研究探讨了其所反映的佛教部派问题。以上学者的研究对我们认识克孜尔石窟的洞窟组合问题有很大的帮助，但对不同的石窟组合的布局特点及其所体现出的功能，石窟组合、布局的演进及其所反映出的龟兹佛教的发展变化关注不够。本文拟在前人研究的基础上，结合笔者在克孜尔多年来的实地考察和学习，参考佛教文献和中亚历史、佛教史背景，以及印度、中亚和中国等地区的佛寺和石窟寺材料，在对克孜尔石窟洞窟形制、洞窟组合特点、功能及其布局综合考察的基础上，对上述问题加以探讨。不当之处，希望得到方家指正。

一、克孜尔石窟洞窟形制分类

关于克孜尔石窟形制的分类方法，目前有代表性的有以下三种：

苗利辉：新疆龟兹研究院　文博副研究馆员

第一种是20世纪20年代德国学者提出的，根据洞窟的平面形状将克孜尔石窟分为四类。第一类为长条形窟，如后山区212号窟；第二类为方形窟，如67号窟和76号窟；第三类为支柱窟，也称为塔窟，如219号窟和207号窟；第四类为方形券顶有窗窟，如118号窟[2]。

新中国成立以来，我国研究克孜尔石窟的文章在讨论洞窟分类时大都沿袭敦煌莫高窟的洞窟分类，以洞窟的平面形状为主要标准，以主尊塑像的安置形式为次要标准，将洞窟分为中心柱窟、大像窟、方形窟和僧房窟四类[3]。

20世纪80年代，晁华山先生提出了一种新的洞窟分类方法。他从洞窟的主尊塑像、建筑形制和壁画题材三方面分析洞窟的功能和用途，并据此将洞窟分类，再结合文献推定洞窟的名称。这样，他将克孜尔石窟的绝大多数石窟区分为四类：

第一类窟中有置于正龛中或塔柱前的佛塑像、模拟的供养伎乐和放置供养具的设备，右绕塔龛与尊像的行道和以佛陀为主要题材的彩画。这些设施并非每个洞窟都必须全部具备，但至少应具备一项以上。它相当于佛教文献中的塔支提和佛殿，主要功用是礼拜和供养佛陀。

第二类窟全窟都有壁画，壁画题材多样，而且没有固定的格局。居主要位置、出现次数多并且幅面大的壁画题材是《王族皈依图》和《高僧讲经图》，它表现的是释迦牟尼时期诸国王与王侯崇拜佛法并皈依佛教的事迹，相当于佛典记载中的讲堂。其功用除用于说法诵经外，也可坐禅。

第三类洞窟只有简略壁画，形制多样，功能多样，应为杂房，其中一些洞窟应是用于禅修。

第四类洞窟一般没有壁画，有门、窗、炉和床等设施，应为僧房，主要用途是提供僧众住宿。

此外，还有一些高僧影堂、条形小窟[4]。

作为佛教建筑，其建造肯定是依据佛教的相应规范法式营建的，它的用途也必然是服务于佛事活动的。因此，以洞窟的功用为出发点对洞窟进行分类，并依据佛教文献对其加以定名，对于我们认识石窟的性质无疑具有重要的意义，因而笔者赞同晁华山先生对克孜尔石窟形制的分类方法，以下的研究正是基于此种分类展开的。

二、克孜尔石窟洞窟组合确定原则及分类

任何的佛教建筑，无论是地面寺院还是石窟寺，都是由大大小小、不同种类的单体佛教建筑按照一定的规范组合在一起而构成的，不同地区、不同时期和不同派别的石窟寺院，其寺院结构也是不同的，从而反映出不同地区不同时间的佛教信仰特点。利用留存于世的佛教遗址，进行广泛的对比和比较，并与佛教文献的记载相参照，我们就能探明不同地区不同时期的佛教信仰情况。龟兹地区留下的地面佛寺遗址一是数量相对少，二是保存情况较差，而石窟寺保存较多且相对完整，成为我们了解当时龟兹地区寺院构成、布局的主要材料。在龟兹地区石窟寺中，又以克孜尔石窟最大、保存最好，因而是我们必须首先关注的地区。

由于石窟寺建筑在山体崖壁上，石窟寺院的结构方式与地面寺院是不同的，在地面寺院遗址中，通常有围墙将不同的寺院分隔，寺院布局在平面上展开的，不同寺院通常不在一个地点；而在石窟寺院遗址中，目前保留下来的连接构件非常少，寺院布局特点一般体现在外立面上，而且洞窟分布非常密集，因而对其进行寺院构成的判定必须使用不同的方法。参照有关学者研究，笔者在进

行洞窟组合的判定时,主要依据了以下原则:

①彼此相邻的洞窟。

②与其他洞窟或组合存在明显界限的一组洞窟。

③保留有相关遗迹说明其具有共同前室或悬空栈道及通道的洞窟。

④洞窟组合体现出某种功能性。

此外,由于地面寺院和石窟寺在功用方面并没有原则性的区别,所以在石窟组合的辨析中也参照了地面寺院中出现的可与石窟寺组合相类比的地面寺院构成。

洞窟组合与石窟寺院并不存在对应关系,一个组合可能是一个石窟寺院,几个组合也可能是一个石窟寺院,甚至很多洞窟组合构成一个寺院。依据洞窟的平面形状、绘塑题材、它们之间的连接方式和不同的功能特点,笔者将克孜尔石窟的主要洞窟组合分为以下几类:

方形窟+僧房窟(图一)、多个方形窟+僧房窟(图二)、大像窟+多个方形窟、大像窟+僧房窟+方形窟、中心柱窟+方形窟+僧房窟(图三)、中心柱窟+僧房窟(图四)、中心柱窟+中心柱窟(图五)、中心柱窟+中心柱窟+中心柱窟+中心柱窟+中心柱窟(图六)。

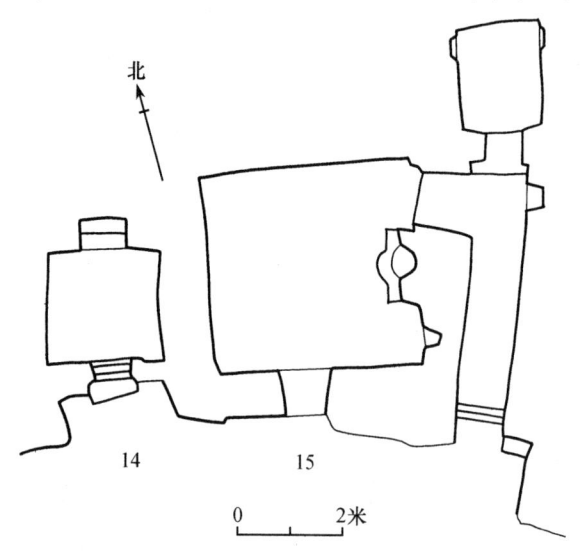

图一 克孜尔石窟第14—15窟联合平面图

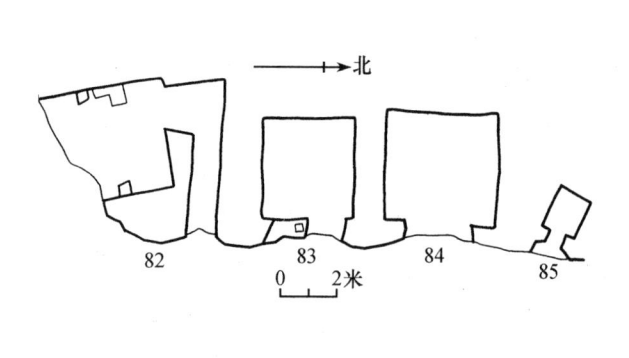

图二 克孜尔石窟第82—85窟联合平面图

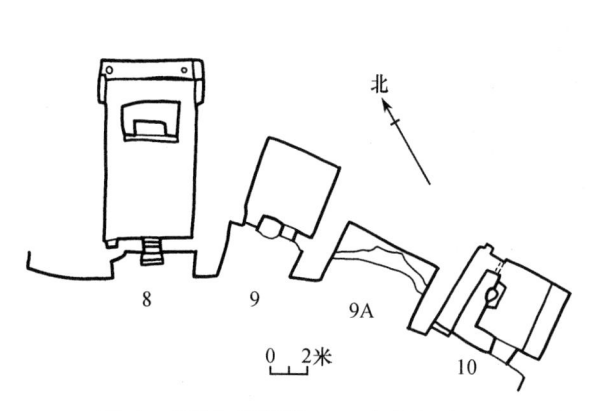

图三 克孜尔石窟第8—10窟联合平面图

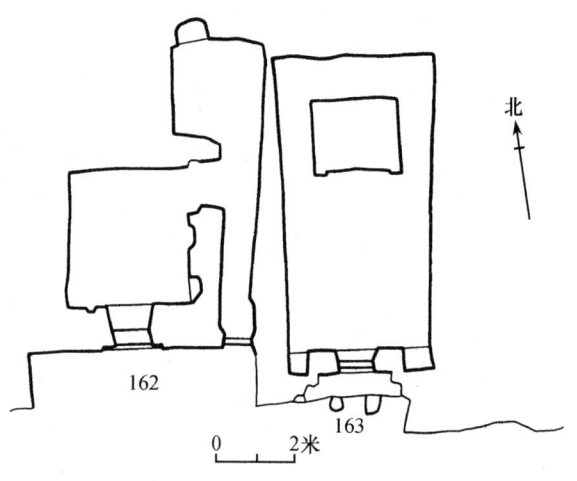

图四 克孜尔石窟第162—163窟联合平面图

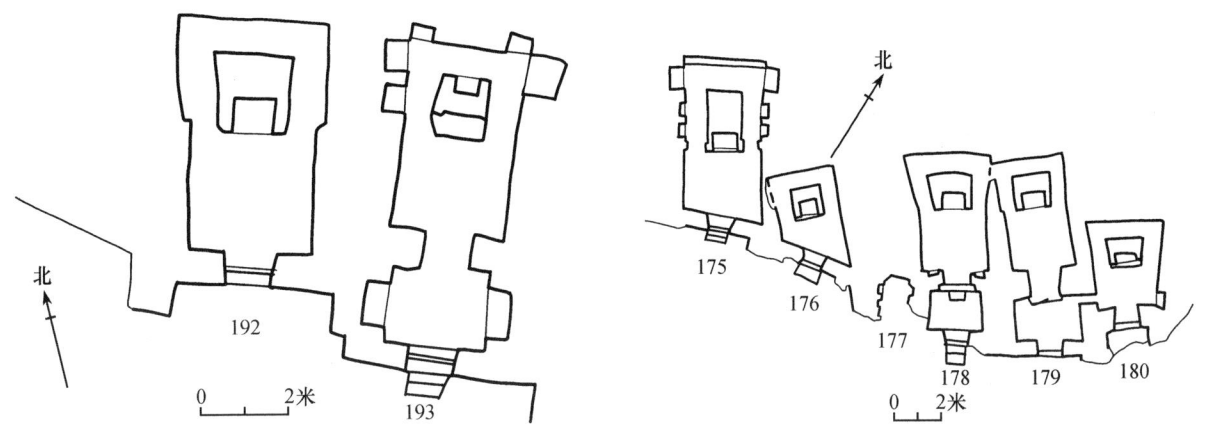

图五　克孜尔石窟第192—193窟联合平面图　　　　图六　克孜尔石窟第175—180窟联合平面图

需要说明的是，在前两种组合中列出的方形窟应为讲堂，而其他组合类型中列出的方形窟一般没有壁画，可以归入杂房。

以上所列洞窟组合是就组合的主要结构成分而言的，在一些组合中也可能杂有一些其他功用的洞窟，但不会影响整个洞窟组合的性质。如第175—180窟这个洞窟组合中，包括177窟这样一个方形小窟，尚未完工，功用不明，但对于这个组合的整体特点没有影响，这是一个以礼拜为中心的宗教区域。需要指出的是，并不是所有的洞窟都能归入上述洞窟组合中，一方面是由于一些洞窟所开凿崖壁的附近几乎没有其他的洞窟，另一方面则是由于一些洞窟塌毁严重，我们无法对其性质加以判定。

三、克孜尔石窟洞窟的区段划分及其所反映的功能分区和布局特点

根据对克孜尔石窟的多年实地调查，笔者发现同类洞窟组合通常集中分布在同一自然区域内，而且在同一自然区域内许多洞窟不仅布局相似，壁画题材和画风也非常接近。此外，在克孜尔石窟的不同自然区域内，不同的洞窟组合间的布局存在着某种规律性，因而对组合本身的分布情况再进行分析即将整个石窟划分为不同的区段就显得非常必要。

依据地形的自然界限、洞窟组合特点、布局方式以及绘塑题材的差异，本文将克孜尔石窟的洞窟组合划分为六个区段。

第一区段为第1—43窟。这一区段共包括多组洞窟组合，其组合类型主要为中心柱窟+方形窟+僧房窟。此外也有中心柱窟+僧房窟（42—43窟）、中心柱窟+中心柱窟（7—8窟）等洞窟组合，可以看出这一区段具有密集的佛堂。此外还有与之组合在一起的供僧侣讲经、禅修的方形窟和起居的僧房窟，说明这一区域主要是为僧侣修行使用的，这一区段分布有大量的龛窟也说明了这一点。这一区段的许多洞窟经过了改建（底层洞窟），中晚期又重新开凿了一些洞窟。

第二区段为第44—80窟。这一区段洞窟数量众多，但是成组的却不多。主要洞窟组合类型有大像窟+多方形窟、大像窟+僧房窟+方形窟、中心柱窟+僧房窟、中心柱窟+中心柱窟。其中大像窟+多方形窟只有70—71B窟一组，大像窟+僧房窟+方形窟有46—53窟、59—90—2窟和76—77窟

三组，中心柱窟+僧房窟有57—58窟、62—63窟和79—80窟三组，中心柱窟+中心柱窟有69—新1窟一组。其中后两种类型建造的时间较晚[5]。其余的区域则大量分布着僧房、库房等生活用窟，反映出这是一个以大像崇拜为突出特征的区域，也应是接待世俗信众的主要区域。

第三区段为第82—135窟。这一区段的洞窟组合类型有方形窟+僧房窟、多个方形窟+僧房窟、大像窟+多方形窟、中心柱窟+僧房窟、中心柱窟+僧房窟+方形窟和中心柱窟+中心柱窟+中心柱窟+中心柱窟+中心柱窟。前两种组合类型是这一区段的主要类型，分布于这一区段的各个区域，出现时间早[6]。后三种类型则主要分布于谷口里端两侧的崖壁上，出现时间晚[7]。方形窟的数量很多，且绘画的题材内容、风格与前面各区段的内容不同。114窟的主尊为弥勒菩萨，也与一般中心柱窟不同，但与谷西区的57—58窟、62—63窟情况相似，反映出弥勒信仰上升的社会背景。这几个窟的出现年代不会太早[8]。大像窟的位置非常不理想，反映出建造较晚。这一区段中龛窟很多，结合上述各种情况可以断定这一区域也应当是主要用于僧侣禅修的。

第四区段为第136—174窟。这一区段洞窟组合特点与第二区段非常相似，也是一个以大像崇拜为特征的区域。洞窟组合类型有大像窟+多方形窟、大像窟+僧房窟+方形窟、方形窟+僧房窟、多个方形窟+僧房窟、中心柱窟+僧房窟、中心柱窟+中心柱窟，大像窟+多方形窟类型有139—142窟和151—154窟两组，大像窟+僧房窟+方形窟类型则为145—148窟这组。中心柱窟+僧房窟、中心柱窟+中心柱窟这两种洞窟组合类型形成较晚[9]。

第五区段为第175—200窟。这一区段洞窟组合类型多样，包括方形窟+僧房窟、多个方形窟+僧房窟、中心柱窟+方形窟+僧房窟、中心柱窟+僧房窟、中心柱窟+中心柱窟、中心柱窟+中心柱窟+中心柱窟+中心柱窟，其中以中心柱窟+中心柱窟+中心柱窟+中心柱窟的洞窟组合最具特点。佛堂密集，僧房和方形窟较少是这一区域的特点，没有大像窟。这里的僧房窟和方形窟数量较少，尤其是僧房窟只有五个，说明这里主要功能是僧侣及信众礼拜和供养的场所，而不是僧侣修行的主要场所。这一区段的石窟开凿较晚[10]。

第六区段包括后山区的第202—231A窟。这一区段的洞窟组合类型洞窟类型较多，主要有方形窟+僧房窟、大像窟+僧房窟+方形窟、中心柱窟+方形窟+僧房窟、中心柱窟+僧房窟、中心柱窟+中心柱窟等洞窟组合类型，几乎集中了所有洞窟组合类型。但除最后一组有两组外，每种类型均只有一组。本区段可分为前后区两个区域，前区的组合类型都具有明显的礼拜中心，有205—208、212、219六个佛堂，215A一个大像窟，应为礼拜区。而后区只有三个佛堂224、227和229，却有四个僧房221、223、225、226，一个讲堂、两个禅窟，再考虑其位置的偏僻性，说明这里主要是用于僧侣修行的。

还有一些洞窟未划入上述区段中，它们主要是一些远离主要窟区的僧房窟、禅窟和龛窟及个别经堂和杂房，应是僧侣用于禅修或居住的场所。

对克孜尔石窟进行区段的划分目的在于将整个遗址进行功能分区，进而了解整个石窟群的布局特点。根据上面的分析，我们可以看出克孜尔石窟大致可以分为僧侣活动区、与大像崇拜有关佛事活动的区域、佛堂礼拜供养区，大致可以分别与地面寺院中的僧房区、塔院区和佛堂区相对应，不过在这里，塔院中心的大塔被大立佛代替了[11]。僧侣区依据主要的洞窟组合类型的不同，又可分为两种不同的类型。尽管都是服务于僧侣修行的，但我们发现第一区段的主要洞窟组合类型与第三区段的洞窟的主要组合类型有着明显不同。

进一步，我们可以看出克孜尔石窟寺院布局的基本特点：整个石窟的核心部位是位于谷西区的第二区段第44—80窟和谷东区的第五区段第136—174窟。这两个区段的礼拜中心是7个大像窟。而第136—174窟东侧又分布着用于僧侣及信众礼拜和供养的佛堂区即谷东区的第五区段第175—200窟。后山区第六区段前区的第202—219窟也是一个佛堂区，可以看出礼拜区域占据了整个石窟最有利、最醒目的位置。而僧侣讲经修行区则分布在位置相对偏僻的谷西区最西端、谷内区及后山后区。

四、克孜尔石窟洞窟布局特点及其源流

与其以东和以西的石窟寺相比，克孜尔石窟寺的洞窟组合类型及布局特点体现出很强的继承性，同时又具有自己的特点。

阿旃陀石窟位于孟买东北方，开凿在瓦沟拉河河湾旁的崖壁上。这里的洞窟是在早晚不同的两个时期建造的。属于早期的不多，只有四个洞窟，其中第9、10窟是塔堂窟，第12、13窟是僧房窟。已经出现了双塔堂窟的情况，与克孜尔石窟中的三组双中心柱窟（69和新1窟，171和172窟，192和193窟）的情况非常相似（克孜尔第172窟原为一僧房窟，与171窟构成中心柱与僧房窟的组合）。阿旃陀石窟早期年代为公元前后，印度地区早期石窟寺的洞窟组合的基本类型都是塔堂窟与僧房窟的组合。克孜尔石窟中的中心柱窟和僧房窟的组合类型当来源于此。

那迦留纳昆达位于南印度克利斯纳河上游，它的佛教建筑建造于公元3世纪中叶至4世纪中叶，当时这里是伊克斯瓦库王朝的都城。在王室的支持和保护下，这里修建了许多大塔和寺院，已发现的寺院就有30多座。这里的寺院中有塔、佛殿、僧房等类建筑（图七），从中可以看出这座寺院的布局特点是大塔、佛堂和僧房从左至右并列排列，塔、佛堂相连，僧房独立，与它们有一

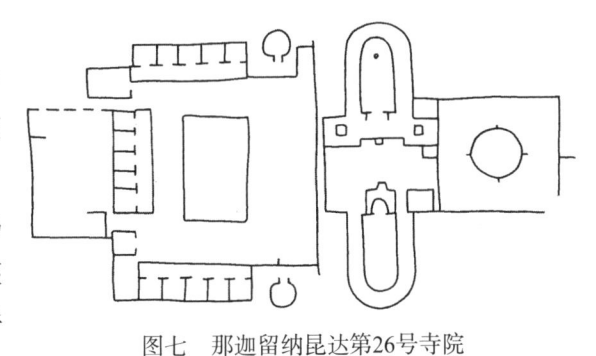

图七　那迦留纳昆达第26号寺院

定距离，体现出与中亚地区某种程度的相似，可能是受中亚地区寺院布局影响所致。这也反映出这一时期中亚佛教文化对印度文化的影响。

索玛普拉寺位于波罗王朝东部地区，现在的地名是帕哈尔普尔。寺院平面呈正方形，边长300米。四周围墙内是僧房居室，总数近200间。居室内都有佛像的台座，表明当初有佛像，因而僧房居室也具有了可供礼拜的性能。寺院中心有多层大台基，各层平面呈十字形，向上依次缩小，底层台基宽度和长度分别为93和110米。台基侧面镶嵌着近3000件泥塑像。台基中心是砖砌的方形高塔，四面各有一个佛堂。这种结构和布局与过去的寺院显然不同，主要变化是塔、佛堂和僧房三者套合在一起，到处都有可礼拜的设施。这所寺院有初建时期的铭文，它建造于波罗朝第二代王与第三代王时期（770—850年），正是波罗朝的盛期。

印度寺院或石窟组合形式一般是塔、佛堂和僧房或塔堂窟和僧房窟组合在一起，有些僧房兼有讲堂的作用，没有发现专门的讲经堂。其发展的基本特点是塔、佛堂和僧房的结合日益紧密。尽管

一度受中亚的影响有所变化，但就其总体而言，在印度的石窟寺中没有发现专门的讲经堂，其功能往往在僧房中实现了。

犍陀罗地区的地面寺院布局的基本情况是塔院与僧院分离，以怛叉始罗的乔利安寺院为代表进行描述。这座寺院主要包括作为礼拜中心的塔院和僧侣生活的僧院。塔院中心是大窣堵坡，其旁建有小还愿窣堵坡。在这些窣堵坡塔的周围还建有一间间的小礼拜堂，里面供奉佛塔、佛像或本生、佛传雕像。而僧院一般和塔院有一定距离，中间是大庭院，四面环绕成排小屋，院子里还有浴室。僧院附近一般有作为僧众聚会之地的讲堂和厨房以及其他杂用房间。犍陀罗地区的塔夫提拜、卡拉曼、巴马拉等寺院基本都是这样的布局，其年代为1—5世纪。讲经堂形制的来源应当是犍陀罗、中亚地区。

阿姆河以北地区2—3世纪的佛教寺院，除塔院与僧院分离外，一些地区的佛堂从塔院中独立出来，主要以卡拉切配和法雅滋切配寺院为代表。这两座寺院布局采取塔院、佛堂院和僧房院并列相连的形式。卡拉切配1号寺院由北至南有三个院落，北院为塔院，中院和南院都是佛堂院，中院西侧山坡上建有僧房院和讲堂。而法雅滋切配寺院可分为四部分。中院为佛堂院，平面长方形，四周为房间，前面有围廊。佛堂院前面有塔院，中间为大窣堵坡塔，四周原有围墙。佛堂院左翼的僧房院和右翼的食堂院为后期增建。4—6世纪，木鹿地区的吉雅乌尔卡拉寺院则采用另外一种布局形式。寺院由主礼拜佛堂、佛堂区和僧房区围绕一庭院共同组成，主礼拜佛堂正对院门，处于重要位置；庭院两侧分别为佛堂区和僧房区；庭院外前方有大佛塔。总体是采用前塔后院的布局形式。

阿富汗的巴米扬石窟现有编号洞窟751个，大致分西、中和东三个区段，西段和东段分别开凿有东、西两个大立佛窟，在它们两侧和中间地带还开凿了几个坐佛龛和许多方形窟。西大佛背后的山中还散布着一些洞窟，也为方形窟，这些方形窟一部分是佛堂，还有许多是僧房或库房。在这里礼拜的对象不是佛塔，而是大的立佛像。其年代为4—8世纪[12]。

由上面的分析可看出，中亚地区寺院布局的变化，主要和重点礼拜对象的变化有关。与印度不同，在犍陀罗地区，露天大佛塔所在的塔院是礼拜重点，环绕大塔的佛堂和塔殿处于附属地位；在中亚地区，佛堂院被独立出来，与塔院处于并列位置，皆为礼拜的重点。而在中亚地区稍晚时期，佛堂的地位被进一步提升，成为主要礼拜地点。在巴米扬地区，已很少建塔，佛像成为礼拜的中心。

克孜尔石窟的布局基本上是以谷西第2区段和谷东第4区段的大像窟为中心展开的，而且这种对大像的崇拜在谷内和后山区也有体现，在这两个区域内均有大像窟的建造，这与巴米扬石窟相似。如果仅考虑这一区段早期阶段开凿的石窟，排除后期开凿的石窟，这种相似性就更为明显。但谷西区第2区段后期开凿的洞窟组合类型如中心柱窟＋僧房窟、中心柱窟＋中心柱窟则明显带有印度佛教建筑组合的特点。

谷西第1区段和谷内第3区段大部分早期洞窟的开凿反映了僧院与礼拜区域的分离，其与第2、4区段间保持一定距离，后山第6区段前后区分别为礼拜区和僧院，这些明显受到犍陀罗地区塔院、佛堂与僧院分离布局的影响。但其以中心柱窟为中心的多种洞窟组合类型如：中心柱窟＋方形窟＋僧房窟、中心柱窟＋僧房窟、中心柱窟＋中心柱窟、中心柱窟＋中心柱窟＋中心柱窟＋中心柱窟似乎受到了印度的影响。

谷东第5区段是佛堂的集中区域，也分布有供僧侣修行的洞窟组合类型，体现出僧院与礼拜区域相连排列的特点，而且佛堂独立于塔院，成为另外的礼拜中心，谷内区谷口两侧石窟（第81—107窟、第123—135窟）的洞窟组合分布特点也具有上述特征。这反映出阿姆河以北中亚地区寺院布局的特点。

此外，在克孜尔石窟开凿的中后期阶段，笔者发现以中心柱窟为核心的组合类型得到大量的开凿，如谷西区第1区段大部分洞窟组合，第2区段57—58窟，62—63窟，69—新1窟，79—80窟，谷内区第3区段86—88窟，96—105窟，114—115窟，123—124窟，谷东区第5区段大部分洞窟，后山区第6区段205—208窟，217—219窟。尚未开凿完洞窟的类型也基本上是中心柱窟，如20A、23、43、181、201窟等。而以方形窟为核心的洞窟组合却没有新的增加，似乎反映着某种社会信仰风尚的变化[13]。

克孜尔石窟的布局变化体现了犍陀罗、中亚地区布局的基本特点及其以后发生的变化，并且以大佛崇拜为特征将这种变化推上了高峰。但它同时又受到了来自印度的影响，其以中心柱窟为中心的多种洞窟组合类型明显印度的影响。克孜尔第一区段中心柱窟＋方形窟＋僧房窟类型洞窟组合的集中分布就是其反映，它反映出礼拜中心与修行场所的结合日益紧密的特点，这与印度地区晚期寺院布局的发展特点是吻合的。但是方形窟的形制则产生于中亚地区。龟兹地区这种文化影响来源的多元性在一些地面寺院遗址中也有所反映。

库木吐喇石窟谷口区附近的夏合吐尔主寺院群的布局特征从整体上看是以一大庭院为中心（明显具有中亚地区特点），四周布置佛堂塔院僧房院禅室讲经堂，并且把禅室从僧房院中分离出来（与龟兹地区石窟的禅窟布局特点相同）。此外，夏合吐尔的6号塔院与主寺院群有一段距离，说明它的布局受到犍陀罗地区的影响。在具体的建筑类型上，夏合吐尔的僧房院也与犍陀罗的僧房院相似，而在礼拜重点上，夏合吐尔遗址中塔院和佛堂并重，又与中亚地区寺院类似。在布局上，夏合吐尔遗址中属塔院类型的2号庭院，则是采取前塔后殿的布局，这种布局最早也见于中亚。由于石窟和地面寺院的建造环境和材料及其建造工艺不同，我们不能将地面寺院的布局特点直接简单加以类比，但通过上述对比，我们至少可以说龟兹地区的佛教建筑布局应主要受到中亚地区建筑布局的影响，同时印度的建筑布局特点也对它有一定的影响。

五、克孜尔石窟大像窟及其相关问题

在克孜尔石窟，对大立佛的建造和礼拜是其显著的特征，可以说这一特征贯穿了这一石窟从兴建到废弃的全过程。放置大立佛的大像窟的形制的发展也经历了一个完整的变化过程[14]。以其为核心的洞窟组合也得到了大量的兴建，遍布于克孜尔石窟各个区域。克孜尔石窟中的大像窟共有10处，分别是第47、48、60、77、92A、139、148、154、157、215A窟，这些大像窟主室后壁均塑大立佛。其中据克孜尔47号窟大立佛遗迹测得其身高在15米以上。

此外，龟兹地区的石窟群中，都开凿有大像窟。库车西南30千米的库木吐喇石窟有四处大像窟。库车东北40千米的森木塞姆石窟南北崖共有大像窟三处，其中北崖11号窟原塑的大立佛身高15米左右。库车西北12千米的克孜尔尕哈石窟也有大像窟2处，其中的23号窟原塑的大立像高近10

米。大部分大像窟占据了石窟群最好的位置，可以说，开凿大像窟、崇拜大像是龟兹地区石窟艺术的一个特点。

这种立佛像，据《比丘尼戒本所出本末序》，记龟兹"寺甚多，修饰至丽。王宫雕镂，立佛形像，与寺无异"，可知此为4世纪中期龟兹佛寺所习见。即使在7世纪20年代末，玄奘路出龟兹时，仍然如此。《大唐西域记》卷一："屈支（龟兹）国，大城西门外，路左右各有立佛像，高九十余尺（唐尺约合今30厘米，则此像当在27米左右）。于此像前，建五年一大会处。"说明早在公元4世纪时龟兹就已经供奉大型立佛，而且还定期举行盛大法会。法会期间，"举国僧徒皆来会集。上自君王，下自士庶，捐废俗务，奉持斋戒，受经听法，渴日忘疲。诸僧伽蓝庄严佛像，莹以珍宝，饰之锦绮，载诸辇舆，谓之行像，动以千数，云集会所"。说明这时还举行一系列与大立像有关的佛事活动。47、48、60等窟周围密集分布着大量的僧房窟、杂房等应当就是为当时的盛大集会准备的设施。新疆以东的大型立佛，最早的是北魏和平初（460年）在平城（今山西大同）开凿的昙曜五窟中的18号窟立佛和16号窟立佛，前者身高15.5米，后者身高13.5米。据说这两身立像分别是依据北魏的文成帝和太武帝相貌特征雕造的。雕造的目的一方面是为了祈福，另一方面也是为了继续神话皇族。尽管其建造动机可能有别于克孜尔石窟中的大立佛，但是其模式无疑来源于古代龟兹地区[15]。这两尊立佛晚于克孜尔最早的遗迹约1世纪[16]。在这两佛龛的周边地区以及葱岭以西的大型立佛，以阿富汗巴米扬高38米的东大佛和高53米的西大佛两处最为著名。如上所述，我们可知此地石窟布局与克孜尔石窟有很大相似性。这两尊大佛的年代，据最新的研究，均为公元6世纪[17]。此外，巴米扬当时的大型立佛的数量也远逊于龟兹。因此，开凿大像窟和雕塑大型立佛及围绕大型立佛进行盛大法会，或许是龟兹佛教的一个特点。它对葱岭以西和新疆以东的石窟寺建造，均产生了深远的影响[18]。

注　释

[1]　孟楠、霍旭初：《龟兹学研究综述》，《龟兹文化研究（第一辑）》，天马出版有限公司，2005年，第1—24页。

[2]　勒柯克、瓦尔德施密特：《新疆与中亚古代晚期的佛教文物》第3册，第16—18页。

[3]　阎文儒：《新疆天山以南的石窟》，《文物》1962年第Z2期；宿白：《新疆拜城克孜尔石窟部分洞窟的类型与年代》；宿白：《中国石窟寺研究》，文物出版社，1996年，第21—38页。

[4]　晁华山：《克孜尔石窟的洞窟分类与石窟寺院的组成》，《纪念北京大学考古专业三十周年论文集 1952—1982》，文物出版社，1990年。在这篇文章中，晁华山先生对于克孜尔石窟中大量存在的龛窟没有加以分类，笔者认为它应该作为专门的一类加以区分，这对于我们认识龟兹佛教的性质具有很大的意义。这一类洞窟，一般规模很小，许多仅容一人坐于其中，一般没有壁画，墙壁涂面也很粗糙。可能是用于禅修的，有些可能是用于供奉佛像的。我将它定名为龛窟，如第41窟。此外，对于晁华山先生文中提到的第四类洞窟，笔者根据实地考古调查情况，认为其中的第105窟不属此种类型。因为断定一个洞窟是否是该类洞窟的首要条件是有无壁炉或床，该窟中没有发现这两类设施。

由于上述第二种洞窟形制的分类法在中国石窟界内的广泛影响，笔者在下面的行文中，对主要洞窟形制的称谓仍然使用了第二种形制分类法的称谓。关于其具体对应关系，请参阅上文。晁华山先生在上文中，没有对所有克孜尔石窟中保存较好的所有洞窟加以分类鉴别，本文中为了后面论述的方便，现将有关洞窟的类型说明如下（残破严重的洞窟除外）：

第一类窟：4、7、8、12、13、14、17、20A、23、27、32、34、38、43、46A、47、48、58、60、63、69、新1、70、77、80、87、91、92A、92、97、98、99、100、101、104、107A、107B、110、114、123、126、139、148、154、155、157、159、160、163、168、171、172、175、176、178、179、180、181、182、183、184、185、186、187、188、189、192、193、195、196、197、198、199、201、205、206、207、208、215A、219、224、227、229

第二类窟：3、12、14、33、46A、67、76、81、83、84、85、96、116、117、118、129、131、132、133、135、149A、161、165、166、167、212、222、229

第三类窟：9、11、16、26、28、34A、39、44、50、53、54、55、55A、55B、55C、55D、59、61、65、66、新1A、71、72、74、78、89—3、89—5、89—6、89—8、89—10、90—3、90—6、90—11、90—14、90—15、92B、93、95、105、111、112A、146、151、153、156、170、174、177、200A、210、211、213、214

第四类窟：2、5、6、10、15、18、19、20、22、24、26B、29、30、35、36—37、40、42、51—52、57、62、64、68、71A、79、89—7、89—9、90—16、90—17、90—19、90—21、90—23、82、86、94、103、105A、106、112、115、119、125、128、140、142、143、144、146—147、162、164、169、203、204、215、217、221、223、225、226、230、231、232、234

龛窟：1A、1B、1C、1D、1E、1F、1G、1H、21、23A、25A、25B、25C、30A、30B、38A、41、54B、69A、72A、90—9、105B、109、112C、120、126A、126B、183、185、187、216A、216B、216C、220A、223A

影窟：49、127

[5] 58窟主室券顶中脊的天相图出现了多佛现象，这在克孜尔石窟是中晚期出现的现象；69窟根据主室上方半圆形端面中的龟兹文题记断定其年代为隋唐之际，新1窟和63窟的年代与其相当。

[6] 第116、117、118、和119窟为多方形窟＋僧房窟的组合，117窟前后至少有二次重绘，依据各层绘画的特点可以判定其最初的重绘，应在石窟开凿的早期。118窟也是一个早期洞窟，其壁画题材及绘画艺术特点均具有明显的犍陀罗艺术的特点。此外，中国社科院考古所对这两个石窟曾经作过^{14}C数据测定，结果均在3、4世纪（霍旭初：《克孜尔石窟年代研究和碳十四测定数据的应用》，《西域研究》2006年第4期，第51页）。第135窟为一改建洞窟，其最初开凿时是一僧房窟，它与133窟构成了方形窟与僧房窟的组合。这种组合的洞窟在晚期也有开凿，如第128—129窟，但是呈现明显的衰败景象，洞窟规模小，绘画所用原料质量及水平明显下降。

[7] 克孜尔第98窟系早期僧房窟改建而成。僧房窟改建一般发生在克孜尔石窟的中期以后。这一早期僧房窟与99窟构成了一个洞窟组合，后来在99窟的右侧又开凿了100、101窟。由于洞窟的改建一般是在没有适于开窟位置的情况下发生的，因而可以确定100窟的开凿早于98窟。而97窟开凿应该更晚，这可以从这一组洞窟的外立面的情况看出来，它明显是后来增加的。97窟除正壁、前壁及券顶中脊外，其余壁面均绘制塔中坐佛，99、100窟中均出现了多佛造像，这些现象在克孜尔石窟的中心柱窟中均是中晚期以后才出现的。101、104窟主室正壁上方均出现了原来可能安有建筑饰件的弧形凹槽，在这一地区这种现象的出现时间不

［8］ 58窟主室券顶中脊天相图中绘出多佛，属晚出现象，63窟主室正壁龛中佛像头光中绘出彩带，这种装饰佛像的做法出现于中亚地区，其出现的年代不是很早。114窟的^{14}C测定年代在3—5世纪，该窟主室前壁上方半圆壁面上绘制降伏六师外道佛教故事，联系与此布局类似的98窟以及80、97和110窟（以上三窟均在正壁位置绘制了与佛教信仰斗争有关的佛教故事，似乎反映出某种共同的社会背景），可以推断其开凿的年代也不会太早。

［9］ 160窟主室为穹隆顶，正壁原塑立佛，立佛背光中绘小立佛，这种窟顶形式以及佛像身光中绘制小立佛的做法在克孜尔石窟中仅见于123窟。该窟^{14}C测定年代为7世纪。162窟^{14}C测定年代为3—6世纪。163窟主室前壁上方半圆壁面绘制壁画大多脱落，但依据残留的佛像头部可以判定其明显不是克孜尔石窟中心柱石窟中习见的弥勒兜率天说法图，这种现象在这一地区出现时间一般在中晚期。

［10］ 在这一区段的石窟中呈现出多种中晚期才出现的现象，如因缘故事成为主室的主要题材，一些窟内甚至正壁及前壁上方半圆壁面中也绘制因缘故事。甬道中出现说法图、本生故事、立佛。有些洞窟甚至主要以坐佛为主要题材，如第180窟、197窟。

［11］ 迄今为止，克孜尔石窟没有发现塔的遗迹，尽管在德国学者格伦威德尔所著的《中亚古佛寺》中所绘出的后山前区的平面图中有塔，但历来学者对其真实性就有怀疑。此外，有关中亚佛教发展的材料表明6世纪以后中亚的一些地面寺院中，佛堂已成为主要的礼拜中心。有关中亚佛教地面寺院的情况可以参见北京大学博士林立的博士论文《新疆丝路北道地面佛寺遗址研究》。而巴米扬石窟已经基本以立佛代替塔作为礼拜中心了。详细情况参见《印度到中国新疆的佛教艺术》。

［12］ 贾应逸、祁小山：《印度到中国新疆的佛教艺术》，甘肃教育出版社，2002年，第149页。

［13］ 关于克孜尔地区流行佛教的性质，传统上一般依据玄奘《大唐西域记》中的记载认为是小乘说一切有部，但是近些年来，随着印度、中亚考古及佛教研究的发展，越来越多的学者倾向于这一地区应该还有其他部派的存在。本文的目的不在于讨论这一地区的部派问题，只是从克孜尔石窟组合及布局特点的变化中，试图说明在这一地区的确有不同的佛教部派的存在。

［14］ 宿白：《新疆拜城克孜尔石窟部分洞窟的类型与年代》；宿白：《中国石窟寺研究》，文物出版社，1996年，第21—38页。

［15］ 这是云冈佛教艺术的初创期，其创造的雕像必然是模仿的结果。此时印度、中亚均未出现此种艺术形式，中国早期艺术传统中也没有这种样式，其来源只可能是古代龟兹地区。

［16］ 克孜尔石窟中年代最早的大像窟是47窟，其绝对年代为4世纪。

［17］《阿富汗巴米扬大佛遗址发现佛经国际组织关怀两座大佛有望重建》，《普门学报》2007年第37期，第340页。

［18］ 关于巴米扬东、西大佛开凿的原因，有的学者认为是受罗马、波斯建造大像的影响（晁华山：《佛陀之光：印度与中亚佛教胜迹》，文物出版社，2001年，第180页）。但笔者认为来自龟兹的影响应是不容忽视的一个重要因素。关于龟兹大像窟的问题，笔者拟另文加以讨论。

Primary Study of Cave Groups of Kizil Cave-Temple

Miao Lihui

Abstract: The Kizil Cave-Temple includes central-pillar caves, great Buddha caves, square caves, monk's quarter caves and other style caves, and there are eight kinds of cave groups. These caves are divided into several different fictional regions, which is not only based on not only the distribution of the land, but also is influenced by the temple layout of India and central Asia. Great Buddha cave is an feature of Kucha Buddhism art, which cast an important impact on cave carving the east and west of Kucha.

Keywords: Kizil Cave-Temple, cave groups, layout, great Buddha cave

方山定林寺塔门向探究

陈思妙　王为刚

内容摘要：定林寺位于方山西北麓，其位置决定了寺庙的朝向北方，定林寺塔作为佛塔，其方向应该和寺庙的朝向一致。塔的内部构造如南面大佛龛上的小佛龛、北门内侧上方用来固定门扇的连楹等也佐证了塔门的方位在北方。修缮时在北侧塔基下未发现须弥座，进一步佐证北面是塔门。

关键词：定林寺塔；方向；西北；佛龛；连楹

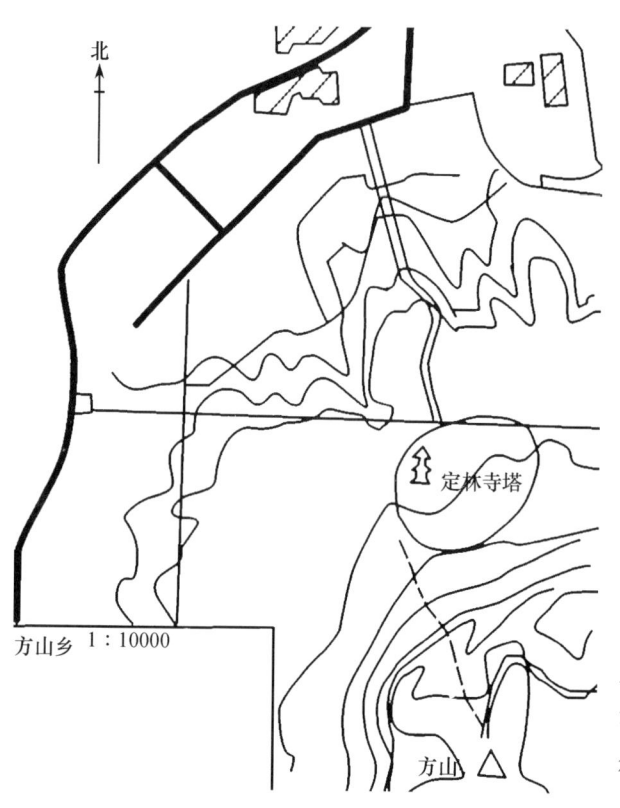

图一　方山定林寺塔位置图

定林寺塔位于江苏省南京市江宁区方山北麓的一处缓坡上，为定林寺遗址仅存的附属建筑，位于定林寺遗址的西北隅，1982年被列为江苏省省级文物保护单位（图一）。

南京地区的定林寺先后出现过三座，年代最早的一座始建于南朝刘宋元嘉元年（424年），位于钟山宝公塔西北，北宋时期王安石曾于此读书；另一座始建于元嘉十六年（439年），位于钟山应潮井之后，该寺由高僧竺法秀所建。这两座定林寺均修建于南朝刘宋元嘉年间，曾长期共存，且位置比较接近，为了便于区分，根据其所处位置高下，分别称之为"下定林寺"和"上定林寺"。第三座定林寺始建于南宋乾道年间（1165—1173年），位于江宁方山西北麓，高僧善鉴来到方山结庐修行，大兴土木，创建该寺，由于南宋时期钟山上定林寺废弃已久，所以方山定林寺建成之后，善鉴大师"即诣府请移钟山梁朝废寺上定林额于此"[1]。据元翰林学士虞集《方山重修上定林寺记》记载，元至正年间方山定林寺因三出名僧而备受朝廷恩赐，盛况空前[2]。据明翟瑛《重建方山定林寺记略》记载，明朝天顺庚辰至成化壬寅年（1460—1482年）道泰法师担任定林寺住持期间，金陵居士朱福珍父子捐巨资重修大佛

陈思妙：女，《大众考古》编辑部　编辑
王为刚：江苏省泰州市博物馆　研究员

殿、天王殿、毗卢殿、大士殿、金刚殿、转轮藏殿及斋堂、禅室、廊、庑、方丈、山门[3]，1995年东南大学建筑系做定林寺塔勘探时，在塔上曾发现一块"天顺"铭文砖。据《同治上江两县志》记载，清同治年间定林寺再度被废弃，清末民初再度重建，民国八年（1919年）的墓塔铭文有"中兴"一语，且20世纪30年代朱偰写《金陵古迹图考》时仍提及该寺"半付劫灰，所余仅天王殿、东庑、方丈及寺西七级砖浮图"，"天王殿后墙东西嵌宋嘉定庚辰方山上定林寺之记及元至正五年方山重修上定林寺记二碑"，其中天王殿1958年尚存，20世纪90年代，地面建筑仅存砖塔，其他散见有宋代残碑碑额及大殿覆盆柱础、墓塔莲座等构件。2003年江宁区政府重建定林寺。

定林寺塔为七级八面仿木结构楼阁式建筑，砖石构造而成，石灰浆砌筑。塔内中空，底层和二层内呈方形，三层以上为圆台形，四层以上砌体环绕木制刹杆，刹杆下承十字形方木，塔高12.36、底径3.46米。定林寺塔由于年代久远，屡遭兵燹，风雨侵蚀，破坏严重，顶、刹、腰檐均毁，20世纪30年代朱偰《金陵古迹图考》记载："古色苍然，欹斜欲倾。"20世纪90年代末曾做定林寺塔保护规划，2003年江宁区政府重建定林寺时对佛塔进行了加固和纠偏处理（图二）。

现在普遍认为定林寺塔塔门的方向朝南，不少文献资料亦持此说。如1981年出版的《中国名胜词典》"上定林寺塔"词条中称该塔底层有"石雕须弥座，东、西、北三面各有佛龛"，"此塔专供佛像，不能上人"。新编《江宁县志》中记载，"底层仅南面开门，其余六层均四面开门"。《江宁县概况》亦持此说。1979年笔者在整理当时江宁县境内江苏省级文物保护单位定林寺塔档案资料时，曾对定林寺塔进行多次实地考察，发现该塔塔门朝向值得商榷，当时曾在档案资料的副卷中谈了自己关于塔门问题的几点看法，现在此作简单分析，并就教于方家。

图二　定林寺塔从东侧拍摄

（一）根据定林寺所处的地形地势来看

安史之乱后，佛教由供奉舍利的信仰转化为修身养性、修行本位的佛学，环境优美、幽静的名川大山对佛门弟子的修行、修身大有帮助，从而导致山林寺院兴起。寺院之所以要依山而建，除山中优美幽静的环境之外，就是充分利用山势来进一步增强寺院殿堂的气势，从山下向上看，可以发现寺院殿堂从前到后渐趋高大雄伟，气势恢宏，视觉效果较好，从山上向下俯瞰，视野开阔，给人一种"一览众山小"的心理感觉。

中国古代的寺庙方向以坐北朝南为主，坐东朝西、坐西朝东的寺庙相对少一点，坐南朝北的寺庙则很罕见，据笔者所知，除方山定林寺外，坐南朝北的寺庙仅有宜阳灵山寺。也正因为如此，人们习惯上认为寺门、塔门是固定朝南的，这也是导致今人认为定林寺塔门向朝南的重要原因之一。

定林寺位于方山西北部的一处平坡上，寺址西北低东南高，如果山门朝南，就寺庙建筑来说，势必给信众山门高耸，殿堂低矮的感觉。而且山门朝南也不符合信众从下而上登山的常理，一般来说，信众上山从山下至山顶，不可能也不会从其他三面绕道山顶再向下走。既然信众入山进寺都是先进山门入寺，然后入殿烧香礼佛，山门的位置自然就应该偏低，也就是山门应该在西北方向，殿堂在东南方向。所以说定林寺的朝向应是东南背靠方山，面朝西北。

（二）根据古代寺院布局规律来看

古代寺院一般由山门、佛殿、僧房、廊庑、塔组成，塔一般有佛塔和墓塔之分，佛塔一般位于寺庙的前半区，墓塔一般位于寺庙的后半区。这从日本早期寺院中寺塔配置图以及庆州辽代白塔、应县辽代木塔的配置图也可推知一二[4]。佛塔的位置并不固定，有的位于寺内，有的位于寺外，中唐以后，中门到金堂由回廊围起内庭，不置建筑物，讲堂位于金堂之后，塔在南大门之外形成独立的塔院，而且不管是单塔还是双塔，不是位于中轴线上就是以中轴线为对称轴呈对称分布。如北魏洛阳永宁寺塔位于山门和大殿之间，南门、塔、佛殿呈直线排列，位于寺庙的中轴线上；四川邛崃石塔寺宋塔，佛塔在寺前山门外，处于寺内建筑中轴延长线上[5]。

作为礼佛的佛塔，为了表示对佛祖的尊敬，礼佛时一般是要面对寺庙殿堂的，所以说，佛塔和寺庙朝向应该是保持一致的。定林寺塔就是一座用来礼佛的佛塔，所以它的塔门朝向也应该和定林寺的朝向一致，也就是说定林寺坐东南朝西北，定林寺塔也应该如此。

（三）根据文献分析

《金陵梵刹志》卷十中记载："（中刹）方山定林寺（古刹）……[殿堂]金刚殿（三楹）、左钟楼、右禅堂、正佛殿（三楹）、左观音殿（三楹）、右轮藏殿（三楹）、昆卢殿（五楹）、僧房（五房）……"

东南大学建筑历史、理论及园林研究所的《定林寺塔勘测报告》第二点"定林寺塔的状况"中记载，"塔平面南北轴线为南偏东20°"（图三）。

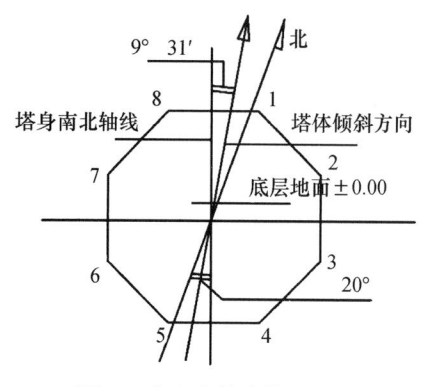

图三　方山定林寺塔平面图
（《定林寺塔勘测报告》）

朱偰的《金陵古迹图考》中亦称方山定林寺"半付劫灰，所余仅天王殿、东庑、方丈及寺西七级砖浮图"，"天王殿后墙东西嵌宋嘉定庚辰方山上定林寺之记及元至正五年方山重修上定林寺记二碑"。20世纪90年代笔者曾在定林寺塔东南方向发现倒仆于地的宋碑碑首。

综合以上三家记载，以及定林寺所在方山的地理位置，我们可以勾画出这样一张定林寺的平面图：从西北向东南依次为山门、浮图、金刚殿、天王殿、正佛殿、毗卢殿，这正好和定林寺塔的南偏东20°的中轴线基本一致，位于定林寺西北部的定林寺塔，恰好和朱偰塔位于寺庙西部的记载相符。2003年重建的定林寺基本上就是如此布局的。

（四）根据定林寺塔底层构造加以分析

定林寺塔底层平面呈外八边形，内四边形，现在经过修复加固的定林寺塔从外边看，八个方向的外券宽均为60厘米，经过人为修缮后，南边券顶高180厘米，较北边券顶高18厘米，较其他六面高33厘米；除去南面的佛龛券顶外侧没有伏之外，其他七面券顶外侧都有平伏，包括形制相同的六面佛龛，乃至形制不同的北门，券顶之外都有一层平砖砌的伏。从图二中我们可以发现，东南方向的佛龛、东面的佛龛、东北方向的佛龛其起券方式完全相同，龛的高度和宽度一致。尽管北门的券顶较其他六面的佛龛券顶高，但是北门券顶结构完整，券顶外有平伏，且对上面的砖檐结构没有产生影响（图四）。同时还可以看到北门两侧的佛龛形制是一致的，位置、大小也相同（图五）。如果仔细察看，南边的券门和其他六面实际上也是一致的，有很多痕迹可以看出其被人为改变，比如券顶砖外侧的平伏没有了，券顶太高，导致券顶砖伸入上层檐内，外观展示不完整，而且去掉上面檐下的一层平砖（图六）。

从定林寺塔内部看，底层的东、西、南三面构造完全相同，东、西、南三面佛龛的起券高度相同，均为150厘米，起券方式亦相同，一周弧券外衬夹一层薄砖伏砌成（图七）。一道封堵砖墙将东、南、西三面的佛龛分成内外两个部分，这一点在西佛龛可见明显的痕迹（图八）。三座佛龛从

图四　北门（2015年摄）

图五　北门和西北券顶比较照片（1997年摄）

图六　朝南的龛（2015年摄）

图七　东、南佛龛起券位置

图八　南、西佛龛

里面看高度相同，均为195厘米，宽度也均为93厘米，佛龛的券顶到底层和二层的分隔石条距离一致，龛基高度也基本相同。在朝南的佛龛处，我们发现新修的"外券"和内券之间尚夹有一层残断的券层以及依稀可辨的砖砌痕迹，如果把这残存的券顶依照残留的砖砌痕迹加以复原，从它所处的位置以及其厚度来看，它和东西两面的佛龛造型完全一致，这正好说明了南面的"门"也是一佛龛（图九）。

图九 依稀可辨的南佛龛封堵痕迹（1997年摄） 图一〇 南佛龛上的小佛龛及条石

朝南的佛龛和东西两侧的佛龛又有所不同，主要表现在塔内底层和二层之间所嵌的石条式样不一样，南面的石条向上的棱中部被截去一部分，使其截面呈不规则五边形，而该部分正好和上面的小佛龛位置相对，截去此部分，可以看清小佛龛内供奉的器物。而其他三面石条截面均为方形。而且朝南佛龛上层，也就是第二层壶门之下有一小佛龛，该佛龛高100、宽48厘米，其他三面此位置均没有佛龛（图一〇）。如果此龛用来供奉佛像，它所处的位置也应该面对塔门，以便瞻仰。如此，定林寺塔底层券顶建筑朝北的应该是门，朝南、东、西的是佛龛。

定林寺塔底层朝北的券顶有内外两重，内券通高204厘米，比其他三面高9厘米，内券宽66厘米，比其他三面窄27厘米；北门内券的起券方式也和其他三面不同，仅有一层券顶。没有单砖伏，外券里侧在距顶部32厘米处有一对石质扁平中空六棱连楹，其他三面没有，而连楹正是用来固定门轴上端的，所以我们认为北面是门，而南面和东西两侧一样，均为佛龛（图一一）。

（五）结合勘测资料的分析

东南大学建筑系为了探寻定林寺塔的倾斜原因，曾对定林寺塔塔基进行勘测，结果在塔的南部地表下发现砖砌须弥座，须弥座下有三层等宽的砖基础，其下为土（图一二）。北侧也作相应挖掘，直至塔身亦未见须弥座，发掘者推测可能是遭人为破坏[6]。这一发现也进一步坚定了我们的看法，正因为塔底层朝南是佛龛，所以它的塔基必须建有须弥座来承托塔身，而塔底层朝北方向是门，本来就开有门洞，所以其塔基可以不建须弥座。

图一一　北门内侧连楹

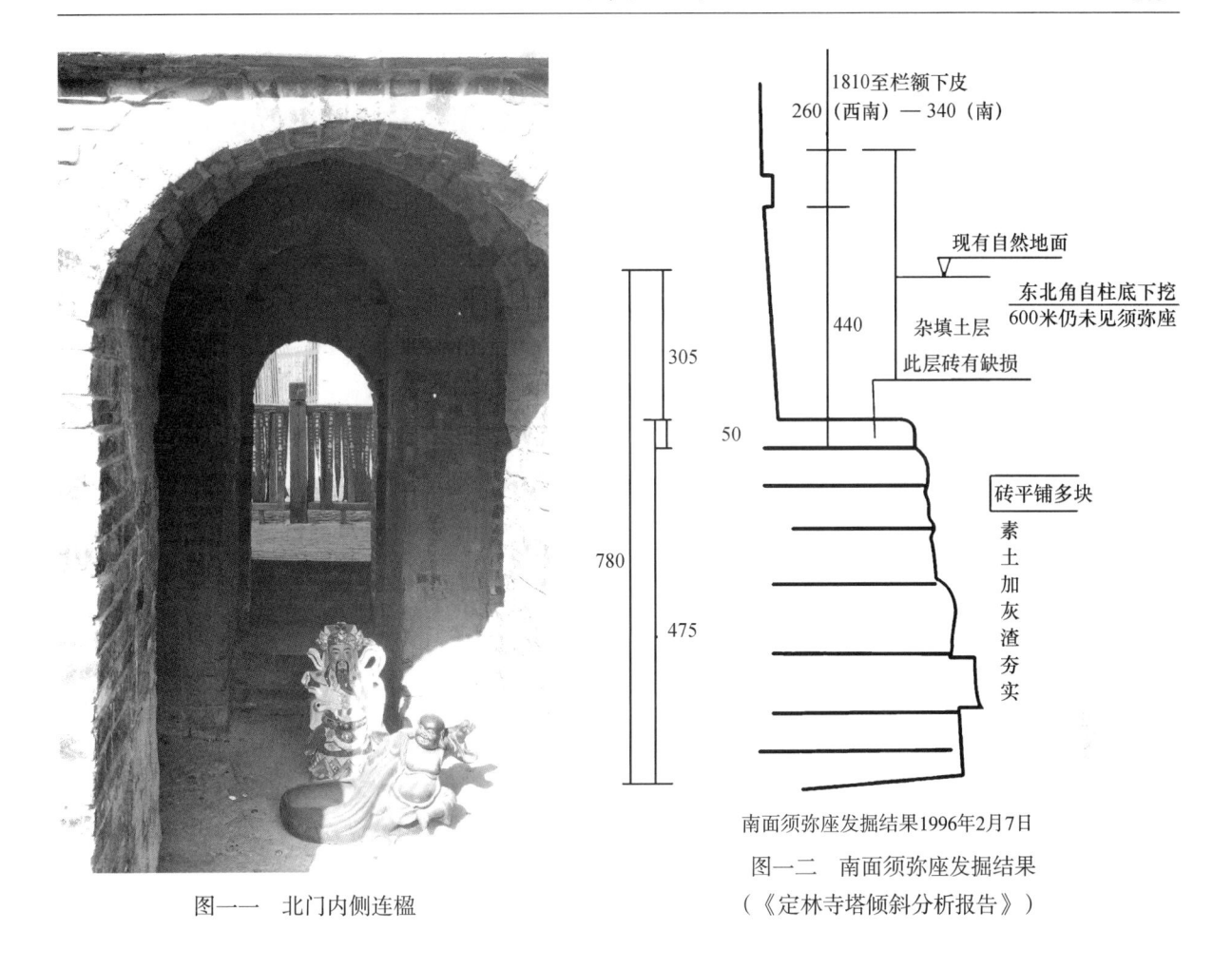

图一二　南面须弥座发掘结果
（《定林寺塔倾斜分析报告》）

至于为什么南佛龛被误认为是南门，我们认为有以下两个原因：首先，塔体倾斜造成视觉上的错觉，由于塔向北倾斜，显得南佛龛较其他三面高阔，从而使佛龛变为塔门；其次是习惯思维的影响，一般民居、寺院都是面南背北，由于当时寺院仅存砖塔，缺乏参照，再加上人为修补改造，南佛龛变得高大宽阔，从而使得南佛龛被误认成了南门。

综合上述分析，我们认为定林寺塔底层砖券朝南的是佛龛，朝北的才是塔门。

注　释

[1]　（明）葛寅亮编纂：《金陵梵刹记（卷十）》，天津人民出版社，2007年，第267—268页。

[2]　（明）葛寅亮编纂：《金陵梵刹记（卷十）》，天津人民出版社，2007年，第268—269页。

[3]　（明）葛寅亮编纂：《金陵梵刹记（卷十）》，天津人民出版社，2007年，第269—270页。

[4]　罗哲文：《古塔摭谈》，《文物》1982年第3期，第48—57页。

[5]　陈振声：《四川邛崃石塔寺宋塔》，《文物》1982年第3期，第42—44页。

[6]　东南大学建筑系：《定林寺塔倾斜分析报告》，1995年。

Exploration of Direction of Fangshan Dinglin Temple Pagoda Door

Chen Simiao, Wang Weigang

Abstract: Dinglin Temple is located at the northwest slope of Fangshan Mountain, which orients the temple towards north. By defination, the orientation of Dinglin pagoda should be the same with the temple's. The inner structure and decorarion provide the evidence that the gate of pagoda is facing the north as well, for instance, the small shrine on the south shrine and the Lianying. Moreover, the absense of Kingkongzuo underND the north foundation of the tower conclusively indicates the orientation of the gate.

Keywords: Dinglin Temple Pagoda, direction, northwest, shrine, Lianying

略论隋唐时期的香炉

冉万里

内容摘要：香炉是隋唐时期的一类重要遗物，它不仅用于佛教的香供养，也是当时上层社会日常生活中的重要用品。本文对隋唐时期比较常见的十二类香炉进行了初步的类型学研究，并对若干型式变化明显的香炉进行了分期，对有些香炉则大体根据纪年物初步推断了它们的流行年代。在文末还对隋唐时期的香文化略有涉及。

关键词：隋唐；香炉；类型；编年；香文化

在隋唐时期的塔基地宫、墓葬以及窖藏、窑址之中，发现了大量香炉，它们与当时的宗教信仰、社会生活等密切相关，也是当时社会熏香习俗、佛教信仰的重要证据。虽然这些香炉的质地各种各样，包括陶瓷、金银、铜、滑石等，但从其造型的发展演变来看，香炉的发展演变规律并没有因质地不同而存在差异，反而是各类质地不同的香炉表现出的演变规律是共同的，所以，本文将对其进行综合论述。关于隋唐时期的香炉与焚香，学界多有研究，但尤以美国汉学家谢弗的《唐代的外来文明》一书中的论述为代表，不仅简约而且充满趣味，文字生动活泼[1]。笔者拟在前人研究的基础上，以考古发掘资料为主并结合有关图像、文献资料，对隋唐时期香炉的类型和流行年代进行了探讨，与此同时还涉及香炉与当时社会的香文化等问题。

一、考古发现的香炉类型与编年

目前发现的隋唐时期的香炉，质地有陶瓷、铜、金银、滑石等，尽管质地不同，但在同一类型下，其造型演变的规律性却表现出一致性。据其造型，可以分为十二类。当然，本文所涉及的隋唐时期的香炉并不是其全部，还有一些出土于瓷窑遗址的器物并没有包括进去，因为其功能尚待进一步判断。所以，本文所论述的香炉以塔基地宫、墓葬中的出土者为主，兼顾部分瓷窑遗址中的出土物。

（一）第一类：塔形香炉

香炉的整体造型如塔，一般由三部分组成，上部的盖呈半球状，下部有高圈足，炉盘位于中部。个体较高，在陶瓷器中比较少见，以金银器为主。江苏镇江丹徒丁卯桥窖藏发现的银香炉，高23.6厘米（图一，1），年代在中唐时期[2]；陕西扶风法门寺塔基地宫出土1件，出土时其上贴有一墨书封

冉万里：西北大学文化遗产学院　教授

图一 塔形香炉
1. 江苏镇江丹徒丁卯桥窖藏出土　2. 扶风法门寺塔基地宫出土

签，书写"大银香炉臣杨复恭"，高56厘米（图一，2），年代在咸通十四年（873年）[3]。从这两件香炉的年代来看，其主要流行于中晚唐时期。

（二）第二类：笼形香炉

文献中将这类香炉称其为熏笼。曾有人进行过研究[4]，但遗憾的是，均未从类型学角度总结其发展演变规律。本文所说的笼形香炉，是指器身圆筒状，腹壁之上有镂空，以泄香气。有的无盖；有的则带盖，盖钮为宝珠形。根据其盖的有无及腹部的变化特点，可以分为三型：

A型　不带盖，根据其腹壁和高低的变化，分为四式。

Ⅰ式　个体较高，腹部较直。如西安隋大业四年（608年）李静训墓出土1件，为白瓷，腹上部有四组长条形镂空，每组四个镂空，高7.6、口径2.6、底径6.7厘米（图二，1）[5]。

Ⅱ式　个体较高，与Ⅰ式形制接近，只是器物整体上部略窄下部略宽，底部略外撇。如隋大业六年（610年）丰宁公主与驸马韦圆照合葬墓出土1件，绿釉，腹上部有长条形镂空和花瓣形镂空各两组。通高21.5、口径7.6、底径19.6厘米（图二，2）[6]。

Ⅲ式　个体变得矮胖，高度小于底径，器物整体仍呈上窄下宽状。遗址中的这类香炉以隋唐洛阳皇城遗址所出者为代表，高16、口径6.8、底径22.2厘米（图二，3）[7]。

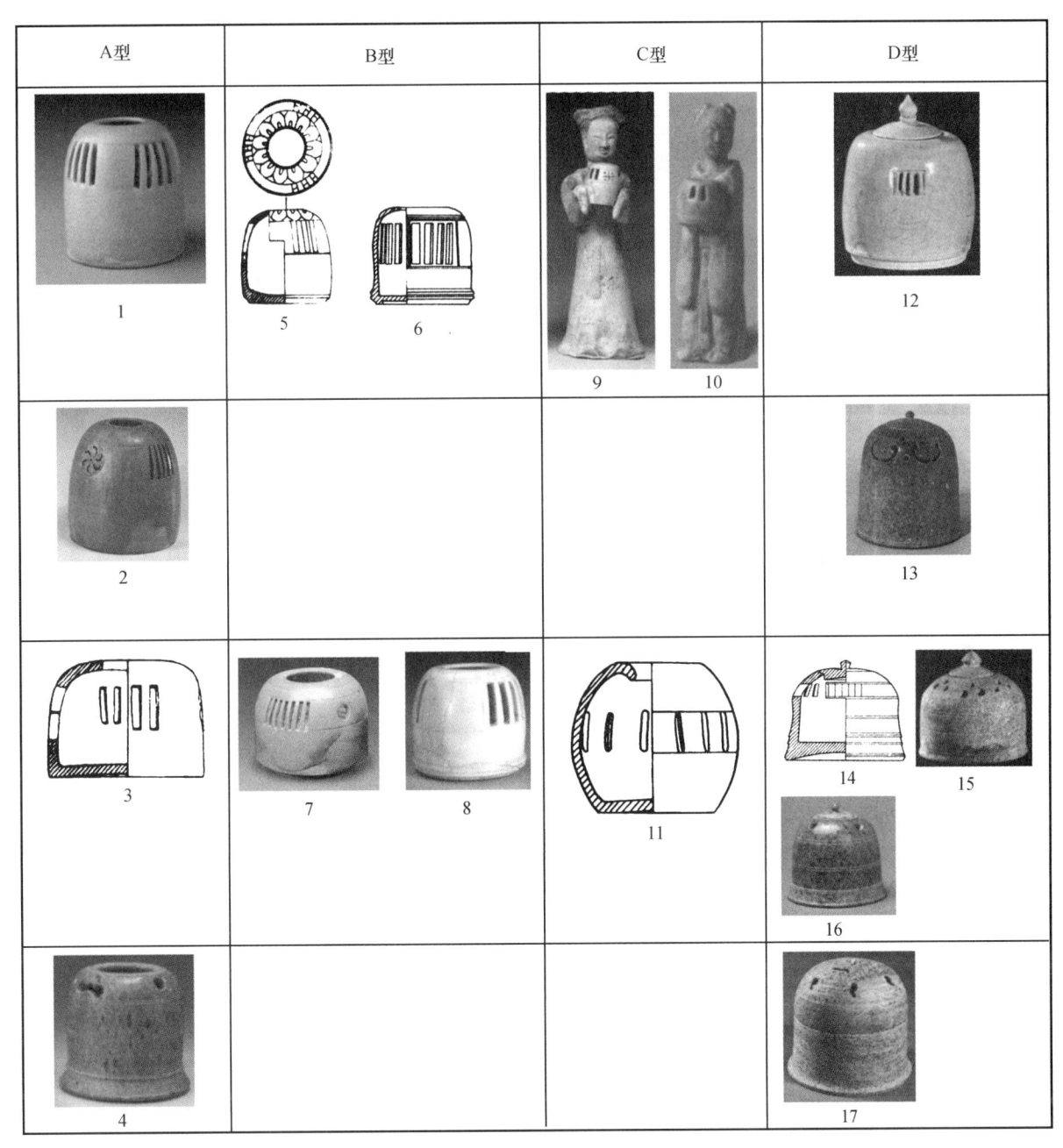

A型	B型	C型	D型
1	5　6	9　10	12
2			13
3	7　8	11	14　15　16
4			17

图二　笼形香炉型式演变表

1.AⅠ式（隋李静训墓出土）　2.AⅡ式（隋丰宁公主墓出土）　3.AⅢ式（隋唐洛阳皇城遗址出土）　4.AⅣ式（龙门博物馆藏）
5、6.BⅠ式（西安东郊隋李椿夫妇墓出土、西安咸阳机场尉迟运墓出土）　7、8.BⅡ式（河南巩义铝厂唐墓出土、西安陕棉十厂唐墓出土）　9、10.CⅠ式（安阳隋张盛墓出土、安阳置度村隋墓出土）　11.CⅡ式（陕西凤翔南郊M227出土）　12.DⅠ式（安阳桥村隋墓出土）　13.DⅡ式（东京大学教养学部美术博物馆藏）　14—16.DⅢ式（湖北郧县李徽墓出土、河南偃师杏园M1435出土、日本和泉市久保惣纪念美术馆藏）　17.DⅣ式（河南偃师杏园M2594出土）

Ⅳ式　个体较Ⅲ式略瘦高，但底部明显外撇。龙门博物馆收藏1件，高8.5厘米（图二，4）[8]。

B型　不带盖，香炉身躯矮胖，高与宽几乎相等。由于底部内收，与腹部交接处形成一个凸棱。根据肩、腹部的变化可以分二式。

Ⅰ式　腹壁略直，底部有一内收形成的饼形足。如西安东郊隋李椿夫妇墓出土的1件绿釉笼形香炉，高7.4、腹径7.3厘米（图二，5）。李椿葬于开皇十三年（593年），其妻于大业三年（607年）与之合葬[9]；与之类似者还见于陕西咸阳机场尉迟运和贺拔氏合葬墓，其中出土1件白瓷笼形香炉，腹上部有长条形镂空三组，每组四个镂空。口径2.7、底径6.2、高6.2厘米（图二，6）[10]。由于该墓是合葬墓，尉迟运葬于北周时期（579年），而其妻贺拔氏葬于开皇十九年（599年），但其所随葬的香炉形制却与前述的李椿墓所出者形制相似，可归入隋代。

Ⅱ式　肩部比Ⅰ式更加圆弧，腹部更矮胖，下部略外撇。如河南巩义铝厂开元二十九年（741年）M2出土1件，高15厘米（图二，7）[11]；西安陕棉十厂盛唐时期墓葬出土1件，系白瓷，高6厘米（图二，8）[12]。

尉迟运和贺拔氏合葬墓出土的白瓷笼形香炉在形制上与河南铝厂、陕棉十厂唐墓出土的笼形香炉相比，变化不是很剧烈，相似度较高，这说明B型笼形香炉流行于隋至唐玄宗时期，即6世纪至7世纪中叶，在这一漫长的时间里形制变化不大。

C型　不带盖，香炉腹部中央鼓起，根据其腹部的变化分为二式。

Ⅰ式　虽然没有具体的香炉出土，但在一些俑手中所持的笼形香炉可以看到其形象，炉体部分略高，腰部略鼓出，镂空部分在腹上部。如河南安阳隋开皇十四年（594年）张盛墓出土的1件白瓷女俑手中所捧的笼形香炉（图二，9）[13]；安阳置度村八号隋墓出土的1件青瓷女俑手中捧的笼形香炉（图二，10）[14]。

Ⅱ式　腹部变矮，中部圆鼓，镂空部分在腹中部。如陕西凤翔南郊M227出土1件，高8.5、腹径9.9厘米（图二，11）[15]。

D型　带盖。根据腹壁及高矮的发展变化可以分为四式。

Ⅰ式　个体较高，腹壁较直，小口小圆盖，盖上有一宝珠形钮。如河南安阳桥村隋墓出土1件，白瓷，高9.8厘米（图二，12）[16]。

Ⅱ式　个体较高，器物整体上窄下宽，底部略外撇，平底。如日本东京大学教养学部美术博物馆收藏1件，滑石质，高14.9厘米（图二，13）[17]。

Ⅲ式　个体变矮，器物整体上窄下宽，底部外撇。如湖北郧县唐嗣圣元年（684年）李徽墓出土1件，青石雕刻而成，肩部有9个长方形镂空，底径9、高7.2厘米（图二，14）[18]；河南偃师杏园唐开元十七年（729年）M1435出土1件，形体较矮，小口，宝珠形盖，腹上部镂空，呈圆形（图二，15）[19]；日本和泉市久保惣纪念美术馆收藏1件，高9.0厘米（图二，16）[20]。

Ⅳ式　炉盖变成半球形。如河南偃师杏园唐武宗会昌五年（845年）M2594出土1件，盖部呈半球形，盖部镂空，底部外撇较甚，口径、底径均大于器物高度。口径13.3、底径14.7、高12.7厘米（图二，17）[21]。

在第二类笼形香炉中，只有D型的序列较为完整，参照其中出土的墓志，可以将笼形香炉的发展分为三个时期（表一）：第一期为6世纪末期至7世纪80年代，即隋至唐高宗时期，主要流行AⅠ式、AⅡ式、BⅠ式、CⅠ式、DⅠ式、DⅡ式；第二期为7世纪80年代至8世纪中叶，即武则天至玄宗时期，主要流行AⅢ式、BⅡ式、CⅡ式、DⅢ式；第三期为8世纪中叶以后，即中晚唐时期，主要流行AⅣ式、DⅣ式。第二类笼形香炉主要流行于隋唐时期，其变化规律表现为：隋代的较瘦高，

表一　笼形香炉分期演变表

分期	A型	B型	C型	D型	纪年物	年代
第一期	I、II式	I式	I式	I、II式	大业四年（608年）墓志；大业六年（610年）墓志	6世纪末期至7世纪80年代，即隋至唐高宗时期
第二期	III式	II式	II式	III式	嗣圣元年（684年）墓志；开元二十九年（741年）墓志	7世纪80年代至8世纪中叶，即武则天至玄宗时期
第三期	IV式			IV式	会昌五年（845年）墓志	8世纪中叶以后，即中晚唐时期

而唐代的较矮胖；口部由小变大，至晚唐时期几乎与底径相等；盖也由较小的伞状宝珠形盖逐渐演变为半球形。

（三）第三类：手炉

目前所知年代最早的手炉出土于犍陀罗地区，如巴基斯坦卡拉奇博物馆收藏的1件，出土于塔克西拉，长23.5厘米（图三，1）[22]。日本平山郁夫丝绸之路美术馆收藏1件，与前1件形制相似，长19.4厘米（图三，2）。据云出土于伊朗，年代在公元前2世纪至2世纪[23]。德国人勒柯克也曾在西域（新疆一带）得到1件年代在2—3世纪的铜手炉，藏于柏林，但毁于二战时盟军的大轰炸中[24]。这些出土于犍陀罗地区的手炉应该是中国手炉的祖型，而手炉的发源地则被认为可能在埃及[25]。

图三　手炉
1.巴基斯坦卡拉奇博物馆藏　2.日本平山郁夫丝绸之路美术馆藏

虽然如此，但目前为止，不论是在古印度还是中亚地区，均未见到1件与中国境内手炉相一致的器物，这不能不引起笔者的深思，至少可以说明中国境内发现的手炉应该另有起源。既然在中国以西找不到相类似者，不妨暂且将中国境内发现的手炉称为中国式手炉，朝鲜半岛、日本发现或者传世的手炉也包括在中国式手炉之内。至此，笔者以为，中国式手炉的出现有两个方面的因素不能不予以考虑，一是佛教经典中对手炉的描述，对中国制造手炉有启发性，二是中国自汉代以来的各类行灯、行炉可能也是其造型不可忽视的一个因素，这里暂且不讨论其起源问题。

在以往的研究中，手炉曾经有过各种不同的称呼，如"柄香炉""鹊尾炉"等。其中的"柄香炉"是当代人据其有柄而起的名称；"鹊尾炉"则见于唐宋文献中，主要是以其柄端形似喜鹊尾巴而得名，如皮日休《寄润卿博士》云："高眠可为要玄纁，鹊尾金炉一世焚。尘外乡人为许椽，山中地主是茅君。将收芝菌唯防雪，欲晒图书不奈云。若使华阳终卧去，汉家封禅用谁文。"[26]苏轼《寒食未明至湖上太守未来两县令先在》云："映山黄帽螭头舫，夹道青烟鹊尾炉。"[27]在敦煌文献中对手炉也多有记载，但其所记名称加上了质地，如"铜香炉""长柄铜香炉""长柄熟铜香炉"等[28]。在20世纪80年代扶风法门寺塔基地宫发现之后，又知此类香炉的名称在唐代也被称为"手炉"。如扶风法门寺塔基地宫出土的1件素面银手炉上刻有铭文："咸通十三年（872年）文思院造银白成手炉一枚并香宝子共重十二两五钱。"[29]其中发现的《衣物帐》也称之为"手炉"[30]。如果将敦煌文献中对这种带长柄的香炉的称呼，与扶风法门寺塔基地宫出土的皇家供养品上刻铭中的名称相比较，可知后者应该更具有权威性。这似乎反映了"铜香炉""长柄铜香炉""长柄熟铜香炉"等名称是敦煌地区的俗称，并且有较大的随意性，而"手炉"才是官方的正式名称，而且在有关佛教经典中也明确记载为"手炉"。据《释氏要览》卷中"手炉"条引《法苑》云："天人黄琼说迦叶佛香炉，略云：前有十六狮子、白象，于二兽头上别起莲花台以为炉，后有狮子蹲踞，顶上有九龙绕承金花，花内有金台宝子盛香。佛说法时常执此香炉，比观今世手炉之制，小有仿法焉。"[31]所以，应该将这种带长柄的香炉称为"手炉"。

在各类图像资料中，执手炉礼佛的形象枚不胜举，说明手炉是一类重要的礼佛及供养佛的香供养具。又据《释氏要览》卷中"手炉"条引《法苑》云："佛说法时常执此香炉。"[32]根据目前考古发现的手炉（包括南北朝时期和宋辽时期），可以分为7型。

A型　炉体部分均为敞口，而且较深，个别的唇部较厚。炉体腹壁斜直或略呈弧形，但尚不如后来的束腰那么明显，小平底。炉柄后半部呈向下的曲折状，末端呈三角形尖状。有的末端呈花瓣形，也就是以往所云的"鹊尾"。炉柄与炉身的衔接处的柄上部有两个硕大的圆形泡状饰。柄前端下部与炉体细柄圈足之间焊接一前弧的梁，以起到加固的作用。支撑炉体的足部中央为柱状，柱状的下部为边缘呈花瓣状或不呈花瓣状的圆饼形矮圈足。如河北景县北魏正光二年（521年）封魔奴墓出土1件（图四，1）[33]；与封魔奴墓所出手炉类似者在日本正仓院也收藏1件（图四，2）[34]。在图像资料中也有类似的发现，如江苏丹阳胡桥宝山南朝墓拼镶砖画上的羽人戏龙图（图四，3）、丹阳胡桥南朝墓羽人戏虎图（图四，4）中羽人手持的手炉[35]；河南洛阳画像棺侧面线刻的人物手中持有这样的香炉（图四，5）[36]；在河南巩县石窟第1窟南壁西侧上部的礼佛图（图五）、第4窟的帝后礼佛图（图六）中，也雕刻有这种形制的香炉[37]。从考古发现的实物及图像资料来看，A型手炉的年代在6世纪，即南北朝时期。

B型　炉体为宽沿，炉身腹壁略斜直，炉身底部略外撇。如广东乳源泽桥山隋墓ⅢM17出土1件手炉，残长35.2厘米（图七，1）[38]；广西钦州隋大业时期（605—618年）或者唐初墓葬（M2）中出土1件残铜器，长32厘米。根据其形制判断，应该是1件手炉的柄部，前端还残留两个圆形凸起（图七，2）[39]。与前述两件手炉形制一致，但年代接近或者更早的发现还有一些，如河北定州市静志寺宋代塔基地宫也出土数件，截止目前为止，公布了其中的4件，分别长34.5、39.5、35.6、37.5厘米（图七，3—6）[40]；湖北当阳长坂坡一号北朝墓葬出土1件，长41.1厘米（图七，7）[41]；与之相似者在陕西历史博物馆收藏1件，高14.3、长32厘米（图七，8）[42]。另外，在东京国立博物馆法隆寺宝物馆收藏有1件，长35.5厘米（图七，9）[43]；日本大阪和泉市久保惣纪念

图四 A型手炉

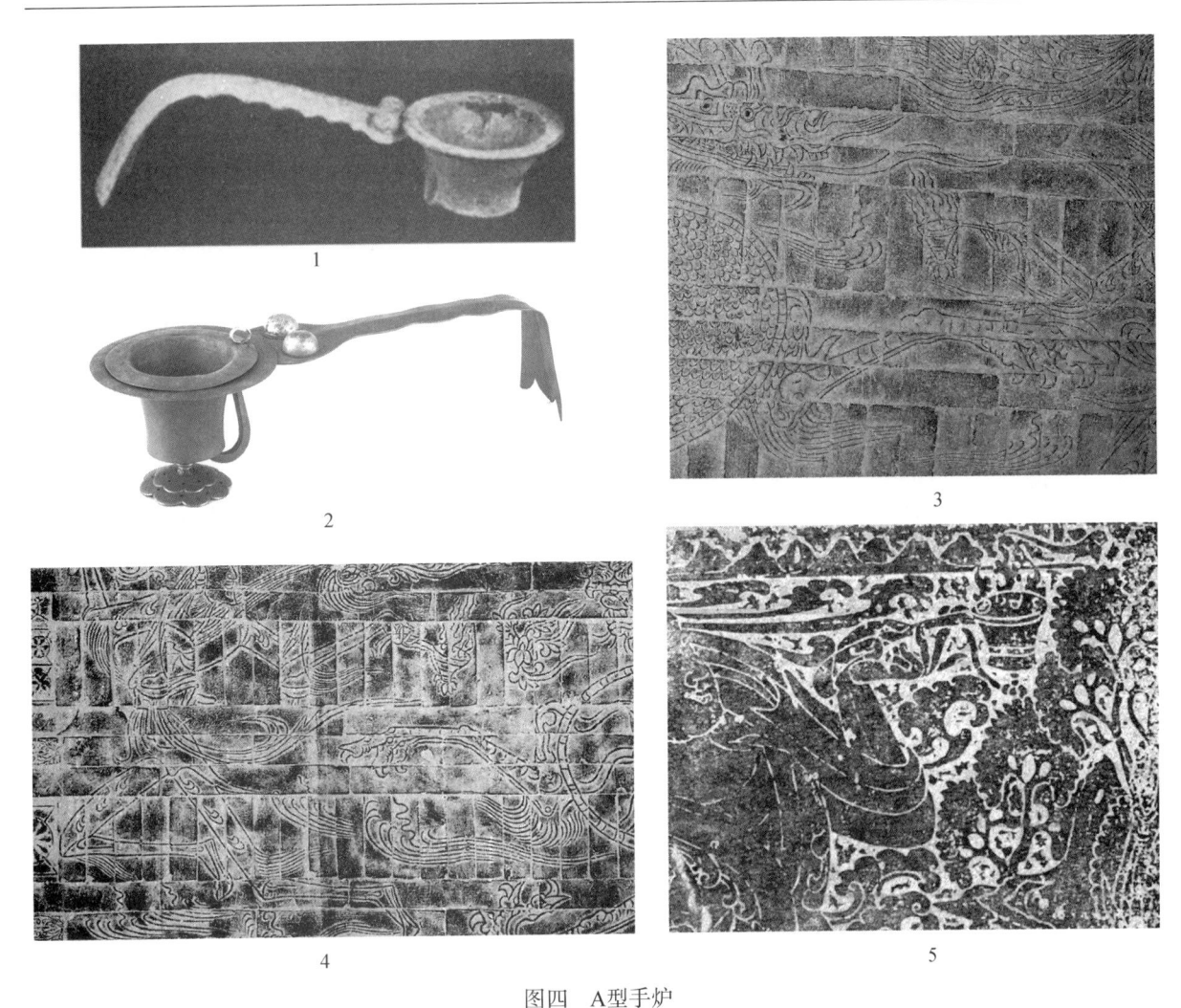

1. 景县北魏封魔奴墓出土　2. 日本正仓院藏　3. 南京胡桥宝山羽人戏龙画像砖局部　4. 江苏丹阳胡桥南朝画像砖
5. 洛阳北魏画像棺

博物馆收藏1件，高6.7、长31.7厘米（图七，10）[44]。从相关墓葬资料的年代及研究成果来看，B型手炉的流行年代在6世纪末至7世纪。又从巩县石窟第4窟下层礼佛图中所雕刻的手炉形制来看（图六，3），炉体宽矮，沿较宽，而且与炉体较瘦高的A型手炉出现在同一幅雕刻中，这反映了A、B两型手炉曾经有一个共存期，在年代上B型手炉的出现要略晚一些。

C型　炉体为宽沿，炉身束腰，而且束腰部分内收较甚。炉体底部变大，仅略小于炉口。炉柄与炉体衔接处上部铆接一镂空的尖状桃形饰。柄后部向下曲折形成"L"形，在其上蹲踞一狮子或置一塔形瓶。支撑炉体的足部中央的柱状变矮，而且有的中央呈算盘珠形凸起，柱状的下部为边缘呈花瓣状或不呈花瓣的圆饼形矮圈足，有的在支撑柱的下部还装饰有覆莲瓣。如河南洛阳永泰元年（765年）神会和尚的身塔塔基地宫中出土1件手炉，长40.6厘米（图八，1）[45]；西安北郊任家口出土1件，长37.5厘米（图八，2）[46]；西安市莲湖区西城门外电信局三九局工地出土1件，长39、高7.7厘米（图八，3）[47]；江西瑞昌唐墓或塔基地宫出土1件，长33.5厘米（图八，4）[48]；湖南长沙赤峰山2号唐墓出土1件，长33厘米（图八，5），出土时炉内充满香灰[49]；湖北随州东

图五　巩县石窟第1窟南壁西侧上层礼佛图中的手炉

城八一大队出土1件，长37.7厘米（图八，6）[50]。另外，在日本白鹤美术馆收藏1件，在炉檐和柄末端均有鎏金狮子，高11.4、长41.8厘米（图八，7）[51]；日本东京国立博物馆法隆寺宝物馆收藏有数件，其中1件柄端蹲踞狮子，长38.5厘米（图八，8），另1件柄部末端有一塔形物，长39.2厘米（图八，9）[52]。从C型手炉的流行时间来看，应该在8世纪初期至8世纪末叶。

D型　炉体部分变化不大，主要表现在柄部末端变成上卷的云头形，狮子或瓶消失，柄部与炉体衔接处上部的装饰变为如意云状。扶风法门寺塔基地宫出土1件，其上錾刻有铭文："咸通十三年（872年）文思院造银白成手炉一枚并香宝子共重十二两五钱。打造都知臣武敬容、判官高品刘

图六 巩县石窟第4窟南壁中的手炉
1. 东侧第3层礼佛图局部 2. 东侧第3层礼佛图局部 3. 西侧下层礼佛图局部

虔诣、副使高品臣高师厚、使臣弘愨。"长44厘米,其尾端呈卷云头状(图九)[53]。目前仅见1件此类器物,暂且推断其流行于9世纪,即中晚唐时期。

E型 炉体部分变深,但炉体下部的圈足变成台阶式,有的在足的束腰部分有一算盘珠突起,柄部末端虽然也有呈"L"形者,但狮子或瓶等消失。如河北易县辽净觉寺塔基地宫出土1件,其足部呈三层台阶状,长23.7厘米(图一〇,1)[54];《隋唐的美术》一书收录1件,长33.3厘米(图

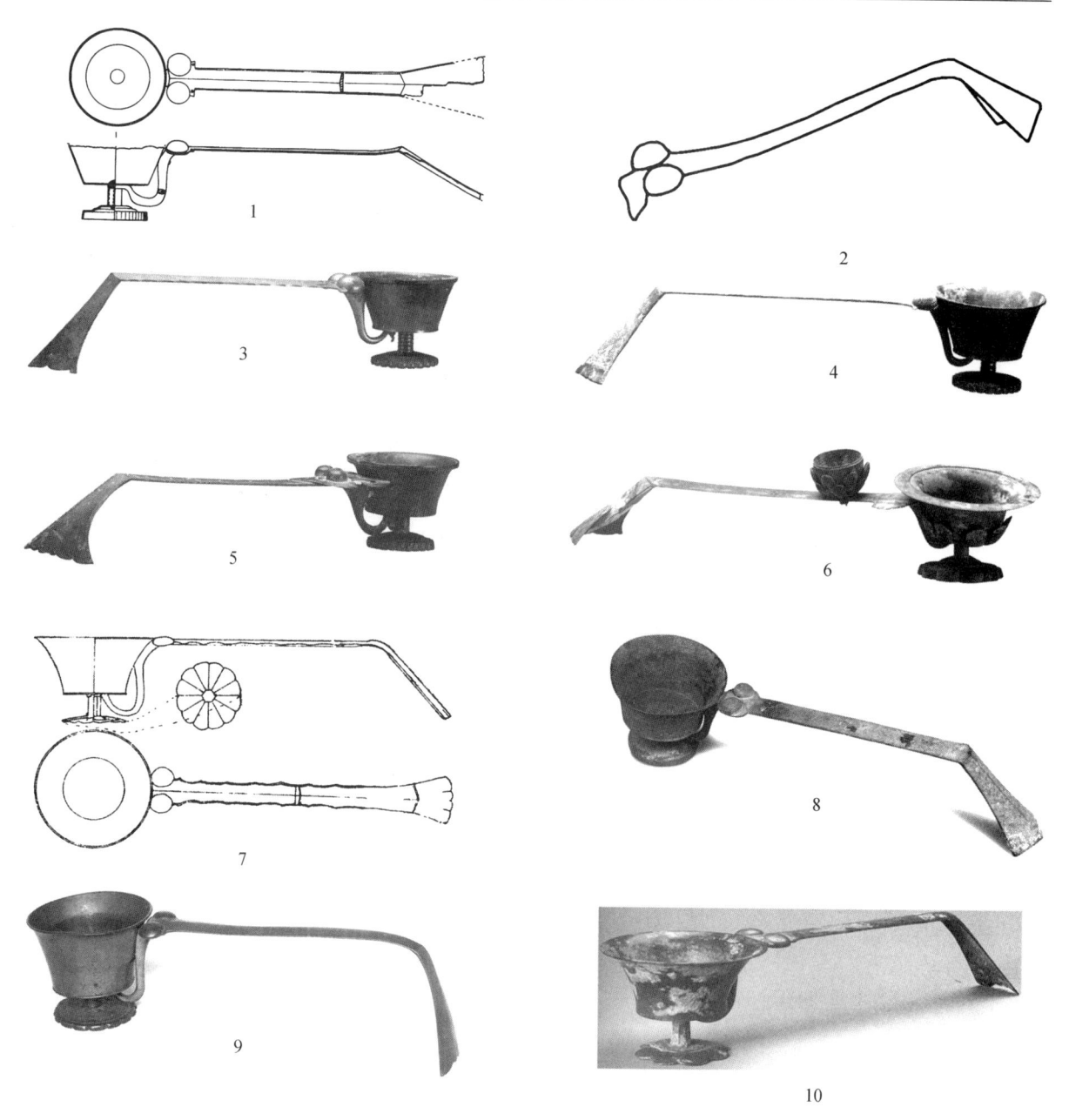

图七　B型手炉
1. 广东乳源泽桥山隋墓出土　2. 广西钦州隋末唐初墓出土　3—6. 河北定州静志寺塔基地宫出土　7. 湖北当阳长坂坡一号墓出土　8. 陕西历史博物馆藏　9. 日本法隆寺宝物馆藏　10. 日本大阪和泉市久保惣纪念博物馆藏

一〇，2）[55]，原图录认为属于唐代，但其炉体部分与易县辽净觉寺塔基地宫相同，其年代应该属于辽代；甘肃定西博物馆收藏1件，长38厘米，圈足部分也呈台阶式（图一〇，3）[56]；山西平定姜家沟村宋墓壁画中就有一幅侍女持手炉图，手炉炉体与柄之间有一半球状物，应是香宝子（图一〇，4）[57]。就目前的考古发现来看，这类香炉主要流行于宋辽时期。

F型　炉体部分变成宽沿浅碗形，腹部外侧为贴塑的莲花瓣，未见金属制品，目前所知有瓷和石两类质地的制品。如浙江绍兴博物馆收藏1件青瓷手炉（图一一，1）[58]，炉体外侧底部贴塑莲

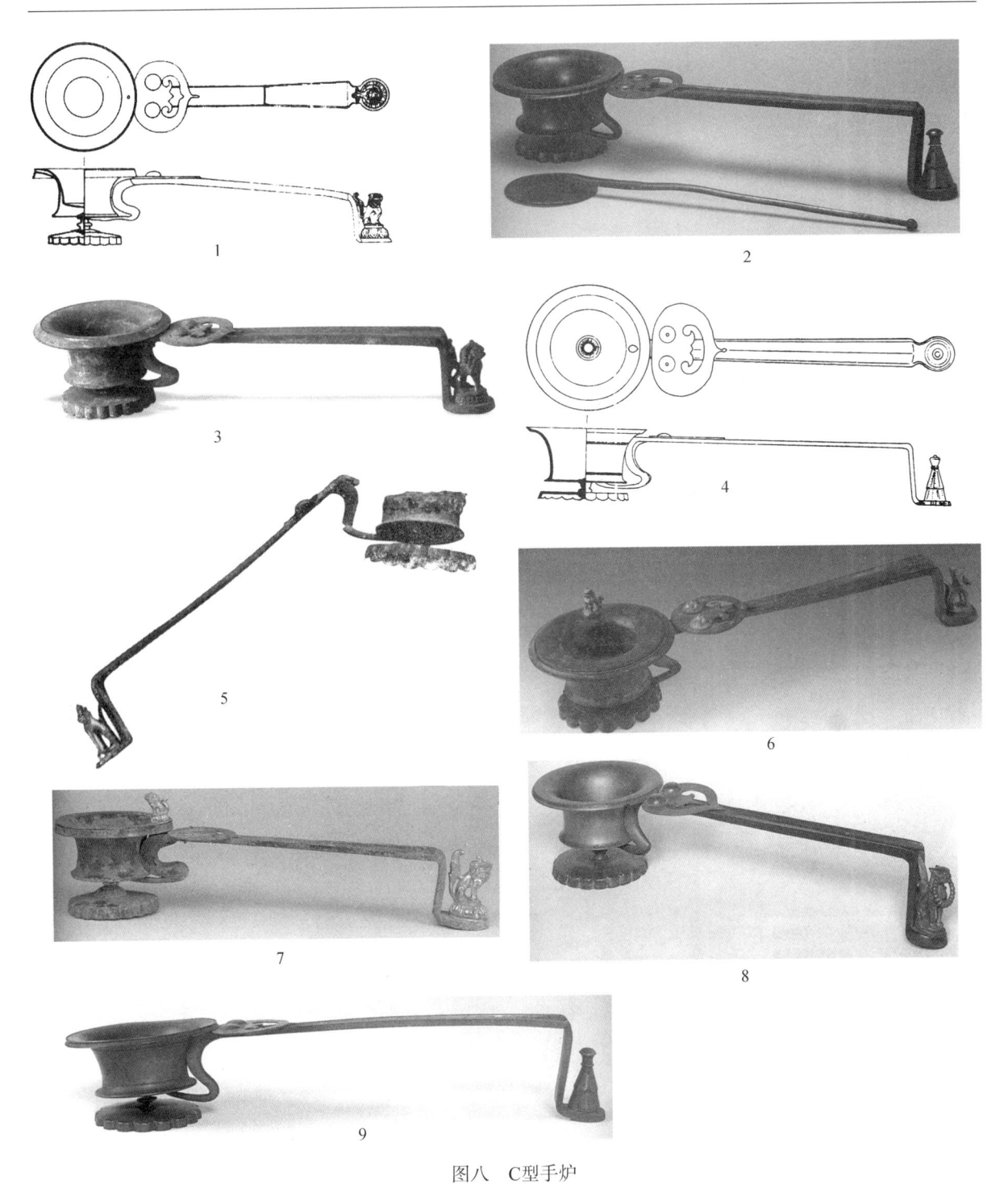

图八 C型手炉
1. 洛阳神会和尚塔基地宫出土 2. 西安市任家口出土 3. 西安市电信局三九局工地出土 4. 江西瑞昌出土
5. 湖南长沙赤峰山2号唐墓出土 6. 湖北随州东城八一大队出土 7. 日本白鹤美术馆藏 8、9. 日本法隆寺宝物馆藏

花瓣。炉体一侧有一方形带銎孔的短柄，可能在使用时安装其他质地的把柄；在辽宁朝阳北塔天宫中出土1件石手炉，长21.6厘米（图一一，2）[59]，其柄部末端继承了C型的因素，而腹部的样式则与绍兴博物馆收藏者完全一致。这说明F型手炉的流行年代也在宋辽时期。

G型　与前几型均不同，整体造型呈莲花形，可以称为莲花手炉，其上有的还附有香宝子，主

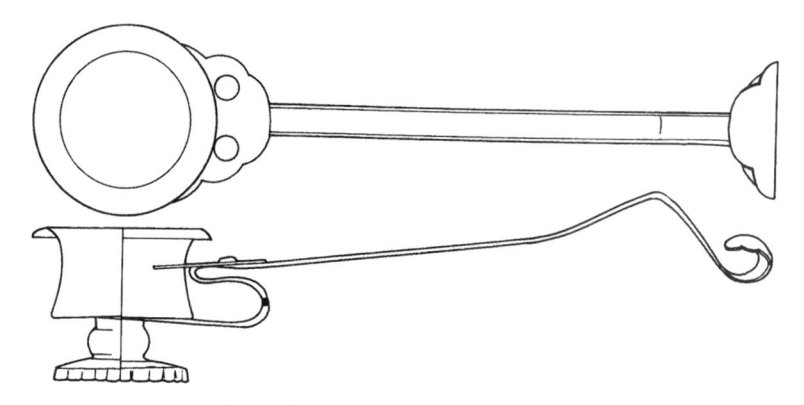

图九　扶风法门寺地宫出土手炉（D型）

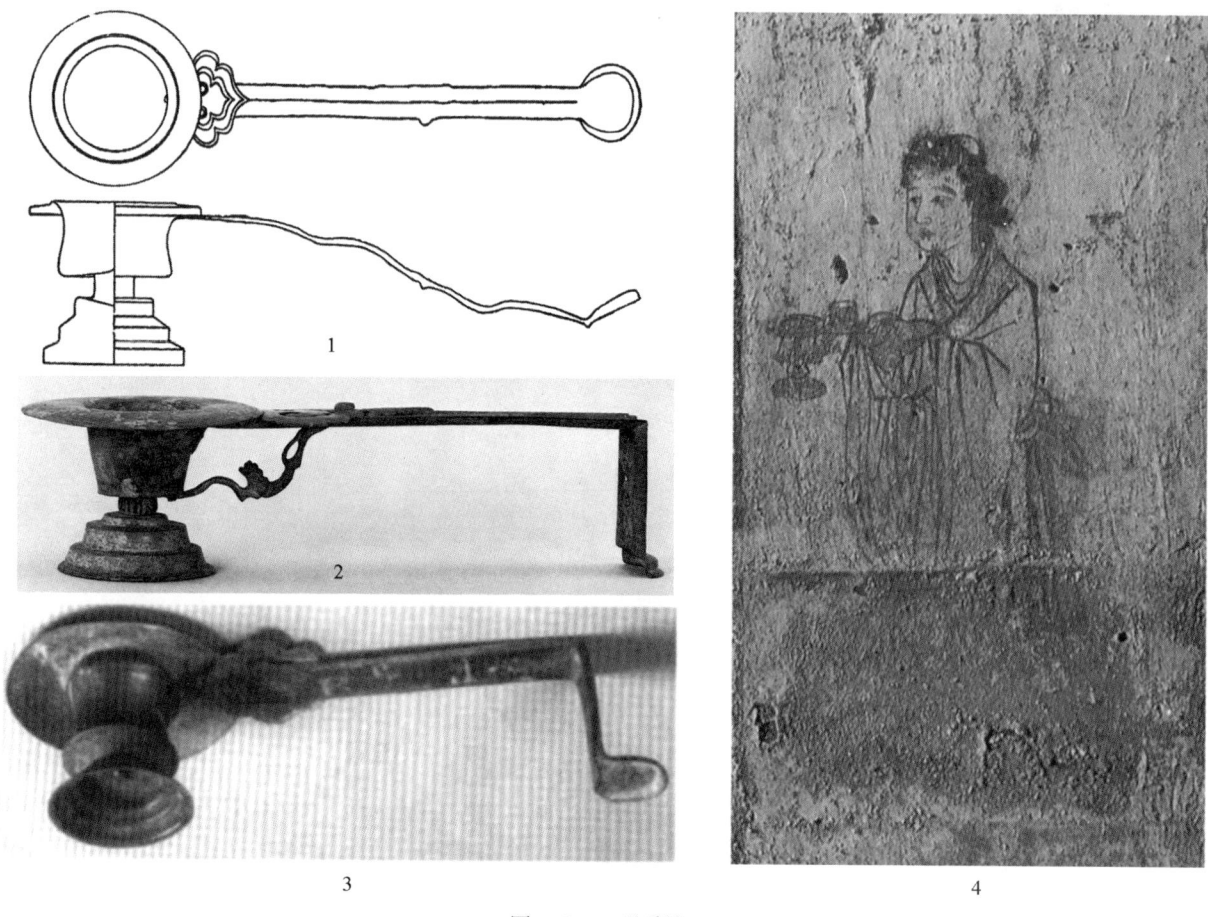

图一〇　E型手炉
1.河北易县净觉寺塔基地宫出土　2.《隋唐的美术》收录　3.甘肃定西博物馆藏　4.山西平定姜家沟村宋墓壁画

要见于宋辽时期的塔基地宫和墓葬之中。如南京报恩寺宋大中祥符四年（1011年）长干寺塔基地宫出土1件，长34.8厘米（图一二，1、2）[60]；内蒙古宁城埋王沟辽大康七年（1081年）M4出土1件，长36.5厘米（图一二，3）[61]。在河北宣化辽墓（M2）的备经图中绘制有1件莲花手炉（图一二，4），其样式与埋王沟辽墓所出者完全一致[62]。这种莲花形手炉在韩国也有发现，如韩国国立中央博物馆收藏1件，高14.7厘米（图一二，5），其上有铭文，内容为："大康三年丁巳六月日时寺主屈山下炤"，"大康"是辽道宗年号，大康三年即1077年[63]。南京报恩寺宋大中祥符四

图一一　F型手炉
1.绍兴博物馆藏　2.辽宁朝阳北塔天宫出土

年（1011年）长干寺塔基地宫、宁城埋王沟辽大康七年（1081年）M4所出G型手炉，以及韩国国立中央博物馆收藏的大康三年（1077年）铭G型手炉，为同类器物的流行年代提供了非常重要的证据。根据考古发现的G型手炉和有纪年的传世品来看，主要流行于宋辽时期。

从目前的出土实物来看，手炉往往与香宝子同出，这里顺便也谈一下香宝子的发展演变状况。扬之水先生曾对香宝子进行过考证[64]，不仅使学界对其有了深刻认识，而且使有关香供养的研究向前大大地迈进了一步。就目前考古发现的香宝子来看，其形制变化的时代特点明显。这里根据其顶部、腹部及圈足部分的变化可以分为五式。

Ⅰ式　顶部有宝珠形钮，盖与身部合起来呈圆球形，喇叭形圈足。如河北定州静志寺塔基地宫出土有数件（图一三，1、2）[65]；湖北当阳长坂坡北朝墓葬出土1件，高40.1厘米（图一三，3）[66]；广东乳源泽桥山隋墓ⅢM17出土1件，高10.9厘米（图一三，4）[67]。

Ⅱ式　顶部的宝珠钮增高，宝珠下方出现了宽大的座。如美国华盛顿弗利尔美术馆收藏1件，高12.3厘米（图一三，5、6）[68]，这件器物被称为盖豆，但从其形制与前述Ⅰ式香宝子相一致来看，应该属于香宝子之列。同时，在其腹部錾刻的波浪状卷草纹中有葡萄叶。从唐代葡萄纹最丰富的海兽葡萄镜的流行时间来看，约始于唐高宗时期，武则天时期最为流行，部分可延续至唐玄宗时期[69]。这说明Ⅱ式香宝子的约在高宗武则天时期。

Ⅲ式　顶部的宝珠形钮明显增高，变为宝瓶式相轮，或者开始出现分层式相轮，但每层相轮的直径较小，盖与身部合起来仍呈圆球形，喇叭形圈足。如江西永新出土2件，高8厘米（图一三，7）[70]；东京国立博物馆收藏1件，高11.1厘米（图一三，8）[71]；日本奈良国立博物馆收藏1件，高10.35厘米（图一三，9）[72]。

Ⅳ式　顶部的钮变为分层式相轮，盖与身部合起来仍呈圆球形，喇叭形圈足，整体造型犹如一座带相轮的覆钵式佛塔。如河南洛阳永泰元年（765年）神会和尚身塔塔基地宫出土1件，高15.6厘米（图一三，10）[73]；江西瑞昌出土1件，高约14厘米（图一三，11）[74]；湖北随州八一大队出土1件，高14.2厘米（图一三，12）[75]；龙门博物馆收藏1件，高20厘米（图一三，13）[76]；德国探险队曾在新疆吐鲁番吐峪沟千佛洞发现1件木制香塔形盒子（图一三，14）[77]，原来认为是舍

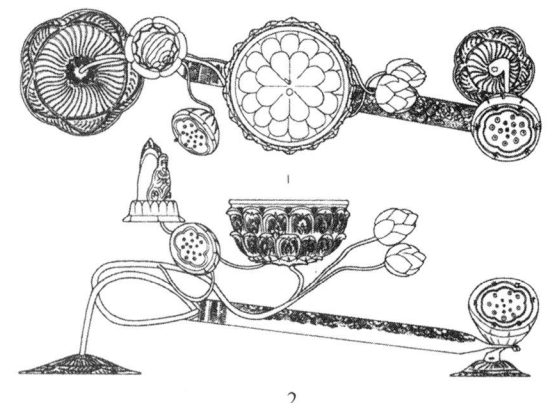

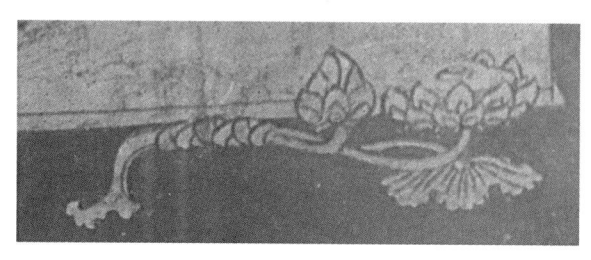

图一二　G型手炉
1、2. 南京报恩寺宋代塔基地宫出土　3. 内蒙古宁城埋王沟辽墓出土　4. 河北宣化辽墓（M2）出土壁画　5. 韩国国立中央博物馆藏

利容器，但根据现在发现的同类器物来看，也应该是1件香宝子。这类带相轮的香宝子在图像资料中也有表现，如安西榆林窟第25窟北壁弥勒经变的弥勒二会壁画中的香案上安置一个圈足香炉和两个香宝子，香宝子的顶部略呈相轮状（图一四，1）[78]。

Ⅴ式　身部呈直壁的圆筒状或球形，虽然也呈喇叭形圈足，但喇叭形的上部束腰变得宽大。如咸通十四年（873年）扶风法门寺塔基地宫出土4件，其中2件高24.7厘米（图一三，15、16），另2件高11.7厘米（图一三，17）[79]；浙江临安唐天复元年（901年）水邱氏墓出土1件（图一三，

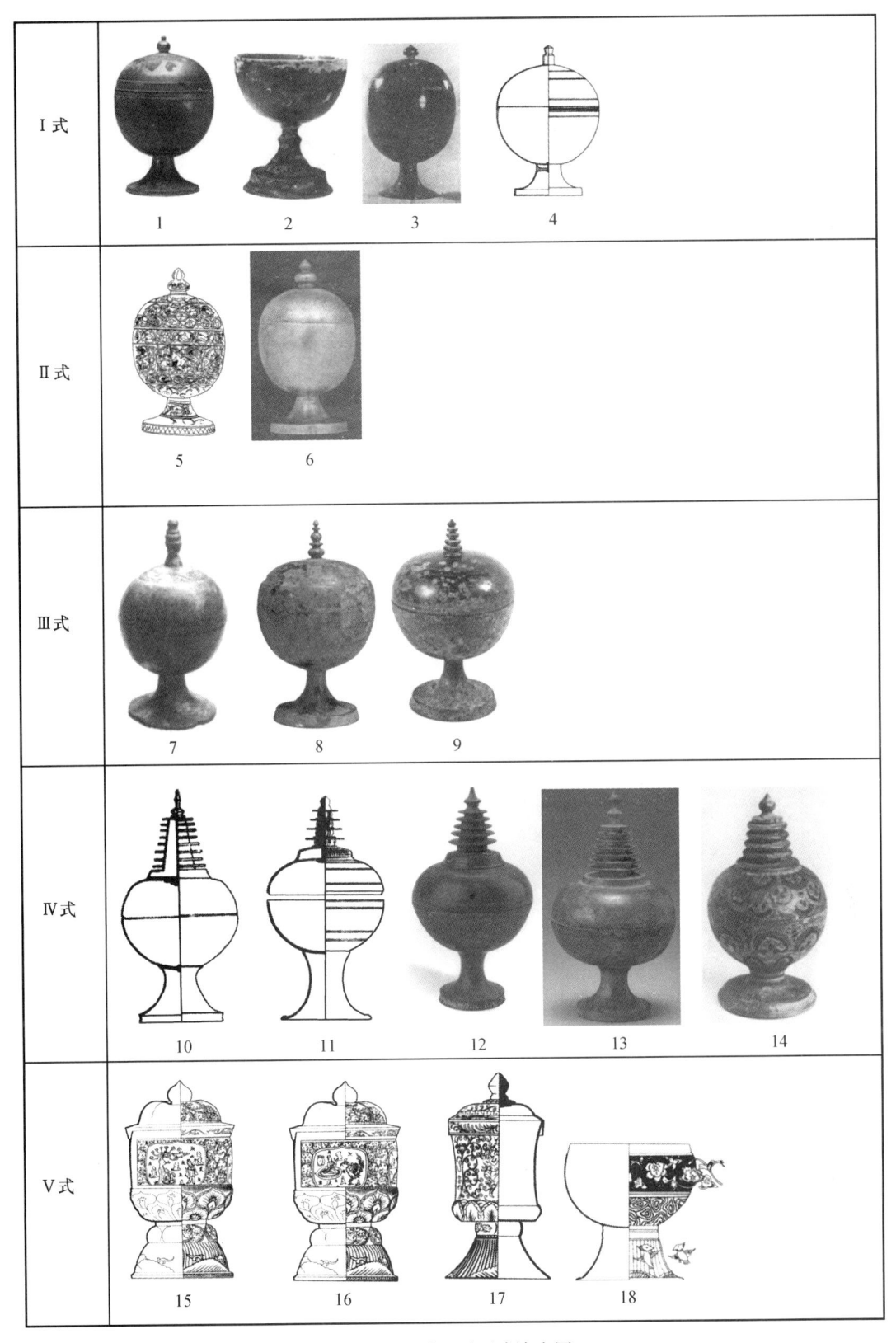

图一三　香宝子型式演变图

1、2. Ⅰ式（河北定州静志寺塔基地宫出土）　3. Ⅰ式（湖北当阳长坂坡北朝墓出土）　4. Ⅰ式（广东乳源泽桥山隋墓出土）　5、6. Ⅱ式（美国华盛顿弗利尔美术馆藏）　7. Ⅲ式（江西永新出土）　8. Ⅲ式（日本国立东京博物馆藏）　9. Ⅲ式（日本奈良国立博物馆藏）　10. Ⅳ式（河南洛阳神会和尚塔基地宫出土）　11. Ⅳ式（江西瑞昌出土）　12. Ⅳ式（湖北随州八一大队出土）　13. Ⅳ式（龙门博物馆藏）　14. Ⅳ式（德国国立柏林印度美术馆藏）　15—17. Ⅴ式（扶风法门寺塔基地宫出土）　18. Ⅴ式（浙江临安唐水邱氏墓出土）

图一四　安西榆林窟壁画中的香宝子
1. 第25窟北壁弥勒经变弥勒二会壁画局部　2. 第39窟甬道回鹘供养人壁画局部

18）[80]，这件器物的上部已佚，被称为豆或高足杯，但从其口沿部有子母口来看，高足杯的可能性可以排除，其高圈足与扶风法门寺塔基地宫出土的香宝子相似，腹部与Ⅳ式香宝子相似，所以，暂将其归到香宝子之列，与之类似的香宝子形象也见于壁画。如安西榆林窟五代时期的第39窟甬道所绘的回鹘供养人手中就捧有1件香宝子，其形制为球形腹，宝珠钮，圈足为宽大的喇叭形，而且其上还绘制有荷叶叶脉状纹饰（图一四，2）[81]。但也不排除其作为圈足香炉的可能性。从图像资料来看，9世纪末期至10世纪初的香宝子的腹部也以筒状腹为主，如扶风法门寺塔基地宫出土的鎏金如来说法盝顶银宝函、六臂观音纯金宝函等的侧面錾刻的香案上的香宝子，均为筒状大喇叭圈足[82]。

这5式香宝子正好代表了五个不同的发展阶段，即Ⅰ式在6世纪至7世纪初，即南北朝至隋；Ⅱ式在7世纪初至7世纪末8世纪初，即初唐至武则天时期；Ⅲ式在8世纪中叶以前，即唐中宗至唐玄宗时期；Ⅳ式在8世纪中叶至于9世纪初，即属于中唐时期；Ⅴ式在9世纪末期至10世纪初，即晚唐时期。

从目前所见的图像资料来看，自五代时期开始，香宝子一方面继承晚唐时期的圆筒状香宝子形制，如法国巴黎收藏的出土于敦煌藏经洞的一幅千手千眼观音菩萨坐像绢画上的香炉与香宝子（图一五，1）[83]。但另一方面，其形制则有了较大变化，一般为腹部呈圆形的瓶状，瓶盖之上有宝珠状或莲蕾状钮。如法国巴黎吉美美术馆收藏的1件出土于敦煌藏经洞的麻布着色莲花香炉与香宝子图像（图一五，2）[84]、法国巴黎吉美美术馆收藏的1件出土于敦煌藏经洞的绢本着色不空羂索观音菩萨坐像中的香炉与香宝子图像（图一五，3）[85]、法国巴黎吉美美术馆收藏的1件出土于敦煌藏经洞的绢本着色的五代天福五年（940年）弥勒净土图中的香炉与香宝子图像（图一五，

图一五　壁画及绢画中的香宝子
1—4、6、7. 法国吉美美术馆藏　5. 敦煌莫高窟第454窟壁画局部

4)）[86]、敦煌莫高窟五代时期第454窟梵网经变中的香宝子（图一五，5）[87]、法国巴黎吉美美术馆收藏的1件出土于敦煌藏经洞的绢本着色的五代至宋初是一面观音坐像中的香炉与香宝子（图一五，6）[88]、法国巴黎吉美美术馆收藏的1件出土于敦煌藏经洞的绢本着色的五代至宋初观音经变图中的香炉与香宝子图像（图一五，7）[89]、法国巴黎吉美美术馆收藏的1件出土于敦煌藏经洞的绢本着色的五代至宋初华严经七处九会变相图中的香炉与香宝子图像（图一六）[90]等。

图一六 法国吉美美术馆藏敦煌藏经洞绢本图中的香宝子

手炉这种香炉是专门为手执而设计的，不仅在行香礼佛时使用，有时也用于敬僧。据《大唐三藏大遍觉法师塔铭并序》记载："皇太子宣令请法师为慈恩上座，仍造翻经院，备仪礼自弘福迎法师。太宗与皇太子、后宫等于安福门执香炉目而送之。"[91]唐太宗等人手执的应该就是手炉。同时，在敦煌莫高窟壁画中也描绘有大量的手执手炉的供养人像，限于篇幅这里不一一列举。最为形象的是河南安阳隋开皇十四年（594年）张盛墓出土的执手炉的僧侣形象（图一七，1）；手炉的形象也出现在新疆克孜尔石窟中，如第205窟须摩提女因缘变中的须摩提女的手中所持手炉（图一七，2、3）[92]。但令人奇怪的是，这类手炉的形象在印度、中亚及西亚却极为罕见，似乎从另外一个角度反映了手炉是在各种因素的启发之下，由中国人自己发明创造的。

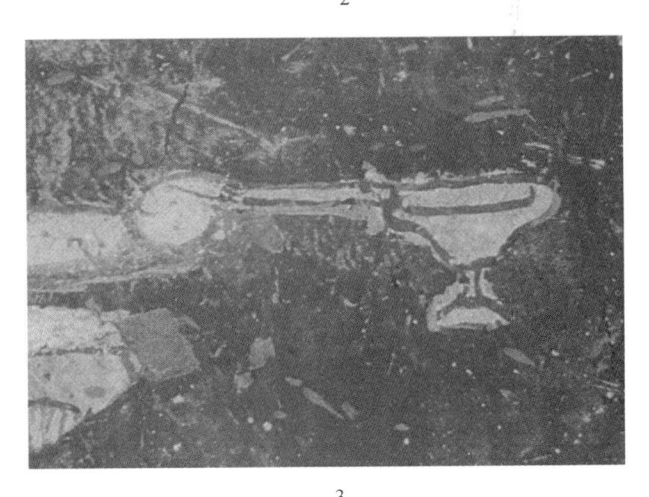

图一七　陶俑及壁画中的手炉
1. 河南安阳隋张盛墓出土　2、3. 新疆克孜尔石窟第205窟壁画局部

（四）第四类：狮子香炉

狮子香炉造型奇特，发现数量较少，有滑石、瓷、铜三种，它们的共同特点是上部的狮子腹部中空，直通狮子口部，香烟不仅自香炉的其他部位飘出，而且同时也从上部狮子的口部可以飘出。根据炉体下部的特征，将其分为三型：

A型　主要出土于墓葬之中，而且均为滑石器，目前仅发现4件。发现此类香炉的墓葬主要有：河南偃师杏园唐会昌三年（843年）M1921出土2件，其中完整者高24厘米（图一八，1、2）[93]；西安雁塔区三印厂出土1件，保存较完好，高12.5厘米（图一八，3）[94]；西安唐乾符二年（875年）曹氏墓中出土1件，高12.8厘米（图一八，4），这件狮形香炉相对于河南偃师杏园唐墓所出土者要逊色一些，在座和狮子之间没有雕塑龙纹[95]。在以上的发现中，因其中两座墓均为纪年墓，为这类香炉的流行年代提供了重要证据，主要流行于9世纪后半叶。

B型　有瓷和铜两种质地，炉体直腹，下有五足。通体未见镂空，香烟只能从狮口飘出。如在陕西唐代黄堡窑遗址发现有狮形瓷香炉，所不同的是唐代的腹下部有五足（图一八，5）[96]；福建博物院收藏1件唐天祐四年（907年）鎏金铜狮子香炉，头盔式盖，盖上有一蹲狮，高40.1厘米（图一八，6）。其上錾刻的铭文为："弟子盐铁出使巡官福建院事检校上述礼部郎中赐紫金鱼袋王延翰奉为大王及国大人铸造狮子香炉壹口舍入保福院永充供养天祐四年（907年）九月四日题。"[97]从铭文可知，这种有狮子钮的香炉，唐人称之为"狮子香炉"。从有纪年者来看，B型香炉主要流行于9至10世纪初。

C型　为喇叭形圈足状，腹部贴塑莲花瓣。通体无镂空，香烟只能从狮口飘出。如在陕西五代黄堡窑遗址出土1件，已残（图一八，7）[98]；与之形制接近而且完整者瑞典卡尔·凯波氏收藏1件，高18.1厘米，盖上为一蹲狮，炉腹部贴塑莲花瓣，圈足为宽大的喇叭形（图一八，8）[99]。从瑞典卡尔·凯波氏所藏香炉下部有大喇叭形圈足来看，为晚唐时期的特征，说明C型狮形香炉也流行于9至10世纪初。

无独有偶，在韩国的雁鸭池遗址出土1件滑石质狮形香炉的盖（图一九）[100]，形制与前述香炉A型狮形香炉极其相似，也应当在9世纪后半叶。同时，也反映了唐代的狮形香炉对朝鲜半岛的影响及两者之间文化交流的关系。

狮子在佛教中既是佛的象征，也是佛的护法，佛座也被称为狮子座。在南北朝以来的各类佛教石刻中，在其正面下部的中心部位雕刻香炉，两侧则雕刻相向或相背的护法狮子。狮子香炉不仅造型优美，而且也具有强烈的象征意义[101]。

首先，其上部为狮子，与之相似的做法在阿育王石柱上即已经见到，上部为四头狮子，下部为钟形莲瓣，而狮子则象征释迦族的佛陀[102]。

其次，狮子下面雕成山岳形，很可能就是象征佛所在的须弥山，其周围有龙王护卫。将香炉与须弥山结合在一起，也见于文献记载，如《历代名画记》卷三记载，东都洛阳敬爱寺有"大金铜香炉"，"后更加木座及须弥山浮趺等"[103]。这样的造型，不仅具有一定的审美效果，也达到了象征意义，可以说是宗教和艺术的完美结合。特别是在曹氏墓中还出土了泥塑佛像[104]，如果将香炉

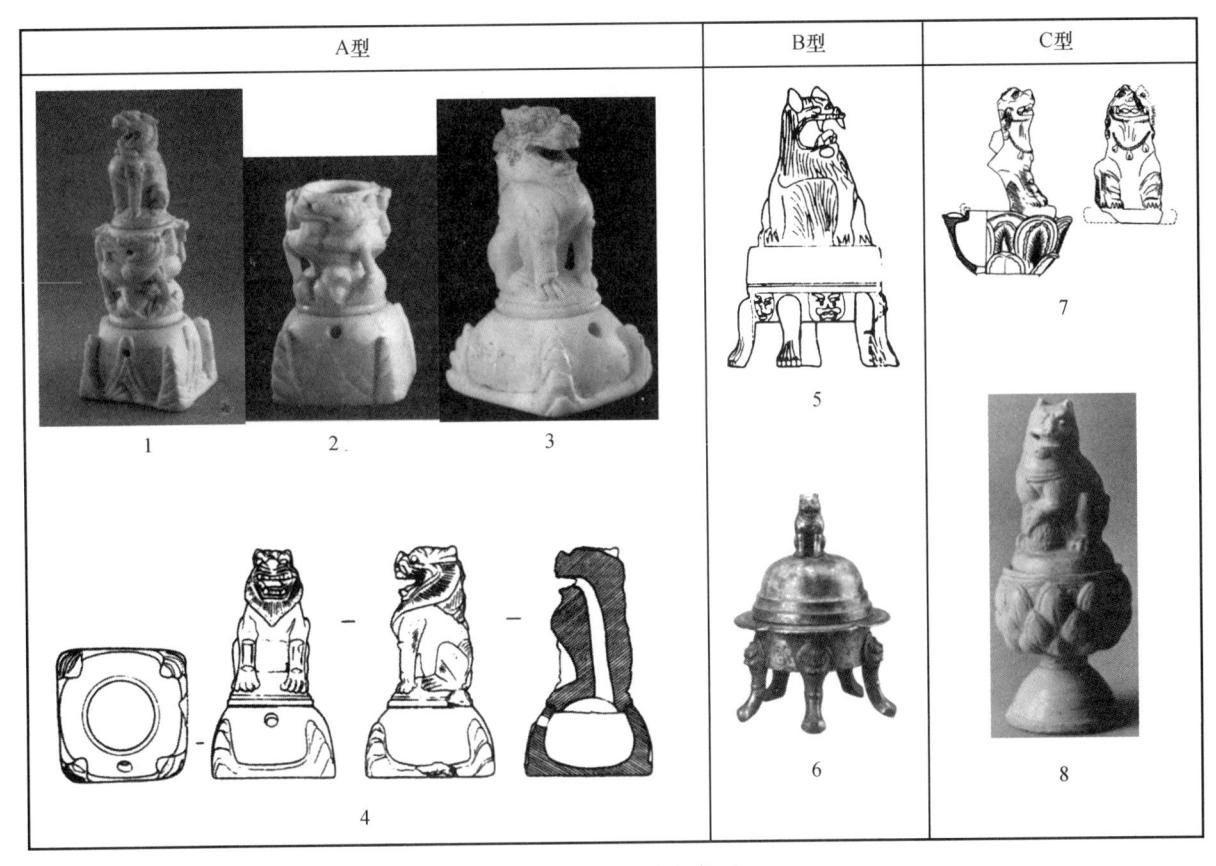

图一八 狮形香炉类型

1、2. 河南偃师杏园村M1921出土 3. 西安市雁塔区三印厂出土 4. 西安市曹氏墓出土 5. 唐代黄堡窑遗址出土 6. 福建博物院藏 7. 五代黄堡窑遗址出土 8. 瑞典卡尔·凯波氏藏

图一九 韩国雁鸭池遗址出土滑石质狮形香炉盖

与佛像联系起来考虑，则为这类香炉的象征意义提供了非常重要的证据。

狮子香炉对中国后世的香炉造型产生了非常深远的影响。如辽宁沈阳新民辽滨塔塔宫中出土1件铜香炉，其足部为三足，炉身为仰莲形，盖部为一蹲狮[105]；上海松江李塔明代地宫中也出土1件，其上有一蹲狮[106]。

（五）第五类：三足香炉

隋唐时期的三足香炉，质地有陶瓷、金银等。其共同特点是腹下部有三个蹄形足。

A 型　下部带有圈足承盘。如湖南长沙赤峰山4号唐墓出土的陶炉，高6.4厘米，下部有高圈足承盘（图二〇，1）[107]。结合下文对第六类发展序列较完整的五足香炉的论述可知，这种喇叭形高圈足承盘主要见于盛唐时期，所以A型三足香炉主要流行盛唐时期。

B 型　形似鼎，带双耳，有三个蹄形足。根据其腹部及耳部的变化，可以分为三式。

Ⅰ式　主要发现于隋墓之中。如河南安阳隋开皇十四年（594年）张盛墓中出土3件，也为双耳鼎形瓷质，其中1件高8厘米（图二〇，2）[108]；河南安阳桥村隋墓出土的1件，为双耳鼎形瓷质（图二〇，3）[109]。说明这类香炉主要流行于隋代。

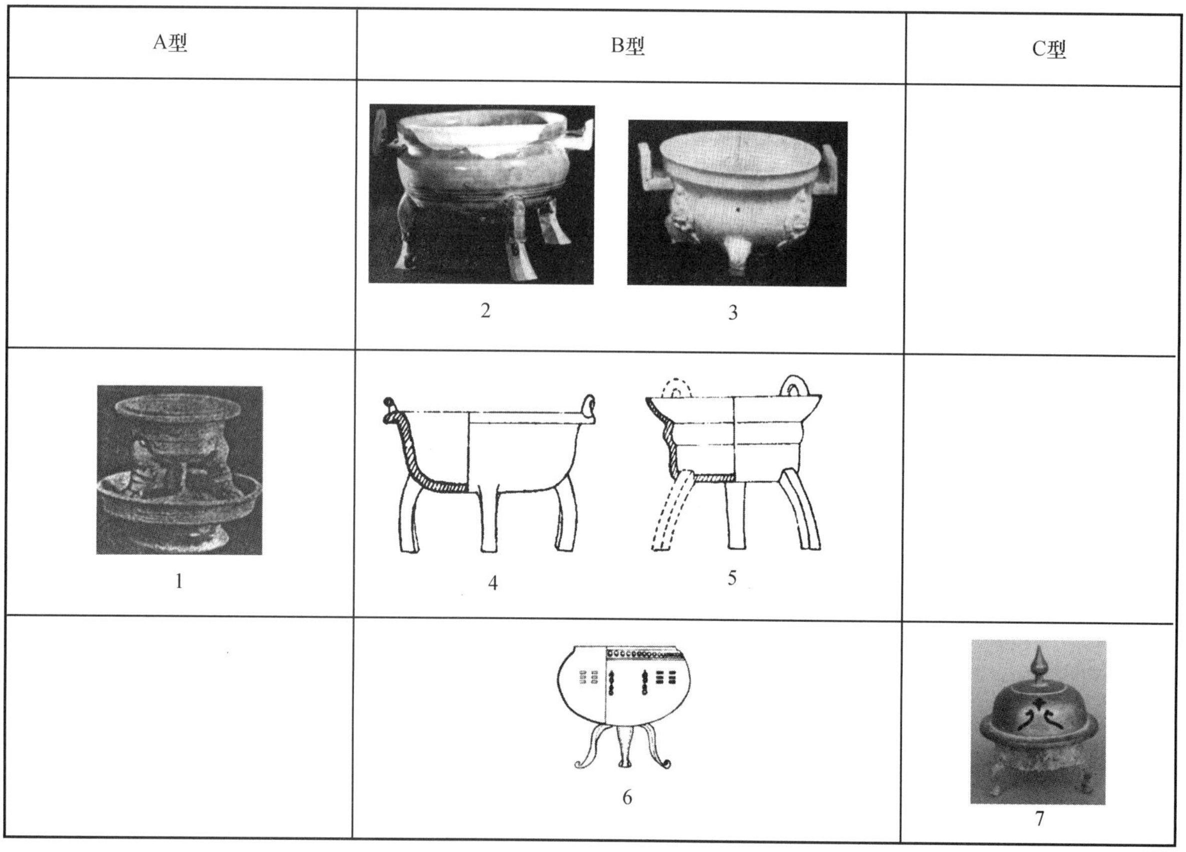

A型	B型	C型
	2　　　3	
1	4　　　5	
	6	7

图二〇　三足香炉型式演变图

1. A型（湖南长沙赤峰山4号唐墓出土）　2、3. BⅠ式（河南安阳张盛墓出土、河南安阳桥村隋墓出土）
4、5. BⅡ式（湖南长沙咸嘉湖唐墓出土）　6. BⅢ式（浙江临安唐水邱氏墓出土）　7. C型（甘肃平凉庄浪县出土）

Ⅱ式 与Ⅰ式相似，但双耳立于口沿之上，且腹部变成圜底形。如湖南长沙咸嘉湖唐墓出土2件，其中1件腹部呈盆状，口沿有双立耳，通高6.8厘米（图二〇，4）；另1件类似，高8厘米（图二〇，5）[110]。

Ⅲ式 上部似钵形，下附三足。如浙江临安唐天复元年（901年）水邱氏墓中出土1件银三足香炉，高9.5厘米（图二〇，6）[111]，腹部有八卦形镂空，出土时炉内有大半炉炉灰和细条木炭，为唐代香炉所使用燃香方法提供了重要的实物证据。

从上述B型三足香炉的纪年状况可以大体上推断其年代。Ⅰ式主要发现于隋墓之中，说明其主要流行于隋代，约在6—7世纪初；Ⅱ式主要见于盛唐时期墓葬之中，其年代也大体上在8世纪左右；Ⅲ式见于唐代末年的墓葬之中，其流行年代大体上在晚唐时期，即9—10世纪。

C型 头盔式盖，宝珠形钮，腹壁较直。形制与下文要谈到的A型Ⅲ式四足香炉除足的数量不同之外，其余部分均一致。如甘肃平凉庄浪县出土1件，高11.1厘米（图二〇，7）[112]。该三足香炉的形制与下文所涉及的河南洛阳龙盛小学五代壁画墓中出土的铜四足香炉[113]，除足的数量不同之外，其余部分完全一致，所以，此型三足香炉主要流行于唐末五代时期，即9—10世纪初。

（六）第六类：四足香炉

以瓷质为主，极个别的为铜质。下部有四个蹄形足。可根据盖部的形制特点及腹部的结构变化分为两型。

A型 盖部为头盔式。

Ⅰ式 盖部为头盔式，中部有一束腰圆筒套接，以加深香炉腹部。如日本藤井有邻馆收藏1件铜四足香炉，高17.8厘米（图二一，1）[114]。

Ⅱ式 盖部为头盔式，中部的束腰状套筒消失。如西安博物院收藏1件铜四足香炉，高12.65、口径10.5厘米（图二一，2）[115]。

Ⅲ式 盖部增高，变为半球形的带宝珠形钮的头盔式盖，盖上有镂空，有的在腹部侧面的四足之间饰兽面或兽面衔环，有的则无。如湖南长沙窑遗址中出土2件，分别高10.5（图二一，3）、14.5厘米（图二一，4）[116]；河南洛阳龙盛小学五代壁画墓中出土1件铜四足香炉，头盔式盖，腹部变浅，腹侧的钮链等装饰消失，高12.4厘米（图二一，5）[117]。

B型 盖部为覆盆式。如日本白鹤美术馆收藏1件，表面鎏金，高18.1厘米（图二一，6）[118]。

结合下文要论述的型式演变序列较为完整的五足香炉来看，四足香炉与之变化规律一致，即AⅠ式与西安何家村窖藏出土的1件五足香炉形制基本一致[119]，AⅡ式、B型则与陕西临潼庆山寺开元二十九年（741年）塔基地宫所出的六足香炉[120]，除足的多少不同之外，其余部分则完全一致，这说明AⅠ式、AⅡ式、B型流行于8世纪前后，即盛唐时期；AⅢ式流行于盛唐之后的中晚唐至五代时期。

A型	B型
1	
2	6
3 4 5	

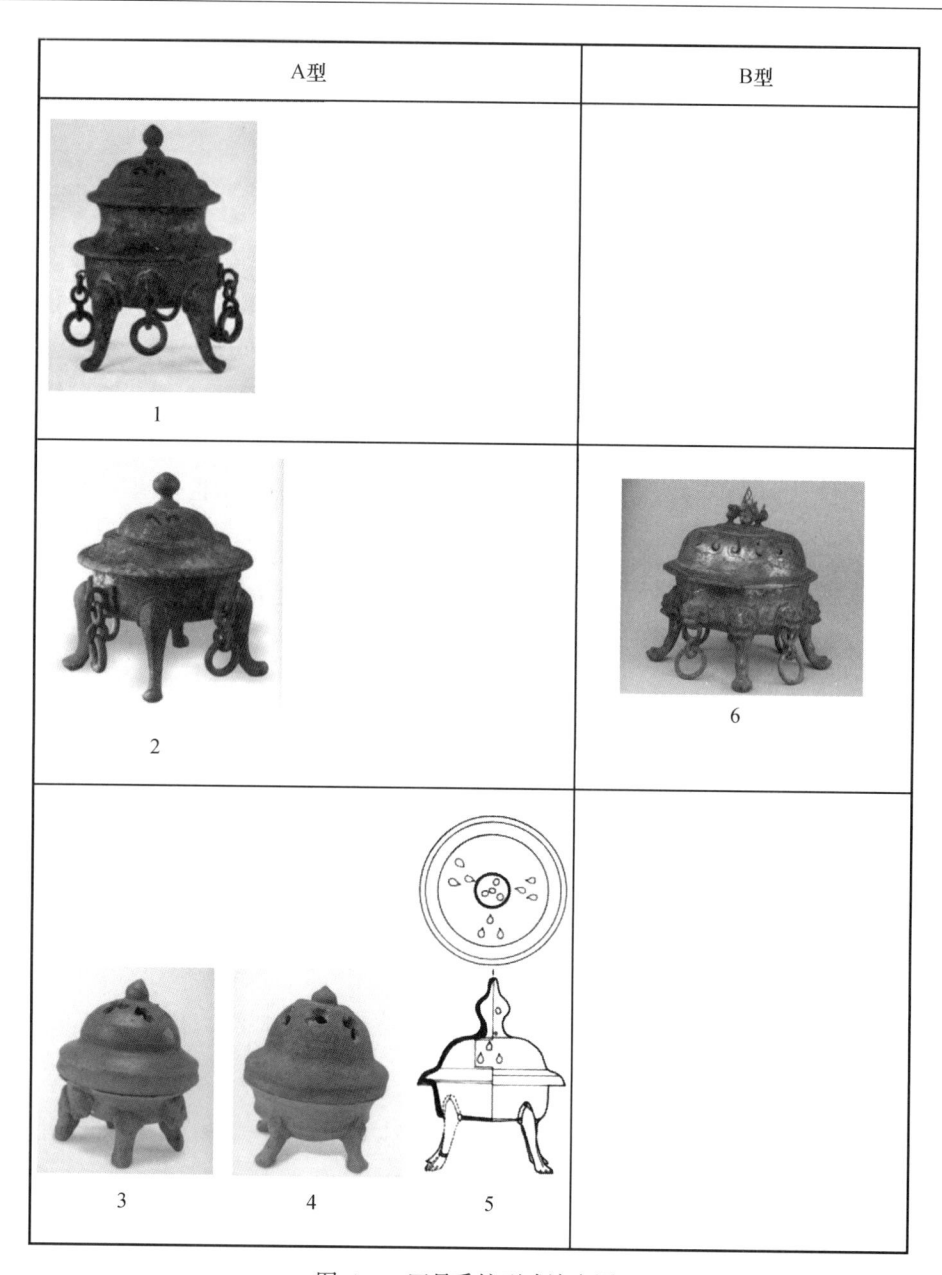

图二一 四足香炉型式演变图

1.AⅠ式（日本藤井有邻馆藏） 2.AⅡ式（西安博物院藏） 3、4.AⅢ式（湖南长沙窑遗址出土）
5.AⅢ式（河南洛阳龙盛小学五代墓出土） 6.B型（日本白鹤美术馆藏）

（七）第七类：五足、六足香炉

五足、六足香炉各类质地的都有，尤以唐代三彩为最。都有五个呈蹄形或兽面爪形的足，五足之间饰链条、朵带或兽面衔环。炉体腹部为直壁，上部带盖，盖上有钮，盖面镂空成各种图形的纹饰。一般由盖、炉身、足等组成，个体较高大，高度一般在29.5—56厘米。钮多见莲蕾形，也有极罕见的象首金刚（毗那夜迦）钮。盖部或钮部镂空。根据盖部及腹部结构的变化，将其分为三型。

A型　头盔式盖。根据香炉腹部结构的变化，将其分为二式。

Ⅰ式　盖部呈扁平的头盔式。五足香炉在扶风法门寺塔基地宫出土1件，盖上部有象首金刚（毗那夜迦），高48.1厘米（图二二，1）[121]。六足香炉目前仅见于陕西临潼开元二十九年（741年）庆山寺塔基地宫出土的兽面衔环铜香炉，由盖、炉身、六个兽足组成。盖呈三级覆钵形，顶沿上有桃形和梅花形镂空。炉身直腹。六个兽足上部为虎头形，下部为爪形。兽足间分别饰一兽面衔环，高13厘米（图二二，2）[122]。两者除足的多少和钮部有差异之外，其余部分的形制完全一致，其年代也应该接近，而临潼庆山寺塔基地宫的年代在开元二十九年（741年），所以，两者应该是8世纪中叶前后的产品。

Ⅱ式　主要见于陶瓷香炉，盖部变为高耸的头盔状。如湖南长沙窑遗址出土的五足香炉（图二二，3）[123]；日本白鹤美术馆收藏有1件鎏金五足香炉，五足之间均有铺首衔环，1件高23.3厘米（图二二，4）[124]。

B型　覆盆式盖，盖与炉盘之间有一束腰圆筒形套圈，以加高炉体。如西安何家村窖藏出土1件银香炉，高56厘米（图二二，5），炉体较高，在盖与炉盘之间有一束腰圆筒状腹部，与盖、炉盘以子母口套合在一起，其上镂空[125]。

C型　承盘式。主要见于陶瓷五足香炉，足下有圈足承盘。根据承托部分的变化分为三式。

Ⅰ式　下部承盘的圈足宽矮，或者呈饼形足。如湖南长沙隋墓出土2件，其中1件出土于M2，口径9.7、高8.5厘米（图二二，6）；M3出土1件，口径11.2、高8.5厘米（图二二，7）[126]。

Ⅱ式　承盘的圈足变成喇叭形高圈足。如河南巩县黄冶窑遗址出土1件（图二二，8），足下有一高圈足承盘[127]；湖南长沙近郊CM162出土1件，高10厘米（图二二，9）[128]；又如日本收藏的1件绞胎香炉，高10.7厘米，其下部也有高圈足承盘（图二二，10）[129]。

Ⅲ式　承盘圈足变为带五足的浅盘，盘侧面装饰朵带。如陕西扶风法门寺塔基地宫出土的鎏金卧龟莲花朵带五足银香炉，下部尚有鎏金五足铜盘，高29.5厘米，铜盘高48.1厘米（图二二，11）[130]。

D型　承托式，主要见于陶瓷五足香炉，一般在五足之下带有扁平或略呈圆筒状的承托，根据承托的高低分为二式。

Ⅰ式　五足之下有圆环状托。如河南巩义黄冶窑遗址出土的1件，足下有一扁平的圆形承托（图二二，12）[131]。

Ⅱ式　五足之下有一圆筒状托。如浙江临安唐天复元年（901年）水邱氏墓出土的五足瓷香炉，高66厘米（图二二，13）[132]，出土时位于后室前部正中，其内残存香灰和木炭。

从上述对五足香炉的论述，可以看出五足香炉是隋唐时期非常流行的一类香炉，而且形制变化较大，与其他香炉相比较，有重要的分期价值。本文在其型式演变的基础上，结合有关纪年器物，将五足香炉分为三个时期（表二）：第一期在6—7世纪，即隋至唐初，主要流行CⅠ式；第二期在8世纪中叶前后，即盛唐时期，这一时期也是五足香炉最为发达的时期，主要AⅠ式、B型、CⅡ式、DⅠ式；第三期约在9世纪，即中晚唐时期，主要流行AⅡ式、DⅡ式。

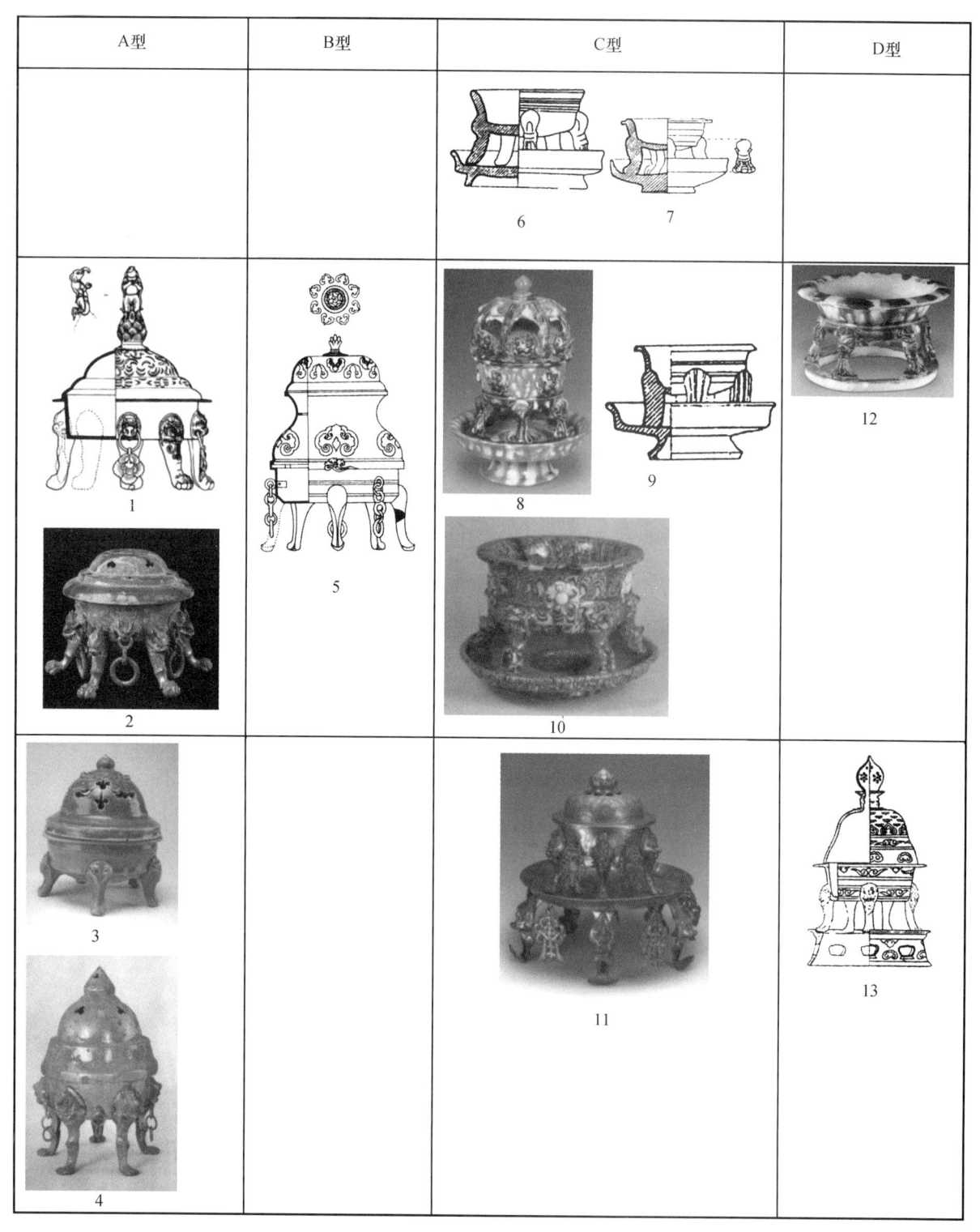

图二二　五、六足香炉型式演变图

1、2. AⅠ式（扶风法门寺塔基地宫出土、陕西临潼庆山寺塔基地宫出土）　3、4. AⅡ式（湖南长沙窑遗址出土、日本白鹤美术馆藏）　5. B型（西安何家村窖藏出土）　6、7. CⅠ式（湖南长沙隋墓出土）　8—10. CⅡ式（河南巩县黄冶窑遗址出土、湖南长沙近郊CM162出土、日本收藏）　11. CⅢ式（扶风法门寺塔基地宫出土）　12. DⅠ式（河南巩义黄冶窑遗址出土）　13. D型Ⅱ式（浙江临安唐水邱氏墓出土）

表二　五足香炉分期演变表

分期	A型	B型	C型	D型	纪年物或参考物	年代
第一期			Ⅰ式		隋墓	6—7世纪，即隋至唐初
第二期	Ⅰ式	√	Ⅱ式	Ⅰ式	开元二十九年（741年）塔铭	8世纪中叶前后，即盛唐时期
第三期	Ⅱ式			Ⅱ式	咸通十五年（874年）衣物帐碑；天复元年（901年）墓志	约9—10世纪，即中晚唐时期

（八）第八类：宽座圈足香炉

香炉由炉身、座组成，炉体较低矮，底座呈宽大的矮圈足，炉盘较浅。如法门寺地宫出土的鎏金鸿雁纹壸门座五环银香炉，高14.5厘米（图二三，1）。据法门寺地宫出土的《衣物帐》记载，此物原无盖。炉身侧面饰兽面衔环，个体较矮，座宽大，其上镂有壸门五个[133]；河南登封法王塔塔基地宫出土1件，为鎏金铜质，座侧面镂空，器盖上部也有镂空，高46.3厘米（图二三，2）[134]。

图二三　宽座香炉
1. 扶风法门寺塔基地宫地出土　2. 河南登封法王塔塔基地宫出土

（九）第九类：博山炉

这类香炉的延续时间很长，从汉至隋代一直沿用，但在隋代以后不再流行。与汉魏时期的博山炉上装饰山岳、人物、各类动物不同，这一时期的博山炉受到佛教的影响，主要装饰摩尼宝珠。大多数香炉下部有一高圈足承盘，仅个别的没有承盘。柄部缠绕双龙或单龙，个别的柄部呈竹节状。炉身上部为装饰摩尼宝珠的山岳状，下部则为仰莲瓣。主要出土于隋墓和隋代的佛教造像。在西安雁塔区八里村出土的1件开皇四年（584年）董钦造组合式佛教造像的床座上有1件鎏金铜博山炉（图二四，6），为这类香炉的用途提供了非常重要的证据[135]。虽然在一些唐代的佛教造像上也有雕刻，但至目前为止，在唐代出土的实物中还没有见到。同时，在唐诗中叶多有吟诵，如温庭筠《博山》云："博山香重欲成云，锦缎机丝炉鹦君。粉蝶围飞花转影，彩鸳双泳水生纹。青楼二月春将半，碧瓦千家日未曛。见说杨朱无限泪，岂能空为路歧分。"[136] 从目前有关纪年物来看，这类香炉主要流行于隋代即6至7世纪初。据博山炉柄部的变化分为2型：

A型　柄部为竹节状。河南安阳隋开皇十四年（594年）张盛墓中出土1件，柄部为竹节状，下部有高圈足承盘，高15厘米（图二四，1）[137]；与张盛墓所出相似者在美国火奴鲁鲁美术馆收藏有1件，柄部呈竹节状，下部有高圈足承盘，高22.3厘米（图二四，2）[138]。

图二四　博山炉
1、2.A型（河南安阳隋张盛墓出土、美国火奴鲁鲁艺术馆藏）　3—5.B型（隋丰宁公主墓出土、日本大和文华馆藏、《隋唐的美术》收录）　6.西安八里村出土

B型　隋大业六年（610年）丰宁公主与驸马韦圆照合葬墓出土1件，高36.3厘米。柄部单龙缠绕，下部为高圈足承盘（图二四，3）[139]；日本大和文华馆收藏1件，柄部双龙缠绕，下有高足承盘，高38厘米（图二四，4）[140]；《隋唐的美术》一书中也收录1件，下部无承盘，呈双龙缠绕的高圈足状，通体施绿釉，高28.4厘米（图二四，5）[141]。

（十）第十类：豆形香炉

形似豆，有的带盖，下有喇叭状圈足。根据圈足的变化可以分为三式。

Ⅰ式　为束腰喇叭形高圈足。如湖南长沙隋墓M3出土1件，口径10.6、高12厘米（图二五，1）[142]。陕西周至仙游寺开元二十九年（741年）塔基地宫出土1件，盖顶部为宝珠形钮，珠上有乳突形尖，围绕尖头一周有三个小孔通向盖内，合三小孔为一大孔。近腰部饰一周凸棱齿状装饰。盖通体施釉，色棕褐。炉身施黑釉，釉有光泽。出土时炉内残存未烧完的檀香。通高23.1厘米（图二五，2）[143]。

Ⅱ式　炉体矮胖，圈足宽大。如湖南长沙窑遗址也出土1件，炉整体略矮胖，炉身侧面装饰莲花瓣，盖已佚，口径9、高12.5、底径12.5厘米（图二五，3）[144]。

Ⅲ式　圈足变成硕大的喇叭形，喇叭形圈足的上部束腰部分明显加粗，而且以金属制作的此式香炉的圈足整体呈荷叶形，其上錾刻细腻的荷叶的叶脉纹。如扶风法门寺塔基地宫出土1件，高9.8厘米（图二五，4）[145]，原来命名为"羹碗子"，其足部为莲花形圈足，上部有镂空而且有一碗置于其上，与之一同出土的《衣物帐》记载有"香炉一幅并碗子"，与其形状相似，应该属于香炉；湖南长沙窑遗址出土1件，高12厘米（图二五，5）[146]。

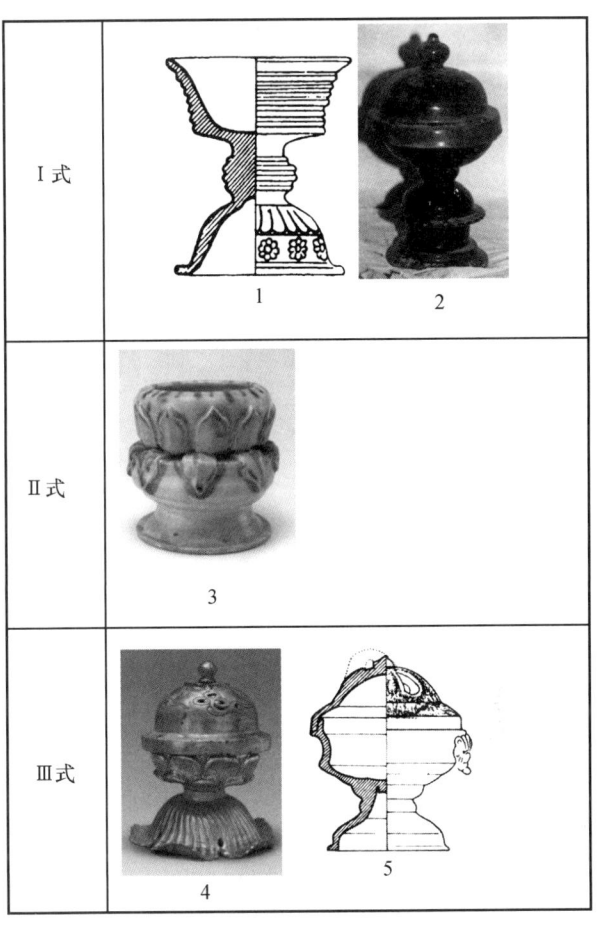

图二五　豆形香炉型式演变图
1、2.Ⅰ式（湖南长沙隋墓出土、陕西周至仙游寺塔基地宫出土）　3.Ⅱ式（湖南长沙窑遗址出土）　4、5.Ⅲ式（扶风法门寺塔基地宫出土、湖南长沙窑遗址出土）

从上述豆形香炉的发展演变规律来看，Ⅰ式主要流行于隋至盛唐时期；Ⅱ式主要为中唐时期；Ⅲ式主要流行于晚唐时期。

（十一）第十一类：香囊

一般呈圆球形，上下球体可以子母口相合，其内设置两个同心圆环和一用于焚香的香盂，可以保持平衡并使香盂不倾倒。附有链子和挂钩,当是用来佩带或悬挂。这类物品已经出土数件,直径约4—6厘米,也有10余厘米者。如扶风法门寺塔基地宫出土2件,分别为鎏金雀鸟纹银香囊(图二六,1),直径5.8厘米、鎏金双蜂图案花纹银香囊,直径12.8厘米(图二六,2)[147];西安何家村窖藏出土1件飞鸟葡萄纹银香囊,直径4.5厘米(图二六,3)[148];西安沙坡村窖藏中出土4件,直径在4.5—4.8厘米(图二六,4—7)[149];西安三兆镇出土1件,直径5.4厘米(图二六,8)[150]等。对于香囊,人们的认识有一个过程。在法门寺塔基地宫未发掘以前,香囊被称为"熏

图二六　香囊
1、2.扶风法门寺塔基地宫出土　3.西安何家村窖藏出土　4—7.西安沙坡村窖藏出土　8.西安三兆镇出土

球"。法门寺铜镜地宫发掘以后，人们依据其中出土的《衣物帐》确认了这种以往被称为"熏球"的器物，当时人称为"香囊"。这种香囊汉代已出现，据《西京杂记》卷二"巧工丁缓"条记载："长安巧工丁缓者，……作卧褥香炉，一名被中香炉。本出房风（也是汉代著名的巧工，生平无可考），其法后绝，至缓始更为之。为机环转运四周，而炉体常平，可置之被褥，故以为名。"[151] 唐慧琳《一切经音义》卷六"香囊条"记载："考声云：香袋也。案香囊者，烧香圆器也。巧智机关，转而不倾，令内常平。集训云：有底袋也。"卷七又云："考声云：斜口香袋也。案香囊者，烧香器物也。以铜、铁、金银玲珑圆作，内有香囊，机关巧智，虽外纵横圆转，而内常平，能使不倾。妃后贵人之所用也。"[152] 据《杜阳杂编》卷下记载："咸通九年（868年），同昌公主出降，宅于广化里"，"自两汉至皇唐，公主出降之盛，未之有也。公主乘七宝步辇，四面缀五色香囊，囊中贮辟寒香、辟邪香、瑞麟香、金凤香，此香异国所献也，仍杂以龙脑金屑。"[153] 在日本也收藏或发现此类器物，在作为熏香器的同时，还被用来作为容器安置佛舍利。

（十二）第十二类：盒形香炉

盒形香炉与隋唐时期的盒子类似，只是在盖上部镂空有用来散发香气的孔。如西安何家村窖藏出土1件铜盒形香炉，直径4.3、高2.9厘米（图二七）[154]，盖上镂空成花瓣形。与之类似者，瑞典卡尔·凯波氏也收藏1件，直径8.89、高6.03厘米，系邢窑产品，底部有三个宽边的矮足，盖部镂空呈波浪状卷草纹，中央为一镂空的卍字纹（图二八）[155]。原来的介绍中认为前者是铜药盒，后者系白瓷带盖盒子，笔者疑其是用来熏香的盒形香炉，因此，暂存疑于此，以备考证。

此外，在一些唐诗中还有关于鸭形、象形香炉的记载。据唐代诗人徐寅《香鸭》云："不假陶镕妙，谁教羽翼全。五金池畔质，百合口中烟。嘴钝鱼难啄，心空火自燃。御炉如有阙，须进圣君前。"[156] 李贺《宫娃歌》云："蜡光高悬照纱空，花房夜捣红守宫。象口吹香毾㲪暖，七星挂城闻漏板。"[157] 又其《答赠》云："本是张公子，曾名萼绿华。沉香熏小像，杨柳伴啼鸦。"[158] 温庭筠《长安寺》云："绣户香焚象，珠网玉盘龙。"[159] 虽然这些香炉目前尚未见于唐代遗物中，但它们必将如狮子香炉一样，随着考古工作的展开而出现在世人面前。

图二七　西安何家村窖藏出土铜盒形香炉　　　　　图二八　瑞典卡尔·凯波氏藏盒形香炉

从以上的论述来看，隋代主要流行笼形香炉、博山炉、手炉。唐代开始，博山炉已经不再流行，而手炉与笼形香炉继续沿用，并新出现了塔形香炉、豆形香炉、狮子香炉，以及三足、四足、五足、六足香炉，还有香囊等新造型。在唐代的香炉造型中，以三足、五足香炉最为流行，而晚唐时期出现的狮子香炉则最为别致。

二、焚香、香炉与隋唐社会

由于隋唐时期的燃香方法主要采用木炭加香料的办法，所以，作为焚香道具的香炉显得尤其重要。在各种焚香活动中，香炉充当了不可或缺的角色，同时也成为室内装饰性的摆设。

（一）焚香与佛、道、神仙

1. 礼佛的道具，舍利的供养具

从各类与佛教有关的石刻、壁画来看，香炉是用来礼佛和供养舍利的重要器具之一。关于供养佛为什么要使用香炉，据《大智度论》卷九十三记载："天竺国热，又以身臭，故香涂身共（供）养诸佛及僧。"[160] 又据《金光明最胜王经》记载，烧香能达到三千世界[161]，意即可通诸佛与诸天。《诸经要集》卷五引《增一经》云："若有供者，手执香炉而唱时至。佛言：香为佛使，故须烧香遍请十方。"[162] 可见香供养在佛教活动中的重要性，而作为燃香载体的香炉自然也非常突出，在唐代塔基地宫出土的各类香炉本身就证明了这一点。在礼佛过程中，手炉主要供行进中的礼佛者使用，而其他香炉则主要用于安置在佛前香案之上，供焚香礼佛。

执香炉礼佛的重要性，还可以通过一个故事来说明。据《酉阳杂俎》续集卷五《寺塔记上》记载，长安城长乐坊安国寺佛殿中的弥勒像，"法空自光明寺移来。未建都时，此像在村兰若中，往往放光，因号光明寺。寺在怀远坊，后为延火所烧，唯像独存。法空初移像时，索大如虎口，数十牛曳之，索断不动。法空执炉，依法作礼，九拜，涕泣发誓，像身忽嚗嚗有声，迸分竟地为数十段。不终日，移至寺焉"[163]。又据《酉阳杂俎》续集卷六《寺塔记下》记载："（法力）上人时常执炉循诸屋壁，有变相处，辄献虔祝，年无虚月。"[164] 这段记载将一位虔诚地执炉礼佛的老僧形象以白描似地勾画出来，使其跃然纸上。

供养佛舍利时焚香，可以晚唐时期唐懿宗迎请法门寺佛指舍利为例。据《杜阳杂编》卷下记载：咸通十四年（873年），唐懿宗"迎佛骨入内道场，即设金花帐、温清床、龙鳞之席，凤毛之褥，焚玉髓之香，荐琼膏之乳，皆九年诃陵国所贡献也"[165]。

南北朝以后，作为礼佛道具的香炉越来越为人们重视，与之相配套，还出现了香案、香匙、香盒、香宝子等相关器物。这种现象的存在，主要与这一时期所用的香料必须先捣成粉末，然后和燃料配合使用有关，所以需要有专门盛香的盒子。到了宋代，出现线香（即燃料和香料混合而制作的燃香）之后，这类香盒、香宝子、香匙便不再或者很少使用了。从图像资料来看，唐代佛前香供养具的基本组合为：香案、香炉及香宝子。香炉一般居中，香宝子位于两侧，是为三具足。如果在三具足上再增添花瓶，则为五具足。但从图像上看，三具足占绝大多数，如扶风法门寺塔基地宫出土

图二九　扶风法门寺塔基地宫出土鎏金如来说法盝顶银函局部纹饰

的鎏金如来说法盝顶银函（图二九）、六臂观音纯金宝函（图三〇）上装饰的三具足图像[166]。与此同时，在敦煌莫高窟壁画中也有大量的此类图像，在此不一一列举。

2. 香与神仙世界

佛教的以香礼佛也影响到了中国的本土宗教道教。据张籍《玉真观》云："院中仙女修香火，不许闲人入看花。"[167] 又据《杜阳杂编》卷下记载："上（指唐武宗——笔者注）好神仙术，遂起望仙台以崇朝礼。复修降真台，春百宝屑以涂其地，瑶楹金栱，银槛玉砌，晶荧炫燿，看之不定。内设玳瑁帐、火齐床，焚龙火香，荐无忧酒。此皆他国所献也。"[168]

道教修行的目的是成仙，而唐人意识里的神仙世界，也是香气氤氲，香烟袅袅。据《传奇》中《崔炜》记载，崔炜无意中坠井到了神仙居处，其中有锦绣帷帐，"帐前有金炉，炉上有蛟龙、鸾凤、龟蛇、燕雀，皆张口喷出香烟，芬芳蓊郁"[169]。这里所云之炉应当是博山炉之类，应当是作者裴铏以己之所见为基础而状物。又同书《文箫》中所描述的神仙世界也是"金炉国香"[170]。

3. 巫术招魂时的道具

唐代女巫在招魂之时，燃香并弹奏琵琶以音乐相助。这种燃香招魂的做法，应该是受了佛教香通神明思想的影响。据李贺《神弦》云："女巫浇酒云满空，玉炉炭火香咚咚。海神（一作寒云）山鬼来座中，纸钱窸窣鸣旋风。相思木贴金舞鸾，攒蛾一啑重一弹。呼星召鬼歆杯盘，山魅食时人森寒。终南日色低平湾，神兮长在有无间。神嗔神喜师更颜，送神万骑还青山。"[171]

4. 特殊场合下的焚香

隋唐时期，在一些特殊情况之下，如遭受大旱、暴雨、蝗虫等灾害的情况下，人们为祈求神灵，也焚香祈祷，以达解除灾难之目的。

大旱焚香。在唐代，有时为了祈雨，皇帝也下诏书，如《全唐文》卷二十八就收录有唐玄宗

图三〇 扶风法门寺塔基地宫出土六臂观音纯金宝函纹饰
1—3. 局部

《遣官祈雨诏》云："今月之初，虽降时雨，自此之后，颇愆甘液。如闻侧近禾豆，微致焦萎，深用忧劳，式资祈请。某祷则久，常典宜遵，即令礼部侍郎王邱、太常少卿李曟分往华岳河渎祈求。"[172]在这些诏书中一般没有具体祈雨场景的描述，但在笔记小说中，这类场景的描述却栩栩如生。据《剧谈录》卷上记载，唐武宗会昌年间，北都晋阳大旱，县令狄惟谦于晋祠之后山"设席焚香""簪笏立于其上"，继而"雷震数声，甘泽大澍，焦原赤野，无不滋润。于是士庶数千，自山顶拥惟谦而下"。也因这一偶然事件，狄惟谦得到朝廷褒奖，"赐钱五十万，宠赐章服，为绛隰二州刺史，所理咸有政声"[173]。

祈求雨停焚香。《唐阙史》卷下"御楼前一日雨"条云："（唐懿宗）咸通丙戌岁（866

年），上以年和时丰，思减徭免罪，乃下诏以其冬御丹凤楼，申告灾肆赦之命。有司择用十月十日。近岁以知星食禄者，止能胶柱选日，不克风雨之候。前一日，百司蒇事向毕，巳时风雨暴作，上仁恻及物，不罪日官，乃手香以祝。及未而霁，人心甚悦。"[174]

为消灭蝗虫焚香。据《资治通鉴》卷二百一十五记载："天宝二年（743年）春正月，安禄山入朝，上宠待甚厚，谒见无时。禄山奏言：'去年营州虫食苗，臣焚香祝天云：'臣若操心不正，事君不忠，愿使虫食臣心；若不负神祇，愿使虫散。即有群鸟从北来，食虫立尽。请宣付史官。'从之。"[175]

发誓时亦偶有焚香者。据《大唐新语》卷二记载，武则天时，宰相魏元忠本来想惩治张易之、张昌宗，反而被其诬陷，武则天大怒并诏令大臣辨明真相。张易之让张说与魏元忠对证，并让二人对自己的所言"焚香发誓"。最后魏元忠免死，流放岭南[176]。虽然焚香本身无法证明什么，但在人们的心目中，香通神明，焚香发誓便别有一番意味。

唐代的方士吹嘘能以丹药使死者复活，但用丹药之时也须焚香告神灵。据《剧谈录》卷下"说方士"条记载："有疾终者审其未至朽败，虽涉旬能使再活；然事关阴骘，非行道有心之徒，不可轻授。凡欲此药救人，当焚香启告，吾为助尔。"[177]

（二）世俗意义上的熏香

从秦汉至三国，熏香习俗已经成为当时人们日常生活重要的组成部分，这可以从当时墓葬之中出土的大量各式香炉（也被称为熏炉等）。如河北满城汉墓发现的错金博山炉[178]，当是这一习俗的重要物证。文献中也有很多关于博山炉的记载，据《西京杂记》卷一"常满灯 被中香炉"条云："长安巧工丁缓者，……作九层博山香炉，镂为奇禽怪兽，穷诸灵异，皆自然运动。"[179]又据《艺文类聚》卷七十《服饰部下》引《集异记》云："吴郡吴泰，能筮。会稽卢氏失博山炉香炉，使泰筮之。泰曰：'此物质虽为金，其象实山，有树非林，有孔非泉，阛阓兴见发青烟，此香炉也。'语其主处，求即得。"[180]文中对博山香炉进行了详细描述，其所述内容与发现实物基本一致，看来当时人的记载是建立在对实物观察的基础上的。《艺文类聚》卷七十《服饰部下》引《魏武上杂物疏》云："御物三十种，有纯金香炉一枚，下盘自副。贵人公主有纯银香炉四枚，皇太子有纯银香炉四枚，西园贵人铜香炉三十枚。"[181]

1. 随葬品中的香炉

古代"事死如生"，对待死者如其生前，这其中就包括焚香。墓葬中发现的香炉或者相关用品，是当时人们熏香习惯的直接反映，某种程度上而言比文献所记载的更为直观。如河南安阳隋张盛墓不仅随葬香炉，而且也有手持笼形香炉的女俑[182]，这些应该是据墓主人生前的生活状态制作的。

2. 辟邪与治病

关于焚香辟邪，在文献中有所记载。据《酉阳杂俎前集》卷十八记载："安息香树，出波斯国，波斯呼为辟邪。树长三丈，皮色黄黑，叶有四角，经寒不凋。二月开花，黄色，花心微碧，不结实。刻具树皮，其胶如饴，名安息香。六七月坚凝，乃取之烧，通神明，辟众恶。"[183]

又据《千金翼方》卷三《本草中》记载："味甘，温，无毒。主辟恶，杀鬼精物，温疟，蛊毒，痫痓，去三虫，除邪，令人无梦魇，久服通神明，轻身长生。生中台川谷。"[184]同书卷三《本草中》云："安息香，味辛，苦，微寒。一云温，平，无毒。主心腹恶气鬼疰。出西戎，似松脂，黄黑色为块，新者亦柔韧。"[185]

《千金翼方》卷三《本草中》记载："味辛、苦，平，无毒。主心腹邪气，风湿积聚，耳聋，明目，去目赤肤翳。出婆律国。形似白松脂，作杉木气、明净者善，久经风日，或如雀屎者不佳。云合糯（一作粳）米、炭、相思子贮之，则不耗。膏：主耳聋。"[186]

3. 皇帝生日行香

关于皇帝生日行香，虽未见文献有明确规定，但日本僧人圆仁曾亲眼目睹。据《入唐求法巡礼行记》卷三记载：开成五年（840年）六月十一日，今上（唐文宗——笔者注）德阳日，敕于五台诸寺设降诞斋。诸寺一时鸣钟。最上座老宿五六人起座行香。闻：敕使在金阁寺行香，归京[187]。

4. 国忌日行香

唐代国忌日行香主要在道观和寺院中进行，特别是在寺院行香，应该视为佛教与中国传统礼仪的结合，是佛教中国化的又一重要体现。据《唐六典》卷四记载："凡国忌日，两京定大观、寺各二散斋，诸道士、女道士及僧、尼，皆集于斋所。京文武五品以上与清官七品已上皆集，行香以退。若外州，亦各定一观、一寺以散斋，州、县官行香。应设斋者，盖八十有一州焉。"[188]《西阳杂俎》续集卷五《寺塔记上》记载，大兴善寺内所设行香院，就是为了满足此类活动的[189]。日本僧人圆仁入唐之后亲眼看到了国忌行香之事，并记录在《入唐求法巡礼行记》一书中，其中卷二记载："开成五年（840年）三月四日，国忌。使君、判官、录事、县司等总入开元寺行香。"[190]又卷三记载："（住在大兴善寺），开成五年（840年）十二月八日，准敕：诸寺行香设斋。当寺李德裕宰相及敕使行香。是大历玄宗（宝历敬宗——校注注释）皇帝忌日也。"[191]

5. 贵族生活中的奢侈品

隋唐时期，也有以香炉作为奢侈品者。据《朝野佥载》卷三记载："洛州昭成佛寺有安乐公主造百宝香炉，高三尺，开四门，绛桥勾栏，花草、飞禽、走兽，诸天伎乐，麒麟、鸾凤、白鹤、飞仙，丝来线去，鬼出神入，隐起钑镂，窈窕便娟。真珠、玛瑙、琉璃、琥珀、玻璃、珊瑚、砗磲、碗琰，一切宝贝，用钱三万。府库之物，尽于是矣。"[192]安乐公主的奢靡在历史上是非常有名的，这件香炉因其太过靡费而被记载下来，并成为其奢侈的见证。

不仅皇室贵族有以香炉作为奢侈品者，长安城的富豪也不甘落后。据《开元天宝遗事》卷下"床畔香童"条记载：长安巨富王元宝，"常于寝帐前雕矮童二人，捧七宝博山炉，自暝焚香彻晓，其骄贵如此"[193]。

6. 风月场合的焚香

据美国汉学家谢弗研究，与礼仪和儒雅场合的熏香不同，唐代风月场中的女性们，利用香气来吸引异性，以增添风月场中的情趣，当时的妓女们还常常以香来刺激性欲[194]。风月场合的香气一是来自自身佩戴香囊，二是在室内熏香，而只有后者才能使得香气充满室内，所以，这一特殊人群也是隋唐时期香料的重要消费者。

7. 熏衣方子

隋唐时期的名医孙思邈还记录了一些熏衣方子，这些熏衣方子是隋唐时期香文化的一个重要组成部分。在其《千金翼方》卷五《妇人一·熏衣浥衣香方第六》中记录了六个熏衣浥衣的香方[195]。从中可以看出当时人的熏香已经达到了复杂化的程度。

熏衣香方：熏陆香（八两）、藿香、觅探（各三两，一方无）、甲香（二两）、詹糖（五两）、青桂皮（五两），上六味，末，前件干香中，先取硬者、粘湿难碎者，各别捣，或细切（咬）咀，使如黍粟，然后一一薄布于盘上，自余别捣，亦别布于其上，有须筛下者以纱，不得木，细，别煎蜜，就盘上以手搜搦令匀，然后捣之。燥湿必须调适，不得过度。太燥则难丸，太湿则难烧；湿则香气不发，燥则烟多，烟多则惟有焦臭，无复芬芳。是故香须复粗细燥湿合度，蜜与香相称，火又须微，使香与绿烟而共尽。

浥衣香方：沉香、苜蓿香（各五两），丁香、甘松香、藿香、青木香、艾纳香、鸡舌香、雀脑香（各一两）、麝香（半两）、白檀香（三两）、零陵香（十两）。上一十二味，各捣，令如黍粟麸糠等物，令细末，乃和令相得。若置衣箱中，必须绵裹之，不得用纸。秋冬犹著，盛热暑之时令香速浥。凡诸草香，不但须新，及时乃佳。若欲少作者，准此为大率也。

干香方：丁香（一两）、麝香、白檀、沉香（各半两）、零陵香（五两）、甘松香（七两）、藿香（八两）。上七味，先捣丁香令碎，次捣甘松香，合捣讫，乃和麝香，合和浥衣。

五香丸并汤：主一切肿，下气散毒心痛方。丁香、藿香、零陵香、青木香、甘松香（各三两），桂心、白芷、当归、香附子、槟榔（各一两），麝香（一铢）。上一十一味，捣筛为末，炼蜜和，捣千杵，丸如梧子大。含咽令浸尽，日三夜一。一日一夜用十二丸，当即觉香，五日身香，十日衣被香。忌食五辛。其汤法：取槟榔以前，随多少皆等分。以水微微火上煮一炊久，大沸定，内麝香末一铢，勿去滓，澄清，服一升。凡丁肿，口中、喉中、脚底、背甲下痈疽、痔漏皆服之。其汤不瘥，作丸含之，数以汤洗之（一方有豆蔻，无麝香）。

十香丸：令人身体百处皆香方。沉香、麝香、白檀香、青木香、零陵香、白芷、甘松香、藿香、细辛、芎䓖、槟榔、豆蔻（各一两），香附子（半两），丁香（三分）。上一十四味，捣筛为末，炼蜜和，绵裹如梧子大。日夕含之，咽津味尽即止。忌五辛。

香粉方：白附子、茯苓、白术、白芷、白敛、白檀（各一两），沉香、青木香、鸡舌香、零陵香、丁香、藿香（各二两），麝香（一分），粉英（六升）。上一十四味，各细捣筛绢下，以取色青黑者，乃粗捣纱下，贮粉囊中，置大盒子内，以粉覆之，密闭七日后取之，粉香至盛而色白。如本欲为香粉者，不问香之之白黑悉以和粉。粉虽香而色至黑，必须分别用之，不可悉和之。粉囊以熟帛双（纱）作之。

三、隋唐时期的焚香者

焚香除过其宗教意义之外，通过焚香并享受其惬意如神仙世界者都是些什么人呢？焚香是不是已经是"旧时王谢堂前燕，飞入寻常百姓家"呢？答案是否定的。由于隋唐时期焚香所用的原料，大都是来自西方，属于以丝绸换香料之类的输入品，其价钱自然不菲。正如温庭筠《马嵬佛寺》所云："两重秦苑成千里，一炷胡香抵（一作直）万金。"[196]虽然其中有夸张的成分，但也不是空穴来风。正因为如此，焚香也就成为上层社会或一些特殊的人群所独享，隋唐之前已经如此。如《艺文类聚》卷七十《服饰部下》引《襄阳记》云："刘季和性爱香，尝上厕还，过香炉上。"[197]

有关皇宫焚香在唐诗中有大量歌咏。如杜甫《紫宸殿退朝口号》云："户外昭容紫袖垂，双瞻御座引朝仪。香飘合殿春风转，花覆千官淑景移。"《曲江对（一作值）雨》云："龙武新军深（一作经）驻辇，芙蓉别殿谩焚香。"《宣政殿退朝晚出左掖》云："宫草微微承委佩，炉烟细细驻游丝。"《奉和贾至舍人早朝大明宫》云"朝罢香烟携满袖，诗成珠玉在挥毫。"[198]王建《宫词一百首》云："秘（一作秋）殿清斋刻漏长，紫微宫女夜焚（一作烧）香。""每夜停灯熨御衣，银熏笼底火霏霏（一作微微）。"[199]

贵族官僚家中焚香则多见于笔记小说的记载。据《云溪友议》卷下"窥衣帷"条云：宰相元载之妻"（王）韫秀置于闲院。忽因晴霁日景，以青紫丝绦四十条，条长三十丈，皆施罗纨绮锦绣之饰，每条绦下，排金银炉二十枚，皆焚异香，香亘其服。"[200]又如《传奇》中的名篇《昆仑奴》通过一品官员姬妾之口说："脸虽铅华，心颇郁结，纵玉箸举馔，金炉泛香，云屏而每进绮罗，绣被而常眠珠翠，皆非所愿，如在桎梏。"[201]

四、唐代文人与焚香及香炉

清代才情女诗人席佩兰的一句"绿衣捧砚催题卷，红袖添香伴读书"，道出了古代文人心目中美妙的理想世界，或者说秘密吧。她将文人、捧砚书童、美女、香、香炉等元素美妙地结合在一起，构成了一种意境，反映的也是文人独有的情怀。唐代文人对于焚香有自己独特的理解，他们在诗词中，将闲情逸致、相思、抒情、咏景等等，有意无意地与焚香联系在一起，这是香文化在唐代文人笔下的自然流露。简言之，大体上有以下几类：

1. 以香喻花香者

如杜甫《即事》云："雷声忽送千峰雨，花气浑如百和香。"[202]白居易《石榴树（一作石楠树）》云："繖盖低垂金翡翠，熏笼乱搭绣衣裳。春芽细炷千灯焰，夏蕊浓焚百和香。"[203]温庭筠《苦楝花》云："院里莺歌歇，墙头蝶舞孤。天香薰羽葆，宫紫晕流苏。晻暧迷青琐，氤氲向画图。只应春惜别，留与博山炉。"[204]

2. 以香喻墨香者

白居易《渭村退居寄礼部崔侍郎翰林钱舍人诗一百韵》云:"对秉鹅毛笔,俱含鸡舌香。"[205]

3. 状焚香瞻礼佛像者

王维《谒璿上人并序》云:"夙承(一作从)大导师,焚香此瞻仰。"[206]白居易《行香归》云:"出作行香客,归如坐夏僧。"[207]

4. 以香表相思者

如李白《长相思三首》:"美人在时花满堂,美人去后花馀床。床中绣被卷不寝,至今三载犹闻香。香亦竟不灭,人亦竟不来。相思黄叶落,白露点青苔。"[208]

5. 以香表闲情逸致者

如王维《蓝天山石门精舍》:"道心及(一作友)牧童,世事问樵客。暝宿长林(一作井)下,焚香卧瑶席。"又《奉和杨驸马六郎秋夜即事》云:"少儿多送酒,小玉更焚香。"[209]《饭覆釜山僧》云:"藉草饭松屑,焚香看道书。然灯昼欲尽,鸣磬夜方初。一悟寂为乐,此日(一作生)闲有余。"[210]白居易《北窗闲坐》云:"虚窗两丛竹,静室一炉香。门外红尘合,城中白日忙。无烦寻道士,不要学仙方。自有延年术,心闲岁月长。"[211]《晚起闲行》云:"起来无可作,闭目时扣齿。净对铜炉香,暖漱银瓶水。"[212]《郡宅暇日忆庐山草堂兼寄二林僧舍三十韵》云:"南国秋犹热,西斋夜暂(一作斩)凉。闲吟四句偈,静对一炉香。身老同丘井,心空是道场。"[213]《严十八》云:"碧窗夏瑶瑟,朱栏飘舞衣。烧香卷幕坐,风燕双双飞。"[214]

6. 以香感怀者

如王维《重酬苑郎中并序》云:"何幸含香奉至尊,多惭未报主人恩。"[215]

7. 以香状寂寞者

如王昌龄《长信秋词五首》云:"熏(一作金)笼(一作炉)玉枕无颜色,卧听南宫(一作宫中)清漏长。"[216]白居易《后宫词》云:"泪湿(一作尽)罗巾梦不成,夜深前殿按歌声。红颜未老恩先断,斜倚熏笼坐到明。"[217]温庭筠《清平乐》云:"凤帐鸳被徒薰,寂寞花琐千门。"[218]《菩萨蛮》云:"水精帘里颇黎枕,暖香惹梦鸳鸯锦。"[219]

8. 状香燃烧之态者

如杜牧《为人题赠二首》云:"桂席尘瑶佩,琼炉烬水沉。"[220]

五、结　　语

隋唐时期的香炉不仅造型精美,而且种类繁多,这显然是为了满足上层社会的熏香需要而产生的。在香烟袅袅的世界里,隋唐时期的人们感受到的不仅是宗教情怀,更是一种文化意境,这种意境带来的惬意和愉悦无以言表,只能通过诗歌来诉说,从而成为隋唐文化的一个重要组成部分。通过对香炉与焚香这样一个小而具体的问题进行探讨，似乎能使我们感受到隋唐文化特别是大唐文化在强调"马上战功"的同时，也充满了温馨的"闺房情调"。

注　释

[1] 〔美〕谢弗著，吴玉贵译：《唐代的外来文明》，中国社会科学出版社，1995年，第341—352页。

[2] 韩伟：《海内外唐代金银器萃编》，三秦出版社，1989年，图295。

[3] 韩伟：《法门寺地宫出土金银器錾文考释》，《磨砚书稿——韩伟考古论集》，科学出版社，2002年；陕西省考古研究院等：《法门寺考古发掘报告》，文物出版社，2007年，第123、125页。

[4] 杨洁、杜文、张彦：《隋唐笼形镂雕熏炉考略——兼为一件西安碑林馆藏石刻正名》，《文博》2010年第5期。

[5] 中国历史博物馆：《中国历史博物馆——华夏文明史图鉴》第三卷，2002年，第27页，图版15。

[6] 《考古与文物》2000年第4期封底及目录部分附说明文字。

[7] 中国社会科学院考古研究所：《河南洛阳隋唐东都皇城遗址出土的红陶器》，《考古》2005年第10期；中国社会科学院考古研究所：《隋唐洛阳城——1959—2001年考古发掘报告》（第一册），文物出版社，2014年，第223页。

[8] 龙门博物馆、龙门石窟研究院：《龙门博物馆藏品·佛教艺术卷》，大象出版社，2005年，图版195。

[9] 陕西省考古研究所　桑绍华：《西安东郊隋李椿夫妇墓清理简报》，《考古与文物》1986年第3期。

[10] 负安志：《中国北周珍贵文物》，陕西人民美术出版社，1993年，第99页。

[11] 郑州市文物考古研究所　巩义市文物保护管理所：《巩义铝厂唐墓发掘简报》，《中原文物》2004年第4期；郑州市文物考古研究所：《河南唐三彩与唐青花》，科学出版社，2006年，第84页，图版28。

[12] 奈良県立橿原考古学研究所附属博物館：《大唐皇帝展》，株式会社明新社，2010年，第116頁，图版68。

[13] 中日新聞社：《〈黄河文明展〉図録》，大塚巧藝社，1986年，第131頁，图版106。

[14] 安阳市文物考古研究所：《河南安阳市置度村八号隋墓发掘简报》，《考古》2014年第4期。

[15] 陕西省考古研究院等：《陕西凤翔隋唐墓——1983—1990年田野考古发掘报告》，文物出版社，2008年，第218—219页。

[16] 安阳市文物工作队：《河南安阳市两座隋墓发掘简报》，《考古》1992年第1期。

[17] 大阪市立美術館：《隋唐の美術》，平凡社，1976年，图版258。

[18] 湖北省博物馆、郧县博物馆：《湖北郧县唐李徽、阎婉墓发掘简报》，《文物》1987年第8期。

[19] 中国社会科学院考古研究所编著：《偃师杏园唐墓》，科学出版社，2001年，第80页，图版43之4。

[20] 和泉市久保惣記念美術館：《和泉市久保惣記念美術館新藏品選集》，日本写真印刷株式会社，2012年，第166頁，图版164。

[21] 中国社会科学院考古研究所编著：《偃师杏园唐墓》，科学出版社，2001年，第223、227页，图版43之5。

[22] 〔日〕樋口隆康、桑山正進、宮治昭、田辺勝美：《パキスタン・ガンダーラ美術展図録》，美術出版デザインセンター，1984年，第107頁，图版Ⅷ-8。

[23] シルクロード研究所、朝日新聞社：《平山郁夫コレクション——ブッダの生涯とガンダーラをめぐる人ひと》，印象社，2003年，第28頁，図版40。
[24] 奈良国立博物館：《日本仏教美術の源流》，天理時報社，1978年。
[25] 〔美〕谢弗著，吴玉贵译：《唐代的外来文明》，中国社会科学出版社，1995年。
[26] 《全唐诗》第九函第九册，上海古籍出版社，1986年，第1556页。
[27] （清）王文浩辑注：《苏轼诗集》，中华书局，1982年。
[28] 王明珠：《定西地区博物馆藏长柄铜香炉——兼谈敦煌壁画的长柄香炉》，《敦煌研究》2001年第1期。
[29] 韩伟：《法门寺地宫出土金银器錾文考释》，《磨砚书稿——韩伟考古文集》，科学出版社，2002年；陕西省考古研究院等：《法门寺考古发掘报告》，文物出版社，2007年，第188页。
[30] 陕西省考古研究院等：《法门寺考古发掘报告》，文物出版社，2007年，第228页。
[31] （宋）道诚：《释氏要览》，《大正藏》第54册，No. 2127。
[32] （宋）道诚：《释氏要览》，《大正藏》第54册，No. 2127。
[33] 张季：《河北景县封氏墓群调查记》，《考古通讯》1957年第3期。
[34] 奈良国立博物館：《第六十三回正倉院展》，株式会社大伸社，2011年，第42頁，図版28。
[35] 《中国画像砖全集》编辑委员会：《全国其他地区画像砖》，四川出版集团四川美术出版社，2006年，第4—5页，图版二、三。
[36] 洛阳博物馆：《洛阳北魏画像石棺》，《考古》1980年第3期。
[37] 河南省文物研究所：《巩县石窟寺》，文物出版社·株式会社平凡社，1989年，图版38、39、144、146、148。
[38] 广东省文物考古研究所：《乳源泽桥山六朝隋唐墓》，文物出版社，2006年，第123—124页。原报告称为"镰斗"，不确，应该称为"手炉"。
[39] 广西壮族自治区文物工作队：《广西壮族自治区钦州隋唐墓》，《考古》1984年第3期。
[40] 出光美術館：《地下宮殿の遺宝——中国河北省定州宋塔基出土文物展》，平凡社，1997年，図版15；浙江省博物馆、定州市博物馆：《心放俗外 定州静志寺·净众院佛塔地宫文物》，中国书店，2014年，第146—149页。
[41] 全锦云、张德宏：《当阳长坂坡一号墓发掘简报》，《江汉考古》1983年第1期。
[42] 韩国国立庆州博物馆：《特别展——陕西历史博物馆的宝物》，2012年，图版78。
[43] 東京国立博物館：《法隆寺宝物館》，大日本印刷株式会社，1999年，第173頁。
[44] 曽布川寛、岡田健：《世界美術全集》東洋編3《三国·南北朝》，小学館，2000年，第187頁。
[45] 洛阳市文物工作队：《洛阳唐神会和尚身塔塔基清理》，《文物》1992年第3期。
[46] 新潟県立近代美術館、朝日新聞社企画局、博報堂：《中国の正倉院——法門寺地下宮殿の秘宝〈唐皇帝からの贈り物〉》，大塚巧藝社，1999年，第71頁，図版29。
[47] 西安市文物保护考古研究所：《西安文物精华·青铜器》，世界图书出版公司，2005年，图版214。
[48] 张翊华：《析江西瑞昌发现的唐代佛具》，《文物》1992年第3期。
[49] 湖南省博物馆：《长沙赤峰岭2号唐墓》，《文物》1960年第3期。
[50] 随州市博物馆：《随州出土文物精粹》，文物出版社，2009年，第156页，图版164。

[51] 奈良国立博物館：《平成遷都一三〇〇記念——大遣唐使展》，大日本印刷，2010年，图版190。

[52] 東京国立博物館：《法隆寺宝物館》，大日本印刷株式会社，1999年，第173—174页。

[53] 陕西省考古研究院等：《法门寺考古发掘报告》，文物出版社，2007年，第188、190页。

[54] 河北省文物管理处：《河北易县净觉寺舍利塔地宫清理记》，《文物》1986年9期。

[55] 大阪市立美術館：《隋唐の美術》，平凡社，1976年，图版194。

[56] 王明珠：《定西地区博物馆藏长柄铜香炉——兼谈敦煌壁画的长柄香炉》，《敦煌研究》2001年第1期。

[57] 山西省考古研究所等：《山西平定宋、金壁画墓简报》，《文物》1996年第5期。

[58] 笔者实地参观资料并自己拍摄。

[59] 辽宁省文物考古研究所、朝阳北塔博物馆：《朝阳北塔——考古发掘与维修工程报告》，文物出版社，2007年，第81页，图版六一。

[60] 南京市博物馆：《圣塔佛光》图册，第41页；南京市考古研究所：《南京大报恩寺塔基与地宫发掘简报》，《文物》2015年第5期。

[61] 内蒙古自治区文物考古研究所：《内蒙古考古五十年（1954-2004）》（修订版），第117页；内蒙古文物考古研究所、辽中京博物馆：《宁城埋王沟辽代墓地发掘简报》，内蒙古文物考古研究所《内蒙古文物考古文集》第二辑，中国大百科全书出版社，1997年，第623页。

[62] 河北省文物研究所：《宣化辽墓壁画》，文物出版社，2001年，图版82。

[63] 国立中央博物館：《国立中央博物館导览手册》，国立中央博物馆，2012年，第135页。

[64] 扬之水：《莲花香炉和宝子》，《文物》2002年第2期。

[65] 浙江省博物馆、定州市博物馆：《心放俗外 定州静志寺·净众院佛塔地宫文物》，中国书店，2014年，第147—148页。

[66] 全锦云、张德宏：《当阳长坂坡一号墓发掘简报》，《江汉考古》1983年第1期。

[67] 广东省文物考古研究所：《乳源泽桥山六朝隋唐墓》，文物出版社，2006年，第123—124页。

[68] 韩伟：《海内外唐代金银器萃编》，三秦出版社，1989年，第92页，图193，单色图版6。

[69] 徐殿魁：《唐镜分期的考古学观察》，《考古学报》1994年第3期。

[70] 李志荣：《永新古墓出土青铜棺及玻璃器》，《江西文物》1991年第3期。

[71] 東京国立博物館：《東京国立博物館東洋美術100選》，大日本印刷，2008年，第45页，图版34。

[72] 奈良国立博物館：《特别展 ブッダ釈尊——その生涯と造形》，日本写真印刷株式会社，1984年，第126页，图版49。

[73] 洛阳市文物工作队：《洛阳唐神会和尚塔塔基清理》，《文物》1992年第3期。

[74] 张翊华：《析江西瑞昌发现的唐代佛具》，《文物》1992年第3期。

[75] 随州市博物馆：《随州出土文物精粹》，文物出版社，2009年，第155页，图版163。

[76] 龙门博物馆、龙门石窟研究院：《龙门博物馆藏品 佛教艺术卷》，大象出版社，2005年，图版200。

[77] 奈良国立博物館：《日本仏教の源流》，株式会社天理時報社，1978年，第162页，图版9。

[78] 敦煌研究院：《安西榆林窟》，文物出版社·株式会社平凡社，1997年，图版18。

[79] 陕西省考古研究院等：《法门寺考古发掘报告》，文物出版社，2007年，第177—185页。

[80] 明堂山考古队：《临安县唐水邱氏墓发掘报告》，《浙江省文物考古所学刊》，文物出版社，1981年，第

100页，图版拾之2；韩伟：《海内外唐代金银器萃编》，三秦出版社，1989年，第93页，图194。

[81] 敦煌研究院：《敦煌石窟全集·卷24·服饰画卷》，商务印书馆，2005年，第213页，图版200。

[82] 陕西省考古研究院等：《法门寺考古发掘报告》，文物出版社，2007年，彩版一〇三、一〇五、一一四、一一五。

[83] 東京国立博物館：《シルクロード大美術展》，読売新聞社，1996年，第204—205頁，図版218。

[84] 読売新聞社：《大東洋美術展》，株式会社大塚巧藝社，1987年，第63頁，図版142。

[85] 東京国立博物館：《シルクロード大美術展》，読売新聞社，1996年，第155頁，図版169。

[86] 東京国立博物館：《シルクロード大美術展》，読売新聞社，1996年，第194—195頁，図版207。

[87] 敦煌研究院：《安西榆林窟》，文物出版社·株式会社平凡社，1997年，第203頁，图7。

[88] 東京国立博物館：《シルクロード大美術展》，読売新聞社，1996年，第203頁，図版216。

[89] 東京国立博物館：《シルクロード大美術展》，読売新聞社，1996年，第200—201頁，図版214。

[90] 東京国立博物館：《シルクロード大美術展》，読売新聞社，1996年，第207—208頁，図版220。

[91] 周绍良主编：《唐代墓志汇编》（下），上海古籍出版社，1992年，第2184页。

[92] 中国社会科学院考古研究所：《河南洛阳隋唐东都皇城遗址出土的红陶器》，《考古》2005年第10期。

[93] 中国社会科学院考古研究所：《偃师杏园唐墓》，科学出版社，2001年。

[94] 西安市文物保护考古研究所：《西安文物精华·玉器》，世界图书出版公司，2004年，第126页。

[95] 王自力：《西安唐代曹氏墓及出土的狮形香熏》，《文物》2002年第12期。

[96] 陕西省考古研究所：《唐代黄堡窑址》（上册），文物出版社，1992年，第454页。

[97] 黎毓馨主编：《吴越胜览——唐宋之间的东南乐国》，中国书店，2011年，第73页。

[98] 陕西省考古研究所：《五代黄堡窑址》，文物出版社，1992年，第139页。

[99] Bo Gyllensvärd, Chinese Gold,Silver and Prorecelain:The Kempe Collection, New York Graphic Society Ltd.1971, p97: Fig90.

[100] 東京国立博物館、中日新聞社：《韓国古代文化展——新羅千年の美》，美術デザインセンター，1983年，図版109；韩国国立博物馆：《特别展 统一新罗》图录，2003年，图版139。

[101] 冉万里：《略论唐代狮形香炉造型的宗教含义及其源流——一个印度创意的传播》，《文博》2013年第4期。

[102] 逸見梅栄：《印度古典文様》，東京美術，1976年。

[103] （唐）张彦远，袁仲文点校、黄苗子：《历代名画记》，人民美术出版社，1963年，第69页。

[104] 王自力：《西安唐代曹氏墓及出土的狮形香熏》，《文物》2002年第12期。

[105] 沈阳市文物考古研究所：《沈阳新民辽滨塔塔宫清理简报》，《文物》2006年第4期。

[106] 上海市文物管理委员会：《上海松江李塔明代地宫清理简报》，《文物》1999年第2期。

[107] 周世荣：《长沙赤峰山3、4号墓》，《文物》1960年第2期。

[108] 考古研究所安阳发掘队：《安阳隋张盛墓发掘记》，《考古》1959年第10期。

[109] 安阳市文物工作队：《河南安阳市两座隋墓发掘简报》，《考古》1992年第1期。

[110] 湖南省博物馆：《湖南长沙咸嘉湖唐墓发掘简报》，《考古》1980年第6期。

[111] 浙江省文物考古研究所：《浙江临安水邱氏墓发掘报告》，《浙江文物考古所学刊》，文物出版社，

1981年；韩伟：《海内外唐代金银器萃编》，三秦出版社，1989年，图297。

[112] 《平凉精品文物图鉴》编写组：《平凉精品文物图鉴》，内部印刷［甘出准028字总717号（2007）13号］，2007年，第112页。

[113] 洛阳市文物考古研究院：《洛阳龙盛小学五代壁画墓发掘简报》，《洛阳考古》2013年第1期。

[114] 大阪市立美術館：《隋唐の美術》，平凡社，1976年，图版193。

[115] 西安市文物保护考古研究所：《西安文物精华·青铜器》，世界图书出版公司，2005年，图版215。

[116] 李效伟：《长沙窑——大唐文化辉煌的焦点》，湖南美术出版社，2003年，第35页，图版64、66。

[117] 洛阳市文物考古研究院：《洛阳龙盛小学五代壁画墓发掘简报》，《洛阳考古》2013年第1期。

[118] 大阪市立美術館：《隋唐の美術》，平凡社，1976年；奈良国立博物館：《平成迁都一三〇〇記念——大遣唐使展》，大日本印刷，2010年，图版191。

[119] 韩伟：《海内外唐代金银器萃编》，三秦出版社，1989年，图295。

[120] 临潼县博物馆：《临潼唐庆山寺舍利精室清理记》，《文博》1985年第5期；NHK、NHKプロモーション：《宫廷の荣华——唐の女帝则天武后とその时代展》，大塚巧藝社，1998年，第77页，图版40。

[121] 陕西考古研究院等：《法门寺考古发掘报告》，文物出版社，2007年，第208、210页。

[122] 临潼县博物馆：《临潼唐庆山寺舍利精室清理记》，《文博》1985年第5期；NHK、NHKプロモーション：《宫廷の荣华——唐の女帝则天武后とその时代展》，大塚巧藝社，1998年，第77页，图版40。

[123] 李效伟：《长沙窑——大唐文化辉煌的焦点》，湖南美术出版社，2003年，第36页，图版67。

[124] 大阪市立美術館：《隋唐の美術》，平凡社，1976年，图版37；奈良国立博物館：《平成迁都一三〇〇記念——大遣唐使展》，大日本印刷，2010年，图版191。

[125] 韩伟：《海内外唐代金银器萃编》，三秦出版社，1989年，图295。

[126] 湖南省博物馆：《长沙两晋南朝隋墓发掘报告》，《考古学报》1959年第3期。

[127] 郑州市文物考古研究所：《河南唐代三彩与唐青花》，科学出版社，2006年，第58页，图二八。

[128] 湖南省博物馆：《湖南长沙近郊隋唐墓清理》，《考古》1966年第4期。

[129] 座右宝刊行会 後藤茂樹：《世界陶磁全集》11《隋·唐》，小学馆，1976年。

[130] 陕西省考古研究院等：《法门寺考古发掘报告》，文物出版社，2007年，第120—121页，彩版六二。

[131] 郑州市文物考古研究所：《河南唐三彩与唐青花》，科学出版社，2006年，第58页，图二九。

[132] 明堂山考古队：《临安水邱氏墓发掘报告》，《浙江省文物考古所学刊》，文物出版社，1981年。

[133] 陕西省考古研究院等：《法门寺考古发掘报告》，文物出版社，2007年，第120—121页。

[134] 東京国立博物館、読売新聞社：《诞生！中国文明》，光村印刷，2010年，第136页，图版106。

[135] 西安市文物保护考古所：《西安文物精华·佛教造像》，世界图书出版公司，2010年，第97—99页，图版90。

[136] 《全唐诗》第九函第五册（卷五八二），上海古籍出版社，1986年，第1485页。

[137] 考古研究所安阳发掘队：《安阳隋张盛墓发掘记》，《考古》1959年第10期；智雁：《隋代瓷器的发展》，《文物》1977年第2期。

[138] 座右宝刊行会 後藤茂樹：《世界陶磁全集》11《隋·唐》，小学馆，1976年，图版8。

[139] 《考古与文物》2000年第4期封三及目录部分说明文字。

[140] 座右宝刊行会 後藤茂樹：《世界陶磁全集》11《隋·唐》，小学館，1976年，图版20。

[141] 大阪市立美術館：《隋唐の美術》，平凡社，1976年，图版11。

[142] 湖南省博物馆：《长沙两晋南朝隋墓发掘报告》，《考古学报》1959年第3期。

[143] 刘呆运：《仙游寺法王塔的天宫地宫与舍利子》，《收藏家》2000年第7期。

[144] 李效伟：《长沙窑——大唐文化辉煌的焦点》，湖南美术出版社，2003年，第37页，图版68。

[145] 陕西考古研究院等：《法门寺考古发掘报告》，文物出版社，2007年，第113—114页。

[146] 湖南省文物考古研究所、湖南省博物馆、长沙市文物工作队：《长沙窑》，紫禁城出版社，1996年，第112页。

[147] 陕西考古研究院等：《法门寺考古发掘报告》，文物出版社，2007年，第125—126页。

[148] 韩伟：《海内外唐代金银器萃编》，三秦出版社，1989年，图286。

[149] 韩伟：《海内外唐代金银器萃编》，三秦出版社，1989年，图287—290。

[150] 西安市文物保护考古所：《西安文物精华·金银器》，世界图书出版公司，2012年，第86页，图版97。

[151] （汉）刘歆撰，（晋）葛洪集：《西京杂记》，《汉魏六朝笔记小说大观》，上海古籍出版社，1999年，第84页。

[152] （唐）慧琳：《一切经音义》，《大正藏》第54册，No.2128。

[153] （唐）苏鹗撰，阳羡生校点：《杜阳杂编》，《唐五代笔记小说大观（下）》，上海古籍出版社，2000年，第1394—1395页。

[154] 中国历史博物馆：《中国历史博物馆——华夏文明史图鉴》第三卷，朝华出版社，2002年，第168页，图版167。

[155] Bo Gyllensvärd, Chinese Gold, Silver and Prorecelain: The Kempe Collection, New York Graphic Society Ltd. 1971, p95: Fig89.

[156] 《全唐诗》第一一函第一册（卷七〇八），上海古籍出版社，1986年，第1787页。

[157] 《全唐诗》第六函第七册（卷三九一），上海古籍出版社，1986年，第976页。

[158] 《全唐诗》第六函第七册（卷三九二），上海古籍出版社，1986年，第978—979页。

[159] 《全唐诗》第九函第五册（卷五七七），上海古籍出版社，1986年，第1477页。

[160] （后秦）鸠摩罗什译：《大智度论》，《大正藏》第25册，No.1509。

[161] （唐）义净译：《金光明最胜王经》，《大正藏》第16册，No.0665。

[162] （唐）道世：《诸经集要》，《大正藏》第54册，No.2123。

[163] （唐）段成式撰，曹中孚校点：《酉阳杂俎》，《唐五代笔记小说大观（上）》，上海古籍出版社，2000年，第753页。

[164] （唐）段成式撰，曹中孚校点：《酉阳杂俎》，《唐五代笔记小说大观（上）》，上海古籍出版社，2000年，第765页。

[165] （唐）苏鹗撰，阳羡生校点：《杜阳杂编》，《唐五代笔记小说大观（下）》，上海古籍出版社，2000年，第1398页。

[166] 陕西省考古研究院等：《法门寺考古发掘报告》，文物出版社，2007年，第156、159、162—165页。

[167] 《全唐诗》第六函第七册（卷三八七），上海古籍出版社，1986年，第966页。

[168]（唐）苏鹗撰，阳羡生校点：《杜阳杂编》，《唐五代笔记小说大观（下）》，上海古籍出版社，2000年，第1390页。

[169]（唐）裴铏撰，穆公校点：《传奇》，《唐五代笔记小说大观（下）》，上海古籍出版社，2000年，第1093—1094页。

[170]（唐）裴铏撰，穆公校点：《传奇》，《唐五代笔记小说大观（下）》，上海古籍出版社，2000年，第1151页。

[171]《全唐诗》第六函第七册（卷三九三），上海古籍出版社，1986年，第982页。

[172]（清）董浩等：《全唐文》，中华书局，1986年。

[173]（唐）康骈撰，萧逸校点：《剧谈录》，《唐五代笔记小说大观（下）》，上海古籍出版社，2000年，第1472页。

[174]（唐）高休彦撰，阳羡生校点：《唐阙史》，《唐五代笔记小说大观（下）》，上海古籍出版社，2000年，第1352—1353页。

[175]（宋）司马光编著，（元）胡三省音注：《资治通鉴》，中华书局，1956年。

[176]（唐）刘肃撰，恒鹤校点：《大唐新语》，《唐五代笔记小说大观（上）》，上海古籍出版社，2000年，第228页。

[177]（唐）康骈撰，萧逸校点：《剧谈录》，《唐五代笔记小说大观（下）》，上海古籍出版社，2000年，第1492页。

[178]中国社会科学院考古研究所、河北省文物管理局：《满城汉墓发掘报告》，文物出版社，1980年，图版六一。

[179]（汉）刘歆撰，（晋）葛洪集：《西京杂记》，《汉魏六朝笔记小说大观》，上海古籍出版社，1999年，第84页。

[180]（唐）欧阳询撰，汪绍楹校：《艺文类聚》卷七十《服饰部下》，上海古籍出版社，1999年，第1222页。

[181]（唐）欧阳询，汪绍楹校：《艺文类聚》，上海古籍出版社，1999年，第1222页。

[182]考古所安阳发掘队：《安阳隋张盛墓发掘记》，《考古》1959年第10期。

[183]（唐）段成式撰，曹中孚校点：《酉阳杂俎》，《唐五代笔记小说大观（上）》，上海古籍出版社，2000年，第696页。

[184]（唐）孙思邈撰，朱邦贤、陈文国等校注：《千金翼方校注》，上海古籍出版社，1999年，第82页。

[185]（唐）孙思邈撰，朱邦贤、陈文国等校注：《千金翼方校注》，上海古籍出版社，1999年，第88页。

[186]（唐）孙思邈撰，朱邦贤、陈文国等校注：《千金翼方校注》，上海古籍出版社，1999年，第88页。

[187]〔日〕释圆仁原著，小野胜年校注，〔中〕白化文、李鼎霞、许德楠顾修订校注：《入唐求法巡礼行记校注》，花山文艺出版社，1986年，第291页。

[188]（唐）李林甫撰，陈仲夫点校：《唐六典》，中华书局，1992年，第127页。

[189]（唐）段成式撰，曹中孚校点：《酉阳杂俎》，《唐五代笔记小说大观（上）》，上海古籍出版社，2000年，第751页。

[190]〔日〕释圆仁原著，小野胜年校注，〔中〕白化文、李鼎霞、许德楠顾修订校注：《入唐求法巡礼行记

校注》，花山文艺出版社，1986年，第219页。

[191] 〔日〕释圆仁原著，小野胜年校注，〔中〕白化文、李鼎霞、许德楠顾修订校注：《入唐求法巡礼行记校注》，花山文艺出版社，1986年，第358页。

[192] （唐）张鷟撰，恒鹤校点：《朝野佥载》，《唐五代笔记小说大观（上）》，上海古籍出版社，2000年，第41页。

[193] （五代）王仁裕撰，丁如明校点：《开元天宝遗事》，《唐五代笔记小说大观（下）》，上海古籍出版社，2000年，第1730页。

[194] 〔美〕谢弗著，吴玉贵译：《唐代的外来文明》，中国社会科学出版社，1995年，第344页。

[195] （唐）孙思邈撰，朱邦贤、陈文国等校注：《千金翼方校注》，上海古籍出版社，1999年，第164—165页。

[196] 《全唐诗》第九函第五册（卷五八三），上海古籍出版社，1986年，第1486页。

[197] （唐）欧阳询撰，汪绍楹校：《艺文类聚》，上海古籍出版社，1999年，第1222页。

[198] 以上所引杜甫四首诗，均见《全唐诗》第四函第三册（卷二二五），上海古籍出版社，1986年，第547页。

[199] 《全唐诗》第五函第五册（卷三〇二），上海古籍出版社，1986年，第761页。

[200] （唐）范摅撰，阳羡生校点：《云溪友议》，《唐五代笔记小说大观（下）》，上海古籍出版社，2000年，第1320页。

[201] （唐）裴铏撰，穆公校点：《传奇》，《唐五代笔记小说大观（下）》，上海古籍出版社，2000年，第1116页。

[202] 《全唐诗》第七函第四册（卷二三一），上海古籍出版社，1986年，第573页。

[203] 《全唐诗》第四函第四册（卷四三九），上海古籍出版社，1986年，第1092页。

[204] 《全唐诗》第九函第五册（卷五八三），上海古籍出版社，1986年，第1487页。

[205] 《全唐诗》第七函第三册（卷四三八），上海古籍出版社，1986年，第1085页。

[206] 《全唐诗》第二函第八册（卷一二五），上海古籍出版社，1986年，第287页。

[207] 《全唐诗》第七函第六册（卷四五一），上海古籍出版社，1986年，第1137页。

[208] 《全唐诗》第一函第六册（卷二五），上海古籍出版社，1986年，第95页。

[209] 《全唐诗》第二函第八册（卷一二六），上海古籍出版社，1986年，第292页。

[210] 《全唐诗》第二函第八册（卷一二五），上海古籍出版社，1986年，第287页。

[211] 《全唐诗》第七函第六册（卷四四八），上海古籍出版社，1986年，第1128页。

[212] 《全唐诗》第七函第八册（卷四五九），上海古籍出版社，1986年，第1166页。

[213] 《全唐诗》第七函第四册（卷四四一），上海古籍出版社，1986年，第1098页。

[214] 《全唐诗》第七函第三册（卷四三一），上海古籍出版社，1986年，第1061页。

[215] 《全唐诗》第二函第八册（卷一二八），上海古籍出版社，1986年，第298页。

[216] 《全唐诗》第二函第一〇册（卷一四三），上海古籍出版社，1986年，第331页。

[217] 《全唐诗》第七函第四册（卷四四一），上海古籍出版社，1986年，第1101页。

[218] 《全唐诗》第一二函第一〇册（卷八九一），上海古籍出版社，1986年，第2167页。

[219] 《全唐诗》第一二函第一〇册（卷八九一），上海古籍出版社，1986年，第2167页。

[220] 《全唐诗》第八函第七册（卷五二七），上海古籍出版社，1986年，第1337页。

Talk of the Censer in Sui and Tang Dynasties

Ran Wanli

Abstract: Censer is one of the most important relics in the Sui and Tang dynasties. It is not only used to support Buddhism but also as a kind of important commodity in the daily life of the upper society. This article did a preliminary typology study of the twelve types of familiar censers, and periodized some censers which changes clearly. For some incense did a preliminary inference in their popular time according to annals. At the end related to the incense culture slightly in Sui and Tang dynasties.

Keywords: Sui and Tang dynasties, censer, type, chronology, incense culture

关于隋唐墓葬及塔基地宫中出土的一些器物的使用问题

冉万里

内容摘要：本文对考古发掘中常见的一些隋唐时期的器物，如镊子、耳挖、剪刀、觿、阳燧等的佩戴或携带方式进行了初步分析，总结出它们有六种佩戴或者携带方式。此研究的目的是为了探讨当时人的一些生活细节，展示隋唐时期人们在器用上所表现的智慧。同时，也提醒考古发掘者，这些器物在出土时可能表现为一件件个体，但其原来很可能与其他器物以金属链条或者布帛类绳子连接在一起，并以六种方式佩戴或者携带。

关键词：墓葬；塔基地宫；蹀躞；连接方式

1987年，陕西扶风法门寺塔基地宫发掘出土的佛指舍利、金银器、伊斯兰玻璃器等唐代器物，在考古学界引起轰动。在那些引人注目的器物之外，还有一套较完整的用金属链条连接在一起的唐代日用十二事（亦被称为蹀躞十二事），其中包括针筒、过滤框、提梁小罐、剪刀、镊子、牙签、阳燧、罐、勺、觿、幡等（图一）[1]，也是值得重视和研究的一组器物。它们的出土，为认识和判断隋唐时期的同类器物及其使用方式提供了重要标本。笔者拟以之为线索，对类似的隋唐时期的器物进行简单的探讨和推测，以达到了解当时器用细节的目的，不足之处，尚祈指正。

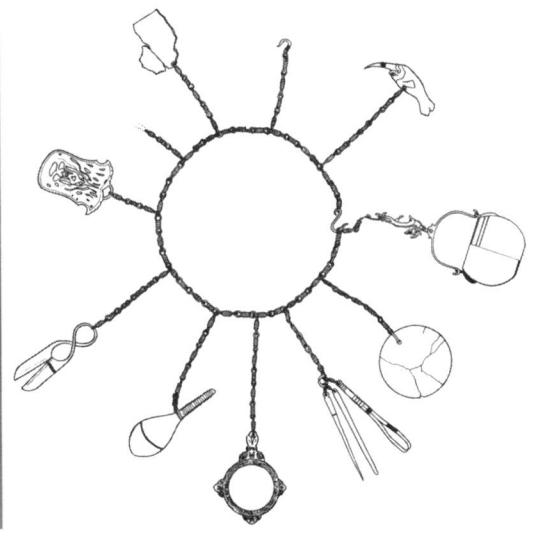

图一　陕西扶风法门寺塔基地宫出土

冉万里：西北大学文化遗产学院　教授

一、考古发现的一些器物名称的辨析及其携带方式的探讨

在隋唐墓葬或者塔基地宫中，经常可以见到一些带小环或者便于悬挂的器物，数量最多者就是剪刀、镊子、耳挖、针筒、觿以及带环钮或者不带钮的提梁小罐、柄端有小孔的匜等。有些器物在其柄端本身带有小孔，有的则以金属丝线缠绕而形成环钮，而有些器物特别是在一些剪刀的柄端甚至还残存金属钮环，这些残存的钮环或者小孔提示我们，它们原来应该是与其他器物连接在一起的，至于其怎样连接，正是本文所要探讨的。关于这些器物的名称，觿之外者在名称上都不存在任何问题，唯独觿这种器物未引起大家注意，下面首先就一些考古发现的应该命名为觿的器物进行简单地辨析并确认，然后探讨推测这些小件器物的携带方式。

（一）关于隋唐墓葬中被称为"鱼形饰"、"银刀"或"鸟形饰"等的器物

在隋唐墓葬之中，常见一种个体较小，而且一端有环，另一端开叉如鱼尾的器物，但其中的一个分叉弯曲较甚而且呈尖锐状。如河南偃师杏园唐墓（M1025）出土1件，被称为铜鱼饰（图二，1）[2]；河南颍川陈氏墓出土1件铜鱼形饰，长5.4厘米（图二，2）[3]，出土时放置漆盒之内¹等。它们与陕西扶风法门寺塔基地宫出土的前端有一尖锥状鱼形觿相似，从两者都具有尖端来看，这种被称为"鱼形饰"的器物应该是鱼形觿。

还有一种被称为"银刀"的器物，其一端也呈尖状，末端有环钮。如辽宁朝阳唐墓（M5）出土1件银刀和1件银耳挖，其中的"银刀"呈鱼形，一端较尖。这件"银刀"长5.5厘米（图二，3）、银耳挖长6.06厘米[4]。从前者一端呈尖状来看，与前文所引用的河南偃师杏园唐墓出土的觿在形制上非常相似，应该也属于觿。

另有一种被称为"鸟形饰"的器物，其一端也呈尖锥状，另一端有环，虽然与陕西法门寺塔基地宫出土的觿除形制不同，其一端为尖锥状另一端用于悬挂这一点是共同的，应该也是觿。如宁夏

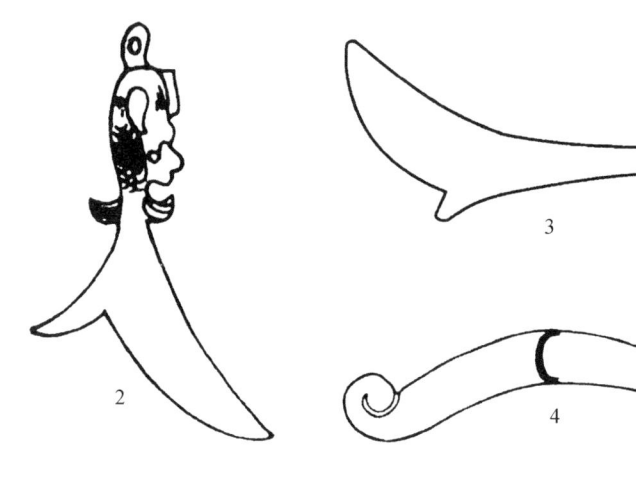

图二

1. 河南偃师杏园唐墓（M1025）出土　2. 河南颍川陈氏墓出土　3. 辽宁朝阳唐墓（M5）出土　4. 宁夏固原隋史勿射墓出土

固原隋史勿射墓出土2件鎏金鸟形饰，其中1件尖端残，另1件保存完好，一端呈鸟首弯曲状，可以以布帛类的绳子缠绕系结，一端为尖状，长7厘米（图二，4）[5]。其形制与汉代玉器中的玉觿相近，应该也是觿。从该墓出土有金带銙来看，原来随葬有銙带，那么这2件觿似乎应该是悬挂于銙带之上的。

通过以上的辨析，可知一端呈尖状的器物并不是"某形饰"或"刀"，而是日常生活中常用的小件器物——觿，主要用来解结之用。将它们与陕西扶风法门寺塔基地宫出土的鱼形觿相比较，不仅在形制上较为简化，而且往往由于盗扰等原因以单独的形式出土，从而未引起人们注意。

关于觿，在汉代及其以前的玉器中常见，而且常常与其他玉器组成一组佩饰，既是装饰之物，又是作解结之用的实用器，这在汉代墓葬中有大量出土。如西安市未央区三桥镇汉墓出土玉组佩中的玉觿（图三）[6]。

论述至此可知，隋唐墓葬中这些带尖状头的被称为"鱼形饰"、"鸟形饰"或"银刀"等的器物，应该是解结之用的"觿"。虽然它们被发现时往往以单独的形式出土，但种种迹象表明，它们最初埋葬之时应该不是以单个形式存在的，应该是以金属链子或者布帛类的绳子与其他器物组成一组，悬挂于身上，或者置于墓室的某处，其目的就是为了便于使用，生前如此，死后也是如此。

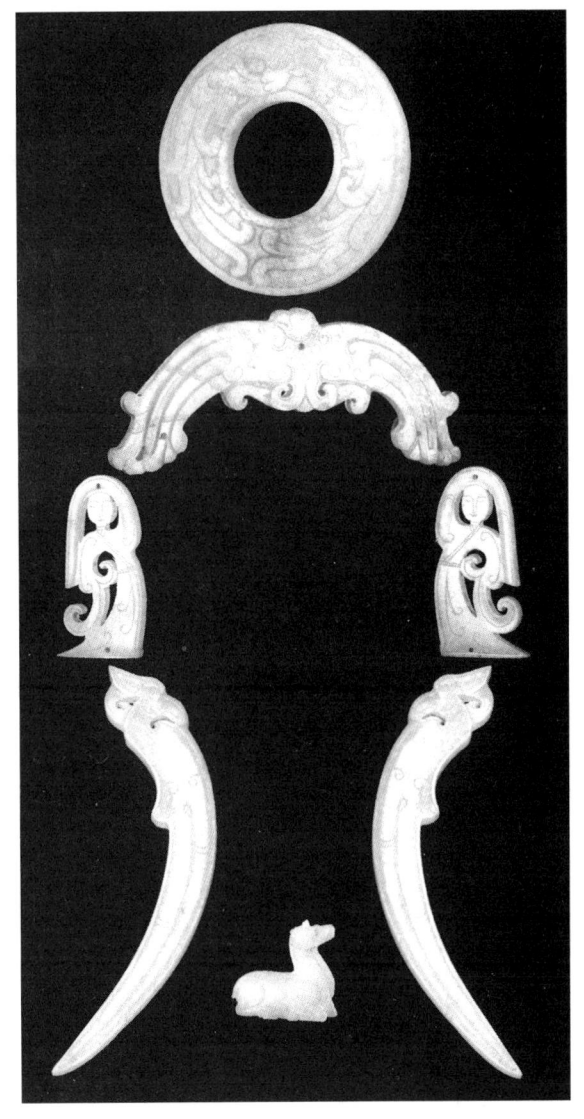

图三　西安市未央区三桥镇汉墓出土玉觿

（二）携带方式的探讨

1. 用金属链条或丝带等连接在一起的器物

参照陕西省扶风法门寺塔基地宫出土的一组日用十二事，笔者注意到在陕西临潼庆山寺开元二十九年（741年）塔基地宫中也曾经发现一批与前者相类似的器物，其中包括针筒、过滤框、提梁小罐、剪刀、带链银筷等（图四），可能还有其他器物，因无正式报告出版不得而知。在这批器物中，有一些器物原来明显地是连接在一起的，特别是剪刀的把手部分甚至还残留有用于衔接的链子残痕，这与扶风法门寺塔基地宫出土的将十二件小型器物连接于链子上的做法如出一辙。同时，在临潼庆山寺塔基地宫还出土有几件器物本身就带有小环钮或提梁，如其中的针筒、提梁小罐等，其目的也是便于与链子连接。这些特征都反映出临潼庆山寺塔基地宫出土的一些器物应该属于一组便携式器物上的组件。由于庆山寺塔基地宫未被盗扰，而且简报中又未见描述有关金属链条的字样，推测它们原来可能是以布帛类的绳子连接在一起的，这样的实例也见于日本奈良宫内厅正仓院所藏，其中收藏有大量的以丝绳连接的器物及装饰品（图五）[7]。还可从考古发掘的出土物中找到其他旁证，如新疆柏孜克里克千佛洞窟前建筑遗址中出土一套用绳索穿起来的木工具（图六），很直观地保留了当时人连接小件器物的方式[8]。庆山寺塔基地宫出土的这组原来连接在一起的器物，由于用于连接用的布帛类绳子腐朽了，所以，出土时变成了散乱的单独的形式，不过，如果发掘者当时能够绘制出其出土位置示意图的话，应该还是可以复原出它们是怎样连接的。

西安马家沟唐阎识微夫妇合葬墓出土1件铜剪刀，长14.2厘米（图七，1、2）；铜镊子，长10.4厘米（图七，3）；银筷子1双，长26厘米[9]。该墓未见带銙出土，也未见有关金属链条的报道，

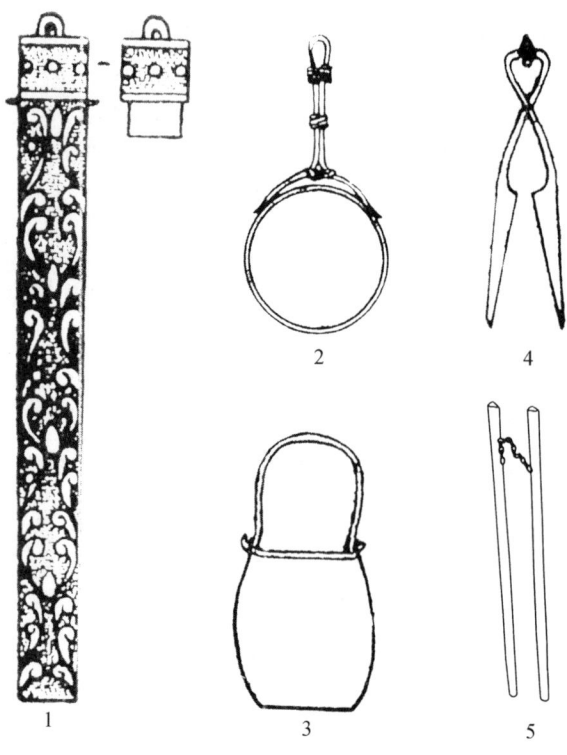

图四　陕西临潼庆山寺塔基地宫出土
1. 针筒　2. 过滤框　3. 提梁罐　4. 剪刀　5. 带链银筷

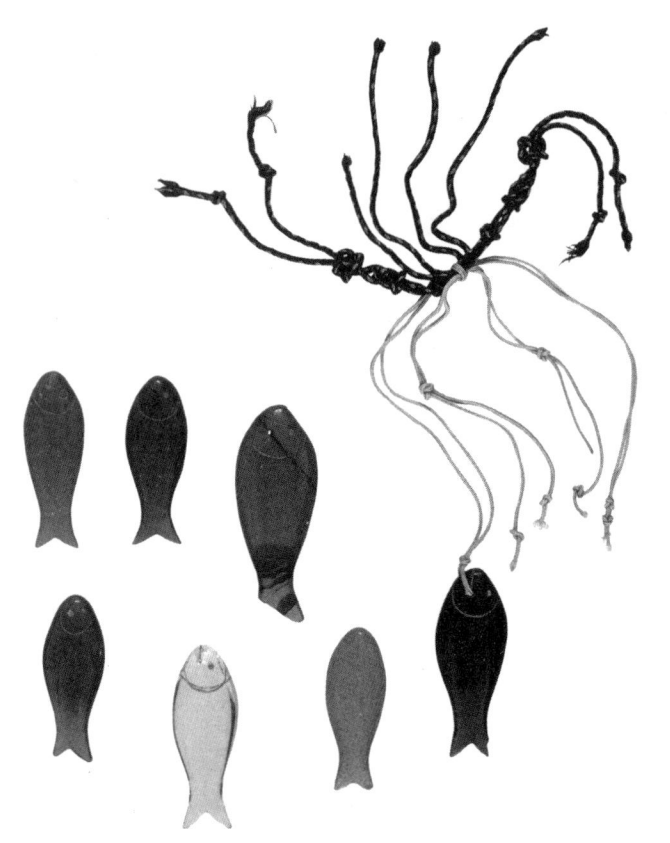

图五　日本奈良东大寺正仓院藏悬物丝带

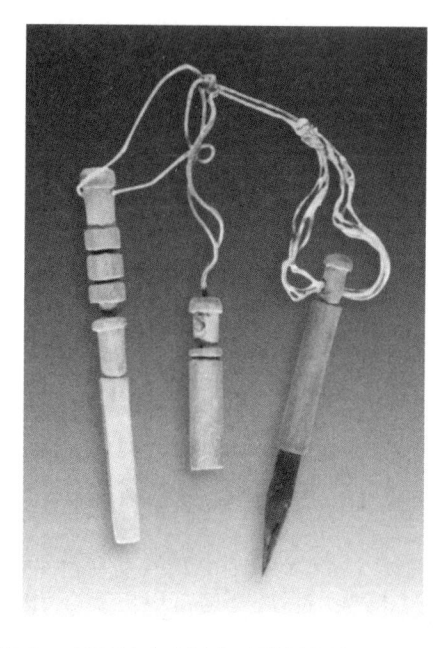

图六　新疆柏孜克里克千佛洞窟前遗址出土

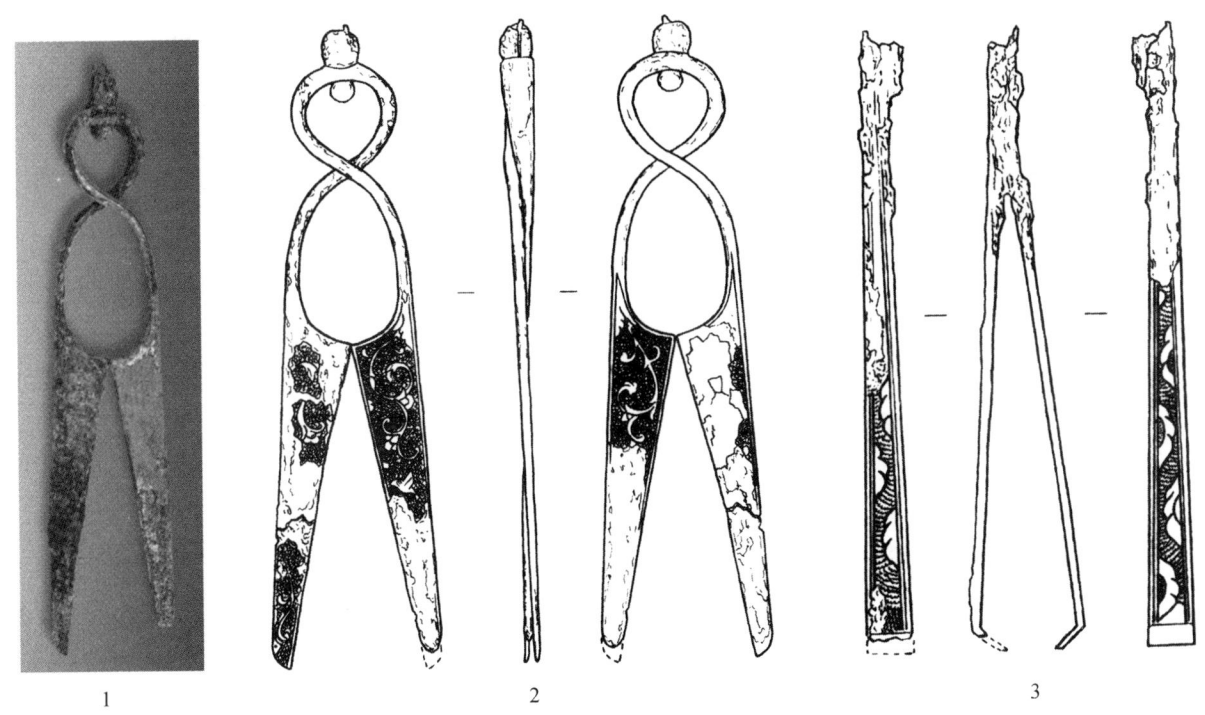

图七 西安马家沟唐阎识微夫妇合葬墓出土
1、2.剪刀 3.镊子

那么，可以推测这些小件器物原来应该是以布帛类的绳子连接在一起，并用来随葬的一组随身携带的日用品。

西安理工大学唐开元二十四年（736年）李倕墓出土的铜提梁小罐，提梁上铆一圆环，口径4.6、腹径10厘米（图八，1）。在日本展览时被认为与炼丹有关，显然是错误的。该墓出土的其他器物也应该引起关注，其中的铜熨斗可以折叠，长28.3厘米（图八，2）；带把铜匜的柄上有一圆孔，全长8.9厘米（图八，3、4）[10]。从这些小型器物均带有可以串联的孔或者柄部可以通过缠绕进行连接这一点来看，它们也是一组可以连接在一起的随身携带的器物，原来可能是以布帛类的绳子或金属链条连接在一起的，因为该墓的简报尚未发表，笔者仅根据发表的几张照片进行了推测，难免失之偏颇。

河南偃师杏园唐墓（M1041）中出土1件铜剪刀，在其柄端有一螺旋形饰（图九，1）[11]，该螺旋形饰应当就是连接用的旋钮，此器原来应该连接在金属链条或布帛类的绳子之上并系于身上的。

河南偃师杏园唐墓（M4206）中出土1件针筒，其上有一带小孔的环钮（图九，2）[12]，原来也应该是以绳子或者其他的连接并系于身上的。

河南偃师杏园唐墓（M0535）出土的2件铜提梁小罐，其中1件高12.8、口径9.5、底径4.6厘米（图九，3）；另1件高21.2、口径11.6、底径8.4厘米（图九，4）[13]，原来也应该是以绳子或者其他的连接并随身携带的。

陕西凤翔南郊M15出土1件铜镊子（图九，5、6）[14]，该墓未见带铐出土，也未见盒子之类的器物，原来也应该连接于布帛类的绳子之上而随身携带。

图八 西安理工大学唐李倕墓出土
1. 铜提梁罐　2. 铜熨斗　3、4. 带把匜

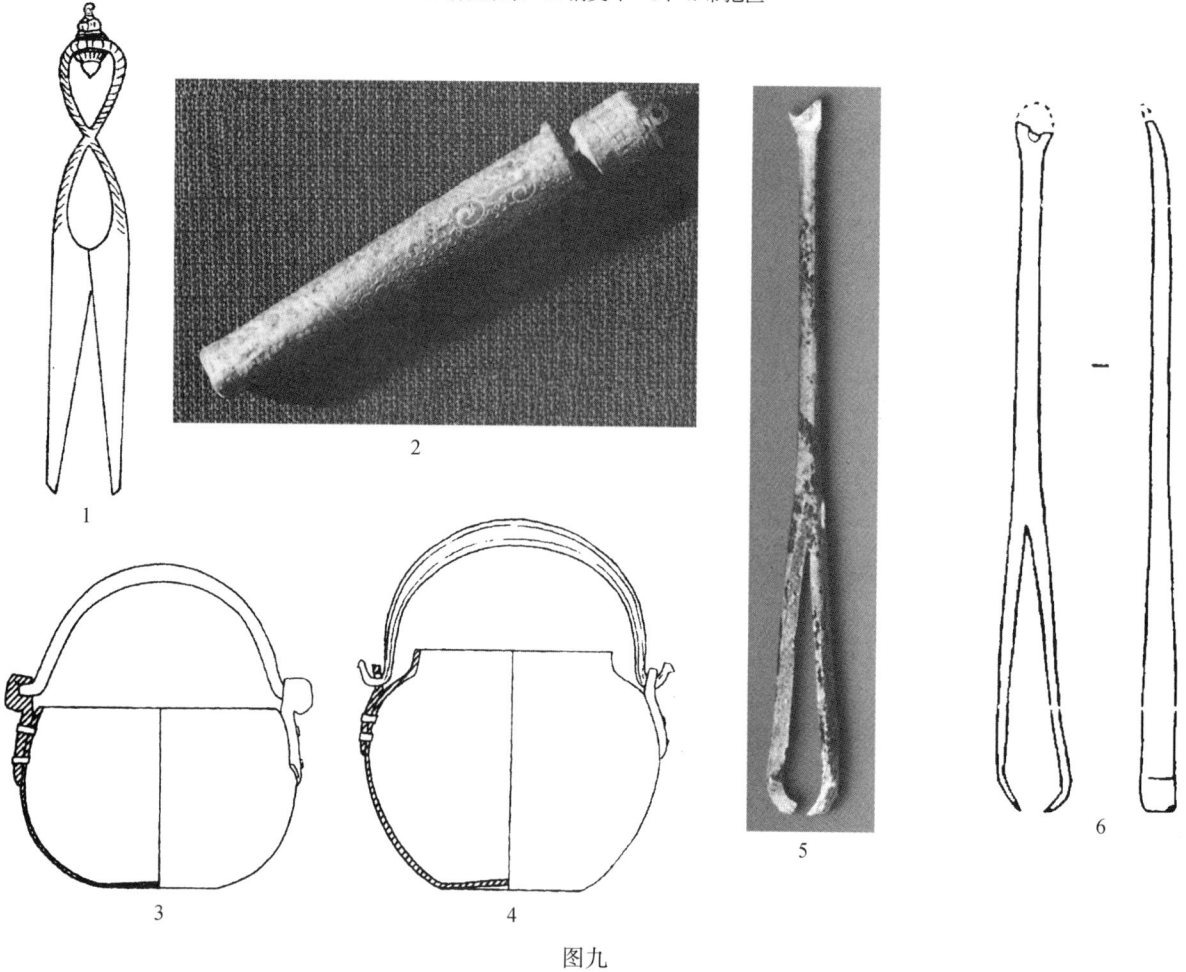

图九
1. 河南偃师杏园唐墓（M1041）出土　2. 河南偃师杏园唐墓（M4206）出土　3、4. 河南偃师杏园唐墓（M0535）出土
5、6. 陕西凤翔南郊M15出土

韩伟先生编著的《海内外唐代金银器萃编》一书中，收录有1件银剪刀，在剪刀柄端残存一钮环[15]，原来应该是连接于金属链条或者布帛类绳子之上的。

1978年，在云南大理崇圣寺三塔主塔塔顶发现1件连接于铜链条上的铜镊子和铜耳挖（图一〇，1）[16]。从铜链条末端的圆环来看，应该是悬挂于身上的日常生活用品，被作为供养品施舍的。另外，在大理弘圣寺塔中曾经出土1件一端带有小环的银耳挖（图一〇，2）[17]，根据大理崇圣寺三塔主塔中出土的带铜链的日用品来看，这件带环的银耳挖原来应该系在金属链条或者布帛之类的绳子之上。

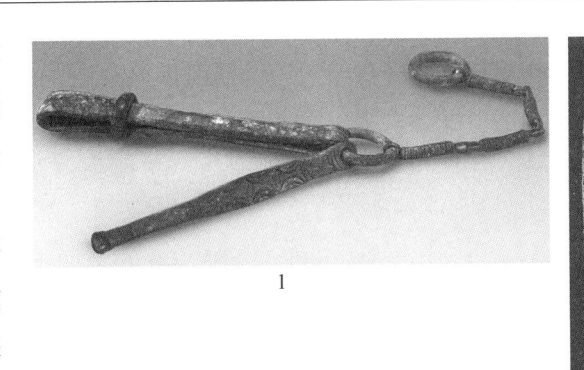

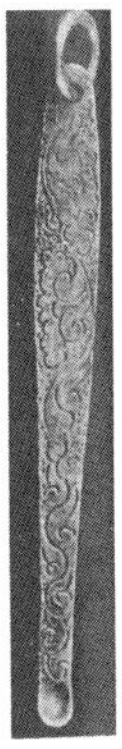

图一〇

1.云南大理崇圣寺三塔主塔塔顶出土 2.云南大理弘圣寺塔出土

不仅有上述实物资料出土，在一些图像资料中也可以看到其具体形象。如在唐章怀太子墓壁画中绘制有手持鱼形物的人物形象，鱼形物以柔软飘扬状的绳子与钥匙连接在一起（图一一，1）[18]。无独有偶，在河南偃师杏园唐墓（M1435）出土的1件铜钥匙（图一一，2）[19]，其柄端有一圆孔，根据章怀太子墓的壁画资料，推测其上原来系有布帛之类的绳子，并且可能还有鱼状之类的饰物。

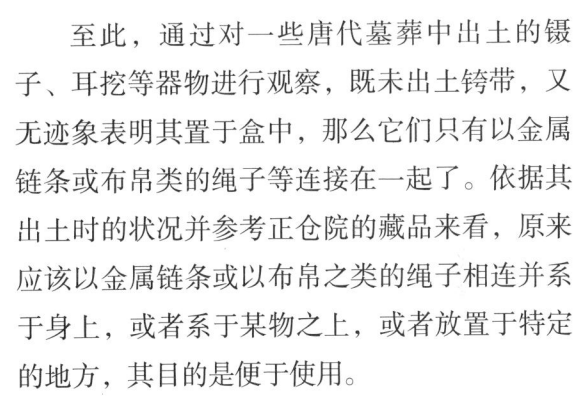

至此，通过对一些唐代墓葬中出土的镊子、耳挖等器物进行观察，既未出土铐带，又无迹象表明其置于盒中，那么它们只有以金属链条或布帛类的绳子等连接在一起了。依据其出土时的状况并参考正仓院的藏品来看，原来应该以金属链条或以布帛之类的绳子相连并系于身上，或者系于某物之上，或者放置于特定的地方，其目的是便于使用。

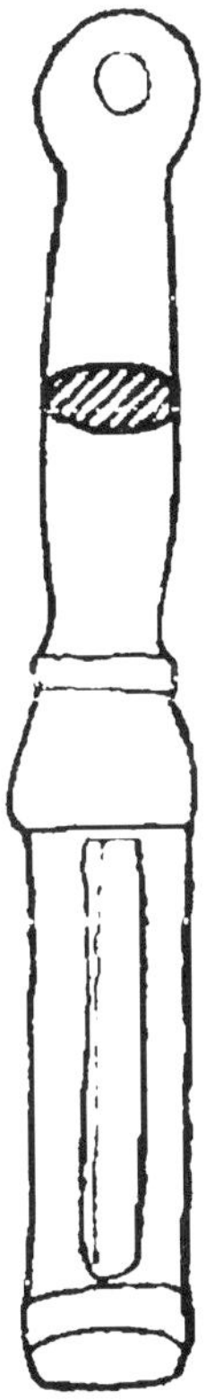

2.置于小盒子中的携带物

从考古发掘的墓葬来看，一般女性的随身携带之物，多放置于盒子之内。如陕西凤翔南郊M305系夫妇合葬墓，在女性头骨之旁放置一组铜质日用器物，包括镊子、锉刀、锥、耳挖等。在这些器物的尾端均有一圆孔，以一个短轴连接套合在一起（图一二，1、2）[20]。从其组合方式来看，也应当属随身所携带之物，原来可能置于盒子之内；与之相似者，在湖南长沙五代时期墓葬（M195）中也出土1组，可辨认出的器物类别有锉刀、镊子等（图一二，

图一一

1.章怀太子墓壁画 2.河南偃师杏园唐墓（M1435）出土

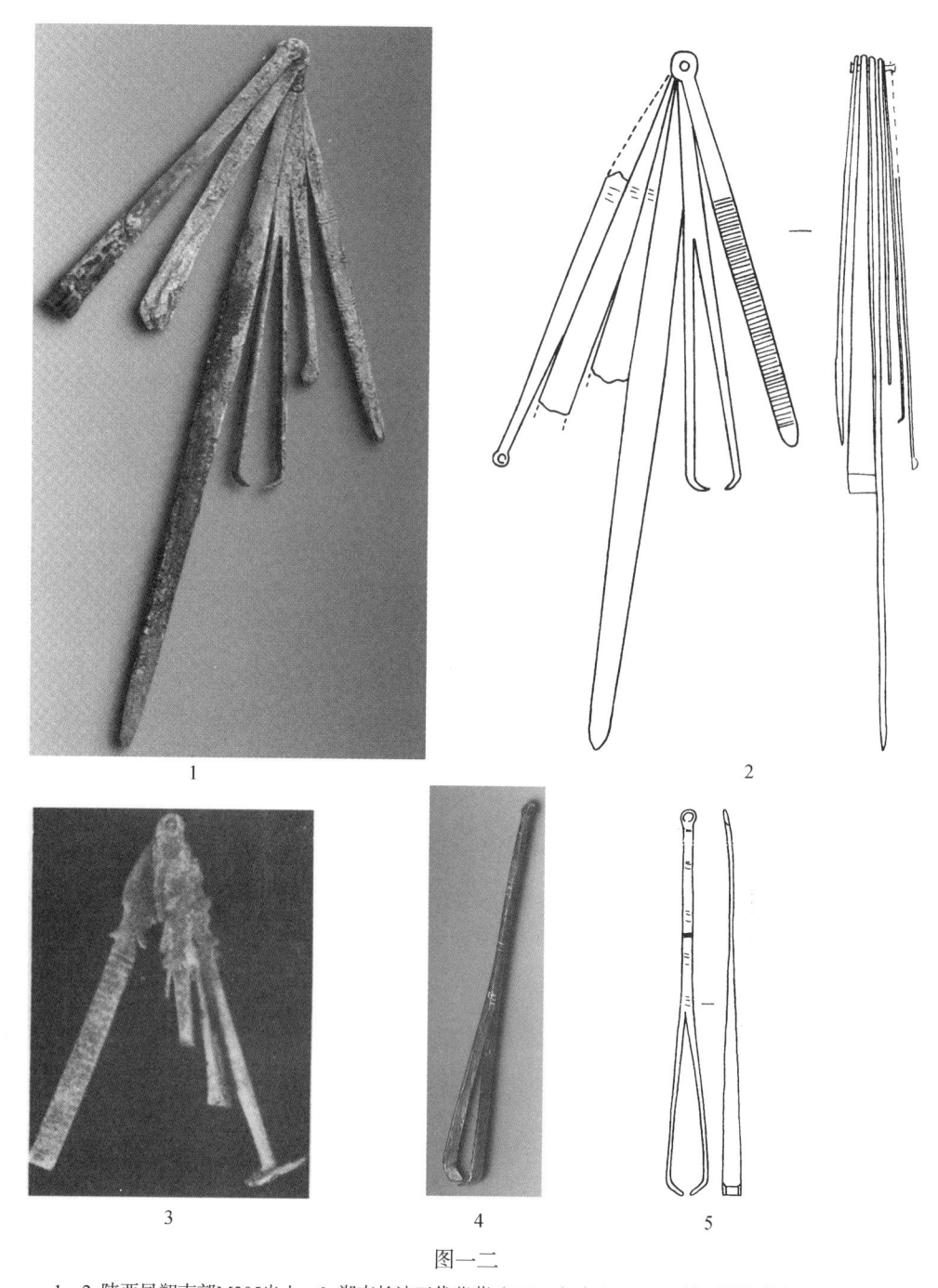

图一二
1、2. 陕西凤翔南郊M305出土 3. 湖南长沙五代墓葬（M195）出土 4、5. 陕西凤翔南郊M172出土

3）[21]；陕西凤翔南郊M43骨架的东侧放置有3件已经腐朽的漆盒，在其附近的器物有铜铃、铜镊子、蚌壳、铜镜、铜指甲壳等，这些都应该是女性用的化妆用品，铜镊子即其中之一，它们原来应该是置于漆盒之内的，因漆盒的腐朽而散落[22]；陕西凤翔南郊M172系一座夫妇合葬墓，在东侧骨架的足部放置一漆盒，盒内放置蚌壳和镊子（图一二，4、5）[23]，虽然报告中说东侧骨架系男性，但从以往的发现来看，凡是这样放置随身携带用品者均系女性，所以，可以推断放置在漆盒之内的用于随身携带的铜镊子也是女性所用，只是由于扰乱等原因使得原来的位置发生了移动。前文

提到的河南颍川陈氏墓出土的觿也与其他日用品放置在漆盒之内。唐代墓葬中发现的这种将日用品放置在盒子中的做法，与汉代将各种日常生活用具置于奁盒之中相一致，应该是汉代传统的延续，如湖南长沙马王堆西汉墓中出土的1件漆奁盒中即有化妆品之外的其他小件器物（图一三）[24]。

3. 悬挂于銙带上的携带物

据《旧唐书》卷四十五《舆服志》记载："上元元年八月又制：'一品已下带手巾、算袋，仍佩刀子、砺石，武官欲带者听之……。'""景云中又制，令依上元故事，一品已下带手巾、算袋，其刀子、砺石等不许佩。武官五品已上佩䩞鞢七事，七谓佩刀、刀子、砺石、契苾真、噦针筒、火石袋等也。至开元初复罢之。"[25]这种在銙带上悬挂䩞鞢某事的做法，在唐玄宗开元时初年被废止了，但此前应该是存在的。这可以以唐韦端符的《卫公故物记》为证。

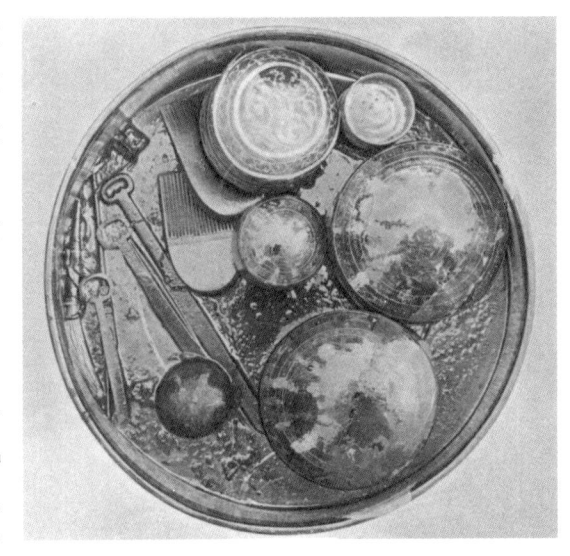

图一三 长沙马王堆一号汉墓出土漆奁盒

韦端符《卫公故物记》记载："佩笔一，奇木为管韬，刻饰以金，别为金环以限难其间韬者。火镜二。大觿一，小觿一。笞囊二。椰杯一。盖常佩於玉带环者十三物，已亡其五，其存者八。"[26]

根据文献的记载，作为品官的随身悬挂銙带上的器物，在唐代曾经进行过规定，主要流行于高宗、中宗时期，但在唐玄宗开元初年被罢。但从考古发现来看，一些庶人仍然存在将镊子、耳挖等缀于銙带的习惯，但数量已经减少到了不超过2件的程度，而且在考古发掘中也极为罕见，目前可以明确的悬挂于銙带之上者仅发现1例，如陕西凤翔南郊M303的墓主人系男性，在其骨架的股骨内侧有铜带銙2件、铜镊子1件[27]，铜镊子与铜带銙位于一条直线上，这说明铜镊子原来是挂于銙带上的。

二、图像资料中所见的僧侣携带日用器物的方式

前面所探讨的是世俗之人的日用品的携带或放置方式，在图像资料中，佛教僧侣携带日常用品方式也值得关注。就目前所知的图像资料来看，隋唐时期僧侣携带日用器物的方式有两种：

第一种是在囊袋外侧有一供悬挂器物的绳子，其上可以同时悬挂数件日用器物。如法国吉美美术馆收藏的伯希和在敦煌藏经洞即第17窟发现的一幅高僧绢画像，其腰间有布囊，在布囊的侧面分别悬挂有各种小器物（图一四），从图像可以看出，该高僧腰间所悬挂的器物是横向的，也就是分别悬挂于囊袋之上的[28]。该美术馆收藏的另一幅高僧像的腰间所悬挂的器物也是如此，其上悬挂葫芦、剪刀、扇子等（图一五）[29]。关于这种在囊袋上悬挂器物的方式到底是怎样的，敦煌莫高窟藏经洞北壁壁画中所绘制的囊袋有清晰的表现，在该壁画中绘制有一挂于树枝之上的囊袋，袋子的侧面以红色绘制出一绳状物，绳状物上有小环钮一固定绳子，这条绳状物就是用来悬挂器物的，

图一四　法国吉美美术馆藏　　　　　　　　图一五　法国吉美美术馆藏

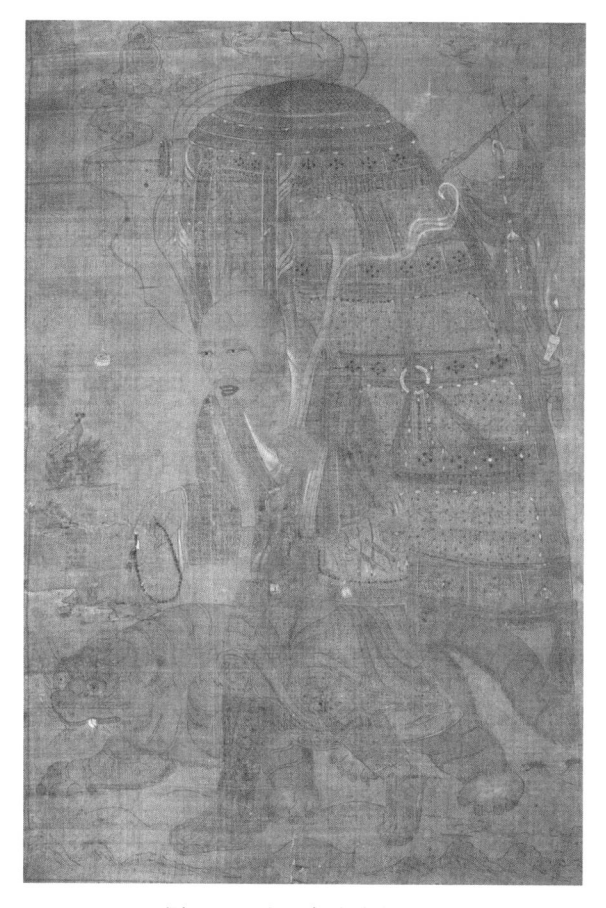

所要携带的器物可以分别悬挂于囊袋侧面的以环钮固定的绳子上（图一六）[30]，这也可以与前文所列举的行僧像互证。至此，僧侣是怎样在囊袋上悬挂器物的就非常清楚了。比其年代更早者见于河南巩县石窟第1窟南壁西侧上层的帝后礼佛图中，其中一个人物的左手提一囊袋，但其上未雕刻悬挂器物的环钮和横向的绳子（图一七）[31]。

第二种则见于敦煌莫高窟壁画中，其携带日用器物的方式表现为在器物外部套袋，以便于携带。如敦煌莫高窟第443窟北壁壁画（图一八）[32]、藏经洞北壁壁画（见图一六）[33] 等都有所表现。与第一种携带方式不同的是，将所要携带的器物套在单个的网状或无纹的袋子之内，套袋之上有带子可以挎于肩上或者可以挂于其他器物之上。从壁画所绘制的图像来看，这类携带方式主要用来携带净瓶之类的器物。

三、关于随身佩戴日用器物的源流

关于随身佩戴小件器物之事，隋唐以前及其以后的墓葬等遗迹中都曾经有所发现，只是没有引起足够的重视罢了，更多的情况下，人们只是简单地将其视为一件件随葬品而已，没有认识到这些器物与随身佩戴的器物有关，从而忽视了这些可以反映当时人日常生活细节的重要资料。下面简单地列举一些资料，以说明其源流。

南京象山东晋时期的3号墓（王丹虎墓）中出土有带链子的铁剪刀、带铁链的铁剪刀与小刀

图一六 敦煌莫高窟藏经洞北壁壁画及其局部

图一七 巩县石窟第1窟南壁西侧上层帝后礼佛图及其局部

图一八　敦煌莫高窟第443窟北壁壁画

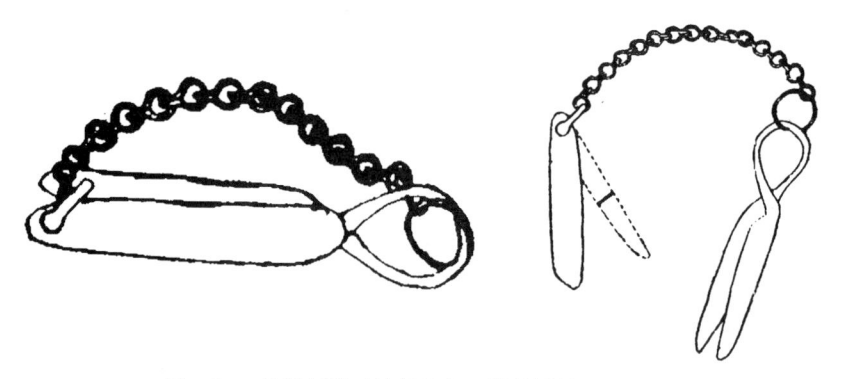

图一九　南京东晋王丹虎墓出土带链铁剪刀和小刀

（图一九）[34]，这是非常直观的便携式器物使用方式的标本；在贵州平坝马场东晋南朝墓中出土1件带铜链的镊子（图二〇）[35]，也应该是随身携带之物。可见这种以金属链条连接器物的方式在东晋南朝已经出现了，只是比较简单。

宁夏固原北周李贤墓发现了一组个体较小的器物，包括银提梁小壶、银熨斗、银剪刀、银镊子、银钵、银勺、银筷子等七类共8件，其中银镊子2件（图二一）[36]，发掘简报中仅将其视为普通的随葬品而已，未引起足够的重视。虽然墓中没有发现链条之类的遗物，但其出土时被放置在一起却是耐人寻味的。参照前文所列举的日本奈良宫内厅正仓院也有用丝带等将所要携带的器物连接起来的方式，似乎可以证明北周李贤墓中所出土的8件器物原来应该是用布帛类的绳子连接在一起的，其连接方式与南京王丹虎墓所出者相似，可能是因为布帛类的绳子已经腐朽。如果笔者的推断无误，那么北周李贤墓出土的这组器物及其连接方式，与扶风法门寺塔基地宫出土的一组日用品的数量和种类最为接近，应该可以视为唐代的源头。即使其原来没有连接在一起，但这种组合方式也非常值得关注。

回鹘高昌时期壁画中的人物形象上也可以见到各种佩饰（图二二）[37]，这应该是蹀躞带之上悬挂器物的真实写照。

在辽代墓葬中还常见一些用玉器雕刻而成的小型日用器物，它们是随身携带器物的装饰化，或者明器化的反映。如陈国公主夫妇合葬墓中曾经出土一组玉佩，以链条连接在一起，其下悬挂各类小件器物，有剪、锥、锉、勺等（图二三），是悬挂于蹀躞带之上的。同时该墓还出土了数件带银链子的实用器，如带银链的银针筒等，这些应该是为了携带方便而悬挂于其他器物之上的[38]。从装饰化或者明器化的日用器的组合方式来看，是将悬挂有日用的数条银链悬挂于一块玉器上，然后再佩戴于蹀躞带之上。这为了解辽代的组合式日用品的佩戴方式，提供了非常重要的实例。

山东嘉祥元代曹元用墓出土一条系有葫芦的银链，从出土状况来看，这条链子原来应该还系有该墓出土的裁刀、镊及竹鞘、银耳挖等，是一组随身携带的日用品组合器物（图二四）[39]。

在内蒙古元上都城遗址南砧子山南区元代墓葬（M30）中出土一组随身携带的日用品组合器物，链子以银丝编织而成，共有5条银链，每条银链之下悬挂一小型日用器物，分别为镊子、剪刀、盒、玉壶春瓶、提梁小罐等器物（图二五）。5条银链的上端汇合在一起，可能悬挂于身上，如果是悬挂于身上，前面所引用的辽陈国公主墓出土的一组器物的佩戴方式应该是其重要的参照[40]。

在清代墓葬中也发现有这类器物，如北京市新街清代墓葬中出土1件铜质的日用组合器物，长31.2厘米，上部有一如意形钩用于悬挂，下部悬挂的器物包括牙签、耳挖、镊子（从照片的侧面观察，似为觿——笔者注）（图二六）[41]，应该是挂于身上，既作为装饰，又可以实用。

从以上罗列的例子可以大体看出隋唐以前及其以后的小型日用品携带方式的流传情况，虽然在隋唐以前及其以后的携带方式稍有变化，但将这些小型日用品以金属链条或布帛类绳子连接在一起的方法却没有改变，只是连接的方式发生了变化。同时，时代越晚，其装饰性功能也越强。

图二〇　贵州平坝东晋南朝墓出土

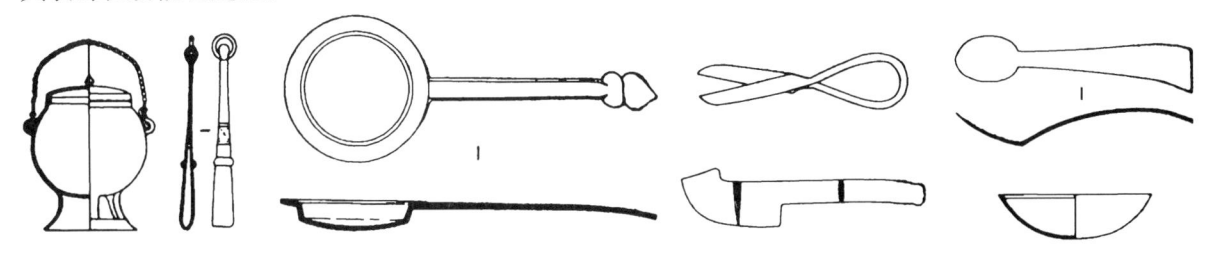

图二一　宁夏固原北周李贤墓出土一组器物

图二二 回鹘高昌时期的人物形象中的各种佩饰

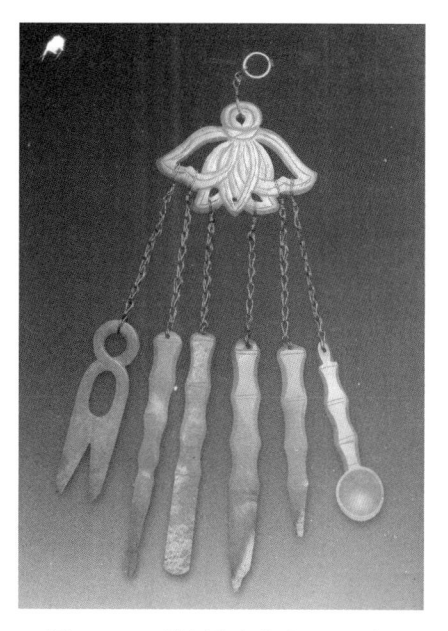

图二三 辽陈国公主墓出土组玉佩

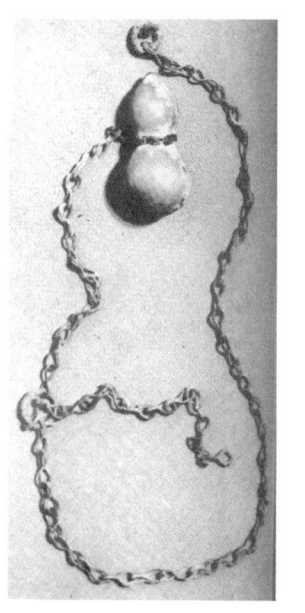

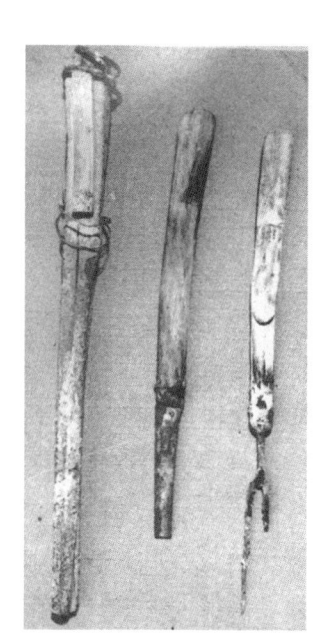

图二四 山东嘉祥元代曹元用墓出土日用器组合

图二五　元上都元代墓葬出土

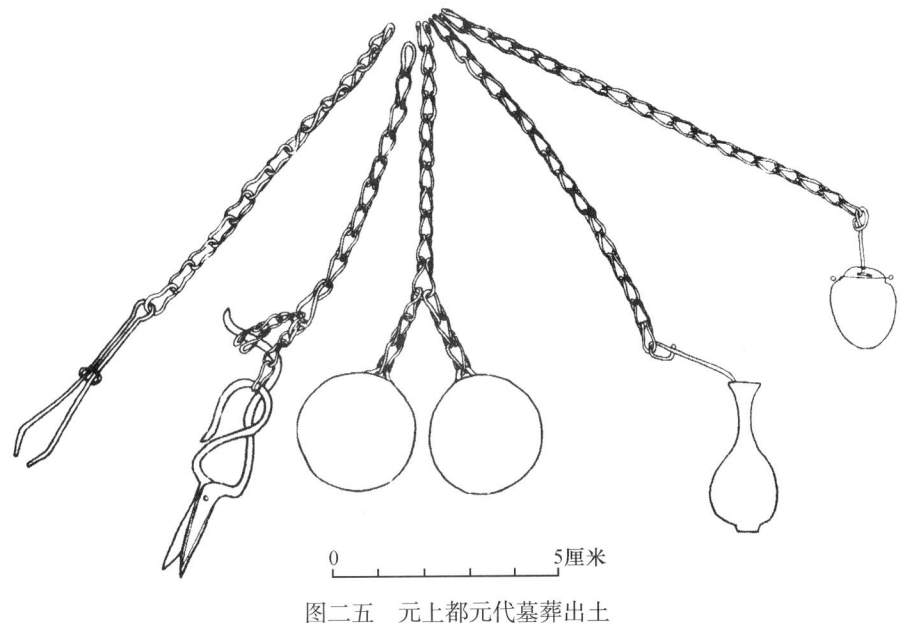

四、结　语

从文献记载、图像资料和考古发掘的出土实物来看，隋唐时期有随身携带小型器物的习惯，而其携带方式有六种：第一种是缀于䩞带上，这种佩戴方式即文献记载的蹀躞七事，一般只有一定的官品才可以佩戴，并于开元以后罢掉，但庶人也有将个别的需要随身携带的器物缀于䩞带上的习惯；第二种则属于日常普通用品，以金属链条将其串在一起，使用起来较为方便，所缀之物数量不等；第三种则以有机质的布帛类绳子串联在一起，与第二种较为相似，所缀之物的数量也不等；第四种则是将日常需要携带的用品置于盒子之中，以方便使用，有以圆柱状轴将若干件柄端有孔的小件器物铆在一起放在盒子之内者，也有以单个的形式放在盒子之内者，这一般适合于女性；第五种就是在僧侣携带的囊袋外侧面缀以横向绳索，以布帛状环钮将其固定，然后在其上分别悬挂器物，与现在的工具袋相似，所不同者只是唐代的小物品悬挂于外侧；第六种则仅见于图像资料，采用套袋的方式将器物装进去，以便于携带，主要用于单个器物，而且主要为僧侣所用，如敦煌莫高窟藏经洞北壁壁画中高僧像旁的树木上所悬挂者，即以网状或无纹的袋子将净瓶等置于其中，以便于携带。

总的来看，隋唐墓葬中发现的各类需要随身携带的器物，在佩戴方式上确实是有区别的，所以，不能简单地将其都说成是蹀躞某事，因为蹀躞是专指腰间的䩞带而言的。如果可以确认是䩞带之上所佩者，可以沿用旧称，称之为蹀躞某事；但如果不能确定，则应根据出土状态而

图二六　北京市新街清墓出土

定，这需要发掘时对遗迹现象及出土位置有准确的判断。僧侣所用者，根据图像资料似乎可以称为囊上佩。其余以链条相系者，是否可以统称为链式佩呢？本文所探讨的对象及其连接、携带方式，主要目的就是弄清楚这些日用器物的使用方式，从而更清楚地了解隋唐时期人们的生活细节，并为简报和报告的写作及其进一步研究提供一个参考。

注　释

[1][2]　中国社会科学院考古研究所编著：《偃师杏园唐墓》，科学出版社，2001年，图版30之3。

[3]　洛阳市文物工作队：《洛阳北郊唐颍川陈氏墓发掘简报》，《文物》1999年第2期。

[4]　辽宁省文物考古研究所：《朝阳王德等7座墓葬发掘简报》，辽宁省文物考古研究所、日本奈良文化财研究所编《朝阳隋唐墓葬发现与研究》，科学出版社，2012年。

[5]　宁夏回族自治区固原博物馆　罗丰：《固原南郊隋唐墓地》，文物出版社，1996年，第15页。

[6]　西安市文物保护考古所：《西安文物精华·玉器》，世界图书出版公司西安公司，2004年，第47页。

[7]　奈良国立博物馆：《正倉院展——六十回のあゆみ》，株式会社天理時報社，2008年，第89頁。

[8]　新疆文物考古研究所：《新疆柏孜克里克千佛洞窟前遗址发掘简报》，《文物》2012年第3期。

[9]　西安市文物保护考古研究院：《西安马家沟唐太州司马阎识微夫妇墓发掘简报》，《文物》2014年第10期。

[10]　奈良县立橿原考古学研究所附属博物馆：《大唐皇帝展》，株式会社明新社，2010年，第68-70页，图版32-34。

[11]　中国社会科学院考古研究所：《偃师杏园唐墓》，科学出版社，2001年，第64页。

[12]　中国社会科学院考古研究所：《偃师杏园唐墓》，科学出版社，2001年，第135页，图版29之4。

[13]　中国社会科学院考古研究所：《偃师杏园唐墓》，科学出版社，2001年，第64页。

[14]　陕西省考古研究院、西北大学文博学院：《陕西凤翔隋唐墓——1983~1990年田野考古发掘报告》，文物出版社，2008年，第230页，图版九五之4。

[15]　韩伟：《海内外唐代金银器萃编》，三秦出版社，1989年，第167页，图317。

[16]　云南省博物馆：《中国博物馆丛书》第10卷《云南省博物馆》，文物出版社·株式会社讲谈社，1991年，图版150。

[17]　云南大理白族自治州文物管理所：《云南大理弘圣寺塔清理简报》，《考古学集刊》第8集，科学出版社，1994年。

[18]　乾陵博物馆等：《中国乾陵文物精华》，陕西旅游出版社（该书版权页未见出版年月）。

[19]　中国社会科学院考古研究所：《偃师杏园唐墓》，科学出版社，2001年，第64页。

[20]　陕西省考古研究院、西北大学文博学院：《陕西凤翔隋唐墓——1983~1990年田野考古发掘报告》，文物出版社，2008年，图版九之3。

[21]　湖南省博物馆：《湖南省长沙市郊五代墓清理简报》，《考古》1966年第3期。

[22]　陕西省考古研究院、西北大学文博学院：《陕西凤翔隋唐墓——1983~1990年田野考古发掘报告》，文物出版社，2008年，第19—20页。

[23]　陕西省考古研究院、西北大学文博学院：《陕西凤翔隋唐墓——1983~1990年田野考古发掘报告》，文物

出版社，2008年，第26—27页。

[24] 湖南省博物馆等：《长沙马王堆一号汉墓发掘简报》，文物出版社，1972年。

[25] （后晋）刘昫等：《旧唐书》，中华书局，1975年。

[26] （清）董诰等：《全唐文》卷七百三十三，中华书局，1986年。

[27] 陕西省考古研究院、西北大学文博学院：《陕西凤翔隋唐墓——1983~1990年田野考古发掘报告》，文物出版社，2008年，第76页。

[28] 東京国立博物館：《シルクロード大美術展》，株式会社便利堂，1996年，第42页，图版31。

[29] ジャックジェス：《西域美術・ギメ美術館ペリオコレクション》（Ⅱ），講談社，1995年。

[30] 马世长：《关于敦煌藏经洞的几个问题》，《文物》1978年第12期。

[31] 河南省文物研究所：《巩县石窟寺》，文物出版社・平凡社，1989年，图版4。

[32] 马世长：《关于敦煌藏经洞的几个问题》，《文物》1978年第12期。

[33] 马世长：《关于敦煌藏经洞的几个问题》，《文物》1978年第12期。

[34] 南京市文物管理委员会：《南京象山东晋王丹虎墓和二、四号墓发掘简报》，《文物》1965年第10期。

[35] 贵州省博物馆：《贵州平坝马场东晋南朝墓发掘简报》，《考古》1973年第6期。

[36] 宁夏回族自治区博物馆、宁夏固原博物馆：《宁夏固原北周李贤夫妇墓发掘简报》，《文物》1985年第11期。

[37] 〔德〕冯・佳班著，邹如山译：《高昌回鹘王国的生活》，吐鲁番市地方志编辑室出版，1989年，图161、162、202。

[38] 内蒙古自治区文物考古研究所、哲里木盟博物馆：《辽陈国公主墓》，文物出版社，2000年，彩版二三。

[39] 山东省济宁地区文物局：《山东嘉祥县元代曹元用墓清理简报》，《考古》1983年第9期。

[40] 内蒙古文物考古研究所等：《元上都城南砧子南区墓葬发掘报告》，《内蒙古文物考古文集》，中国大百科全书出版社，1994年，第659页。

[41] 北京市南水北调工程建设委员会办公室、北京市文物局：《盛世调吉水　故都遗博珍——南水北调中线一期工程北京段出土文物》，科学出版社，2009年，第107页，图版154。

Topics about the Use of Something Founded in the Tombs and Towers' Underground Palace of Tang Dynasty

Ran Wanli

Abstract: The wear and carry of some common things of Tang dynasty in Archaeology excavations, like tweezers, ear-pick , scissors, Xi (a tool that invented for loose the knots by ancient Chinese) and flint-stone, are preliminary analyzed in this article, and conclude that they have six manners for people to wear or carry. The purpose of this research is to discuss some life details and the wisdom in using tools of the ancient Chinese in Tang Dynasty. At the same time, the purpose of this article is reminding the archaeologists that although these things may look like some single units when they were excavated, they were most likely jointed other things together with metal chains and cloth-ropes, and wore or carried in six manners by ancient people.

Keywords: Tombs, Towers' underground palace, Diexie, manners of connect

露天石灰岩文物溶蚀机理及防治研究

刘逸堃　侯鲜婷　刘　成　周伟强

内容摘要：本文阐述了露天石灰岩文物的溶蚀机理及防治研究的重要性及迫切性，分析了目前在石灰岩溶蚀机理、防治方法、防治材料方面研究的特点，并提出了适用于露天石灰岩文物溶蚀病害防治的可行性方法。

关键词：露天；石灰岩；溶蚀；机理；防治

一、引　言

石灰岩质地细腻易于雕刻，在我国大部分地区均保留有大量石灰岩质地的石碑、石刻雕像、石窟寺等。这些石质文物具有极高的历史、艺术及科学研究价值，如龙门石窟、乾陵石刻等。然而，这些石质文物多处于户外保存状态下，极易发生表面溶蚀现象。近年来由于酸性降雨及空气中有害气体（二氧化碳、硫化物）的增多，该类文物表面溶蚀病害呈逐年加剧现象。本文分析了目前关于石灰岩溶蚀机理及防治的研究现状，并提出以石材特征、溶蚀模式及其空气中有害气体（二氧化碳、硫化物）加速石灰岩表面溶蚀机理的研究为基础，进行石材界面——反应介质（表面水膜）——气体交换（气场环境）三元耦合模拟实验，研究溶蚀的产生及其发展机理，同时，以上述研究为基础，指导户外石灰岩材质文物溶蚀病害防治材料及方法的选择，进而推进我国户外石灰岩质地文物表面溶蚀病害防护治理工作科学有效地展开。

二、石灰岩文物溶蚀机理研究

石灰岩简称灰岩，是以方解石为主要成分的碳酸盐岩，含有少量白云石、碎屑矿物和黏土矿物。微观结构上，石灰岩属非连续性的颗粒集合体，有巨大的比表面积和很强的潜在吸附力[1]。

石质文物溶蚀是指长期遭受雨水等因素的影响，石质文物表面可溶性物质逐渐流失，特别是碳酸盐类质地文物的表面形成的坑窝状或沟槽状溶蚀现象。根据溶蚀破坏后的表面形态可分为均匀溶蚀和差异溶蚀，均匀溶蚀是指溶蚀后石质文物表面雕刻线条趋于平缓、图案趋于消失；差异溶蚀是指溶蚀后石质文物表面出现凹凸不平的现象，同样破坏了文物表面原状。溶蚀作用对石质文物的破坏包括表面形态、物理性能、化学组成等方面。石刻表面发生溶蚀后，其表面形态发生改变，孔隙

刘逸堃：西北大学文化遗产学院　硕士研究生
侯鲜婷：女，宁波市文物考古研究所（国家水下文化遗产保护宁波基地）　助理馆员

变大、增多、表面结构变得疏松，岩石表面强度下降，吸水性增强[2]。刘成禹等[3]对溶蚀后的大理岩、砂岩的矿物成分进行了分析，结果表面溶蚀后两种岩石的矿物成分及含量均发生了变化。

文物材料的劣化由内因（文物本体）和外因（文物所处的微环境）双重因素决定。石灰岩文物由于其主要组成物质为碳酸盐类，因此便成为石质文物中溶蚀病害产生的主要岩类，而环境中水的存在是其产生的主要诱导因素，此外酸雨、粉尘、生物等的存在会加速溶蚀病害的产生和发展。目前对于石质文物溶蚀机理的研究主要为定性研究且集中在溶蚀过程、影响因素等方面。

（一）溶蚀过程研究

刘海燕等[4]对泥灰岩的溶蚀过程进行了分析，岩石在溶蚀的过程中$CaCO_3$含量明显减少，数据显示，泥灰岩溶蚀后$CaCO_3$含量由50%—60%减少至30%—40%甚至更少。溶蚀的过程实际上是岩体中岩盐分子在溶剂（水、酸性水溶液）中的扩散过程，岩盐固壁中溶解出的岩盐分子经过边界层（固-液界面）进入扩散区（液-汽界面），岩盐分子的溶解扩散形成的浓度差导致岩壁中的岩盐分子始终在溶解与扩散之间维持着动态平衡。汤艳春等[5]通过模拟有无应力下岩盐的溶蚀过程发现，在无应力作用的情况下，溶蚀作用只发生在岩石固体边界面，在应力作用下，岩石发生形变，其固体表面产生裂隙，当岩盐与水溶液接触发生溶蚀时，其作用面不仅在其固体边界面上发生，也会在岩盐表面裂纹内部发生。同时，应力引起的应变能使固-液界面的化学势能差改变，加速岩盐溶解，从而影响溶蚀作用[6]。由于石灰岩文物大部分露天保存，冻融作用、风、雨水等作用导致石质文物表面成为应力集中区，裂隙发育、溶蚀作用已是该类文物的常见病害，而通过观察其溶蚀形态可以发现，溶蚀的发生大部分沿顺微节理、裂隙方向，溶孔连通后呈串珠状分布。溶蚀作用从裂隙部位开始，然后由点到面，由外到内，逐渐蔓延。

（二）溶蚀影响因素研究

露天石灰岩文物溶蚀病害的产生首先是水的影响，其次温湿度骤变、风的吹蚀、空气中CO_2、SO_2、NO_x等酸性气体以及粉尘、微生物等的存在也会影响溶蚀作用的发生和发展。

文物病害的发展与其所处露天环境的小气候条件密切相关，例如，温度循环变化导致石质文物表面及内部温度变化不同步，从而产生差异性膨胀、收缩，反复变化之后产生裂隙[7]，裂隙的发育又进一步促进了溶蚀作用。此外，风的吹蚀作用于岩石表面施加应力，而外应力的存在直接影响溶蚀的发展及作用面。

黄继忠等[8]通过讨论云冈石窟砂岩的快速风化过程得出，以水为主导的一系列复杂的水岩化学作用导致了岩石碳酸盐胶结物溶解，碎屑长石水解。目前关于不同类型酸对石质文物的溶蚀作用的研究较多，主要是通过室内模拟实验研究酸对岩石的溶蚀[9—10]。酸雨对露天石灰岩影响较大，其对石灰岩腐蚀兼具物理冲刷和化学溶蚀作用，而化学溶蚀作用主要由H^+和CO_2的浓度控制，阴离子对腐蚀的影响不大，腐蚀程度受pH和酸雨流量影响较大。赵以辛等[11]分析了大气污染对南响堂石窟石雕表面风化的影响，结果表明，裸露石窟在窟棚防护下，阻碍了酸雨的直接侵蚀，但仍未排除酸性湿气对石窟的溶蚀；此外，水-粉尘-岩体相互间的作用促使岩体表面微裂隙的形成，进一步诱发溶蚀作用发生,如粉尘中的SO_4^{2-}在水的参与下与岩石表面Ca^{2+}作用生成石膏($CaSO_4·nH_2O$),导致岩体膨胀,促使裂隙产生。此外,生物的覆盖会加速灰岩文物的溶蚀,但在某些特殊情况下生物也可起到缓解岩石溶蚀的作用,如近几年提出来的草酸钙膜的保护作用[12]。

(三)溶蚀程度研究

对于溶蚀程度的研究主要是从定性上对其研究,通过对比溶蚀岩样与新鲜岩样在矿物组成、微观特征、粒度变化、孔隙、力学强度等方面的差别[13,14],来大致判断岩石的溶蚀程度。刘成禹等[15]提出对不同深度的岩石进行采样,分析其矿物成分和化学成分的差异,然后根据化学风化指数沿深度的变化来确定岩石的风化深度。此外,孙进忠等[16]利用超声透射波和瑞雷波检测了故宫汉白玉栏板等的风化程度,并取得了较好的效果。

三、溶蚀病害防治研究

文物病害防治理想的措施是治理、控制文物所处的微环境,以做到在文物本体上的"少干预"。石灰岩文物绝大部分为露天保存,对其环境控制的效果微乎其微,可以做的主要还是风沙的防治及周围污染气体排放的控制,而且,对环境的治理基本上在短期内无法取得明显效果,因此,对于露天石灰岩溶蚀病害的防治主要还是对岩石本体进行表面防护处理。

综合分析得出,导致露天石灰岩文物溶蚀的主要因素是水的参与,所以防水是溶蚀治理的主要目标,而防水最直接的方法就是在文物表面进行防护处理,使其表面具有憎水效果。石质文物表面防护效果由石质文物本体材料特性、防护材料特性及防护工艺决定。石材本体的矿物成分及结构影响防护材料的渗透和防护材料与石材本体的结合强度,同时,孔隙率低于18%的碳酸盐类岩石对防护剂吸收困难、吸收量很低[17]。防护材料特性如固化方式、耐老化性、颜色、黏度等直接影响文物保护,此外,防护材料的快速固化也可以有效降低防护过程中生物及环境污染物对文物的侵蚀的产生[18]。防护工艺如涂刷方式、涂刷时间等也会影响其最终作用效果。直至目前,文物保护学者已经研究了一系列用于石质文物表面防护的无机材料和有机材料[19,20]。无机材料如石灰水、氢氧化钡、硅酸盐等,由于其渗透性差、与石质基材结合强度不高及其可溶性盐引入等问题的出现,要求文物保护学者进一步探索新型无机防护材料,以适应石质文物表面防护的要求。

有机防护材料中的环氧树脂材料曾在石质文物加固中应用较多,如龙门石窟、云冈石窟、大足石刻等。普通环氧树脂的缺点是耐候性差,紫外光照射下容易变色。丙烯酸树脂因具有良好的化学稳定性、耐候性,在文物保护修复中应用广泛,如近些年在壁画、彩绘类文物的保护中Paraloid-72应用较多。由于丙烯酸树脂耐水性较差,所以限制了其在石质文物表面防护中的应用。不过,近些年一些文物保护学者依据不同种类防护材料的特性对丙烯酸材料进行了改性研究[21,22]。有机硅类防护材料是用于石质文物表面防护的热门材料[23,24],其具有良好的渗透性、憎水性和耐候性,是目前各项评价效果较好的石质防护材料。有机硅类防护材料可以对砂岩提供较好的保护,但是对石灰岩文物的保护效果不甚理想。有机硅类材料聚合产物与含硅化合物的砂岩相似,因此与砂岩具有较好的亲和性及相容性,而与碳酸盐岩缺乏相容性,石材与防护剂之间没有形成化学键,防护材料易脱落。此外，有机硅材料因老化失去保护性后其最终残留物为无定形的氧化硅，其基本上与砂岩相容，因此其老化后给砂岩文物带来的影响较小，而对于以碳酸盐为主的石灰岩却达不到较好的相容。

目前，除常见的无机和有机防护材料外，不少学者也研究了用于石质文物封护的新型材料，如仿生材料、纳米改性材料及有机氟材料。

仿生材料来源于在一些石质文物表面发现一种以草酸钙为主要成分的致密的生物膜，该矿化膜与石材表面有较好的结合力和亲和力，受此启发，一些学者开始尝试用化学仿生方法合成该生物膜。目前仿生技术的发展已经可以合成一些简单的生物膜[25]，但距离普遍应用于文物保护还有一段距离。

近年来，用纳米材料改性有机硅类等材料以使封护材料的耐老化性及重涂性等性能提高也是文保学者研究的一个方向。用纳米材料改性过的封护材料在某些方面的特性确实有所提高[26]，但改性所要求的工艺及材料的精确要求，导致其目前仍不能普遍应用于文物保护。

有机氟树脂用于石质文物防护研究逐渐引起文物保护学者的关注[27,28]，氟树脂的表面张力（11mN/m）比有机硅（24mN/m）、水（72mN/m）及油脂（20-30mN/m）低得多，因此可以同时防水防污防油，并具有更好的渗透性，而有机硅的表面张力和油脂接近，所以其防污防油效果一般。氟树脂中F-C键键能（485.6KJ/mol）很大，其对紫外线、酸碱类污染物等抵抗力更强，耐候性更好，有利于更长久地防护石质文物。此外，有机硅类防护材料作为石质文物表面防护的热点材料，因其可与石材形成Si-O-Si键而具有较好的结合性能，但这仅限于砂岩类文物，对于以碳酸盐为主的石灰岩类文物，其防护效果甚不理想。因此，综合各方面考虑，氟碳、氟硅类材料用于露天石灰岩质文物表面溶蚀防护具有较大的潜力，也是灰岩类文物溶蚀防治材料研究的主要方向。

四、结　语

石灰岩类文物是我国最主要的石质文物之一，其大多露天保存，水、风、空气污染物等有害因素导致该类文物溶蚀病害日益严重，对其进行防治刻不容缓。然而，目前我国对于石质文物的腐蚀防治研究多集中于砂岩类文物。不同的组成成分、矿物结构决定了其腐蚀机理、防治方法的差异，因此，针对性地研究石灰岩类文物的溶蚀机理及其防治方法是该类文物保护的基础研究工作与必行之路，也将初步建立起适合该类文物防治的规范。

现阶段露天石灰岩文物的溶蚀研究集中于单一、定性的研究。如溶蚀前后结构、组成成分变化，模拟酸对石质文物的腐蚀等。岩石的溶蚀是多种因素综合作用的结果，因此，在综合分析环境因素并确定好主要影响因素后，以固（石材本体）—液（表面反应性水膜）—汽（污染气体）三元耦合模拟实验，研究灰岩文物溶蚀机理，可以更客观地探究溶蚀本质。

我国围绕灰岩质地文物展开的保护研究工作较为少见，其保护材料及其工艺多套用在砂岩类文物保护中采用的有机硅类材料进行简单的憎水处理。由于砂岩和灰岩质文物在本体组成及其结构方面均有着较大的差异，因此，在砂岩上表现良好的有机硅类材料与灰岩表面难以形成有效的键合，致使表面防护效果难以持久，几乎半年就失去保护效果，户外灰岩文物无法取得有效的防护效果。

综合各种用于石质文物保护材料的特点,以具有良好耐候性及表面防护性能的氟碳为主体,研究和灰岩具有良好匹配性、长期有效性的石灰岩材质文物溶蚀防护材料与实施工艺,可为石灰岩文物溶蚀防治建立防护处理技术规范,进一步促进珍贵文化遗产的有效保护。

本文得到文化遗产保护科学和技术研究课题(20120214)资助。

注　释

［1］ 徐则民、唐正光:《石灰岩腐岩的基本特征及其形成机制》,《地质论评》2007年第3期,第421—427页。

［2］ Nicholson D T. Pore properties as indicators of breakdown mechanism in experimentally weathered limestone. Earth Surface Processes and Landforms, 2001, 26: 819—838.

［3］ 刘成禹、李宏松:《岩石溶蚀的表现特征及其对物理力学性质的影响》,《地球与环境》2012年第2期,第255—260页。

［4］ 刘海燕、柴建峰、李增学等:《泥灰岩的微观结构及溶蚀过程分析》,《辽宁工程技术大学学报(自然科学版)》2009年第5期,第724—726页。

［5］ 汤艳春、周辉、冯夏庭等:《应力作用下岩盐的溶蚀模型研究》,《岩土力学》2008年第2期,第296—303页。

［6］ 钱海涛、谭朝爽、李守定等:《应力对岩盐溶蚀机制的影响分析》,《岩石力学与工程学报》2010年第4期,第757—764页。

［7］ 闫敏:《小气候环境因素对乾陵石刻风化的影响研究》,《文博》2011年第4期,第82—85页。

［8］ 黄继忠、袁道先、万力等:《水岩作用对云冈石窟石雕风化破坏的化学效应研究》,《敦煌研究》2010年第6期,第59—63页。

［9］ 魏兴琥、马婷婷、王杰等:《不同pH值水溶液对石灰岩溶蚀影响的模拟研究》,《佛山科学技术学院学报(自然科学版)》2013年第2期,第17—23页。

［10］ 李丹、徐飞高、赵末名等:《不同类型酸对石灰岩的模拟腐蚀实验》,《环境化学》2011年第12期,第2069—2074页。

［11］ 赵以辛、王安建、孙丰强等:《大气污染对南响堂石窟石雕表面风化的影响》,《文物保护与考古科学》2004年第2期,第9—12页。

［12］ 张秉坚、周环:《建筑石材的生物腐蚀》,《腐蚀与防护》2001年第6期,第233—236页。

［13］ 秦中、张捷、田友萍等:《石灰岩表面早期风化的分形识别》,《地学前缘》2005年第1期,第155—156页。

［14］ 赵以辛、邝颖、赵不凋等:《南响堂石雕表层的孔隙、粒度变化与环境污染》,《吉林大学学报(地球科学版)》2006年第3期,第443—448页。

［15］ 刘成禹、何满潮:《石质古建筑风化深度确定方法》,《地球科学与环境学报》2008年第1期,第69—73页。

［16］ 孙进忠、陈祥、袁加贝等:《石质文物风化程度超声波检测方法探讨》,《科技导报》2006年第8期,第

[17] A.P. Ferreira Pinto, J. Delgado Rodrigues. Stone consolidation: The role of treatment procedures. Journal of Cultural Heritage, 2008 (9): 38—53.

[18] Clifford A Price, Eric Doehne. Stone Conservation: An Overview of Current Research [M], Los Angeles: the Getty Conservation Institute, 2010: 39—40.

[19] 张秉坚、魏国锋、杨富巍等：《不可移动文物保护材料中的问题与发展趋势》，《文物保护与考古科学》2010年第4期，第102—109页。

[20] 王丽琴、党高潮、梁国正：《露天石质文物的风化与加固保护探讨》，《文物保护与考古科学》2004年第4期，第58—63页。

[21] 彭程、邱建辉、赵强：《硅丙乳液共聚涂料对石质文物保护的应用研究》，《上海涂料》2006年第11期，第12—15页。

[22] 陈国清、邱建辉、朱正柱等：《氟-硅-丙石质文物封护涂料的合成及性能分析》，《文物保护与考古科学》2009年第4期，第5—9页。

[23] 谢振斌：《甲基三甲氧基硅烷对砂岩石刻封护性能的实验室研究》，《文物保护与考古科学》2008年第4期，第10—15页。

[24] 刘斌、蒋德强、尹建军等：《聚硅氧烷低聚体制备及其石质文物封护性能研究》，《敦煌研究》2011年第6期，第24—28页。

[25] 刘强、张秉坚、余政炎：《劣化石刻表层生物矿化加固材料的探索性研究》，《文物保护与考古科学》2008年第1期，第1—6页。

[26] 朱正柱：《纳米改性石质文物封护材料的研究》，南京航空航天大学硕士论文，2008年。

[27] 朱正柱、邱建辉、段宏瑜等：《改性氟树脂石质文物封护材料的研究》，《石材》2007年第5期，第39—43页。

[28] 徐飞高、李丹、赵末名等：《三种有机氟硅类防护材料对石材的抗酸保护性能》，《腐蚀与防护》2010年第1期，第14—17页。

Research on Dissolution Mechanism and Preventive Control of Outdoor Limestone

Liu Yikun　Hou Xianting　Liu Cheng　Zhou Weiqiang

Abstract: In this paper, we expound the importance and urgency of research on dissolution mechanism and preventive control of outdoor limestone. Besides, we analyze the characteristics of present research on dissolution mechanism, preventive control method and materials, and based on that, we put forward the suitable method for dissolution disease of outdoor limestone.

Keywords: outdoor, limestone, dissolution, mechanism, preventive control

秦俑古代修补粘接材料的分析研究

杨 璐　申茂盛　卢郁静　欧烨秋

内容摘要：在秦始皇陵兵马俑的发掘过程中，考古工作者在俑体上发现了一种青灰色的泥质粉末，其在秦俑上起着粘接和修补的作用，被称为焊泥。此类材料在彩绘陶器的考古发现中并非个例，山东青州、危山，陕西咸阳杨家湾等地出土的汉代陶俑也发现了类似的修补粘接材料。为探究焊泥的成分和工艺，本文通过X射线荧光（XRF）、X射线衍射（XRD）、扫描电镜（SEM）、气相色谱质谱（GC-MS）等方法对焊泥进行了科学分析，得到了焊泥成分及其相关工艺的初步成果。该研究填补了秦俑古代陶器修补粘接材料研究的空白，可为今后古代陶器修补材料的研究提供科学参考。

关键词：秦俑；焊泥；有机调和剂；气相色谱质谱（GC-MS）

一、引　言

秦始皇陵兵马俑第三次考古发掘过程中，工作人员在俑足和踏板间、俑袍面、俑臂等多处均发现了一种青灰色的泥质连接物（图一——图三）。其质地细腻均匀，呈现粉末状，起着修补俑体残缺和粘接俑体部件的作用，被秦俑工作人员称为焊泥。焊泥作为秦俑制作中的一部分，其材料本身及相关工艺与秦俑的制作工艺密切相关。

图一　T23 G10∶20踏板下泥　　　　　图二　44号右臂断裂处黏接物

杨璐：西北大学文化遗产学院　副教授
申茂盛：秦始皇帝陵博物院　副研究馆员

(1) 仪器设备

7890A-5975C气相色谱质谱联用仪（美国安捷伦科技有限公司），KQ-50E型超声波清洗器（昆山市超声仪器有限公司），DHG-9035A型电热恒温鼓风干燥箱（上海一恒科学仪器有限公司），Anke LXJ-IIB型离心机（上海安亭科学仪器厂），TB-215D电子天平（美国丹佛仪器公司），MS3DS25型涡旋振荡器（德国爱凯斯-克林贝格集团），MDS-8G型微波消解仪（上海新仪微波化学科技有限公司），QYN100-2氮吹仪（上海乔跃电子有限公司）。

(2) 分析条件

气相色谱分析条件为色谱柱：HP MS-5 30m×0.25μm×0.25μm；进样口温度：280℃；载气：He（99.999%），流速1.5mL/min；升温程序：初始温度100℃，保持2min后以6℃/min的速度升温至250℃，保持10min；分流模式：不分流；进样量：1μL。

质谱检测条件为离子源：电子轰击（EI）离子源；电离能量：70ev；溶剂延时：10min；接口温度：280℃；离子源温度：180℃；扫描范围：采集质量范围为50-800。

(3) 样品处理

将待萃取的焊泥样品置于离心瓶中，用氨水溶液在超声波仪中萃取两个小时，萃取结束后，离心并提取上清液于水解瓶中。重复此操作一遍。最后使用氮吹仪进行吹干。干燥后的样品使用三氟乙酸溶液再次溶解后，用C4层析柱对其进行净化处理，净化后的蛋白质样品在6moL/L的盐酸溶液中微波辅助消解45min，具体的微波消解程序见表一。

表一　微波辅助酸性水解步骤

步骤	温度/℃	时间/min	功率/W
1	120	15	300
2	160	30	300

消解结束后，用MTBSTFA在60℃环境下对样品衍生30min。衍生化结束后，静置90min后进样分析。

5. 模拟样片机械强度实验

(1) 实验设备

PT-1176PC式拉—压力试验机（宝大仪器有限公司）

(2) 分析条件

测量最大力：5000N；力值精度：±1%；测力分辨率：1/100,000；位移分辨率：0.05μm；测试速度：50mm/min；测试行程：1000mm；测试方向：正向。

（三）结果与讨论

焊泥样品的XRF、XRD测定结果见表二。

表二　秦俑焊泥样品的XRF及XRD测定结果

样品	XRF元素分析	XRD物象分析
G8：25俑脚踝处焊泥	Si、Al、Fe、K、Ca	SiO_2（石英），$CaAl_2Si_2O_8$（钙长石）
T23G11：44俑右臂焊泥	Fe、Ca、K、Ti、Si、Mn	SiO_2，$(Na, Ca)Al(Si, Al)_3O_8$（斜长石）
T23G10：20踏板下泥	Si、Al、Fe、Ca	SiO_2，$CaAl_2Si_2O_8$
T23G11：4胳膊焊泥	Fe、Ca、K、Si、Mn、Ti	SiO_2，$(Na, Ca)Al(Si, Al)_3O_8$
T23G11：40脚踏焊泥	Fe、Ca、K、Si、Mn、Ti	SiO_2，$CaAl_2Si_2O_8$

由表二可知，焊泥的无机填料的成分主要是石英和长石，这两者均为陶瓷原料中的重要组分。石英也是黏土的主要成分。钙长石和钠长石以任意比例形成连续的固溶体系列即为斜长石。斜长石是长石的一种，是一种地球上很常见且很重要的硅酸盐矿物，是现代陶瓷业和玻璃业的主要原材料。钙长石化学组成为CaO、Al_2O_3、SiO_2，在陶瓷制作中被作为陶瓷胚体配料使用。另外钙长石也作为陶质胶结物成分被用于现代磨具磨料的制作。而在《秦始皇陵兵马俑坑一号坑发掘报告》中，对秦俑陶胎的成分信息也已有过较全面的叙述，其化学成分SiO_2为63.24%—66.36%；Al_2O_3为15.98%—17.43%；Fe_2O_3为6.08%—6.88%；CaO为2.06%—2.96%，其他氧化物10%左右。2003年又对秦俑残片岩相进行了实验测定，结果表明秦俑物相组成为石英、微斜长石、斜长石云母和黏土等[8]。焊泥作为秦俑制作过程中使用的一种粘接修补材料，其无机成分与秦俑陶胎本体成分相似，而焊泥样品呈现青灰色粉末外观，因此推测其很可能为就地取材调配而成，其无机配料来源可能为打碎磨制成粉的陶俑残片。

采用扫描电子显微镜对T23G10：20踏板下泥的形貌进行微观分析，对样品的颗粒粒径进行了测定。测得各个颗粒的最大最小粒径值，数据见表三，计算得出粒径的中位值为$109.5\mu m$。图九为粒径大小分布直方图，颗粒粒径大都分布在中位值左右，图五至图八为样品颗粒的SEM照片，从图中可以看出颗粒表面较为平滑，少有尖锐棱角，这说明焊泥无机填料很可能为经过一定程度的打磨制得的较为细腻的粉末。

表三　颗粒粒径测量值（μm）

范围	粒径大小
0—100	5，6，9，11，11，12，12，12，13，14，14，15，16，21，78，79，82，91，94，95，96，98
101—200	104，108，111，116，122，129，131，132，141，147，153，157，174，176，186，188
201—300	200，202，208，222，222，236，240，260
301—400	379，384

采用气相色谱质谱联用技术对T23G11：44俑右臂焊泥样品的有机成分进行分析。图一〇为焊泥样品的气相色谱图。表四为T23G11：44俑右臂焊泥样品中8种氨基酸的百分含量结果。

表四　T23G11：44俑右臂焊泥样品8种氨基酸的百分含量（%）

氨基酸	Ala	Gly	Val	Leu	Ile	Pro	Met	Phe
百分含量（%）	12.01	29.08	9.25	14.55	5.10	3.53	2.33	24.15

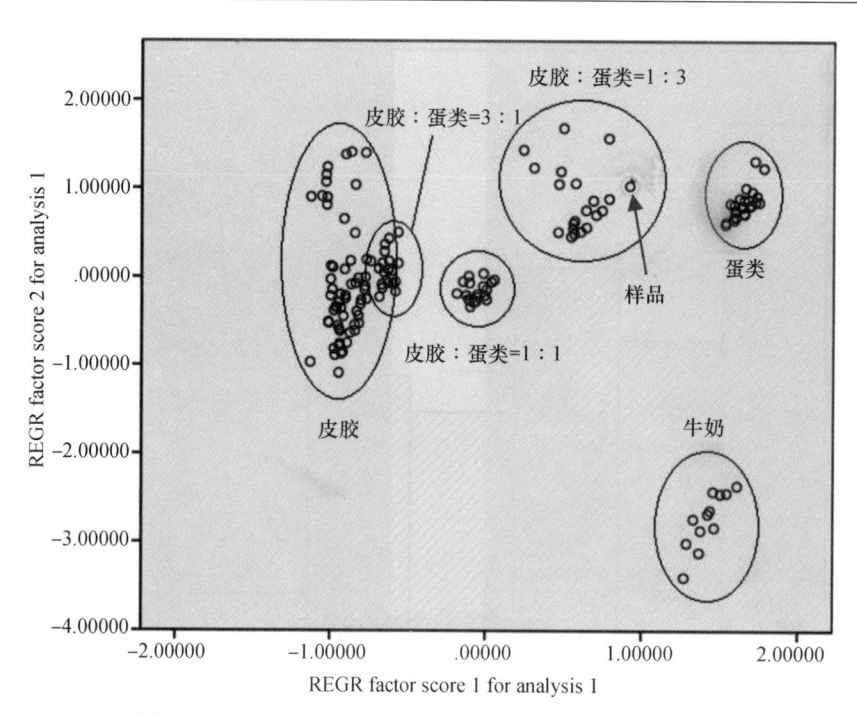

图一一 T23G11：44俑右臂焊泥样品分析因子得分散点图

的无机配料选材，为了与焊泥样品的成分进行比较，对以上四种物质也做了XRD分析，测得结果见表五。由表五对比表二可以看出，模拟的无机填料与焊泥样品的成分很相似，因而印证对焊泥无机填料的推测。对比各模拟样品的外观，古代陶粉的颜色与细腻程度与焊泥样品最为接近，因而选用古代陶粉作为模拟焊泥无机填料。

表五　焊泥无机填料模拟材料的XRD测定结果

材料名称	XRD物象分析
古代陶粉	SiO_2（石英），$CaAl_2Si_2O_8$（钙长石）
古代砖粉	SiO_2, $(Na, Ca)Al(Si, Al)_3O_8$, $(Ca, Na)(Si, Al)_4O_8$（斜长石），$CaAl_2Si_2O_8$
现代陶粉	SiO_2
现代砖粉	SiO_2, $(Na, Ca)Al(Si, Al)_3O_8$, $Ca(Mg, Al)(Si, Al)_2O_6$（辉石）

其次，实验采用皮胶和蛋清混合胶料作为模拟焊泥的有机调和剂，在和好的胶液中加入等体积的无机填料，即完成模拟焊泥的制作。

实验选择对厚度为7毫米的大小基本相同的样片进行粘接。粘接构件的机械性能通过测试力学性能得以反映。拉伸强度（又称抗张强度或抗拉强度）是表征胶粘剂特性的重要指标之一。单纯拉伸试验是负荷作用垂直于胶层平面并通过粘接面中心的试验。实验选择拉力测试对其粘接强度进行评估。

拉力实验以古代陶粉为无机填料加入蛋清与皮胶混合胶制得模拟焊泥为粘接材料，粘接片面积为6.8cm×0.7cm，拉力测试仪选择量程为5000N，拉伸速度为50mm/min。

图一二为拉力仪测得的拉伸位移与拉力的关系。图中的折点为样品断裂点。该点对应拉力数值

为3449.98N。

需要说明的是样品的断裂部位并非粘接面，而是样片本体。这一结果说明焊泥的初始粘接性能非常好，具有很大的抗拉强度，可以达到秦俑这类体量较大文物的强度要求。

三、结　论

通过XRF、XRD、SEM、GC-MS等科学仪器的分析检测，得到对秦俑古代陶器修补粘接材料的初步科学探究成果，即秦俑古代修补粘接材料的无机组分为烧制的陶俑残片打碎磨制而成的粉末，有机成分则为动物胶与蛋类调制而成的混合胶料。

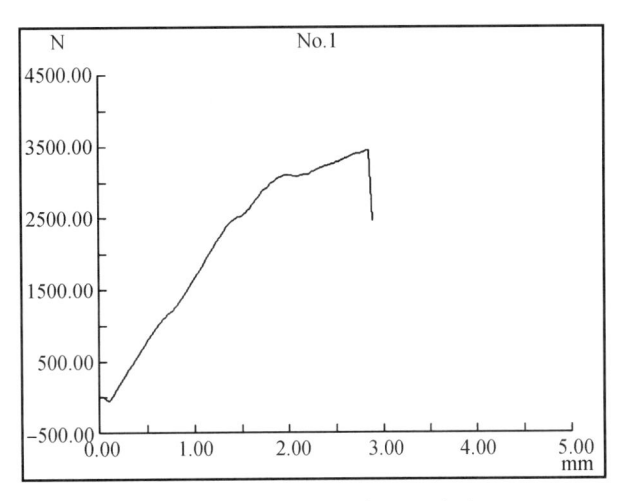

图一二　拉伸位移与拉力的关系

对于焊泥能否承受体型庞大的秦俑沉重的负荷，通过焊泥材料的粘接拉力模拟实验表明，焊泥具有很强的粘接性能，粘接样品能够承受大于3500N的拉力。由此可见，焊泥作为秦俑粘接修补材料具有很好的机械强度。这表明中国古代就已经将有机无机复合材料用于黏结剂中，反映我国古代工匠的聪明才智与传统工艺的高超。

注　释

[1] 刘占成：《原大秦俑制作的考察与研究》，《考古与文物》1997年第5期，第67—71页。

[2] 呼林贵：《秦代与西汉陶俑制作工艺浅析》，《文博》1987年第1期，第86—88页。

[3] 张涛：《秦俑之制作》，《丝绸之路》1998年第6期，第36—39页。

[4] 呼林贵：《秦代与西汉陶俑制作工艺浅析》，《文博》1987年第1期，第86—88页。

[5] 安晶晶：《MALDI-TOF-MS分析表征彩绘文物颜料胶结材料的研究》，西北大学硕士学位论文，2012年。

[6] 安晶晶、闫宏涛：《古代彩绘颜料胶结材料MALDI-TOF-MS分析表征》，《科学通报》2013年第3期，第215—216页。

[7] 吴晨：《气相色谱质谱分析在文物有机物鉴定中的应用》，《分析化学》2013年第11期，第1773—1774页。

[8] 何诗敏等：《秦俑陶质彩绘原始工艺和剥落过程的探索性研究》，《文物保护与考古科学》2014年第4期，第14—15页。

[9] 魏书亚等：《山东青州香山西汉墓彩绘陶俑胶接材料研究》，《文博》2009年第6期，第71—78页。

后果，其中最基本最常发生作用的是文物所在环境的空气温湿度，它们是决定一切物理、化学、生物作用的两个基本条件"[14]。目前已经有学者对该遗址环境与病害关系进行了研究，例如：杨雅媚、曹军曦在收集汉阳陵外藏坑环境数据的基础上采集土壤样品，进行成分测定，初步得出汉阳陵外藏坑文物酥碱、风化的主要原因是大气污染物及降尘通过空气交换进入外藏坑，与土壤中的化学成分发生缓慢的反应[3]；王静、闫增峰对汉阳陵外藏坑进行了长达两年的气温与相对湿度监测，通过追踪评价该遗址的热湿环境，对外藏坑遗址的节能性进行评估，讨论了遗址保护展厅存在的缺陷[4]；王觅通过对遗址的热湿环境和顶面围护结构的热工性能进行分析，提出解决外藏坑顶面结露的技术措施[5]。通过以上文献研究，可以得出汉阳陵外藏坑遗址的热湿环境是导致遗址及文物缓慢风化的主要原因。

因此，综合以上前期文献调查，以温度、相对湿度，作为主要研究对象，反映遗址环境变化。但为弥补文献研究中对于环境影响因素探究的不足，本次环境监测拟对遗址空气、土体、参观游览区和大气环境进行同期监测，通过对比分析得出影响遗址内部环境变化的主要因素。

汉阳陵帝陵外藏坑遗址内埋藏有大量不同材质的文物，主要有彩绘陶器、铁制兵器、青铜武器、骨、角制有机制品[15—20]，这些材质的文物在相对稳定的环境内保存面临的主要问题是文物材质的缓慢风化，短期内不存在稳定性问题。外藏坑建筑材料为土，在遗址发掘之后由于土体应力重新分布，外藏坑的四周会产生不同程度的卸荷裂隙，这些裂隙虽然发育缓慢，但极大的影响了遗址和地下埋藏文物的稳定性，一旦形成危险体坍塌，对遗址会造成重大损害。因此，可以以外藏坑土体卸荷裂隙作为病害研究对象，反映遗址内的病害发育情况。由于土体本身所含有的矿物成分具有不同的热膨胀系数，在温度变化的条件下，产生差异膨胀，使土体的结构不断疏松，强度降低。另外，土体含水率的变化会引起土中可溶盐的溶解与重结晶，加速裂隙发育。因此，为了进一步探讨影响裂隙发育的环境因素，将对裂隙及其周边土体的含水率进行同期监测和对比，以得出二者间的相关性。

综合以上两方面，监测内容包括环境监测和病害监测两部分，其中环境监测包括对遗址内热湿环境和遗址外围热湿环境的监测，监测指标为温度、空气相对湿度和土体含水率；病害监测是对遗址本体卸荷裂隙的监测，监测指标为裂隙张开度。

三、监测点布置

为了获取帝陵外藏坑遗址的环境数据，需要在外藏坑遗址内安装环境监测系统。本次环境监测采用西安元智系统技术有限责任公司设计的实时环境监测系统，监测内容主要包括温度、湿度、露点温度、二氧化碳浓度。环境监测自2011年6月起，研究时间为2011年6月—2012年5月，数据传输时间间隔为10min，监测周期1年。

根据布设位置不同，监测环境变化的点分为四种。第一种点设置在每个外藏坑内土体表面，主要监测外藏坑空气中温湿度的变化情况及二氧化碳浓度的变化情况。为了获取各外藏坑不同位置的环境特征值，根据外藏坑长度不同等间距布设不等数量的环境监测点。其中，K17、K18长度短，分别为9.0米和10.6米。在外藏坑的东西两端分别布置一套温湿度监测点，K14、K15、K16、K19、K20、K21长约15—21米不等。在外藏坑东西两端、南北两侧等间距布置四至六套温湿度监测点。

第二种点设置在外藏坑底部土体内10—15厘米左右，监测土体内部温湿度的变化情况。土体监测点数量上相对空气监测点较少，约为空气监测点的一半，位置多紧邻空气监测点。第三种点分别设置在东、西、南、北四条参观游览通道中，监测参观游览区中空气温湿度的变化。分别位于外藏坑展厅、13号坑旁走廊上方栏杆边、21号坑玻璃外通道和21号坑玻璃外西通道。另外，在遗址博物馆外地面上方东北角还建有气象站用于收集室外环境数据（图一）。

监测病害的点位于K17和K21坑壁上。K16与K17隔梁上有明显卸荷裂隙，裂隙宽2—3厘米，切割外藏坑壁，长5—6米；K21北侧隔梁有卸荷裂隙发育，裂隙宽4—5厘米，长约10米，已经形成危险体，濒临坍塌。在这两个典型卸荷裂隙两侧安装超声波裂隙传感器，监测裂隙宽度变化，结合土体含水率变化情况，可以初步得出二者间的相关性（图一）。

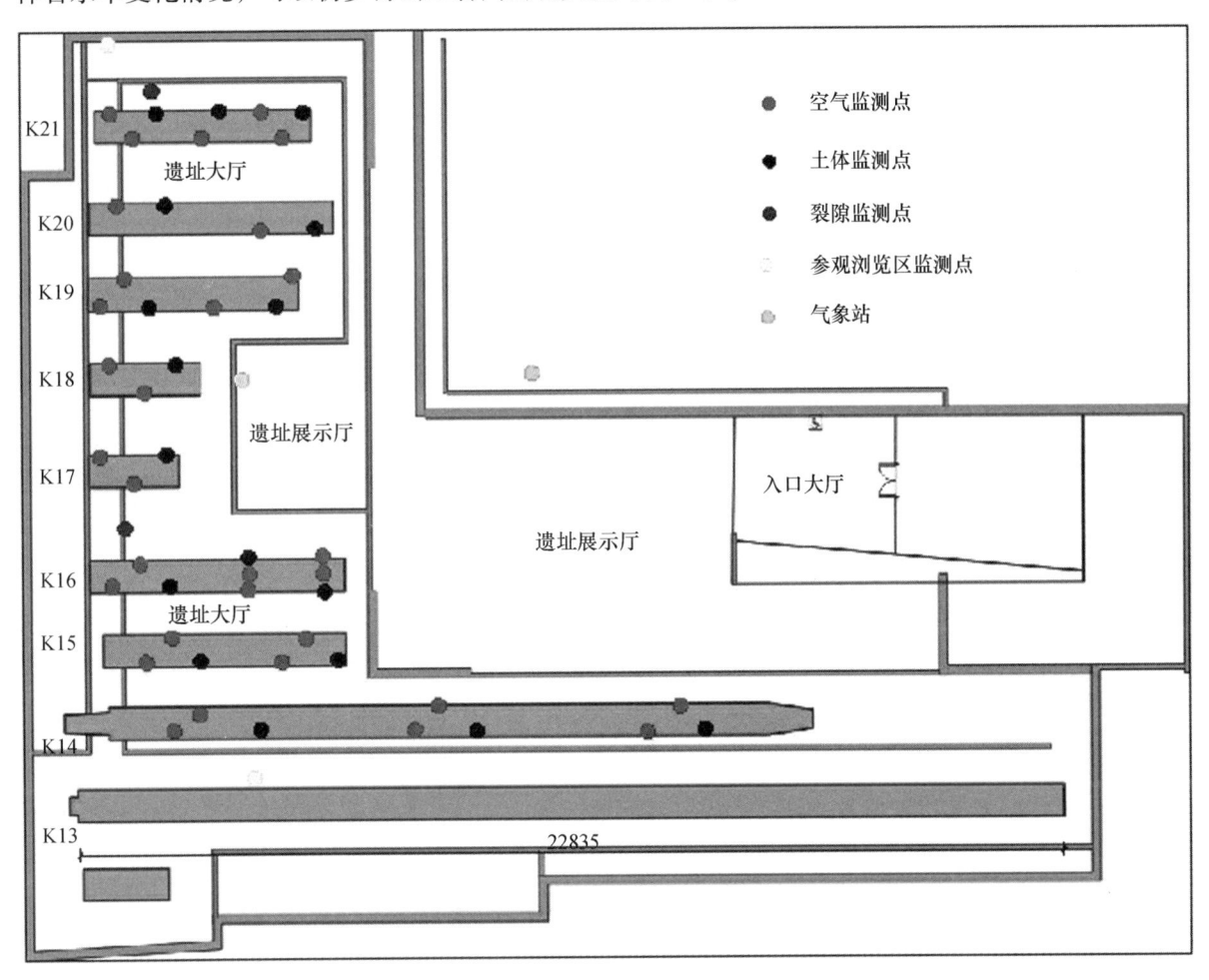

图一　监测点分布图

四、结果初步分析及不足

（一）遗址保护区

图二至图四是根据遗址保护区内各监测点的实时数据生成的温度/含水率空间分布图，从上图中可以看出监测点的布设有一定的可取之处，可以满足研究需求，但也存在一些不足。

①每一个外藏坑形成相对封闭的环境系统，等值线合理分布于各外藏坑并且和相邻外藏坑连接流畅，这说明环境监测点的布点位置合适。在外藏坑两侧等间距布点的方式可以反映出每一个外藏坑的环境特点。

②封闭的环境系统使得每一个外藏坑有单独的寒冷中心或暖热中心，大多数等值线中心区域位于外藏坑的西端，这主要是由于西端外藏坑上部搭建有玻璃廊道，该区域空气流通不畅。中心区域周围是等值线密集区，等值线越密集，说明该区域环境越容易产生突变，在环境易变区域应该增加环境监测点的布置。

③遗址保护区整体区域温差和含水率差值不大，空气温差约为1.2℃，土体温差约为5℃，土体含水率差值约为5%。每一个外藏坑内部的区域差值更小，为了减少对土体的破坏，可以减少K14、K15、K16、K19、K20、K21中间的部分的监测点，仅在外藏坑两端布点。

④从图四中，可以看出遗址保护区土体含水率空间分布呈现由南向北含水率逐渐增大的趋势。南北两侧K14和K21处等值线密集，应该增加含水率监测点布置，可以适当减少遗址保护区中部K15—K20的含水率监测。

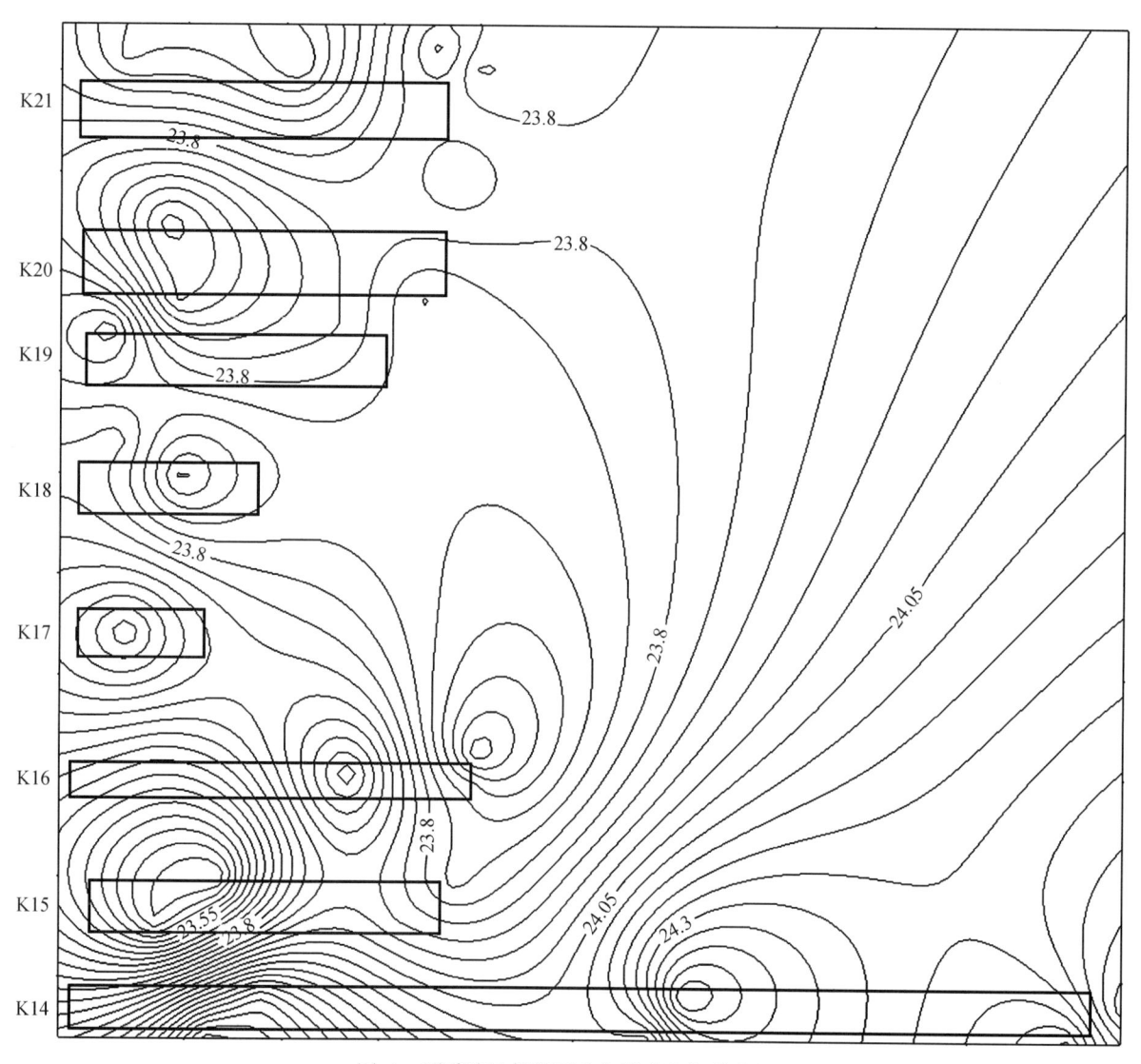

图二　夏季遗址保护区空气温度空间分布图

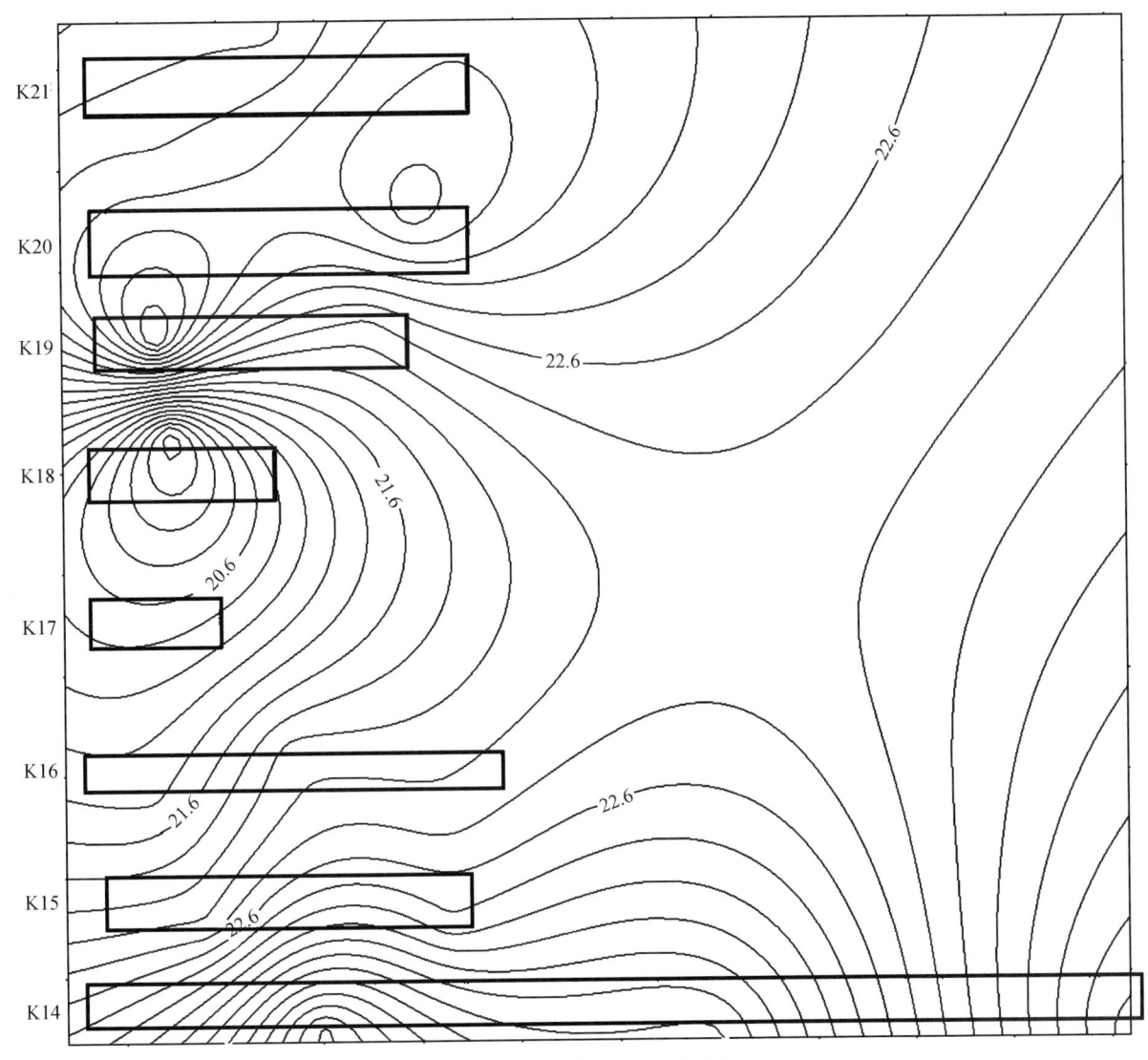

图三　夏季土体温度空间分布图

⑤K14温度高于其他区域约1.5℃，该处等温线密集，区域温差较大，容易诱发各种病害，加速土体风化，应在日常监测及检查时格外留心其变化，建议在K14周围卸荷裂隙安装裂隙监测点；K19南侧受寒冷中心影响，北侧受暖热中心影响，全年存在区域温差，温差为5℃。建议在K19处增设病害监测点，结合环境监测，对K19加强控制，提前预防K19病害的产生及加速。

（二）参观游览区

参观游览区在四条廊道上分别有一个监测点，其中11-158监测点位于K21外玻璃通道，此处空间密闭，起架低，远离几处通风口，空气不易流通，散热性差，保温性持久，因此温度较高；11-157位于K13走廊上方，该处与出口相接，空气流动性较好，因此温度较11-158偏低；11-159监测点放置于K21玻璃外西通道的隔板后，隔板与墙壁形成三角形出风口，降低了该处的空气温度，11-122位于外藏坑展厅内，该处空间开阔，与通风口相连接，因此所测空气温度较低。受客流量及空

图四　冬季土体含水率空间分布图

调系统、通风系统的影响，参观游览区内各监测点间差异不大，有小幅变动但总体稳定。通过对遗址保护区和大气环境进行对比分析，发现二者存在一定相关性，但参观游览区的监测点数量少、所处位置多位于通风口处，所获取的数据不能全面的代表该区域的环境变化，因此，为了进一步研究三者间的相关性，建议在每个廊道的两端和中间增加空气温度、相对湿度和二氧化碳浓度监测点。

（三）大气环境监测结果及不足

保护展示区气温与大气温度季节性变化基本一致，遗址保护展示区的季节温差较外界大气环境小且全年温度变化具有明显的滞后性，滞后期约为1个月，这说明大气温度监测数据可靠合理。但在对大气空气相对湿度进行整理时发现，由于设备硬件设施出现问题，空气相对湿度数据丢失，因此为了进一步了解室外大气环境下空气相对湿度对遗址的影响，建议增加适合户外环境的空气相对湿度监测点。

（四）病害监测结果及不足

图五为2013年6月至2013年12月裂隙发育图，从图中可以看出位于K21和K17坑壁的卸荷裂隙宽度以每个月一毫米的速度逐渐增大，这说明裂隙发育处于危险期，外界震动可能会引起土体坍塌，因此建议在其余有卸荷裂隙发育的隔梁上均增设裂隙监测点，防止出现坍塌。裂隙发育与周围环境关系密切，但由于没有在裂隙周围安装与裂隙等深度的土体含水率监测装置，因此无法进一步讨论裂隙发育与遗址土体环境之间的关系，建议在裂隙监测点周围安装与裂隙等深度的土体含水率和土体温度监测点。

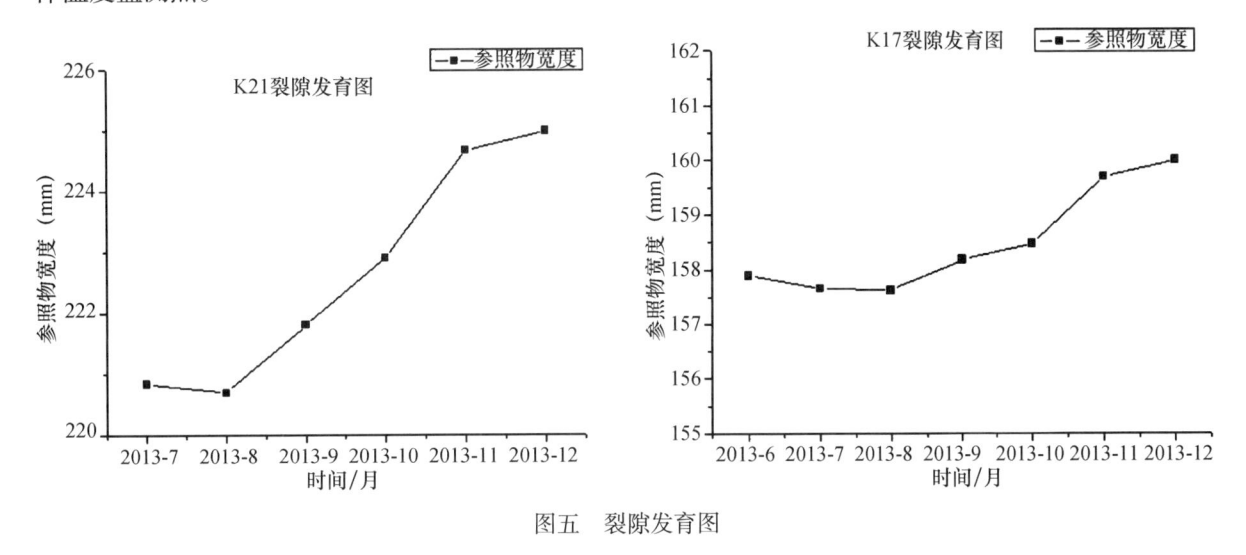

图五 裂隙发育图

五、结　　论

遗址保护区内监测点布设位置数量较合理，可以满足研究需求，在环境变化较大的区域应该增加监测点，在环境状况较均一的区域可以适当减少监测点。

参观游览区的环境监测点无法满足进一步研究需求，建议在参观廊道两端及中间位置增加监测点。

改进大气环境监测点空气相对湿度的硬件设施。

病害监测点以坑壁卸荷裂隙宽度为研究对象，但缺少与之相对应的环境数据监测，因此无法得出病害与环境的相关性，应该在裂隙监测周围安装相对应的土体环境监测装置。

注　　释

[1] 王静：《汉阳陵博物馆建筑节能研究》，西安建筑科技大学硕士论文，2010年。
[2] 刘克成、肖莉：《汉阳陵帝陵外藏坑保护展示厅》，《建筑学报》2006年第7期，第68—70页。
[3] 杨雅媚、曹军骥等：《汉阳陵地下博物馆土壤、大气及风化壳的理化特征》，《中国粉体技术》2009年第2期，第38—45页。
[4] 王静、闫增峰、孙立新：《土遗址博物馆室内热湿环境测试与分析》，《建筑科学》2010年第8期，第

27—31页。

[5] 王觅、闫增峰：《汉阳陵地下博物馆防结露分析研究》，《城市化进程中的建筑与城市物理环境：第十届全国建筑物理学术会议论文集》，2008年，第335—339页。

[6] 周双林：《土遗址防风化保护概况》，《中原文物》2003年第6期，第78—83页。

[7] 刘林学、张宗仁等：《古文化遗址风化机理及其保护的初步研究》，《文博》1988年第6期，第71—75页。

[8] 贾文熙：《土质史物的风化机理与保护刍议》，《文物养护与复制适用技术》，陕西旅游出版社，1997年。

[9] 张志军：《秦兵马俑文物保护研究》，陕西人民教育出版社，1998年，第104—106页。

[10] 秦俑坑土遗址保护课题组：《秦俑坑土遗址的研究与保护》，《秦俑学研究》，陕西人民教育出版社，1996年，第1388—1403页。

[11] 严淑梅、李华、周铁：《秦俑三号坑地衣的初步治理与探讨》，《文博》2002年第3期，第59—63页。

[12] 张光辉：《土遗址加固保护研究》，西安建筑科技大学硕士论文，2006年。

[13] 孙博、周仲华等：《温度在夯土建筑遗址风化中的作用》，《敦煌研究》2009年第6期，第66—70页。

[14] 郭宏：《文物保存环境概论》，科学出版社，2001年。

[15] 李华、容波等：《秦俑博物馆陶器库房空气污染的物理化特征及其对彩绘陶器的影响》，《文博》2009年第6期。

[16] 王慧贞、董鲜艳等：《西汉初期粉彩陶俑的保护研究》，《文物保护与考古科学》2005年第4期。

[17] 齐迎萍：《铁器文物腐蚀与保护的研究现状》，《中原文物》2008年第5期，第78—83页。

[18] 王慧贞、朱虹等：《秦汉铁器锈蚀机理探讨及保护方法研究》，《文物保护与考古科学》2003年第1期。

[19] 黄薇：《陕西不同地区土壤埋藏环境与青铜器锈蚀特征的研究》，西北大学硕士论文，2006年。

[20] 肖璘、孙杰：《金沙遗址出土象牙、骨角质文物现场临时保护研究》，《文物保护与考古科学》2002年第2期。

The Study on Optimization of the Environmental Monitoring System at Hanyangling Burial Pits

Yao Xue　Sun Manli　Li Ku　Deng Hong

Abstract: Environmental change is the main reason leading to the slow weathering of cultural relics of the indoor exhibition . The environmental monitoring of the atmosphere, tour area and display area in Hanyangling burial pits has continued for a year. Preliminary arrangement of monitoring data has been made, which reveals the lackage of the environmental monitoring layout and gives improvement suggestions to later monitoring.

Keywords: monitoring, optimization of layout, environment, disease

基于文献的敦煌石窟保护研究现状与进展

曾俊琴

内容摘要：敦煌石窟为我国乃至世界最大、保存最完整的石窟群之一。敦煌石窟的保护开始于20世纪40年代，经过70年的历程，许多专家为敦煌石窟的保护做出了巨大贡献，正是他们的努力，使得敦煌石窟的保护取得了丰硕的成果。与此同时，这些保护研究人员也出版了大量有关石窟保护方面的文献资料。本文在整理和分析已经出版的文献的基础上，利用文献分类学相关知识，将有关敦煌石窟的保护文献划分为8类，并对每一类研究内容进行了详细的总结与梳理，厘清敦煌石窟保护研究的发展脉络与相关进展。

关键词：文献；敦煌石窟；保护现状

一、概　述

敦煌石窟是指古敦煌郡境内的所有石窟，包括敦煌莫高窟、西千佛洞、安西榆林窟、东千佛洞、水峡口下洞子、玉门昌马石窟、肃北五个庙和一个庙石窟。从20世纪40年代开始，国家和各级地方政府均非常重视敦煌石窟的保护，经过70年的历程，敦煌石窟的保护也经历了三个阶段：看守阶段、抢险加固时期和科技保护时期[1,2]，许多专家为敦煌石窟的保护做出了巨大贡献，正是他们的努力，使得敦煌石窟的保护取得了丰硕的成果。

保护研究人员在对敦煌石窟进行保护和研究的同时，大批有关石窟保护方面的文献资料已出版，这些文献资料集中反映了敦煌石窟的保护研究成果，体现了整个敦煌石窟保护从无到有、从简单到复杂、从单一到综合的不平凡发展历程。通过文件整理和分析，可将莫高窟的研究内容大致划分为以下几个方面：一是石窟环境研究与监测，主要包括石窟大环境、洞窟内微环境、水环境等；二是风沙危害机理与防治；三是石窟崖体病害机理与加固技术研究，主要包括石窟围岩工程特性、地质病害、石窟围岩风化、石窟保护加固技术等；四是壁画及塑像保存现状调查，包括保护古代壁画与塑像病害分类、病害识别和科学调查方法等；五是壁画及塑像制作材料与工艺研究，保护壁画制作材料的认知、制作材料的特性以及制作工艺方面的研究；六是壁画及塑像病害机理研究；七是壁画及塑像保护修复技术与案例研究；八是石窟附加建筑、构筑物保护研究。本文通过对已有文献的研读和分析，对每一类研究内容进行了详细的总结与梳理，厘清了敦煌石窟保护研究的发展脉络与进展。

曾俊琴：女，敦煌研究院敦煌学信息中心　馆员

二、敦煌石窟保护研究现状

（一）石窟环境研究与监测

敦煌石窟的环境研究与监测经历了一个从无到有、从简单到复杂、从直觉判断到系统化、从被动到主动的过程，对监测结果进行科学分析而得出的结论为莫高窟的保护、管理水平的提高起到了积极的推进作用。

开始之初，孙儒僩先生通过较为简单的观测手段和查阅敦煌市相关资料，研究了敦煌莫高窟的区域环境，总结出了莫高窟为极端干旱的荒漠气候。20世纪60年代初，在莫高窟窟顶首次建立了气象观测站，监测窟区的气温、相对湿度、降水量、日照、风速、风向和沙尘暴等[3]。20世纪80年代，敦煌研究院联合兰州化学工业公司化工研究院首次就莫高窟大气环境质量与壁画保护的关系进行了探讨[4]，开始考虑游客参观带入的湿气和CO_2对壁画保护的影响，并提出了建立莫高窟环境监测站、莫高窟气象站等一系列合理化建议。20世纪90年代初，通过与兰州大学的合作研究，发现莫高窟保护面临的主要环境问题有洞窟围岩裂隙，洞窟壁画酥碱，壁画褪色，风沙对壁画、塑像的磨蚀以及积沙对洞窟的掩埋等[5]。通过光监控带在莫高窟的应用[6]，找到了测定窟内可见光和紫外光的累积量的一种简便而有效的方法。针对洞窟内产生难闻的气味的问题[7]，研究人员开展了"莫高窟洞窟中异味气体成分试析及治理"的研究，通过分析测试发现气味的主要组成部分是天然植物的挥发油，可能会造成窟内各种壁画病害的加剧，使窟内无机颜料的氧化进程加快、变色加速，也可能与颜料中的有机胶结剂发生反应，使其更容易老化变质，导致起甲、脱落等。

20世纪80年代末至今，敦煌研究院通过和日本东京文化财研究所、美国盖蒂保护研究所的合作[8,9]，开始了对敦煌莫高窟窟区的大环境和敦煌莫高窟的气象观测，这是首次对莫高窟洞窟小环境比较全面、系统的监测，初步揭示了莫高窟不同层位和不同大小洞窟内温湿度变化的特点。针对引起水盐迁移的动力问题，研究人员在1993年对莫高窟进行了游客对洞窟温湿度影响模拟实验，他们选用形状、大小、周围环境较相似开放和不开放的洞窟做了对比研究[10]。结果表明，40个游客在窟内停留40min，可以使洞窟内的平均温度提高4℃，空气的相对湿度上升了近10%，二氧化碳升高了2000mg/kg，因此游客的频繁出入对洞窟的小环境形成了影响，这种影响加速了壁画的破坏。

莫高窟85窟位于莫高窟南区中部底层，是一个较大型的唐代洞窟，具有较为严重的病害，保护研究人员在20世纪90年代中期开始了对这个洞窟的系统监测，了解了大型洞窟窟内温湿度变化的规律、窟外环境对窟内环境的影响，墙温、崖体内温湿度的变化等。通过对85窟环境监测与深入研究，使得研究人员认识到水汽运移是导致洞窟壁画产生病害的主要原因，有关引起壁画病害水盐来源及作用机理成为当前研究的热点[11]。之后对莫高窟第328窟、217窟进行了小环境实际监测[12,13]。

有关研究人员对莫高窟的小气候进行对比分析[14]，发现莫高窟的地形地貌、水系统、植被等环境因子对其小气候有重要影响。正是窟前林带的存在导致在莫高窟窟区形成了一个小的绿洲效应,稳定的环境是莫高窟洞窟保存的有利条件,但林带的存在,导致窟区小环境在固定时段湿度的上升对洞窟的壁画保存不利。因此,围绕窟前林带对石窟保存的影响,相关学者展开了一些研究。如对莫高窟窟前土壤及林带土灌水入渗研究,利用高密度电阻率法测试,对莫高窟窟前林带灌溉水对洞窟微环境的研究等[15—17]。通过以上研究,敦煌研究院改变了窟前林带的灌溉方式,降低了窟前林带漫灌可能对洞窟壁画带来的危害。

通过对莫高窟地层水汽含量的综合调查表明[18],总体而言,莫高窟地层30—50米以下有较高水汽含量。崖顶缓坡地带的冲沟部位具有较高的水汽含量;地层中的水是以水汽的形式存在和运动,较大的蒸发量使地层中的水汽不断由表面蒸发的同时,带动盐分向地层表面运移和富集。莫高窟下部洞窟内岩体并不是以前预想的非常干燥,在洞窟西壁背靠岩体内部存在一定的水汽含量,水汽含量随着深度的增加而增加;病害最严重的西壁易溶盐以硫酸盐和氯盐为主,主要富集在表面至60厘米以内;越往岩体内部,湿度越高,随着深度的递增,岩体内的相对湿度可依次达到使$NaCl$、Na_2SO_4等易溶盐潮解的程度。

在对莫高窟环境监测的同时,有关榆林窟和西千佛洞石窟的监测也在开展[19—20],相关气象设备均已安装。通过对榆林窟环境监测与分析,得出了榆林窟和西千佛洞的气候的特征及其环境对石窟保护的影响。通过研究发现,榆林窟崖体酒泉砾岩为一层透水或弱透水的地层,上层洞窟距崖面较近,窟顶薄,因此降水通过裂隙渗流进入洞窟,或水分以非饱和水的形式缓慢运移至洞窟。这些都可使岩体软化、剥落、掉块、坍塌,壁画地仗层和颜料层软化、鼓起、剥落,洞窟湿度增加,盐分发生运移和富集,使壁画酥碱等,从对榆林窟壁画病害调查来看,高湿度环境状况很可能是壁画多种病害产生的原因之一。

(二)风沙危害机理与防治

从上世纪敦煌研究院建院以来,老一辈保护与研究者就开始了艰苦的风沙防治历程,在莫高窟崖顶修建防沙墙、挖防沙沟均以失败告终。20世纪90年代初,敦煌研究院联合美国盖蒂保护所、中科院沙漠所开展了风沙防治研究。屈建军等利用风洞模拟实验研究莫高窟岩体的风蚀机理[21—22],得出敦煌莫高窟现实的风沙危害有风蚀、积沙和粉尘三种类型,其形成与戈壁风沙流有关,保护莫高窟免遭风沙危害,重点不是防治沙丘前移,而是防治戈壁风沙流。

自防沙障建立之后,有效地防止了鸣沙山的沙物质进入窟区,使窟区的积沙约减少60%。有关生物治沙方面,试验结果表明[23]:只要植物种选择合适,莫高窟顶沙砾地采用提水滴灌的办法栽植沙生植物是可行的,莫高窟的生物防沙必须遵循自然规律,根据风沙线的运动规律和危害的特点,建立一个以护为主、阻护结合的防护体系。从根本上解决防沙问题,需要积极开展综合治理,即植物(生物)、工程、化学治沙三种形式相辅相成,不可分割,才能从根本上解决风沙威胁石窟的局面。在以上研究的基础上,张伟民等提出了莫高窟防护体系建立的主导思想是:以防治西北、西南主害风为主,采取以固为主、固、阻、输、导相结合的防护原则,以切断或削弱鸣沙山沙源和固定流沙并消除沙砾质戈壁面的就地起沙为目的,建立一个由工程、生物、化学措施组成的多层次、多功能的综合防护体系,从根本上消除风沙活动对莫高窟的危害[24]。

基于以上研究，敦煌研究院在21世纪启动了敦煌莫高窟保护利用工程的子项目风沙防治工程，一个包括草方格固沙、生物阻沙、防沙障阻沙、砾石压沙的综合、立体的风沙防护体系已经形成。

（三）石窟崖体病害机理与加固技术研究

敦煌莫高窟开凿于鸣沙山东麓大泉河左岸的砂砾岩崖壁上。由于壁画绘制于在崖体所开凿的石窟内，石窟崖体的风化、坍塌和开裂都将会影响到石窟壁画的保存，因此研究石窟崖体的形成、病害成因以及加固技术是敦煌莫高窟保护的重要内容。

《论甘肃西部"洞窟地层"的特征与时代》一文采用地层地质学和构造地质学的方法对敦煌千佛洞及其附近的洞窟地层从岩性、层位、分布特点及构造关系和凿洞筑窟条件等方面对洞窟地层作一分析，并运用现有的气候地层和年代地层资料对洞窟地层的形成时代做了必要的论证[25]。张虎元、王旭东等对莫高窟崖体做了详细的研究[26,27]，认为莫高窟崖体及其下伏地层可划分为下更新统玉门组（Q1）、中更新统酒泉组（Q2）、上更新统戈壁组（Q3）。按地层岩性特征和工程性质可将莫高窟崖体地层分为四个工程地质岩组，洞窟主要分布在C组和D组中。首次开展的石窟围岩波动力学参数测试与现场实际调查，给出了围岩稳定性与波速及其波的动力学参数的关系。

受人工开挖、重力、风蚀、雨蚀和洪水冲刷等共同作用，敦煌莫高窟岩体发生风化、开裂、坍塌等多种破坏，严重影响岩体的稳定和洞窟的安全。从地质工程的角度分析，造成石窟严重破坏的各类病害，包括风蚀、雨蚀、洪水冲刷、裂隙发育、岩体坍塌及环境沙漠化等，影响莫高窟崖体稳定性的主要病害是内、外动力地质作用共同作用的结果。

王旭东等认为莫高窟岩体以物理风化为主，并按照病害与地貌部位的组合关系，从加固工程实际出发，将风化病害划分为9种形式、3种程度，确定不同病害的空间展布特征[28]。袁道阳等通过对敦煌莫高窟地区近场断裂活动性及区域活动断裂的几何学、运动学、历史地震及古地震等新活动特征的综合分析，同时论述了历史地震对石窟造成的破坏和影响[29]。付长华等以敦煌莫高窟为研究对象，阐述了地震荷载下洞窟围岩动态损伤的影响因素；采用动力有限元法，从地震动特性入手，分析研究了地震作用对洞窟围岩及其附属构筑物可能造成的损坏[30]。石玉成等针对莫高窟崖体的特点，对拟采用的锚索加固技术所产生的振动情况进行了分析测试，获得了不同距离处崖体不同方向的振动加速度和速度，并对其安全性进行了评估，为莫高窟崖体的加固提供了重要依据[31]。

为保证石窟安全，从20世纪60年代开始，敦煌研究院就采用"支""顶""挡""刷"的工程措施，对莫高窟南区进行了抢险加固，基本解决了敦煌莫高窟石窟的稳定性问题[32]。在榆林窟的保护中，研究人员首先分析了榆林窟的岩土工程问题，即岩体开裂、崖面风化、冲沟发育、大气降水入渗等。针对榆林窟存在的问题，采用了不同于其他地质灾害防治工程的设计原则、施工技术，其中锚索技术、利用PS-F材料进行砂砾岩石窟裂隙灌浆技术、崖面防风化化学加固技术首次在石窟文物保护中的大规模应用，较好地解决了榆林窟岩体稳定性问题[33]。崖体加固之后，研究人员对榆林窟东崖的岩体裂隙灌浆效果进行了人工地震检测，验证了保护加固效果[34]。

针对莫高窟薄顶洞窟的问题，从1991年开始，敦煌研究院和美国盖蒂保护所的专家们在两次模拟试验的基础上，于1993年7月对莫高窟460窟窟顶进行了成功的加固。对于胶结性差、松散、脆弱的砂砾岩洞窟的薄顶，采用了以木框—金属拉网—复合土工薄膜—铺沙土碎石—高模数硅酸钾喷洒加固的加固方法，取得了非常理想的保护效果[35]。

通过对20世纪60年代开始的莫高窟南区加固工程和榆林窟加固工程实施经验与教训的总结，保护工作人员在2002年开始，采用锚索锚固、裂隙注浆、PS防风化加固、底部支顶加固和有组织排水等措施，进行了莫高窟北区崖体的加固[36]。随着技术的进一步成熟，我院联合兰州大学实施了莫高窟保护利用工程——南区崖体加固工程，依据"综合性好、成熟度高、有效性强"的工程技术遴选原则，选择出PS渗透固化、裂隙注浆、锚索锚固、薄顶加固、局部清除等具体加固措施，完成了莫高窟加固工程设计和工程实施[28]。

（四）壁画及塑像保存现状调查

现状调查就是对洞窟壁画进行全面的评估，包括壁画病害类型、分布范围、损坏程度、壁画上的人为干预行为等。比较详细的现状调查记录可以看出壁画病害的种类和分布规律，并通过深入研究、探讨找到壁画产生病害的原因和机理，为彻底根除壁画病害提供科学依据，同时可以作为档案的基础资料，为以后洞窟的历史记录和修复档案管理提供详细准确的材料；理想的图像化文档可以在现状调查阶段、壁画修复阶段和修复后监测中长期使用。

早期的现状调查由于受到当时物质和技术条件的限制，只能用文字和简单的图形表示壁画的内容，用红色的线条和图案表示病害和人为干预的范围。此时对病害只是一个定性的调查，没有具体的分类和分析。进入20世纪90年代，壁画病害调查有了突破性的进展。首次尝试用黑白相机记录壁画的保存现状，也使用计算机数字化处理，通过这种方法，壁画的病害数量、面积大小以及分布都能得到较好地掌握，也可以系统的划分病害的类型，大致可分为八大类：龟裂、起甲、酥碱、画面污染（烟熏、鸟粪污染）、空鼓、脱落、裂隙、霉变以及人为破坏。近几年，随着研究的深入，壁画的现状调查逐步形成了较为成熟的壁画病害的分类体系和现状调查方法，这主要体现在我国《古代壁画病害分类标识规范》与《古代壁画现状调查规范》的出版。这两项标准的出版，规范了我国古代壁画病害研究与调查工作的开展，为病害机理研究与防治奠定了坚实的基础[37]。

莫高窟第85窟的保护项目是敦煌研究院与美国盖蒂保护所第二期合作项目。通过该项目的研究，形成了一套壁画现状调查的方法和程序，并规范了现状调查图例的使用[38]。之后敦煌研究院和盖蒂保护研究所的相关人员一起，根据《中国文物古迹保护准则》，对敦煌莫高窟492个有艺术品的洞窟进行了详细调查，对其保存现状、病害种类进行分类、统计。近年来，探测仪器的大量应用，计算机的普及，使得壁画现状调查在调查手段上有了进一步的发展。声波检测方法和雷达已经成为监测空鼓的一种新方法[39,40]。壁画表面出现较多的病害则是脱落、起甲、酥碱等。酥碱和脱落都是盐分运移、富集、反复结晶的结果，目前较为简单、有效的检测壁画表面盐分含量的方法是纸条法[41]，而X射线衍射分析法就能较为精确的分析结晶成分，对疱疹状结核分析、结晶盐分析尤为有效。还有应用偏光显微镜分析颜料的成分；多光谱摄影记录壁画现存色彩信息和表面的凹凸阴影；三维数字化以及GIS软件应用，各种便携式分析方法，如便携式显微镜、便携式荧光、便携式衍射仪、便携式拉曼等，都在一定程度上加深了对壁画病害的了解，证明了我们正在不断的从本质上解释病害发生的原因以及合理推断其发展趋势，为合理有效的保护措施提供良好的依据[42~45]。如在对莫高窟第3窟壁画制作材料和工艺进行初步调查分析中就使用了高倍数码显微镜、拉曼光谱仪、X-荧光光谱仪、光纤光谱仪等多种便携式无损检测手段[46]，几种无损分析方法的联合运用，可取代原有的取样分析，达到对壁画制作材料、工艺认知的目的，同时减少了对文物本体的干预。

现状调查在壁画保护中扮演着非常重要的角色，现状调查的越清楚，越有利于更好的保护壁画和文物。

（五）壁画及塑像制作材料与工艺研究

敦煌石窟壁画由支撑体、地仗层、粉层和颜料层组成。壁画支撑体可分为天然形成和人工修整两种情况。敦煌石窟壁画制作时，工匠首先要在崖体上开凿洞窟，之后再在洞窟内作画，因此壁画的支撑体绝大多数为人工开凿的砂砾岩体。壁画地仗层是涂抹在支撑体之上，用来找平并为绘画提供一个比较平整壁面的泥层和灰层，在莫高窟壁画中一般分为粗泥层和细泥层。粗泥层的具体功能就是填补开凿砂砾岩体的不平整部位，细泥层则为绘画提供了一个平整的作画壁面。粉层是在壁画制作过程中，为了衬托壁画主体色彩而在地仗表面所涂的颜料，颜色主要为白色。颜料层是指在粉层之上由各种彩色颜料绘制而成的壁画画面层，主要由胶结物和颜料组成。壁画颜料层是壁画结构中信息量最大、最为重要的部分，也是保护的主体。

《丝绸之路石窟壁画地仗制作材料及工艺分析》一文通过现场调查和取样分析，对丝绸之路石窟壁画地仗的制作材料及工艺按照不同地域、制作年代作了分析比较，对地仗的沙土比和地仗中的添加物均进行了详细的分析，旨在了解前人制作壁画的方法并对以后的壁画保护提供依据[47]。

在对壁画颜料成分的研究中，研究人员对各个时期洞窟所用颜料均进行了分析和测定：李最雄研究员等对敦煌莫高窟各个时代绘画颜料进行了分析研究，并得出了不同时代使用颜料的特征，在进行莫高窟唐代壁画彩塑颜料分析时，将结果与新疆克孜尔石窟壁画颜料的分析结果进行对比分析[48]。苏伯民等对克孜尔石窟壁画颜料进行了深入分析和研究，并对蓝色和红色颜料层的厚度进行了测量和对比[49]。美国的盖斯特采用普通光学显微镜和化学分析方法，对华尔纳窃运到美国的敦煌壁画和彩塑颜料进行了分析研究。发现这些样品中，不仅存在孔雀石、石青、雌黄、雄黄、赭石等天然材料，还存在铅白、红丹、银朱、大青和靛蓝等人造材料[50]。关于壁画中的蓝、绿色颜料，李最雄研究员利用X射线衍射方法对其进行了分析，通过色度测定，并做出历代各种颜料色差图，分析各种颜料的稳定性，最后得出莫高窟每个时代洞窟壁画中的蓝、绿色颜料基本是稳定的结论。从敦煌的绿色颜料使用来看，北朝以来的绿色颜料，既有单独的氯铜矿，也有氯铜矿与石绿或石青混合的，早期的铜绿是从自然铜矿氧化带中采集的伴生矿物加工的，唐代以来，敦煌、新疆等石窟中绿色颜料主是氯铜矿、这与当地制取、出售铜绿的文献记载相符[51]。利用微区X射线荧光结合显微镜和电镜-能谱的分析方法对榆林窟第10窟、第27窟的4个黄色颜料的表面和剖面进行分析发现，榆林窟第10窟和第27窟使用的黄色颜料都是砷和硫的化合物，由此推定以上两个洞窟使用了雄黄或雌黄，两个洞窟的黄色颜料在材料使用和制作工艺上存在明显差异并且都存在变色的现象[52]。采用X射线衍射（XRD）、X荧光（XRF）分析证明，在敦煌石窟清代壁画、彩塑艺术中都应用了群青颜料，证明了当时人工制作合成蓝色颜料的技术在敦煌已经开始使用[53]。

在壁画颜料和胶结材料分析研究手段方面，偏光显微镜、色度计、色谱技术、电子探针均见相关文献报道[54—56]。近年来，偏光显微镜在文物保护上的应用越来越广泛，尤其是在壁画地仗、颜料成分及病害分析等方面具有独到的作用；用色度计来监测壁画颜料的色度值不仅反映了颜料当前所处的状态，而且对了解古代画师调色、技法、配比等提供一定的线索，对保护修复有指导性意义；利用反相高效液相色谱技术分析蛋白质类的胶结材料会取得较好的分析结果，李实等利用在日本东京艺术大学保存科学研究室的先进设备，以敦煌画残片样品为对象，利用高速液相色谱法通过分析氨基酸组成来判定壁画颜料胶结材料的种类，准确地分析出古代壁画颜料中胶结材料的种类、数量、现存状况。使用硅烷衍生化色谱分析技术对分析植物胶是一个较好的方法，色谱技术已成为分析古代胶结材料的主要工具；使用共振光散射探针法测定敦煌壁画含黄色、红色、黑色、绿色和白色颜料的胶结材料中的蛋白质含量，取得了满意的结果，对分析壁画褪色与胶结材料老化的关系提供了定量数据。

壁画制作材料与工艺分析经历了一个复杂、漫长的过程，在最近二十年内得到突飞猛进的发展，这与开展的国际保护合作是分不开的。保护研究人员从开始对壁画制作材料和工艺知之甚少到对它们的分析研究不断加深，其中不仅有许多先进、精密的仪器应用到对壁画制作材料和工艺的分析研究中，而且已经将便携式的无损分析仪器应用到文物保护的现场。比如十一五期间的国家科技支撑计划课题"文物出土现场保护移动实验室研发"，将大量的无损检测分析设备集成和搭载于移动试验车上，使我们对田野文物的出土现场开展壁画分析检测成为可能，这样从客观上做到减少因保护分析研究的需要而对壁画造成新的伤害。现在无损分析已经深入到文物保护各领域中。

（六）壁画及塑像病害机理研究

莫高窟壁画病害很早就引起了人们的关注，1944年敦煌艺术研究所成立后，逐步建立起了文物保护的专业队伍。1951年，莫宗江、宿白、赵正之、余鸣谦等专家来到莫高窟，对包括壁画病害在内的地质灾害进行了调查，并拟定了早期的莫高窟保护规划。自1947年起一直在莫高窟从事保护工作的孙儒僩先生，对莫高窟壁画病害进行过多次调查研究，在预防壁画病害方面做了大量的工作[57]。李云鹤、段修业等在1988—1990年对壁画病害产生机理和壁画修复方面进行过研究[58—60]。所有这些调查工作，都为敦煌壁画病害的进一步研究奠定了基础。

敦煌莫高窟虽处于一个较为干燥的保存环境中，但经过1000多年自然因素和人为因素的影响，加之壁画泥质地仗本身较为脆弱，以及壁画制作材料和制作工艺等内在因素的作用，石窟壁画产生了多种病害。敦煌研究院的研究人员通过多年的现场调查和研究，将壁画病害分为起甲、酥碱、空鼓、壁画大面积脱落、烟熏、霉变和变色等类型，这些病害除烟熏以外，大多数与水汽和盐分的运移有关。

从1988年开始，敦煌研究院保护研究所病害调查组和日本东京国立文化财研究所病害调查组开展了莫高窟第53窟病害机理的研究[61]，结合环境监测、室内分析和现场调查发现，岩体中的水分及活动方式是影响壁画保护的关键因素，通常壁画酥碱病害是由于与地仗层接触的岩体表面或岩体下层水分蒸发而引起的，从而得出岩体中的水分及溶解在水中的可溶性盐是壁画酥碱病变成因的基本条件，并提出了第53窟中水分来源的两种可能途径是大泉河水和窟前树木浇灌水。

1989年段修业等对莫高窟第3窟壁画病害开展了调查与研究[62]，他们在对崖体地层的分析中，发现崖体胶结物中含有大量的可溶盐类，这些可溶盐类在湿度变化时会随水分进入地仗层和颜料层，最后导致壁画病害的发生。张明泉、张虎元等于20世纪90年代对莫高窟盐害洞窟的分布作了调查[63]，发现莫高窟壁画盐害在下层洞窟最严重，上层次之，中层较弱，从而认为水盐共同作用导致壁画病变，并且推断窟前高矿化度大泉河水及树木灌溉水应是窟内运移盐分并与盐分反应的水分来源。

郭宏、李最雄等人分析证明了莫高窟壁画地仗是用窟前的大泉河水和沉积黏土制作而成，壁画变质与莫高窟地表水的水质有直接关系。证明了Na_2SO_4、$NaCl$这两种可溶盐是导致敦煌莫高窟壁画发生酥碱病变主要盐类[64—66]。

陈港泉、苏伯民等对莫高窟第85窟壁画地仗酥碱现象进行了相关模拟试验，表明含盐量越高，在循环中试样酥碱的越快，但最终酥碱程度趋于相同，与洞窟中真实的酥碱状态相似，但含盐量很低时，相对湿度的变化不会造成酥碱病害的发生[67,68]。

陈港泉和于宗仁对莫高窟第351窟壁画疱疹和壁画地仗可溶盐进行了分析发现，疱疹区域与非疱疹区域壁画地仗中的可溶盐含量差异较大，也说明了水的渗入造成了疱疹病害的发生[69]。壁画发生酥碱病害的主要原因是岩体和地仗中的可溶盐遇水后溶解迁移，最后在洞窟壁画地仗内部富集，并随着洞窟小环境温湿度频繁变化，可溶盐反复溶解膨胀—结晶收缩，这样反复频繁活动的循环过程破坏壁画的结构，最终导致酥碱、疱疹等病害的发生、发展。其病害表现形式和程度因洞窟的环境而异。水是壁画产生酥碱病害的关键因素，也是最活跃的因素，是防治酥碱病害发生的首要控制因素。壁画的空鼓病害的原因主要有两点，一是壁画地仗与支撑体黏结不牢，在地仗自身重力的作用下，地仗局部分离空鼓；二是壁画面积过大，长期在温差的影响下使地仗脱离支撑体，并提出了不同空鼓病害类型的防治对策。

壁画颜料变色是敦煌壁画最严重的病害之一。敦煌壁画中，红色颜料主要是土红、朱砂和铅丹，变色最严重的是铅丹。李最雄先生通过光照变色试验中，土红是最稳定的一种，长时间的光照会使朱砂颜色变暗，铅丹在高湿度（RH90%）下，荧光照射变暗速度非常快，在干燥（RH0%—48%）的条件下，对光是稳定的[70]。试验说明湿度是影响铅丹颜色变暗的主要因素。盛芬玲通过进一步实验，证明了光照和相对湿度的高低对壁画颜料老化变色影响因颜料品种不同而异，如光照可以使朱砂色度明显变暗，但不受湿度变化影响等[71]。

马清林和李最雄的研究表明[72]，壁画中的有机质材料地仗层中的纤维类、颜料层中的胶结材料给异养微生物的生长繁殖提供了碳源和营养物，微生物在壁画的褪变色、壁画酥解、粉化过程中发挥着重要作用。敦煌壁画中有机胶结材料的霉烂、老化已造成种种病害。通过分析测试和初步研究后认为，洞窟中湿度较大，壁画中的有机胶结材料霉烂所造成的老化是不可忽视的原因之一。敦煌研究院和兰州大学合作，对敦煌莫高窟6个洞窟中的51个典型变色颜料样品的微生物进行了检测，发现特殊细菌对壁画红色颜料变色和胶结材料的老化均起着重要作用；通过对微生物生长后的模拟壁画的分析测定,发现微生物形成的可溶性色素可直接造成壁画色度的改变,使颜粒晶体的晶形发生变化在铅丹的色变中起着重要的作用。

对敦煌石窟的昆虫种类分布规律、危害方式与程度的研究结果表明[73],昆虫对石窟壁画的危害主要是:成虫飞行时碰撞壁画,使起甲、酥碱严重的壁画脱落;磷粉及成虫排泄物撒落在壁画表面,严重污染壁画。更为严重的是,昆虫排泄物中的水分、有机物质与壁画地仗成分、颜料成分起化学反应,引起局部壁画颜料褪色、变色,甚至导致颜料层、白粉层翘起、脱落,加速了壁画病害的发生。

(七)壁画及塑像保护修复技术与案例

由于古代壁画的制作材料及工艺比较复杂,而且比较脆弱、极易受自然环境影响等特点,壁画的科学保护工作进展较为缓慢。近年来,随着多学科的共同参与,我国的壁画保护技术逐渐走向成熟。技术特点主要表现为,各类壁画病害修复技术逐步走向成熟,加固工艺也向规范化、精细化方向发展。

中国学者从1956年开始尝试用胶矾水修复起甲的壁画,20世纪80年代以后,文物保护研究人员提出了加固不同壁画病害的保护方法和工艺,聚醋酸乙烯乳液、甲基纤维素、明胶、丙烯酸乳液、硅-丙乳液应用于起甲壁画的修复中[74]。徐毓明1982年总结了敦煌壁画保护的方法,他认为壁画的加固材料走过了从植物油涂层(胡麻子油)、到动物蛋白质胶涂层(酪素、动物胶)、继而到天然树脂涂层(虫胶)、再发展到合成树脂材料涂层的过程[75]。1989年胡继高报道了在敦煌壁画的龟裂起甲修复中采用了聚醋酸乙烯乳液和聚乙烯醇混合材料,在他的工作中也对1957年捷克专家格拉尔等采用酪素胶、石灰水、胶矾水修复敦煌起甲壁画的情况作了检讨[76]。李最雄、西浦忠辉认为壁画颜料层龟裂是敦煌壁画损坏的主要形式和主要的研究内容,他们对聚醋酸乙烯乳液、聚乙烯醇、Paraloid B-72和一些无机加固材料作了选择试验[77]。水合烧料礓石无机胶凝材料应用于潮湿环境下壁画地仗的加固中[78,79];以一定模数PS为主剂、地仗制作材料为填料的灌浆材料在西藏殿堂空鼓壁画的灌浆得到成功应用[80];以蛋清为主剂、澄板土、玻璃微珠、浮石为填充料的空鼓壁画轻质灌浆材料在莫高窟85窟空鼓壁画灌浆中得到成功应用[81]。近年来,研究人员加强了不同地域、不同病害的针对性修复材料的性能测试和现场试验,使保护材料与保护工艺满足最大兼容和最小干预的要求。

截至目前,已有很多壁画的加固修复开展实例,并取得了较好的成效。樊再轩在莫高窟第94窟病害壁画的修复报告中比较详实地介绍了修复材料、工艺及修复效果。莫高窟第94窟因受自然环境等因素的影响,壁画病害十分严重,主要有起甲、酥碱、空鼓等。针对各种病害壁画产生的原因筛选出适合该病害修复用的黏结材料是关键。在具体修复工作中,使用了2.5%(W/V)聚醋酸乙烯水溶液用注射的方式对起甲壁画进行修复;对酥碱壁画先用1.5%的聚醋酸乙烯溶液渗透。然后用3%的聚醋酸乙烯乳液进行加固;对空鼓壁画则采用拉铆加固和灌浆的方法进行加固。结果表明:该黏结剂对起甲壁画的修复是可行的,但对酥碱壁画的修复仍达不到理想的效果[82]。

段修业等人开展了莫高窟71窟烟熏壁画清洗试验,在清洗过程中,由于不同颜色显现难易程度差别较大，其中红色与蓝色容易洗出，绿色较难。在清洗的初期曾将红、蓝色带起。此外，大面积的清洗，因颜料厚薄不一，有的地方还不清晰，有的地方已脱落变浅，这是有待以后试验中加以研究和克服的[83]。

选择竹竿作为支撑体，对莫高窟酥碱悬空比较严重的16窟开展的加固修复，取得了比较满意的结果，为酥碱壁画的修复提供了参考依据[84]。使用敦煌研究院研发的修复技术，汪万福等对西藏布达拉宫的空鼓病害壁画进行了保护修复研究，选用无机灌浆材料灌浆并锚固补强，加固修复效果良好[85]。王旭东、段修业等选取块石墙和夯土墙体上的地仗空鼓、开裂错位、颜料层起甲、地仗酥碱等几种典型壁画病害，根据"最大兼容和最小干涉"的保护修复原则，进行了现场试验保护修复材料和现场修复技术的筛选研究，为大面积开展修复工作奠定了基础[86]。在此基础上，范宇权等人对壁画病害的不同加固修复技术作了总结和比较，把壁画病害修复提到理论高度[87]。针对安西榆林窟第六窟存在壁画大面积空鼓、起甲、酥碱等病害，严重危及壁画的保存，李树若等人采用锚固、边缘加固、灌浆等手段对空鼓壁画进行了修复，用聚醋酸乙烯乳液对起甲酥碱壁画进行了修复，还对该窟窟顶进行了稳定性加固[88]。

从已有研究和目前正在开展的研究可以看出，壁画加固修复保护技术有两大趋势：一是材料研究，即文物保护研究人员一直在寻求满足不同环境条件下和不同病害类型适宜的加固修复材料，且要求这种材料要接近壁画制作材料；二是修复技术和工艺不断系统化、科学化和精细化，壁画的珍贵特性要求其在加固修复过程中不断科学化，尽量做到不改变文物原有信息。"十一五"期间开展的国家科技支撑计划课题"古代壁画脱盐关键技术研究"，缓解了酥碱壁画修复后病害反复发作的问题，在盐害壁画的治理方面取得了一定程度的突破。

（八）石窟附加建筑、构筑物保护研究

敦煌莫高窟除石窟之外，还有三座寺院、两座牌坊、慈氏塔、舍利塔、天王堂等建筑，60年代加固工程形成的混凝土砌体、浆砌片石砌体等构筑物已成了莫高窟的组成部分。这些建筑物、构筑物一起构成了莫高窟附加建筑物和构筑物。对于他们的保护和研究，也是敦煌石窟保护和研究的主要组成部分。

20世纪90年代，由于下寺过于残破，敦煌研究院组织相关单位和人员，对下寺进行了落架大修，对下寺的壁画进行了揭取，古建筑修缮完成后再进行揭取后回帖，取得了较好的保护效果。2000年将下寺改造为藏经洞陈列馆，对游客进行开放，在缓解游客对洞窟造成压力的同时，也很好地展示了藏经洞所藏文书，藏经洞的发现以及经书被各国列强夺取的历史。

莫高窟的上、中寺原来为敦煌研究院的办公区域，本世纪初进行保护维修后，开辟为敦煌研究院院史陈列馆，来宣传敦煌研究院建院以来所从事的保护、研究、弘扬工作。对于天王堂、舍利塔等建筑，在20世纪90年代末至本世纪初，敦煌研究院采用PS防风化技术、裂隙注浆技术、砌补支顶技术进行了抢救性保护，其中对部分舍利塔还进行了纠偏工作，取得了较好的保护效果。

通过调查发现60年代修建的挡墙及洞门墙，经过20余年的使用和检验，证明对洞窟的加固和抗震作用是有效的[89]。仅有少数砌体建在沙砾石层软基上的部位位移、开裂、沉降，从对人类有重大价值的文化遗产保证安全的角度出发，这些砌体还需进一步开展监测和局部修补。

三、结 论

本文通过研读大量敦煌石窟保护研究文献，利用文献分类学，在对敦煌石窟的保护分类的基础上，详细的梳理和总结了敦煌石窟保护开展的主要内容、研究现状与进展。主要得出以下几方面的结论：

①从敦煌石窟的整个保护历程来看，敦煌石窟的保护体现了一个从无到有、从简单到复杂、从单一到综合的不平凡发展历程。

②从研究的广度来看，敦煌保护研究可分为石窟环境研究与监测、风沙危害机理与防治、石窟崖体病害机理与加固技术、壁画及塑像保存现状调查、壁画及塑像制作材料与工艺、壁画及塑像病害机理、壁画及塑像保护修复技术与案例、石窟附加建筑及构筑物保护八个方面，涵盖了整个石窟保护所涉及的范围，是我国石窟群中研究内容最为广泛的石窟。

③从研究的深度来看，敦煌石窟的研究已经由起初定性描述向定量分析，由宏观调查向微观测试，由单一的因素的分析向多因素综合分析发展。

注 释

[1] 段文杰：《莫高窟保护工作进入新阶段》，《敦煌研究》1988年第3期，第1—2页。

[2] 樊锦诗：《敦煌莫高窟的保存、维修和展望》，《敦煌研究文集·石窟保护篇（上）》，甘肃民族出版社，1993年，第4—12页。

[3] 孙儒僩：《莫高窟的保护工作》，《敦煌研究》1988年第3期，第5—9页。

[4] 唐玉民、孙儒僩：《敦煌莫高窟大气环境质量与壁画保护》，《敦煌研究》1988年第3期，第10—17页。

[5] 张明泉、张虎元、曾正中等：《敦煌莫高窟保护中的主要环境问题分析》，《干旱区资源与环境》1997年第1期，第42—46页。

[6] 唐玉民、孙儒僩：《光监控带在莫高窟的应用》，《敦煌研究》1992年第3期，第37—40页。

[7] 唐玉民、孙元俊、孙儒僩等：《莫高窟洞窟中异味气体成分试析及治理》，《敦煌研究》1990年第4期，第91—97页。

[8] 王宝义、张拥军、付文丽等：《敦煌莫高窟窟内温度湿度的观测与分析》，《敦煌研究文集·石窟保护篇（上）》，甘肃民族出版社，1993年，第43—52页。

[9] 〔日〕三浦定俊、西浦忠辉、张拥军等：《敦煌莫高窟的气候［2］（1989-1991）》，《敦煌研究文集·石窟保护篇（上）》，甘肃民族出版社，1993年，第61—69页。

[10] 张拥军、王宝义、付文丽等：《观众对洞窟环境影响的实验分析》，《敦煌研究文集·石窟保护篇（上）》，甘肃民族出版社，1993年，第34—42页。

[11] 刘刚、薛平、侯文芳等：《莫高窟85窟微气象环境的监测研究》，《敦煌研究》2000年第1期，第36—41页。

[12] 侯文芳、薛平、张国彬等：《莫高窟第217窟微环境监测分析》，《敦煌研究》2007年第5期，第93—97页。

［13］张国彬、薛平、侯文芳等：《游客流量对莫高窟洞窟内小环境的影响研究》，《敦煌研究》2005年第4期，第83—86页。

［14］李红寿、汪万福、张国彬、邱飞、詹洪涛：《影响莫高窟小气候的环境因子对比分析》，《干旱气象》2008年第2期，第25—29页转第35页。

［15］郭青林、王旭东、李最雄等：《高密度电阻率法在敦煌莫高窟水汽调查中的初步应用》，《敦煌研究》2008年第6期，第79—82页。

［16］秦全胜、郑彩霞、汪万福、李红寿：《敦煌莫高窟窟区树木蒸腾耗水量的估算》，《敦煌研究》2002年第4期，第97—101页。

［17］郑彩霞、秦全胜、汪万福：《敦煌莫高窟窟区林地土壤水分的入渗规律》，《敦煌研究》2001年第3期，第172—177页。

［18］郭青林、王旭东、薛平等：《敦煌莫高窟底层洞窟岩体内水汽与盐分空间分布及其关系研究》，《岩石力学与工程学报》2009年第S2期，第3769—3775页。

［19］郭青林、薛平、侯文芳等：《安西榆林窟环境特征》，《敦煌研究》2002年第4期，第102—109页。

［20］杜建君、刘洪丽、张正模等：《瓜州榆林窟微环境特征及其对壁画病害影响的初步分析》，《敦煌研究》2009年第6期，第105—108页。

［21］屈建军、张伟民、彭期龙等：《论敦煌莫高窟的若干风沙问题》，《地理学报》1996年第5期，第419—425页。

［22］屈建军、黄宁、拓万全等：《戈壁风沙流结构特性及其意义》，《地球科学进展》2005年第1期，第19—23页。

［23］汪万福、李最雄、刘贤万等：《敦煌莫高窟顶灌木林带防护效应研究》，《中国沙漠》2004年第3期，第52—58页。

［24］张伟民、王涛、薛娴等：《敦煌莫高窟风沙危害综合防护体系探讨》，《中国沙漠》2000年第4期，第65—70页。

［25］李宝兴：《论甘肃西部"洞窟地层"的特征与时代》，《甘肃地质》1986年第6期，第61—77页。

［26］张虎元、曾正中、张明泉：《敦煌莫高窟围岩稳定性及环境保护》，《中国地质灾害与防治学报》1996年第2期，第73—80页。

［27］王旭东、张明泉、张虎元等：《敦煌莫高窟洞窟围岩的工程特性》，《岩石力学与工程学报》2000年第6期，第756—761页。

［28］王旭东、张虎元、郭青林等：《敦煌莫高窟崖体风化特征及保护对策》，《岩石力学与工程学报》2009年第5期，第1055—1063页。

［29］袁道阳、石玉成、王旭东：《敦煌莫高窟地区断裂新活动特征及其对石窟的影响》，《敦煌研究》2000年第1期，第56—64页。

［30］付长华、石玉成：《地震荷载下莫高窟围岩动态损伤特性研究》，《西北地震学报》2004年第3期，第75—82页。

［31］石玉成、王旭东、秋仁东等：《敦煌莫高窟崖体锚索加固技术钻孔振动效应测试分析》，《世界地震工程》2007年第4期，第7—12页。

[32] 孙儒僩：《莫高窟石窟加固工程的回顾》，《敦煌研究》1994年第2期，第14—29页。

[33] 王旭东、李最雄：《安西榆林窟的岩土工程问题及防治对策》，《敦煌研究》2000年第1期，第123—131页。

[34] 李最雄、王旭东：《榆林窟东崖的岩体裂隙灌浆及其效果的人工地震检测》，《敦煌研究》1994年第2期，第156—170页。

[35] 李最雄、王旭东、林博明：《薄顶洞窟窟顶加固实验》，《敦煌研究》1995年第3期，第18—22页。

[36] 张国军、李最雄：《莫高窟北区崖体病害》，《敦煌研究》2005年第4期，第71—74页。

[37] 王旭东、苏伯民、陈港泉等：《中国古代壁画保护规范研究》，科学出版社，2013年。

[38] 徐淑青、王旭东、孙洪才等：《莫高窟第85窟现状调查评估》，《敦煌研究》2000年第1期，第174—180页。

[39] 李俊如、黄理兴、李海波：《利用超声波确定敦煌莫高窟洞壁力学特性》，《辽宁工程技术大学学报（自然科学版）》2001年第4期，第460—462页。

[40] 黄理兴、高鹏飞、萧国强等：《采用地质雷达探测莫高窟壁画厚度的试验研究》，《辽宁工程技术大学学报（自然科学版）》2001年第4期，第457—459页。

[41] 陈港泉、Michael Schilling、李燕飞等：《纸条检测法对第85窟壁画空鼓灌浆脱盐效果的评估》，《敦煌研究》2007年第5期，第45—48页。

[42] 马赞峰、李最雄、苏伯民等：《偏光显微镜在壁画颜料分析中的应用》，《敦煌研究》2002年第4期，第33—37页。

[43] 王小伟、汤爱玲、范宇权：《多光谱摄影在莫高窟壁画现状调查及绘画技法研究中的初步应用》，《敦煌研究》2008年第6期，第54—57页。

[44] 蔡广杰：《三维激光扫描技术在西藏壁画保护中的应用》，首都师范大学硕士论文，2007年。

[45] 王小伟、津村宏臣、高林弘实：《GIS在莫高窟现状调查中的应用——以第285窟南壁现状调查分析为例》，《敦煌研究》2008年第6期，第87—90页。

[46] 赵林毅、李燕飞、范宇权等：《莫高窟第3窟壁画制作材料与工艺的无损检测分析》，《敦煌研究》2010年第6期，第69—73页。

[47] 赵林毅、李燕飞、于宗仁等：《丝绸之路石窟壁画地仗制作材料及工艺分析》，《敦煌研究》2005年第4期，第75—82页。

[48] 李最雄：《敦煌莫高窟唐代绘画颜料分析研究》，《敦煌研究》2002年第4期，第11—18页。

[49] 苏伯民、李最雄、马赞峰等：《克孜尔石窟壁画颜料研究》，《敦煌研究》2000年第1期，第65—75页。

[50] 中国新疆文物考古研究所、日本佛教大学尼雅遗址学术研究机构：《丹丹乌里克遗址——中日共同考察研究报告》，文物出版社，2009年。

[51] 范宇权、陈兴国、李最雄等：《古代壁画中稀有绿色颜料斜氯铜矿的微区衍射分析（英文）》，《兰州大学学报（自然科学版）》2004年第5期，第52—55页。

[52] 于宗仁、孙柏年、范宇权等：《榆林窟元代壁画黄色颜料初步研究》，《敦煌研究》2008年第6期，第46—49页。

[53] 王进玉：《敦煌石窟合成群青颜料的研究》，《敦煌研究》2000年第1期，第76—81页。

[54] 李实：《高速液相色谱技术在壁画胶结材料分析中的应用》，《敦煌研究》1992年第4期，第53—60页。

[55] 李实：《对敦煌壁画中胶结材料的初步认识》，《敦煌研究》1993年第1期，第108—117页。

[56] 陈广德、李最雄、毛学峰等：《铬黑T共振光散射探针测定敦煌壁画胶结材料中蛋白质》，《光谱实验室》2004年第2期，第240—243页。

[57] 孙儒僩：《莫高窟的保护工作》，《敦煌研究》1988年第3期，第5—9页。

[58] 段修业：《对莫高窟壁画制作材料的认识》，《敦煌研究》1988年第3期，第41—59页。

[59] 段修业、孙宏才：《莫高窟第108窟酥碱起甲壁画的修复报告》，《敦煌研究》1990年第3期，第92—94页。

[60] 李云鹤等：《聚醋酸乙烯和聚乙烯醇在壁画修复中的应用研究》，《敦煌研究》1990年第3期，第95—106页。

[61] 敦煌研究院保护研究所病害调查组、日本东京国立文化财研究所病害调查组：《莫高窟第53窟壁画酥碱病害原因的初步研究》，《敦煌研究文集·石窟保护篇（上）》，甘肃民族出版社，1993年，第295—308页。

[62] 段修业、郭宏、付文丽：《莫高窟第3窟疱疹状病害的研究与治理》，《敦煌研究文集·石窟保护篇（上）》，甘肃民族出版社，1993年，第286—294页。

[63] 张明泉、张虎元、曾正中等：《敦煌壁画盐害及其地质北背景》，《敦煌研究文集·石窟保护篇（上）》，甘肃民族出版社，1993年，第356—367页。

[64] 郭宏、李最雄、宋大康等：《敦煌莫高窟壁画酥碱病害机理研究之一》，《敦煌研究》1998年第3期，第153—163页。

[65] 郭宏、李最雄、裘元勋等：《敦煌莫高窟壁画酥碱病害机理研究之二》，《敦煌研究》1998年第4期，第159—172页。

[66] 郭宏、李最雄、裘元勋等：《敦煌莫高窟壁画酥碱病害机理研究之三》，《敦煌研究》1999年第3期，第153—175页。

[67] 陈港泉、苏伯民、赵林毅等：《莫高窟第85窟壁画地仗酥碱模拟试验》，《敦煌研究》2005年第4期，第62—66页。

[68] 苏伯民、陈港泉：《不同含盐量壁画地仗泥层的吸湿和脱湿速度的比较》，《敦煌研究》2005年第5期，第62—66页。

[69] 陈港泉、于宗仁：《莫高窟第351窟壁画疱疹和壁画地仗可溶盐分析》，《敦煌研究》2008年第6期，第39—48页。

[70] 李最雄、樊再轩、盛芬玲：《铅丹、朱砂和土红变色研究的新进展》，《敦煌研究》1992年第1期，第89—117页。

[71] 盛芬玲、李最雄、樊再轩：《湿度是铅丹变色的主要因素》，《敦煌研究》1990年第4期，第98—113页。

[72] 马清林、胡之德、李最雄：《微生物对壁画颜料的腐蚀与危害》，《敦煌研究》1996年第3期，第136—144页。

[73] 汪万福、马赞峰、蔺创业等：《昆虫对石窟壁画的危害与防治研究》，《敦煌研究》2002年第4期，第84—91页。

[74] 李云鹤：《莫高窟壁画修复初探》，《敦煌研究》1985年第2期，第27—34页。

[75] 徐毓明：《关于敦煌壁画保护方法的评价》，《文物》1982年第12期，第70—74页。

[76] 胡继高：《敦煌莫高窟壁画修复加固工作的检讨与展望》，《文物保护与考古科学》1989年第1期，第10—18页。

[77] 李最雄、西浦忠辉：《敦煌壁画加固材料的选择试验》，《敦煌研究》1988年第3期，第60—63页。

[78] 马清林、陈庚龄、卢燕玲等：《潮湿环境下壁画地仗加固材料研究》，《敦煌研究》2005年第5期，第66—72页。

[79] 陈庚龄、马清林：《潮湿环境下壁画地仗修复材料与技术》，《敦煌研究》2005年第4期，第51—60页。

[80] 段修业、王旭东、李最雄等：《西藏萨迦寺银塔北殿壁画修复》，《敦煌研究》2006年第4期，第105—108页。

[81] 樊再轩、斯蒂文·里克比、丽莎·舍克德等：《敦煌莫高窟第85窟空鼓壁画灌浆加固材料筛选实验》，《敦煌研究》2007年第5期，第19—25页。

[82] 樊再轩：《莫高窟第九十四窟病害壁画的修复报告》，《敦煌研究》2000年第1期，第136—138页。

[83] 段修业、李云鹤：《莫高窟七十一窟烟熏壁画清洗试验》，《敦煌研究》1982年第1期，第176—180页。

[84] 段修业、傅鹏、付有旭等：《莫高窟第16窟酥碱悬空壁画的修复》，《敦煌研究》2005年第4期，第30—34页。

[85] 汪万福、李最雄、马赞峰等：《西藏布达拉宫东大殿空鼓病害壁画保护修复研究》，《中国藏学》2005年第3期，第213—221页。

[86] 王旭东、段修业、李最雄等：《西藏萨迦寺壁画修复现场试验研究》，《敦煌研究》2005年第4期，第16—23页。

[87] 范宇权、李最雄、于宗仁等：《修复加固材料对莫高窟壁画颜料颜色的影响》，《敦煌研究》2002年第4期，第45—56页。

[88] 李树若：《榆林窟第六窟整修报告》，《敦煌研究》2000年第1期，第143—149页。

[89] 张虎元、曾正中、张明泉等：《敦煌莫高窟围岩稳定性及环境保护》，《中国地质灾害与防治学报》1996年第2期，第73—80页。

Research Status and Advance of the Conservation on the Dunhuang Grottoes Based on the Literature Review

Zeng Junqin

Abstract: Dunhuang grottoes are one of the biggest and best-protected caves in China and even all over the world. Conservation on the Dunhuang grottoes began in the 1940s, many experts have made great contributions to the conservation in the past 70 years, and made fruitful achievements, including large amount of literature data. Based on sorting and analyzing the published conservation literatures, this paper divided the literatures into 8 categories by means of the related science of document taxonomy, and each category are summarized in detail. The development processes and research progresses of the conservation on the Dunhuang grottoes are clarified in the end this paper.

Keywords: literatures, Dunhuang grottoes, conservation status

新疆交河故城悬空土质崖体保护加固技术研究

张景科　谌文武　郭青林　王旭东　孙满利

内容摘要：坍塌或差异风化所产生的遗址体悬空现象在我国西北干旱区的土遗址中非常普遍，如何摸索出一种符合文物保护准则的保护技术就成为一大难题。本文依托交河故城悬空土质崖体，在现场详细调查的基础上，提出了悬臂式土遗址的两种可能失稳模式（剪切坠落和拉裂倾倒失稳），进而提出了危险块体的加固方案——槽钢支顶，详细介绍其施工工艺，并用数值模拟的方法比较加固前后的稳定性变化，结果表明此加固技术不仅可以满足稳定性的需求，还符合文物保护的理念。该研究结论对于悬空状态的土遗址本体和载体的加固具有重要的参照意义。

关键词：悬空崖体；土遗址；槽钢支顶；稳定性评价

一、引　言

交河故城整体位于两河之间的柳叶形台地上，台地高约30米，呈北西—南东向展布，大致走向320°，西北高，海拔80.64米；东南低，海拔42.95米，南北最长1787米，东西最宽处约310米。台地周边为陡崖，崖体陡直，坡度近90°。受地层差异影响，许多迎风地段软弱地层凹进，形成上部崖体悬空，呈悬挑状态。近年研究结果表明[1]，在危险块体进入累进性破坏阶段时，当自重产生的拉应力超过危岩体连接处的抗拉强度时，则发生拉断坠落；若岩体仅靠后缘上部尚未剪断的岩体强度维持暂时的稳定平衡，随着后缘剪切面的扩展，当自重剪切应力大于危岩体与母岩连接处的抗剪强度时，则发生剪切—坠落。这方面的研究已经比较深入[2—5]，在岩土工程中对此类问题大多直接作危岩清理，但悬挑状土遗址的危险岩土体因为具有文物的这一特殊性，必须采用符合文物保护原则的加固措施，在此之前尚未有针对此类文物危险块体的保护加固研究，本文在以往研究成果的基础上，结合文物保护的特殊性，提出悬臂式土遗址的保护加固技术——槽钢支顶，并验证加固方案的效果，为今后提高保护加固技术、完善理论体系奠定基础。

槽钢支顶是一种新的危险体加固技术，对于底部掏蚀凹进的崖体，为防止其下错、下滑等破坏，需提供一定的抗剪力，而槽钢能承担该作用，并且其接触面积大，受力性能好，同时隐蔽性较强，符合我国文物保护的准则，目前正在越来越多的应用到文物保护加固中。但如何促使槽钢支顶技术按照文物保护理念科学植入到遗址体保护中是很值得研究的问题，目前还未有相关研究报道。

张景科：兰州大学土木工程与力学学院　副教授
谌文武：兰州大学土木工程与力学学院　教授

二、悬空崖体的特征

（一）交河故城的工程地质条件

交河故城位于吐鲁番盆地内中央隆起构造带肯德克逆断裂—背斜的背斜东北段，该构造带呈100°—110°走向的狭窄条带状展布，肯德克背斜东倾伏端倾向北东，倾角5°—8°，由上新统泥岩、砾岩组成，北翼较缓，产状10°∠18°，是一条活动的断层扩展背斜带，为晚更新世晚期以来活动断裂，在全新世中期及早期以前有所活动。据《建筑抗震设计规范》（GB50011-2001）吐鲁番抗震设防烈度为7度，设计基本地震加速度值为0.10g。崖体出露地层为上更新统（Q3），从上到下地层颗粒由细到粗。上部厚15—16米，地层岩性以粉土、粉质黏土、粉细砂互层为主，颜色以淡黄、灰褐色为主，从上到下含斑状氧化铁逐渐增多，含钙质结核逐渐减少，含水量逐渐增高。下部厚10米左右，地层以细砂、含砾粗砂、卵砾石为主，其成分主要为石英、长石，暗色矿物次之，含水量由湿过渡到饱和状态。台地南部出露有中更新统（Q2）含砾粉土、粉质黏土、黏土夹薄层粉细砂等地层，地层普遍含有斑状氧化铁及少量钙质结核。

吐鲁番盆地属典型的大陆性暖温带干旱荒漠气候，具有干热、少雨的气候特征，夏季高温、干燥，冬季干冷，最大降水量为48.4毫米，最少为2.9毫米，年平均降水量为16.2毫米，年蒸发量为2787.1毫米。但吐鲁番地区的大降水具有时间短、强度大、范围小、雨量集中等特点，历史上也曾出现过40—50毫米的大暴雨。

（二）悬空崖体的工程地质特征

悬空式土遗址多分布于文物遗址高陡边坡或者崖体上，土体被多组结构面切割，边界基本明显，临空条件较好，在重力、风化营力、地震或工程活动等作用下与母岩土体逐渐分离，从而处于不稳定、欠稳定或极限平衡状态，有坠落的可能，由于其一段或两端与母体相连，靠连接处的强度维持着暂时的稳定平衡（图一、图二）。危险岩土体的发育通常受地形地貌、地质构造、地层岩

图一　悬臂式高陡边坡

图二　悬臂式高陡边坡

性、岩体结构和风化卸荷等因素的影响，其中的一种或几种因素决定了危险岩土体的形态、规模和分布特征。这就要求对危险岩土体的发育和分布特征进行调查，并分析其与地形地貌、地质构造、地层岩性、岩体结构和风化卸荷等影响因素的关系，从而形成对危险岩土体发育和分布规律性的认识。

三、悬臂式土遗址的失稳模式

根据现场调查及地质力学分析，危岩体有两种可能失稳模式[6]：剪断坠落失稳、拉裂倾倒失稳。

（一）剪断坠落失稳

由于危岩体底部为凹岩腔，危岩体在重力的作用下，可能剪断卸荷拉裂缝底部的岩桥锁固段，沿裂隙垂直下错而坠落失稳（图三）。

（二）拉裂倾倒失稳

因为危岩体底部悬空，坡面与裂隙之间危岩部分在重力力矩的作用下继续张拉裂隙根部的岩桥，危岩体将发生倾斜变形，从而可能折断危岩本身或拉断岩桥段而倾倒失稳（图四）。

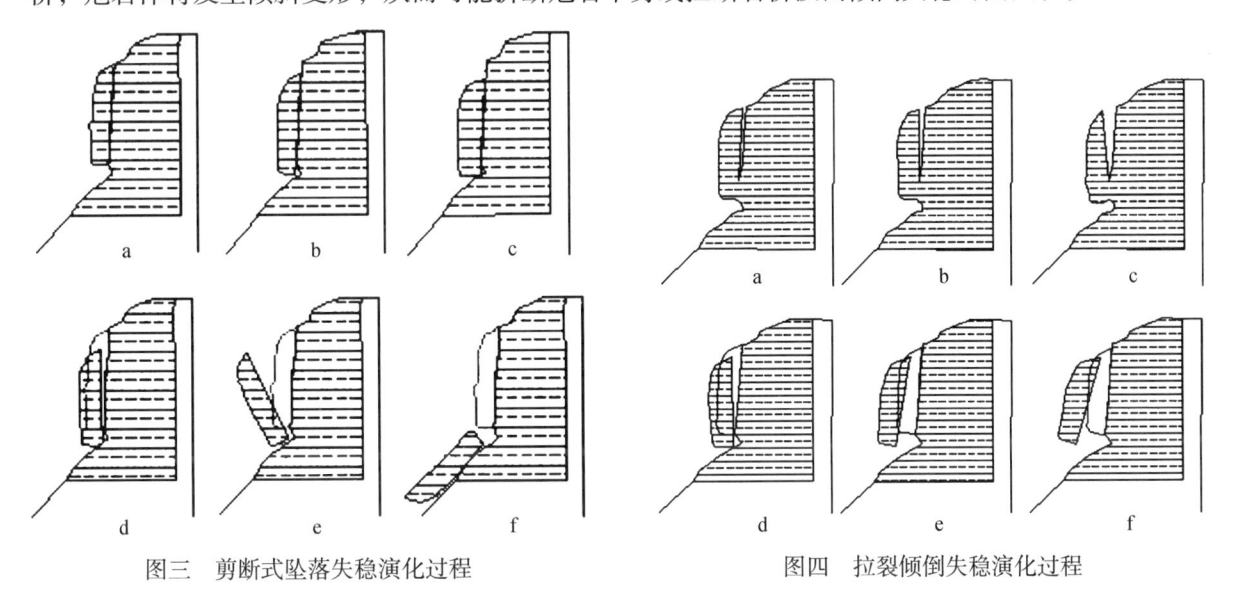

图三　剪断式坠落失稳演化过程　　　　　　图四　拉裂倾倒失稳演化过程

四、槽钢支顶方法工艺

（一）槽钢支顶原理

对于底部掏蚀凹进的崖体，为防止其下错、下滑等破坏，在拉裂倾倒失稳中，底部掏蚀导致悬臂式遗址下部悬空，悬出部分在重力作用下产生弯矩，有拉裂倾倒趋势，而槽钢能承担该重力作用，并且其接触面积大，受力性能好，能有效消除重力矩的影响。在剪断坠落失稳中，悬出部分的

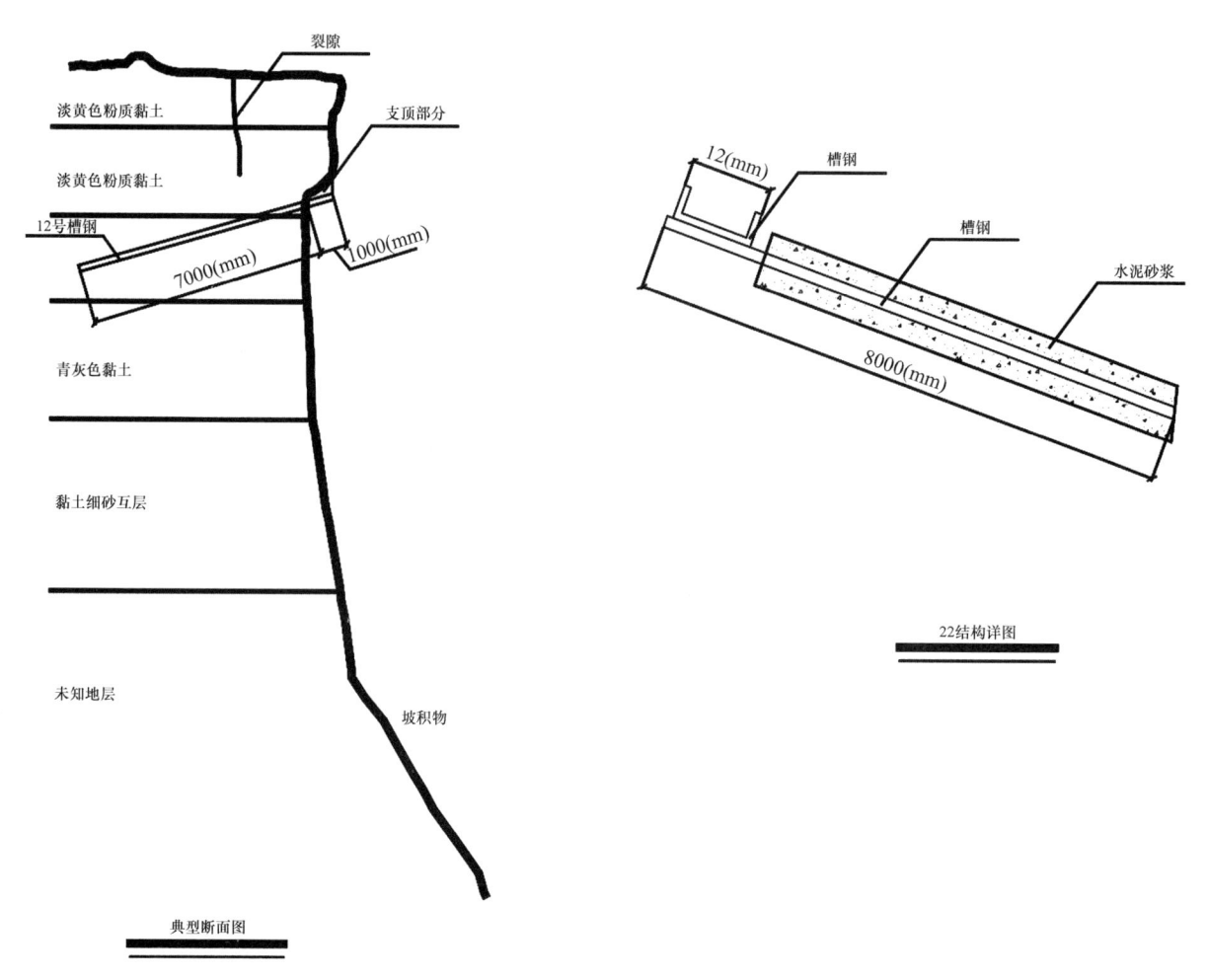

图五　槽钢支顶结构设计图

重力与黏聚力相等时达到极限平衡，重力大时则悬出部分剪断落下，造成破坏，槽钢则能提供一定的抗剪力（图五）。

（二）槽钢支顶的施工工艺

槽钢支顶的施工工艺包括：成孔、槽钢安装、注浆、焊接、做旧等。根据上部不稳定块体的形态经计算选用槽钢的型号和锚固深度。焊接的目的是通过槽钢的端部焊接横向的槽钢来增大持力面积，同时可以为有效的做旧提供平台。施工工艺流程如图六。

五、有限元数值模拟

（一）悬臂式土遗址加固前数值模拟

采用有限元法，建立二维模型如图七，计算崖体在自重作用下的应力和位移分布。计算结果如图八至图一〇。从图中可以看出，自重下，被裂隙切割的悬空孤立体顶部的水平位移最大，有向坡外运动的趋势。在裂隙根部水平方向应力最大，在外力作用下极易向下发展裂隙。图一〇为崖体的

图六 槽钢支顶加固示意图
1.槽钢支顶加固工艺流程图 2.临空危险体仰视图 3.槽钢的焊接图 4.槽钢支顶做旧（1） 5.槽钢支顶做旧（2）
6.槽钢支顶前 7.槽钢支顶后

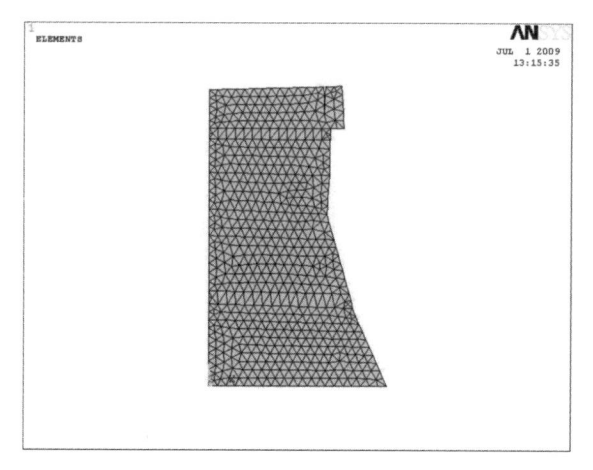

图七　悬臂式边坡模型图

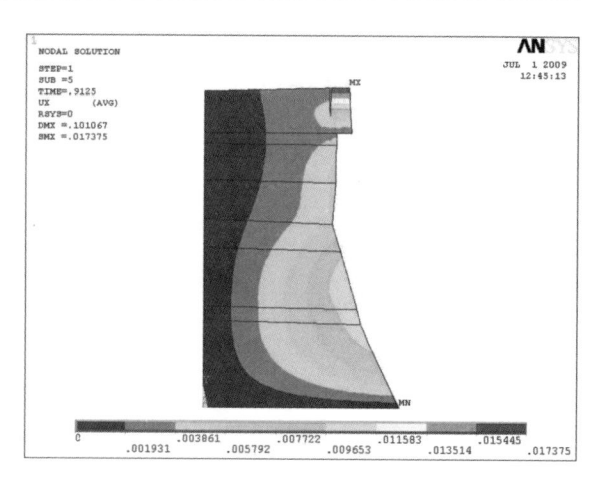

图八　加固前崖体水平位移

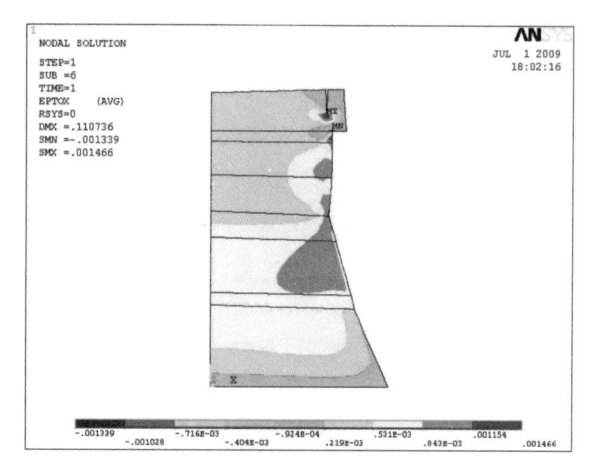

图九　加固前崖体X方向应变

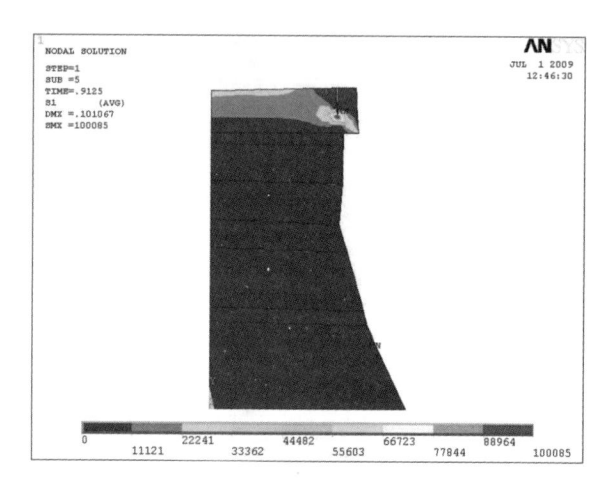

图一○　加固前崖体第一主应力

第一主应力分布图,从图中可明显看出,沿裂隙根部至悬空体底部有拉应力集中带,其中裂隙根部拉应力最大,因此悬空体易沿着集中带从裂隙根部剪断崩塌。

（二）悬臂式土遗址加固后数值模拟

采用BEAM模拟槽钢,槽钢与土层之间采用接触单元,槽钢顶部与悬空体的接触点采用位移耦合,计算结果见图一一和图一二。由此可见使用槽钢加固后,槽钢向悬空体提供支撑力,并将所受的压力传递到崖体内部,使悬空体的顶部水平位移变小,由原来的0.019米减小到0.0063米,是原来的三分之一。裂隙底部不存在应力集中现象和应变集中带,稳定性有很大提高。

（三）加固效果对比

由图一三和图一四可以看出,加固前后遗址载体的原貌基本一致,完全符合"最小干预、保持原貌"的文物保护原则。

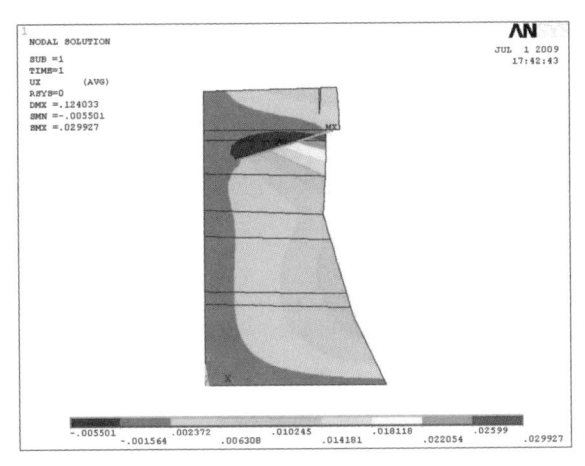

图一一　加固后水平位移

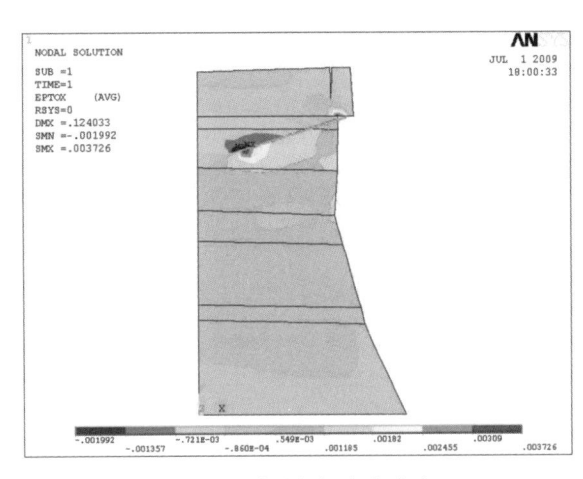

图一二　加固后X方向应变

图一三　26区槽钢支顶加固前

图一四　26区槽钢支顶加固后

六、结　　论

悬臂式土遗址是目前较普遍的一种土遗址赋存形式，保存状况较差，很多遗址亟待治理，寻找一种有效、安全的保护加固技术是当务之急。槽钢支顶的出现就很好地解决了这个问题。

①槽钢虽没有南竹加筋复合锚杆抗拉能力好的特点，但其能提供一定的抗剪力，使悬空的土体能得到支撑，工作原理简单、易操作。

②槽钢的施工工艺在多个文物保护工程中均加以应用，较为成熟，但尚有个别工艺仍有待提高。

③从加固前数值模拟的过程及结果来看，悬臂式土遗址的稳定性很低，如不处理很危险，而槽钢支顶加固后的遗址在稳定性上有较大提高，满足文物保护要求。

④槽钢接触面积大，受力性能好。同时其隐蔽性较强，符合我国文物保护的准则，目前正在越来越多的应用到了文物保护加固之中。

注 释

[1] 郭素芳:《危岩体的分类及其危险性评价》,成都理工大学硕士论文,2008年。

[2] 张倬元、王士天、王兰生:《工程地质分析原理》,地质出版社,1994年。

[3] 黄润秋:《中国西部地区典型岩质滑坡机理研究》,《地球科学进展》2004年第3期,第443—450页。

[4] 胡厚田:《崩塌与落石》,中国铁道出版社,1989年。

[5] HALL D B. Modelling failure of natural rock columns. International Journal of Rock Mechanics and Mining Sciences & Geomechanics, 1996 (7): 301–305.

[6] 黄达、黄润秋、裴向军等:《溪洛渡水电站某危岩体稳定性及加固措施研究》,《岩土力学》2008年第5期,第1425—1429页。

Research on Conservation and Consolidation of Suspended Cliff Mass in Jiaohe Ruins

Zhang Jingke   Chen Wenwu   Guo Qinglin   Wang Xudong   Sun Manli

Abstract: It is a universal phenomenon that there exist many parts of earthen ruins and sites suspended in arid area of Northwest China due to collapse and procedures of weathering. And it is urgent to come up with some conservative techniques and methods conforming to principles to solve this problem. Based on thorough investigations on Jiaohe Ruins, two major instable modes of Cantilever soil sites of suspended cliff mass are put forward (falling of cut and crack initiation due to toppling) and reinforcement project of instable rock mass (propping using steel channels) is carried out. Besides, the construction technologies of this method are break down thoroughly and changes of stability are simulated in mathematical methods, results of which shows that this method of consolidation meets the need of stability and theories of preservation of cultural relics. This research conclusion means a lot not only to earthen site itself but to its carriers in suspension.

Keywords: cliff mass in suspension, earthen sites, propping using steel channels, assessment of stability

新疆交河故城东北佛寺加固技术中的保护理念

郭青林　孙满利　张景科　谌文武　王旭东

内容摘要：不改变文物原状是土遗址保护的关键，将理念和工程实践相结合，利用理念来指导实践，通过措施来解释理念是保护工程发展的趋势，分析交河故城东北佛寺加固保护工程实践，阐述保护措施来反映保护理念的细节，对未来土遗址保护工程的实践具有重要的借鉴和指导意义。

关键词：土遗址；理念；保护

一、引　言

土遗址保护工程成败的关键是要把握正确的保护理念，并在保护理念指导之下开展保护工程，如何理解保护理念并且通过保护措施来实践保护理念是这一工作的重点和难题。目前，关于干旱区土遗址加固技术研究较多[1—5]，关于文物保护理念也有研究[6—9]，但是如何将理念和土遗址实践相结合论述的则较少。因此，在新疆交河故城东北佛寺的保护加固工程中，依据《中华人民共和国文物保护法》不改变文物原状的要求，按照《中国文物古迹保护准则》所要求的程序，遵循保护现存实物原状与历史信息、尽可能少干预、按照保护要求使用保护技术、正确把握审美标准等保护原则，对东北佛寺进行了全面的保护，总结了文物保护原则在东北佛寺的加固技术中的合理利用，详细分析了在保护理念的指导下如何正确选择有效的加固措施，这将对我们今后的土遗址保护和加固工作起到积极的借鉴和指导作用。

二、遗址概况

东北佛寺，位于交河故城东门的西北方400米、塔林的东南方100米、东大街北端，平面上呈长方形，面积为1248.6米^2（以外围四墙为界），建筑布局独特，从寺的总体布局和建筑类型来看，该寺应为一经学院，寺前有两个对称的相距10、边长6.9、残高2米多的塔座或门墩；寺庙的前殿有宽16.5、长51.3米的通道，面积为170米^{2}的殿堂；后院以僧房为主，还有一处宽大的厅堂及储水井等（图一）。遗址以生土、夯土和版筑泥的方式建造而成，是故城中保存比较完整的寺院遗址之一。

郭青林：敦煌研究院　研究馆员
孙满利：西北大学文化遗产学院　教授

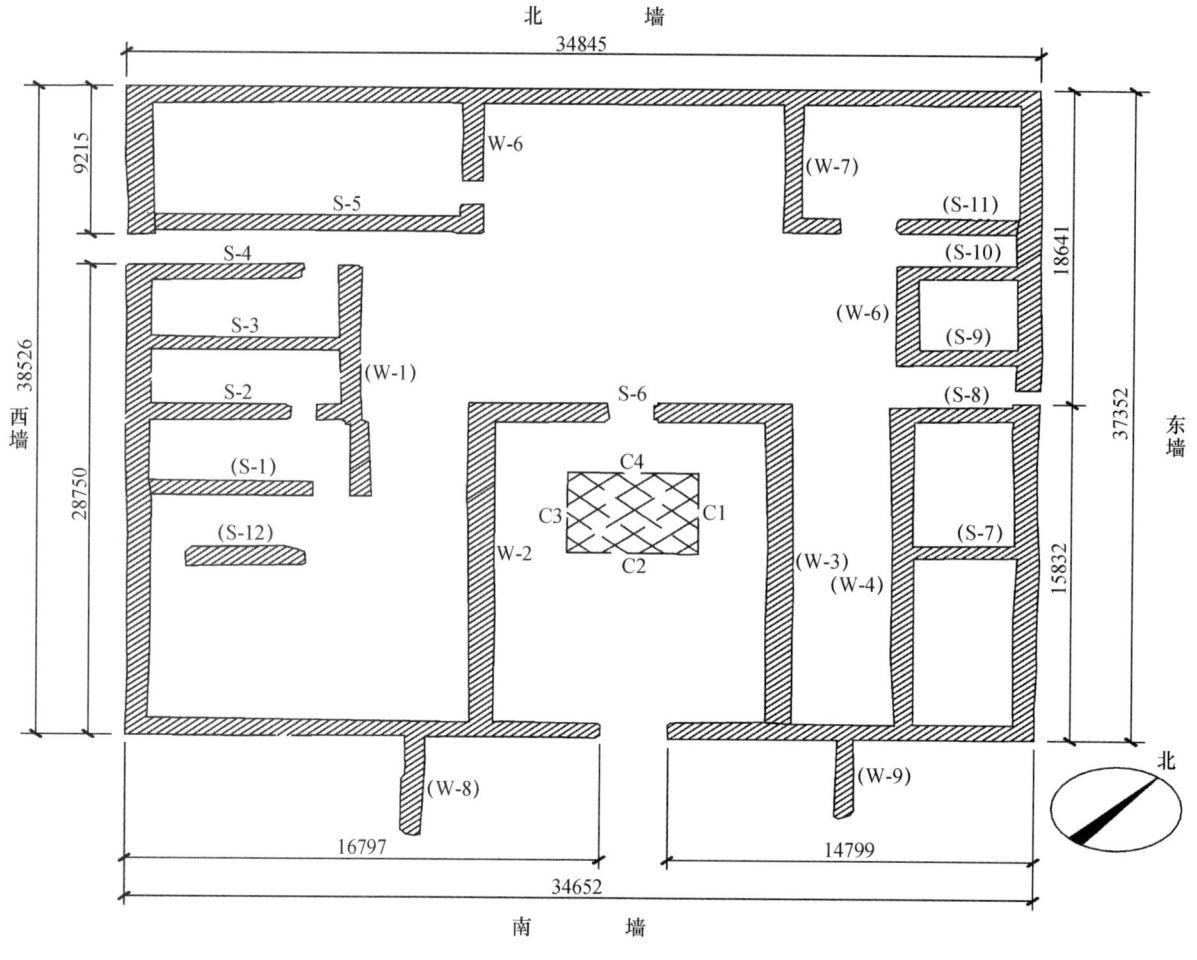

图一　东北佛寺平面示意图

三、东北佛寺的主要病害

现存墙体的主要病害为风蚀、雨蚀、裂隙发育、坍塌、基础掏蚀凹进。

1. 风蚀

当地主导是西北风。受风蚀作用,一些面向西北的墙体被侵蚀得千疮百孔,加之风化作用,造成墙体的塌落、残断和土层的脱落,原版筑缝变宽、变深,严重的已发展成为贯通的裂隙或透风洞。北墙外侧风蚀破坏表现最为严重,现残存墙体整体已较薄,顶部为30、底部约60厘米,原版筑缝有个别

图二　风蚀剥落的北墙体（N外）

变宽,张开度达5厘米,甚至发展为贯通裂隙。墙表面有不均匀的球状版筑泥外露,是严重风蚀的直接表现。墙体上顶部残缺不平,风蚀破坏是所存墙体普遍且较严重的现象（图二）。

2. 雨蚀

虽然吐鲁番地区属极干旱少雨区，年均降水量只有16.4毫米，但是，偶尔的一次集中降雨，就会给原本在干燥条件下能长久保存的遗址带来极大的破坏。现存东、南、西、北墙体的上顶部严重残缺、底部局部性掏蚀凹进；西、南系列小墙体顶部的雨水冲蚀痕迹、部分段的整体残缺等，都证明雨蚀也是极其严重的破坏因素。

3. 裂隙发育

裂隙发育是墙体破坏的又一重要因素，也是大多墙体普遍发育的病害形式。裂隙类型主要为：建筑工艺裂隙、卸荷裂隙和构造裂隙，裂隙倾角多近于直立，走向大都垂直墙面，切断墙体。裂隙发展的直接后果就是部分墙体倾倒、崩塌。

图三　裂隙造成北墙体（$N_{外}$）破坏

墙体裂隙宽度一般都小于3厘米，宽度小于5厘米的次之，少数超过10厘米，如北墙上一条宽6厘米的裂隙，贯穿深度可达原版筑层5层之多，其切割、分裂的墙体有倒塌的趋势（图三）。又如，S-5墙体上的一条平行于墙面、沿墙体中轴线发育的裂隙，已下切版筑层5层之多，表面风化开口宽达8厘米，是该墙体破坏最严重的部位，其危险性在所有病害中是最严重的。综观各种裂隙发育，其主要成因是，原有的版筑缝在温度、降水、风等外营力作用下，使裂隙不断加深，贯通数层版筑泥甚至整个墙体，部分版筑缝受构造活动影响，切穿垛泥层、夯土层和生土层。

4. 基础掏蚀

基础掏蚀凹进是破坏性极强的一种病害，可以引发裂隙发育及扩展、引起错落及崩塌。主要发育于W_{3-2}、S_{6-2}、$W_{外}$等外墙体的下基底部处。凹进的主要形式有：

①可溶盐的反复结晶作用使土体松散而被风蚀凹进；

②基础附近形成汇水地带，形成冲沟，水流冲刷基础而凹进；

③以上两种凹进的进一步发育，形成有利的临空面，夯层呈层状剥离塌落（图四）。

图四　基础掏蚀凹进（W_{3-2}）

四、东北佛寺保护加固理念及实践

现存墙体的主要病害有风蚀、雨蚀、裂隙发育和基础掏蚀凹进，我们针对不同的情况要采取不同的方法来进行有效加固。对于基础掏蚀就采用与遗址相同材料的土坯进行支护、填充。因为裂缝发育能造成墙体坍塌而严重毁坏遗址，因此对于墙体裂缝，特别是对可能造成墙体坍塌的墙体裂缝，采用锚杆锚固与裂缝充填注浆相结合的方法。保护措施的选择其实很简单，但如何在修复过程中把握修复的程度，把修复部分与遗址本体融为一体，做到"远观一致，近看有区别"的原则则是其重点、难点。

1. 土坯砌补

土坯砌补技术主要是针对遗址局部悬空失稳、掏蚀凹进严重且下部具有支撑空间的土遗址，采用与遗址本体相同材料的土坯支顶、填充，尽量采取最少干预的结构补强措施，达到防止进一步风化掏蚀和遗址坍塌的目的。

如图五所示，墙体中部掏蚀凹进且表面呈疏松层状，层层剥落；墙体版筑缝变宽、变深凹进，严重的已经发展为贯通裂隙，把遗址切割成块状。在对残缺部分进行砌补时，首先对遗址本体外部结构、线条、形状、色彩等进行理解、分析、试验，然后选用与遗址一致的垛泥块砌补到残缺部位，对砌补部位进行修正、伪装，使其外形结构细部线条和色彩等与其遗址本体整体相协调。根据病害轻重程度，按照遗址的建筑形式，严格遵循不改变文物原状的原则进行加固，加固后的遗址（图六）外观没有发生明显改变，只有在近距离观察时才会辨别出后期修补与遗址本体的区别，达到了远观一致近看有别的保护要求。

图五　东墙内侧北段砌补前　　　　　　图六　东墙内侧北段砌补后

另一种情况是当遗址局部缺失部位严重影响遗址的稳定性，但遗址原状又尚未清楚，很难把握其修复的程度。针对这种情况采取了临时支护的措施，支护的部分一眼就可以看出和遗址本体的区别，并且支护部分明显凹进。这种方法使得遗址获得了暂时的稳定，若以后通过查阅文献及研究知道遗址原状时，便于拆除重新砌补（图七、图八）。

图七　南墙外侧西段砌补前

图八　南墙外侧西段砌补后

2. 裂隙处理

东北佛寺的裂隙有三种：一是垛泥墙体垛块之间的裂隙，张开度一般较小，大部分在1毫米以内，为微裂隙；二是垛泥墙体上的垛泥缝，宽度较大，一般2—3厘米之内，为小裂隙；三是小裂隙再进一步发育、连接形成贯通墙体的大裂隙，为贯通裂隙。

针对微裂隙及孔洞的处理（图九、图一〇），首先用3%—5%的PS溶液喷洒渗透，然后采用当地粉土和3%的PS溶液，按水灰比为0.2—0.3进行微裂隙砌补，砌补部位应与遗址本体外部结构、线条、形状、色彩等相似，应比原来墙面稍低，看上去不会太突兀。

图九　S5-1墙裂隙加固前

图一〇　S5-1墙裂隙加固后

对小裂隙的处理，首先用3%—5%的PS溶液喷洒渗透，然后用5—8毫米的塑胶管根据裂隙深度布设注浆管，用5%的PS溶液和当地粉土按照水灰比为0.6拌制并灌浆，然后对封闭灌浆口表面进行处理；灌浆口应妥善处理，不宜凸出原来墙面，应稍低于原来墙面，使处理修复部位与遗址本体相协调。

对贯通裂隙的处理，对已经外闪或倾斜的局部不稳定的遗址本体进行纠偏处理，或采取一定的支顶措施保证遗址本体的局部稳定。对于已经有贯通、张开度较大的缝隙，需采取锚杆锚固、土坯砌补等技术措施进一步加固，使局部遗址本体具有一定的约束力，提高整体稳定性，待稳定以后对贯通裂隙进行加固。贯通裂隙轻微的可直接进行加固。

3. 锚杆的处理

东北佛寺S5墙和W6墙裂隙发育，有随时坍塌的危险，结合现场的实际情况，需要进行锚杆锚固。若面对较为脆弱的墙体，为了避免出现保护性破坏，在进行锚固成孔时选用振动较小的人工成孔。为了严格遵循"不改变文物原状和最小介入，最大兼容"的原则，使用锚杆锚固时，在确保遗址稳定性的前提下，需使用隐蔽性保护措施对锚头进行处理，锚头开槽进入土体较深，在封锚做旧后，锚杆加固的位置与遗址本体表面基本在同一平面上，远观不影响遗址的原貌，近看可以辨别出保护痕迹。

4. 表面渗透分不同区域

对于东北佛寺的不同遗址本体，由于本体所在位置不同，故而施工过程中，要先采取相应的措施在不同遗址本体上进行试验，做到先试验后施工的工程实施步骤，以免由于墙体性质的不同，采用相同的方法而出现的不一致。

如东北佛寺W2墙体，一侧可能在这之前被火烧过，墙体颜色发红，且外侧强度也相对较高，施工过程中如果采用与其他墙体同样的渗透材料及工艺，有可能会出现异常。为了有效地解决遗址本体成因不同引起的问题，最好的方法就是小面积试验，通过实验确定渗透加固等各种技术措施的实施，从而满足强度和外观的统一。

五、结 论

通过探讨东北佛寺加固技术中保护理念的应用，可以看出实施保护措施应在不改变遗址原状、最小干预等原则的指导下进行。正确把握修复的程度，使修复部分与遗址本体融为一体，做到"远观一致，近看有区别"，尽可能地保留遗址的最大信息。对于不能确定是否为原状的状态，应以暂时保留为宜，不应凭自己的主观想象去修复，过多地干预到遗址本体。

注　释

[1] 李最雄、王旭东、孙满利：《交河故城保护加固技术研究》，科学出版社，2010年。

[2] 李最雄、赵林毅、孙满利：《中国丝绸之路土遗址的病害及PS加固》，《岩石力学与工程学报》2009年第5期，第1047—1053页。

[３] 杨涛、李最雄、汪万福：《交河故城土体裂隙灌浆材料性能试验》，《岩土工程学报》2009年第S2期，第3782—3787页。

[４] 杨璐、孙满利、黄建华等：《交河故城PS-C灌浆加固材料可灌性的实验室研究》，《岩土工程学报》2010年第3期，第397—400页。

[５] 孙满利、李最雄、王旭东等：《南竹加筋复合锚杆加固土遗址研究》，《岩石力学与工程学报》2008年第S2期，第3381—3385页；孙满利、王旭东、李最雄等：《交河故城瞭望台保护加固技术》，《岩土力学》2007年第1期，第163—168页。

[６] 陆寿麟：《我国文物保护理念的探索》，《东南文化》2012年第2期，第6—9页。

[７] 王丽琴、杨璐：《文物保护原则之探讨》，《华夏考古》2011年第3期，第143—149页。

[８] 阮仪三、林林：《文化遗产保护的原真性原则》，《同济大学学报（社会科学版）》2003年第2期，第1—5页。

[９] 张成渝、谢凝高：《"真实性和完整性"原则与世界遗产保护》，《北京大学学报（哲学社会科学版）》2003年第2期，第62—67页。

Conception of Conservation and Consolidation Technologies to Buddhist Temple in the Northeast Jiaohe Ruins in Xinjiang

Guo Qinglin　Sun Manli　Zhang Jingke　Chen Wenwu　Wang Xudong

Abstract: The main principle to preserve earthen sits is preserving without changing original status of cultural relics and ruins, and it is a trends of projects of cultural relics' conservation that the concepts and practices be integrated in the way that practical conservations should be guided correctly by conceptions and ideas and these concepts should be modified through the procedure of conservation. In this way, the practical conservation of the Buddhist temple in Jiaohe Ruins is analyzed and the details are well presented together with conception of protection, which is important and instructional to future conservation projects on earthen sites.

Keywords: earthen Sites, conception, conservation

榆林卫城城墙病害与保护

张飞荣　徐海兵

内容摘要：榆林地区历史悠久，明初在榆林庄的基础上改筑榆林城，明中期"三拓榆阳"，进行墙体包砖，加固城墙。之后随着流沙的侵袭、防卫功能的削弱和重视程度的下降，墙体逐渐遭到破坏并产生众多病害。经过多年的保护工作，榆林卫城保护修复已达到了一定的效果。本文对卫城墙体病害从结构部位病害状况、自然因素影响和人为破坏、卫城墙体现状与病害分段特征等几个方面加以分析，以更加全面的了解榆林卫城墙体情况。

关键词：榆林卫城；墙体；病害；保护

榆林卫城是明代长城九边重镇之一，位于陕西省北部农牧文化的交汇地带，是蒙汉民族贸易的重要集散地。成化七年（1471年）置榆林卫并筑卫城，之后由于军事需要有过三次较大规模扩建。2006年5月25日被国务院公布为第六批全国重点文物保护单位。榆林卫城城墙是榆林卫城的重要组成部分。榆林卫城城墙以正统十四年（1449年）筑堡城为始，距今已有500多年的历史，其间经过明清两代多次的扩建和修筑，最终形成今日的雄伟规模。卫城城墙依山傍水而建，城墙走势依托山行，东北高西南低，东依驼峰山，西临榆溪河，南带榆阳水，北锁红石峡，具有典型的地域特征。

一、历 史 沿 革

（一）榆林行政沿革

榆林地区历史悠久，商代为游牧部族鬼方的栖息地；西周至春秋初被犬、翟人等游牧民族占据；春秋时期归属晋国；秦统一后分属上郡肤施县、九原郡；汉武帝太初四年，设龟兹属国都尉治所；三国至西晋被羌胡占据；升平三年，南匈奴刘卫辰统部代来城；义熙三年赫连勃勃建立大夏国，本境属大夏；南北朝时期北魏先后设统万镇、夏州；唐代贞观二年分属银州、绥州、夏州；宋太平兴国七年，银、夏、绥州归宋，隶属陕西路；宋宝元元年，李元昊在兴庆府称帝，属西夏银、夏州领地；元代时期长城以南属陕西行中书省延安路绥德州米脂县，长城以北为蒙古游牧地。

明洪武四年（1371年），置绥德卫。正统二年（1437年），为抗御蒙古鞑靼、火筛等部南犯，延绥镇都督王祯率领军民始筑榆林城堡。成化七年（1471年），置榆林卫（治所榆林城）。九年（1473年），延绥镇治所由绥德迁至榆林城。明代中叶起，本境直隶延绥榆林卫、中路道双重领

张飞荣：榆林市古城文物管理所　馆员
徐海兵：榆林市文物保护研究所　馆员

辖；清初仍沿明代旧制，境内所设卫堡及各柴塘军屯地仍隶属榆林卫、中路道。清雍正九年（1731年），裁榆林卫改置榆林府，治所归榆林府领辖[1,2]。

民国时期，设榆林道，民国二十六年撤道设署；新中国成立后，设立榆林市，属陕甘宁边区榆林分区管辖。1950年榆林市县合并为榆林县。1988年9月1日，榆林县改县级榆林市，属榆林地区管辖。2000年榆林撤地设市，原县级榆林市改为榆阳区至今。

（二）榆林卫城城墙沿革

1. 卫城城墙发展初期

明太祖洪武四年派大将军汤和、副将军博友德攻察汗淖尔，追逐元人于黄河以北，定东胜，置延安、绥德二卫及榆林庄，驻军戍边。正统十四年都督佥事王桢率军击阿罗出境，在榆林庄（普惠泉处）的基础上改筑榆林城[2]。

2. 卫城城墙鼎盛时期

明代有名的"三拓榆阳"，也称"榆城三拓"。明成化七年改榆林庄为榆林卫，成化二十二年向北筑堡城，史称"一拓榆阳"，拓后城周约六里。明弘治五年向南拓展城垣，史称"二拓榆阳"，新扩城周约七里，增设西门宣威门，东门为振武门，城周达十三里。明正德十年（1515年），筑南关外城，史称"三拓榆阳"，将南城推至榆阳河沿，新拓城周十三里，筑起南门为镇远门，并增设两西门[3]。

明嘉靖、隆庆年间，榆林城墙外墙包砖，加固城墙；明隆庆六年，筑南门逻城，自西门至讯敌楼计长七里，至此将南城墙推到今址。至此，榆林卫城达到其历史上最大规模。明万历元年增筑土垣并对外墙包砖，加固城墙。

3. 卫城城墙的重修和补修

清同治二年，甘肃回乱猖獗，流沙积压北城，影响城池防御，东城威宁门因北城缩而废，原西门龙德门也废除，原广榆门为新城北门。至此，榆林卫城始成今城之廓。

明末城墙遭两次兵燹后破损较多。清康熙六年修补和增筑城垣。同治九年重建镇远门城楼。清光绪十年重建宣威门城楼，光绪二十年重修北城，外墙包砖，自广榆门以西全用砖砌，广榆门以东则仍用土城[4]。

1925年前后，东城遭受流沙侵袭，两次挖掘积沙。1935—1948年为了军事预防和疏散城内人员，曾加固城墙，增筑碉堡，构筑掩体、战壕，开小南门一座，东城上开辟小东门一座。1970年代，东山地下和城墙开展人防工事。

二、榆林卫城保存现状与病害情况

（一）卫城遗产本体构成

从古代城池防御体系看，根据中国城墙构成要素，榆林卫城的遗产本体除城墙外，还包括一些构成要素：城门、城楼、马面、瓮城、角楼以及改建所留下来的遗存。

现在的榆林城格局是在经历"三拓榆阳"的演进，并在清同治二年回缩北城后而最终形成，空间形态为古币形。同治二年之前的榆林卫城城墙因年代久远多已荒废，仅存零星遗址，城墙遗址有待进一步发掘、考证，目前仅"二拓榆阳"的南城墙能够依据凯歌楼大致确定其位置。同治二年回缩北城后的榆林城墙由于绝大部分城墙段落得以保留，且残缺遗址段的位置明确，故格局十分清晰。近现代构筑物保留有若干处。

榆林城墙现有连续城墙遗存段和遗址段各15段，遗存段中线长度合计5280.38米，遗址段中线长度合计1288.4米。现存城墙段高度2.0—9.5、顶宽0.32—9.71、底宽0.48—15.31米、收分率1.1—3.0、包砖层数25—118层，主要材质为砖、土。榆林卫城现存城门3座、城门遗址2处、瓮城2座、城楼2座、马面15座。近现代构筑物6处，其中军事构筑物5处、民用构筑物1处。

（二）卫城墙体结构部位病害状况

榆林卫城城墙本体面临的主要问题按照部位不同包括以下几类：整体结构、墙体（包砖墙、夯土墙）、顶部（防水系统损伤、排水系统损伤）、基础等。

1. 整体结构面临问题

整体结构主要面临三类问题：整体或局部拆除、内部结构改变和结构稳定性下降。整体或局部拆除主要由各类建设活动引起，多为彻底性破坏，破坏程度最大。内部结构改变主要由军事防御构筑物和窑洞建筑引起，该类损伤对内部受力结构影响较大，若得不到有效处理会造成局部或整段坍塌。结构稳定性主要表现为夯土墙体与包砖墙体分离，此类损伤既与城墙建造的先天不足有关，也受到后天多重破坏因素的影响。

2. 墙体面临问题

墙体主要面临两类损伤：包砖墙体损伤和夯土墙体损伤。包砖墙体损伤主要包括开裂、坍塌、沉降、酥碱、剥落。包砖墙现存在多条贯通式裂缝、酥碱和剥落，集中在背阴面。夯土墙损伤主要包括空洞、坍塌、裂隙、流失。空洞大小不尽相同，大体量空洞会引起内部结构改变，造成严重的坍塌隐患。土遗址自身特点以及多重人为和自然因素均会造成夯土表层流失的问题。

3. 顶部面临问题

顶部主要面临两方面问题：防水系统和附属建筑损伤。防水系统损伤最为普遍，集中表现为大量海墁的缺失。城墙海墁已经拆除殆尽，仅部分段落有少量保存，现存海墁面临多重自然因素破坏和人为拆除的困境。附属建筑除正在修复的镇远楼外，仅残存魁星楼，两者均为砖体建筑物，由于位置较高、通风良好，故酥碱损伤相对较少，其主要损伤为剥落。

4. 基础面临问题

基础主要面临三方面问题：拆毁、蚕食、沉降。遗址段的大部分存在各类建设活动，遗存段主要受到两侧建设活动的拆毁和蚕食城墙基础，个别地段基础受力状况发生改变，严重者会引发墙体一系列损伤。

(三)卫城墙体受自然因素影响和人为破坏情况

1. 自然因素影响

榆林卫城城墙面临的主要自然破坏因素为风化、风蚀、洪涝、雨蚀以及水渗、植物等。其中风沙和雨水是榆林城墙面临的最为主要的破坏因素,这既由遗产所在地的气候特点决定,也与榆林城墙的构造特点和建造程序密切相关。榆林地区冬春风大、持续时间长;夏季降雨急。同时由于榆林城墙是历次修筑、扩建而成,先夯土筑城,后逐步对外墙面包砖而成,内侧为夯土容易受到风雨影响,外层砖体与夯土墙体结合不够牢固,风雨容易侵入,冻涨加速破坏。当包砖破坏后,暴雨和洪涝对夯土容易产生直接破坏,历史上多次有暴雨和洪涝造成城墙坍塌的事件,最近几年也多次出现由于暴雨和洪涝造成的破坏。

2. 人为破坏情况

榆林卫城城墙面临的主要人为破坏因素为挖筑防空洞、基础性设施建设、房屋建设、挖砖取土、打洞修窑,其他人为破坏因素还包括攀登践踏、随意刻画、现代战争、耕作扰土、不当维修等。基础设施建设和部分房屋建设为一次性彻底破坏;房屋建设、挖砖取土、打洞修窑对墙体产生的破坏往往是结构性、持续性破坏;不当维修导致对夯土层的破坏[5]。

(四)卫城墙体现状与病害分段特征

1. 东段墙体

东段是整体保存比较完好的段落。从细分段来看,东段的北部段落整体保存比较好,东南段拆毁和破坏相对较多。从构成看,东城墙外包砖相对保存完好,但包砖纵向裂缝现象比较普遍,夯土破坏相对严重。

城墙目前面临的主要自然破坏因素是风化、风蚀、雨蚀。由于东北方向是榆林主要的风沙方向,因此风化、风蚀在该段比较突出。在城墙顶部存在大量冲沟,雨蚀和水渗的破坏也比较突出。主要的人为破坏因素是房屋建设和打洞修窑,其带来的持续性破坏比较突出,房屋建设破坏因素中,侵占型和搭建型在东段城墙中段、南段比较突出。

2. 北段墙体

北段城墙整体保存较差。从细分段看,广榆门东侧皮革厂外侧段城墙整体保存相对较好。从构造看,现存包砖酥碱现象比较严重,广榆门破损比较严重。

城墙目前面临的主要自然破坏因素是风化、风蚀、雨蚀。广榆门以东城墙由于历史上就没有包砖保护,受到风化、风蚀、雨蚀的破坏一直比较严重。皮革厂外侧段城墙主要受到雨蚀、渗水引起的酥碱以及顶部植物蔓生对顶部防水层的破坏。主要的人为破坏因素是房屋建设。房屋建设破坏因素中,拆除型、侵占型比较突出,在广榆门以东段存在一定数量的窑洞,此外东北拐角处受到耕作扰土的破坏。

3. 西段墙体

西段城墙整体保存一般，分段完整性比较差，修复段保存较好，人民路以北段拆毁严重，仅残存部分包砖墙体。

城墙目前面临的自然破坏因素是洪涝、雨蚀、水渗。西城墙由于位于城内和榆溪河之间的泄洪通道上，历史上多次因洪水造成坍塌和毁坏，南段城墙顶部存在大量的植物生长，对顶部防水海墁和夯土造成破坏。主要人为破坏因素是道路修建、房屋建设和不当维修等。

4. 南段墙体

南段城墙整体完好性非常差，是榆林历史上拆毁最早的段落。1970年榆林地区运输公司拆毁城墙行为是榆林城墙建国后大规模拆除的肇始。南城门以西段拆毁严重；南城门以东至魁星楼段破坏十分严重，夯土残留无几，外包砖与夯土剥离情形严重，城砖开裂、下坠情形普遍存在。

城墙目前面临的自然破坏因素是雨蚀、水渗。主要的人为破坏因素是房屋建设和攀登践踏等。

三、卫城的修复工程和保护效果

从1984年开始，榆林城墙有记载的、具一定规模的保护工程共计17次。从工程规模看，2000年之前以小规模修葺和抢修工程为主，2000年之后以大型修复工程为主；从工程位置看，主要集中在南城门（瓮城、城楼）和西城墙大西门以西段；从工程类型看，2000年之前的保护工程基本为日常保养、防护加固和现状维修，2000年之后主要为重点修复类。

榆林卫城保护修复主要是西城墙南段的加固维修、雉堞的维修、整体加固、坍塌墙体的修复；西南拐角马面和雉堞的修复；镇远楼的主体修复、新补油漆和彩绘；南门瓮城的环境清理、加固基础、墙体包砌、夯土填芯、修复海墁和雉堞、修补裂缝（图一——图三）。榆林卫城保护修复段达到了很好效果。

南城墙外侧瓮城东段保护前	南城墙外侧瓮城东段保护后

图一　南城墙外瓮城保护前后对比图

南城墙外侧魁星楼保护前 　　　　　　　南城墙外侧魁星楼保护后

图二　魁星楼保护前后对比图

西城墙外侧保护前 　　　　　　　　　西城墙外侧保护后

图三　西城墙保护前后对比图

四、总　　结

榆林卫城是当时榆林地区的政治、军事、文化中心，作为其标志性建筑之一，其完整的军事防御体系，古色古香的街市风貌，充分体现了15世纪以来榆林古代文化的深厚内涵，是研究陕北古代政治、军事、文化、建筑等方面不可多得的实物载体，也是推动地方经济建设、发展旅游事业的珍贵资源。对卫城墙体病害从结构部位病害状况、自然因素影响和人为破坏、卫城墙体现状与病害分段特征的分析，可以更加全面地了解榆林卫城墙体情况，为保护工作做好基础。经过多年的保护工作，榆林卫城达到了一定的保护效果，但对这样一座具有重要价值的文化遗产仍应加大保护力度、进行有效合理的文物保护。

注　释

[1]　（清）张廷玉：《明史》，中华书局，1974年。

[2]　（清）谭吉璁：《延绥镇志》，陕西省榆林市地方办公室整理，上海古籍出版社，2012年。

[3]　（明）申时行：《明会典》，中华书局，1989年。

[4]　（清）李熙龄：《榆林府志》，清道光二十一年刻本。

[5]　榆林市志编纂委员会：《榆林市志·军事志》，三秦出版社，1996年。

The Deterioration and Conservation of Defensive Walls of Yulin Weicheng

Zhang Feirong　Xu Haibing

Abstract: Yulin owns a long history, and Yulin city was reconstructed on the basis of Yulin Zhuang in Ming dynasty and "San Ta Yu Yang" is built in the middle period of Ming dynasty, of which defensive walls were brick clad and reinforced, while various diseases and deteriorations came into being due to shifting sands and gradually weaken attentions towards the defensive walls after that. This article analyze disease status of structures of brick walls, environmental influences, man-made sabotages, present protection situations and diseases' characters, in which way general conditions of defensive walls of Yulin Weicheng are realized and understood. In conclusion, Yulin Weicheng are now in better shape and condition through years of conservation.

Keywords: Yulin Weicheng, brick walls, deterioration, conservation

《伊犁河流域塞人和乌孙的古代文明》导读

谭玉华

内容摘要：《伊犁河流域塞人和乌孙的古代文明》是中亚考古的重要著作，体现着前苏联欧亚考古的史学倾向，对理解和认识古代塞人和乌孙文化仍然具有指导意义。

关键词：《伊犁河流域塞人和乌孙的古代文明》；中亚考古；塞人；乌孙

由孙危教授执笔翻译的前苏联考古学家阿奇舍夫和库沙耶夫的名著《伊犁河流域塞人和乌孙的古代文明》终于出版了，这是一件好事。

这本书的俄文原著出版于1963年，主要辑录了1954年、1957—1961年苏联物质文化研究所伊犁河考古队在哈萨克斯坦伊犁河流域发掘所获24处墓地的资料，这占到了2010年底之前哈萨克斯坦伊犁河流域所发掘塞人–乌孙时期墓地总数二分之一。该书除目录、前言外，主要包括两部分，第一部分为别斯沙迪尔墓地及若干处小型塞人墓的发掘报告和相关研究，由阿奇舍夫执笔。阿奇舍夫（1924—2003年）是前苏联中亚考古的重量级人物，领导发掘了许多中亚的遗址和墓地——著名的伊塞克金人墓就是在他主持下发掘的。第二部分为伊犁河流域乌孙墓地的发掘报告与研究（部分文字内容与图片以附录形式附在文末），由库沙耶夫执笔，这部分材料曾以发掘简报的形式发表于《哈萨克苏维埃共和国科学院历史、考古与民族研究所学报》1956年第1期。该书是目前最为系统完备的塞人-乌孙文化研究专著，也是引用频率最高的学术著作之一，在中亚考古史上占有重要地位。虽然原著出版距今已有50多年的时间了，但作为经典著作该书仍有很多内容值得关注和深入思考。

该书书名以明确的族称加"文化"的形式表示考古学文化，体现了前苏联中亚考古的浓郁的史学倾向。从19世纪后半期起第聂伯河下游发掘大批巨冢，俄国历史学者用这些考古材料验证希罗多德关于塞人的历史记载。到20世纪上半期，随着黑海北岸、乌拉尔和顿河流域大量墓葬遗存的发掘，希罗多德《历史》中有关斯基泰人、萨尔马特及其前身萨夫马特的记载被——证实，也使得考古发现联系历史文献记载成为趋势。考古学家热衷于以考古材料来附会希罗多德的记载，用大量的历史文献解释考古材料，历史文献为考古学研究提供了巨大的解释空间，这种证史和史证倾向成为苏联欧亚草原考古学的重要特点，以至有人以"俄国学派"相称。就像殷墟发掘使得中国考古学具有强烈的证史、辨史和补史功能一样，俄国及后来苏联的欧亚草原考古也因为斯基泰墓地的发现而具备了浓郁的史学情结。以族名直接指称考古学文化成为中亚考古的普遍现象，特别是一些有语言学和历史学背景的考古学家，甚至把青铜时代遗存也用历史文献中的族名来命名，这种倾向一直延续至今。苏联中亚考古研究旨趣也受此影响，从鲁登科发掘巴泽雷克墓地，到伯恩斯坦对吉尔吉斯

谭玉华：中山大学社会学与人类学学院　讲师

斯坦和谢米列契地区的考古调查，都深深地渗透着这种倾向。前者把墓地置于斯基泰时代的框架之内，后者则径直以塞人-乌孙文化统摄其所获得的大批材料。而阿奇舍夫、库沙耶夫在本书的书名中直接使用塞人、乌孙等族属概念用以指称其所获得的考古材料，也就不显突兀了。

应该说明的是书中塞人一词对应的为波斯文献中的萨迦（saka）和中国文献中的塞种，以及古希腊文献中的斯基泰（scythe），它是在广义上对草原游牧人群中自称为"塞"的人群的指称。古希腊文献中还有与斯基泰同出的塞克（saka）一词及后者的衍生词，作为中亚个别游牧民族的专称，也可能适用于伊犁河流域古代族群。成书早于《汉书》的古希腊地理学家斯特拉波在其《地理》中曾这样描写："与这些人相对，在右手边，占据整个北部的是斯基泰人和游牧人。从里海开始，绝大多数的斯基泰人是达伊人（Dahea），以及生活在他们东部，我们称之为马萨格特（Massagete）和塞克的人，还有就是其他统称为斯基泰的许多人群，后者并没有什么特定名称。他们多为游牧者。他们之中最著名的是那些吞并了希腊巴克特利亚的阿斯人（Asiens），帕阿斯人（Pasiens），吐火罗人（Tokhariens）以及萨卡罗卡人（Sacarauques），他们分布于药杀水以北，与塞克和粟特人比邻，并且隶属于塞克……"（卷XI，8，2）

乌孙的考古资料积累始自1928—1929年，沃耶沃茨基和格里亚兹诺夫在伊塞克湖及楚河沿岸发掘四处墓地，认定为乌孙墓，从此揭开了吉尔吉斯斯坦境内乌孙考古的序幕。之后，伯恩斯坦、阿吉耶娃、马克西莫娃、阿奇舍夫和库沙耶夫等人都在不同时期发掘过所谓的乌孙墓。其中伯恩斯坦首次提出塞人-乌孙同源说，认为"塞人和乌孙并无本质不同，伯恩斯坦对乌孙起初游牧于甘肃省境内，后被匈奴冒顿单于和老上单于击败而移牧于天山的记载表示怀疑。认为乌孙起源于中国甘肃等地所出文物，都与天山和乌孙文化截然不同。如果在公元最初几个世纪东突厥斯坦的影响借助匈奴而传播到天山一带的话，那么在文化上肯定会出现一些不是土著的因素。而在事实上，通过对乌孙文化和与乌孙相邻的塔拉斯河以西的游牧民文化（如伯尔卡拉墓葬）的分析表明，它们是公元前七至前三世纪文化合乎逻辑的发展和结束。"此后的苏联考古学家基本上延续了这种观念，在本书中，库沙耶夫将乌孙文化划分为三期，并且将乌孙文化上限定在了公元前3世纪，其对乌孙时期文化共同特征的概括包括以下几点：墓地呈南北向排列，且多沿各种分水岭分布；坟冢周围有石圈（共有14.4%的墓葬有）；竖穴土坑墓占绝大多数（56.2%的墓葬属于此类）；随葬陶器中以圆形底器物最多（占58.5%），且这类陶器中均有动物骨骼。显然，这些特征都不是乌孙所独有，塞人-乌孙同源说似乎能得到更多考古材料上支持。

不过，《汉书》中乌孙西迁的记载仍让中外学者试图修正伯恩斯坦的观点，把乌孙文化的上限下移至公元前2世纪中叶，并且反思塞人与乌孙一脉相承的见解。苏联学者扎德诺普洛夫斯基把所谓的公元前3世纪的乌孙文化，以"后萨卡文化"或"前乌孙文化"相称，2007年法国学者也认为在公元前2世纪中期，谢米列契地区的文化面貌发生了显著的变化。

除此之外，重新解释文献上有关乌孙西迁的记载，调和考古材料与文献记载的矛盾，对乌孙始居地、乌孙人口结构进行辨正，注重乌孙人种特点等成为文献研究的新趋势。

目前，关于乌孙文化的研究，考古遗存上的贫乏仍是主要问题，至今学界仍没有发现乌孙的"基点墓地"，甚至"基点墓"。事实上何者为乌孙文化，何者为塞人文化，从遗存特征上区分两者仍是一个问题，同源说仍是当今学术界的主流观点。

最后，译本的特点及存在的一些问题。

译本把原书目录和图片目录提到书前，增加了关键词索引，使译本更加符合中国读者的阅读习惯，使用起来也更加方便。考古学著作由于专业性强，部分专业词汇在翻译时需要特别注意。如：курган能否译作墓，курган的语义范围比墓小，类似于江浙地区的土墩遗存，很多情况下一个курган会包含多座墓。译著将курган翻译为墓外，还在多处把这个词直译为库尔干（冢墓）或封丘。译著将作为书名关键词的культура一词译为文明，但文明与文化在俄语中均有其特定的拼写方法，在考古学上两个词也都是有着各自特定含义，大部分情况下是不能相互代替的。Семиречье译作七河地区或谢米列契似乎也比七河流域要显得恰切些。此外，个别为中国读者熟知的地名，如巴尔喀什湖等未按通俗译法翻译。

该书俄文原著存在的一些问题，在中文译本中也保留了下来，如：克孜劳兹1号墓地的数量，图1-73显示只有16座，但正文叙述中却有17座。关于封堆周围石圈的不同形态，什么情况下称为石圈，什么情况下称为石铺层也并不统一；对于个别墓葬的形制，1956年阿奇舍夫的考古报告与库沙耶夫在本书中的描述有很大的出入。乌孙文化中期的泰加1号墓地19号堆砌物，石圈内发掘两件叶状铁马镫，这也属于明显的时代错误，应该加以特别说明。在配图上，把属于不同墓葬单位、不同墓地的器物按照形态集中于文后发表，墓葬文字说明和墓葬平面图与器物图分开发表，也给读者使用该书带来了很大的不便。

近十几年来配合基本建设和主动发掘，我国境内与塞人和乌孙人群的相关考古遗存有了大量的发现，相关研究取得了显著的进步。而《伊犁河流域塞人和乌孙的古代文明》汉译本的出版，哈萨克斯坦境内这批重要的考古材料为中国学者所熟知，必将推动我国学者关注境外相关考古发现与研究，推进塞人与乌孙文化研究的深入，这是我们深切期待的。

Guide to *Drevnjaja kul'tura Sakov i Usunej dolnny reki Ili*

Tan Yuhua

Abstract：*Drevnjaja kul'tura Sakov i Usunej dolnny reki Ili* is an important book in the field of central Asia archaeology. It represents the tendency of Soviet Union's historic study on Eurasian archaeology and is instructive in the study of ancient Saka and Wusun.

Key words：*Drevnjaja kul'ura Sakov i Usunej dolnny reki Ili*, central Asia archaeology, Saka, Wusun

裴文中早期学术之路探析

朱之勇

内容摘要：裴文中是周口店第一个北京人头盖骨发现者，世界知名的旧石器时代考古学家和古生物学家，中国旧石器考古学重要的奠基人之一。本文在现有资料的基础上，将散见于各史料中的相关信息汇集，条分缕析，复原了裴文中从一名懵懂的大学毕业生走上考古学之路，进而成长为一位著名考古学家的这段历程，并指出裴文中的成就与翁文灏及其所创办的地质调查所的影响是分不开的。

关键词：裴文中；翁文灏；旧石器时代考古学

裴文中（1904—1982年），中国科学院院士，周口店第一个北京人头盖骨发现者，世界知名的旧石器时代考古学家和古生物学家。他的一生，除抗战期间遵命留守北平，因太平洋战争爆发而无法专注于旧石器时代考古，内战期间又因经费短缺无法继续周口店的工作外，倾其毕生精力于旧石器时代考古学和古生物学的研究，为中国旧石器时代考古学、古人类学、古生物学的发展做出了杰出贡献[1]。他与李济、梁思永、夏鼐等诸先生共同缔造了中国现代考古学，是当之无愧的中国现代考古学的奠基人之一[2]。特别是新中国成立后，李济等考古界著名学人相继赴台，裴文中与夏鼐等留守大陆，为推动中国考古事业的发展做出了不可磨灭的贡献。正如著名考古学家张光直所说："自新中国成立一直到1982年逝世为止，在这33年里面，裴文中是对中国考古学在这段时间里取得迅速的进展和惊人的成就贡献最大的两三个人中的一个。"[3]

众所周知，裴文中因1929年北京人第一个头盖骨的发现而成名。随着时光的流逝，我们记住的，更多的是裴文中的辉煌与成就，而对其成名前的历史，特别是他如何走上学术之路这段历程了解的比较少。本文在现有资料基础上，将散见于各史料中的相关信息汇集,条分缕析，廓清了裴文中的这段早期学术经历。

一、早年的学习状况

裴文中1904年出生于河北省丰南县小集西纪各庄的一个普通教师家庭。虽然家境一般，但他自幼就接受了较为正规的教育，8岁入小学，12岁考入直隶省立第三师范学校。自小学时，裴文中就表现出极大的社会热情，关心时事，热心学生运动。1921年师范毕业后，他报考北大预科并被顺利录取。两年预科后，于1923年转入北京大学地质系学习古生物学[4]。学习古生物并非出自裴文中

朱之勇：西北大学文化遗产学院　副教授

的本意，正如后来他本人所说："我本来是一个很随便而遇事无可无不可的人，凡事多不欲认真，读书亦多不求甚解，自觉很不适合于担任科学上的工作和科学上的研究；但是不知为什么而入了北京大学的理科，又不知为什么而入了地质系——其实那时我自己的兴趣，却在办党和新闻事业"[5]。入地质系学习，也可能和他的家境贫困有一定关系[6]，总之，并非出其所愿。正因如此，在北大求学期间，裴文中把更多的精力放在了自己热爱的文学创作和社会活动上，而非他所在的地质学科。当时他经常去听文科各教师的课，如鲁迅讲的《中国小说史略》，在文学上打下了良好的基础。在自己热爱的领域，应当说他获得了很大的进步。1924年裴文中发表了小说《戎马声中》，获得鲁迅先生的很高评价，认为这是"乡土文学"的一种，将它收入到自己主编的《中国新文学大系·小说二集》中，并加了赞赏的按语[7]。学习之余，裴文中积极参与组织声援"五卅惨案"的筹备工作，在晨报上发表署名"革命"的三字长歌，宣传反英反日。后经李大钊等人介绍加入中国共产党，并参加了北京大学地下党的小组活动[8]。由于过多的精力投放于文学创作和社会活动，在古生物专业上他所用的功夫自然也就少了。这肯定不会给治学严谨的老师留下太好的印象，以致后来翁文灏[9]在将裴文中派到杨钟健[10]处工作时，曾说"我给你一位成绩最坏的学生"[11]。其实裴文中大学期间没有将全部精力投入到本专业上，除钟情于文学外，还和他的家境贫困有关，他需半工半读来完成学业[12]。据张森水编撰的《裴文中简要年谱》介绍，裴文中1923年秋季由北京大学预科转入北京大学地质系学习古生物。学费是由一个叫谭延英的人资助的，生活费则是靠向各报社投稿所得，最后在《民兴报》和《东方时报》当校对。每晚工作，每月报酬8元[13]。

今天看来，裴文中热心社会活动与当时所处的历史社会环境也有着一定关系。裴文中入大学时，中国正处于内忧外患之时，投身群众运动，挽救民族危亡是当时知识分子普遍的社会心态，例如与裴文中共事多年的古生物学家杨钟健先生在北大求学时就加入了"少年中国学会"，积极投身学生运动，并与毛泽东、邓中夏等人结识[14]。据何兆武先生回忆，20世纪20、30年代有百分之八十的学生都支持或积极参与过学生运动[15]。

二、与周口店结缘的经过

1927年，裴文中从北京大学地质系毕业。最初，他原与北京大学地质系主任商妥留校当助教，因东北易帜，系主任换人而未能如愿。后来又报考中央地质调查所，但没能考入[16]。最后只好到北京一所中学任地质生物科教员，每周三节课，难以维持生活。对于这段日子，裴文中在后来的回忆中是这样描述的："毕业后，欲教书无人聘请，欲作事又无门路可走。流落在北平，穷困已极。"[17] 1928年春，裴文中愈觉生活困难，"有兴趣的事业都走不通，不得已又回归地质本行"[18]。迫于生计，他直接去找时任地质调查所的所长翁文灏先生。在专业方面，翁文灏对裴文中初无好感[19]，认为他是一位成绩最坏的学生[20]。但裴文中毕竟是地质学科班出身，出于发现、培养人才的需要，翁文灏既没有答应，亦没有回绝，而是先让裴文中在研究所内做研究工作，按论文好坏给予奖金，数目与练习生差不多。经商请赵亚曾先生[21]同意，将山东寒武纪三叶虫化石给裴文中研究。今天看来，让一位大学刚刚毕业的本科生来独立研究寒武纪三叶虫化石，真是有些勉为其难，耐人玩味。不过从现有资料来看，想必翁文灏对裴文中是有一定了解的，知道他是一位热心社会活动，醉心于文学的青年。众所周知,地质学是门专业性很强的学科,特别是古生物学,非精心钻研、能坐住冷板凳者,很难深入其中,更难体会到其中的乐趣。文学青年热情浪漫、天马行空,自然难以让翁文灏相信裴文中会安于寂寞、静心于此。所以安排刚刚毕业的裴文中研究三叶虫化石,其用意更多在于考察,而非研究结果。不久裴文中呈交了自己的研究报告,水平如何,不用旁人评说,"自己都觉着莫名其妙"[22]。赵亚曾看过后认为文字不通,学科性不强,劝翁文灏不要收留裴文中,但翁文灏还是给了裴文中30元奖金,并嘱他另找材料再做[23]。显然,通过这次考察,裴文中表现出的坚忍执著以及回归专业的决心,让翁文灏还是比较满意的。对于科学研究而言,系统的学术训练必不可少,但迎难而上、勇于进取的精神则更为重要。

1928年,裴文中被派往周口店协助杨钟健工作,主要负责管理工人、账目及一切杂务。周口店遗址于1921年被瑞典地质学家安特生发现并发掘,因发现两颗古人类牙齿而名声大噪,使"中亚是人类摇篮"的假说得到有力的支持。1927年,中央地质调查所与北京协和医学院对该遗址进行正式发掘[24]。裴文中被派至这里工作时,周口店的发掘已经进行了一年有余。初次参加发掘工作的裴文中可以说对此一片茫然,不知身在哪里,看见工人工作,眼花缭乱,不知道他们在做些什么。更让他难堪的是,刚到周口店接洽事务时,工人随便给他介绍哪些化石,都能迅速地叫出名字,这让当时"有脊椎动物是什么,都毫无所知"[25]的裴文中不免有些紧张。而最刺痛他自尊心的,是某些专家仅仅把他当做"工头"看待[26],不让其参与化石的搜集、整理工作。危机感与自尊心强烈地刺激了裴文中倔强、不服输的性格,他下决心从头学起,改变人们对他的看法。"(他)白天在山中工作,认识标本,晚上抽工夫自修,把齐特儿教科书当圣经一样念。"[27]在工作间隙时,他积极向前辈学者请教,渐渐地也知道何为猪牙鹿骨了。而当他几次亲手捡出重要的化石时,已基本获得了专家的认同,这一过程他仅用了不到一年的时间[28]。

20世纪20年代后期在周口店进行田野发掘工作是非常辛苦的,多数学者都不愿前往。首先,这里的交通非常不便。当时从北京城到周口店一般需要六七个小时甚至一两天的时间[29]。再者,周口店的工作内容单调、枯燥。这一点从杨钟健的记述中即可感知一二。杨钟健刚从德国学成归来即被派往周口店主持工作。每天在"不到方圆五六里的地方作洞穴地层的研究工作,而且实际发掘的第一地点方圆还不及三十公尺。日日如此,自觉有些生厌,尤其每日要对付成百个工人,更为繁杂……好像成了工头一样"[30]。杨钟健一生潜心于古生物学研究,对专业情有独钟,他且如此,就甭提其他学者了。最为重要的是,在第一个北京人头盖骨化石发现以前,周口店的发掘成绩甚微,所出的动物化石多为破碎者。以致后来裴文中呈交研究报告时,还被人误以为裴氏受到杨钟健的虐待,没有得到好的标本[31]。对于古生物学而言,没有好的标本,也即无从谈起好的成果,这不免让人沮丧、灰心。因诸多原因,至1929年,挖掘龙骨山的动物骨骼化石就被视为一件无足轻重的事了。主持周口店工作的学者纷纷借故离开,翁文灏不得不将发掘工作交由名不见经传的裴文中来主持。裴文中本来因生活所迫来投奔翁文灏,当时在地质调查所实属编外人员。周口店虽条件艰苦,但能被派至此地工作,已属翁文灏对他的照顾,当然也没什么可挑剔的。虽然他明知交与他的并非美差,实属如"鸡肋"般的工作[32],但能担此主持之重任,亦是翁文灏对其近一段工作的肯定。虽然有些莫名的惆怅,但裴文中对工作仍然是一如既往,认真努力,没有丝毫懈怠。他从早到晚不停地忙碌,和工人一样,日出而作,日落而息,就像过着原始生活。在工地,不管有几个发掘地点，他都是东奔西走到处查看，唯恐失漏和挖坏了标本。

发掘工作有条不紊地进行，至1929年12月初，天气已寒冷，裴文中也接到了让他停止工作的命令。但他觉得当年的发掘成绩不大，没有发现重要化石，总不肯死心停工，于是又坚持了2天[33]。就是这份坚持获得了回报。1929年12月2日对于裴文中来说，是最为值得纪念的日子，这一天他发现了北京人的第一个头盖骨。这份久违的发现突至眼前，可以想象当时裴文中的心情是多么的激动。他无法忍受这个宝贝在原地再多待上一个晚上，生怕它会有什么闪失，当晚他就将这个猿人的头盖骨发掘了出来。可能是太过紧张，竟不小心碰坏了它，致使后来很长时间他都不能原谅自己[34]。裴文中将周口店发现猿人头盖骨的消息以最快的方式报告到地质调查所。因为猿人的头骨实在是太珍贵、太难发现了，据说，当听到这个消息之后，人们好像都不大相信，不是说裴文中不认识什么是"人"，就是说裴文中不会有那么好的运气，还有人认为那可能是一枚近代人的头骨。众说纷纭中，翁文灏急令裴文中速将那个有待证实的宝贝带来一看。12月6日，翁文灏终于在焦急中等到了裴文中亲自从周口店带回的、经过初步干燥处理的猿人头盖骨化石。经步达生[35]等人鉴定，正式确认这确实是古人类头骨化石[36]。12月28日，地质调查所在北平举行会议，翁文灏宣布地质调查所已于本年发现"北京猿人"头盖骨及其他重要化石多种，并特别指出这些"发现均为裴文中一人所得"[37]。"北京猿人"头盖骨的发现轰动了世界学术界，被认为是达尔文发表人类进化论以来，第一次得到的最完整可靠的支持及证实他的证据，同时也澄清了对"爪哇人"长期以来争论不休的是猿还是人的问题[38]。因此重大发现，裴文中的能力、业绩得到了肯定，在学术界也有了一定的名气，甚至"世界学者莫不闻之他的大名"[39]。那一年他仅25岁。成名之后的裴文中继续主持周口店的挖掘工作。获此殊荣，显然增强了裴文中的信心及勇气。1931年在发掘周口店鸽子堂的工作中，裴文中发现了形制奇特的石制品，推测有可能是人工制造的石器，为此他开展了一些实验研究来论证此事。当时中国尚未有人开展旧石器研究，这些石英碎块的人工痕迹颇难识别，所以他的意见并未被同事所接受，甚至当时主持周口店工作的步达生和杨钟健先生都持否定态度，但裴文中坚持自己的意见，周口店的文化研究一时陷入瓶颈。后来经德日进建议，翁文灏邀请法国史前学家、当时的世界旧石器考古学权威布日耶来华访问，让他辨认这些石块是否为人工制品。1931年秋，布日耶来华，考察了周口店，他不仅充分肯定周口店第1地点堆积中采集的石制品的人工性质，还对裴文中结合实验进行研究的方法大加赞许，并希望裴文中能随其赴法学习旧石器考古学[40]。翁文灏表示一旦有人能顶替裴文中在周口店的工作，即派他去法国深造[41]。石器的发现和确认是周口店早期工作的又一项重要的、具有里程碑意义的事件，也让青年裴文中寻找到了自己的学术方向。1935年，裴文中赴法留学，主攻旧石器考古学博士学位，从此开启了自己的学术之路，也最终成为中国旧石器考古学重要的奠基人之一。

三、翁文灏与地质调查所的作用

今天位于北京西南西山脚下的周口店北京猿人遗址可谓世人皆知。它是一处有关人类起源与演化研究的圣地，是更新世古人类遗址中内涵最丰富、材料最齐全和最有科研价值的一个，是唯一保存了纵贯70万年史前人类活动遗迹的遗址，是一座有关人类演化与文化发展的科学信息与资源宝库[42]。裴文中当年热衷文学，并得到文学大师鲁迅的认可，可以说在文坛已崭露头角。但终因生活所迫，不得以成为"文坛中留不住的人"[43]，未免有些遗憾。可是他初入考古一行就能够在周口店遗址这样重要的地方工作，并能得到如杨钟健、步达生、德日进等人的点拨，特别是翁文灏的发掘、培养与提携，无疑是幸运的，正所谓失之东隅，收之桑榆是也。

通观裴文中的早期成长之路，一个人所起的作用是非常重要的，他就是翁文灏。周口店遗址的发掘，是当年地质调查所一项重要的工作内容。翁文灏当时作为地质调查所所长，自始至终，从宏观上组织领导周口店的发掘、科研工作，调动老中青专家的积极性，团结不同国籍、不同学术观点的学者长期相处，密切合作，互相学习，共同提高，并为同一目标而努力奋斗[44]。可以说，没有翁文灏的组织、推动，就不会有周口店遗址的发掘，更不会有北京猿人头盖骨的发现，他的功绩并不在步达生、杨钟健、裴文中这些直接参与者之下。北京猿人的发现，改写了人类史的教科书，但有关周口店北京猿人的发现，今天已极少有人知道翁文灏在其中的作用了，提及他的人则更少[45]。这不能不说是一个历史的遗憾。翁文灏虽然没有直接指导过裴文中，也没有直接领导过他，但裴文中所做的一切都在这个当家人的视线之内。他知道，在周口店的发掘工作中"担任实地工作的人为数虽不甚少，但裴文中先生出力最多，占时最久。采掘的计划虽有步、德、杨诸位先生讨论筹划，但实地组织及执行几乎全靠裴先生之力，而且有许多重要标本都由裴先生亲手发现"[46]。他深知"特别人才在中国是为难的。不是无人识货，把他冷置或错用，便是空抬虚爱，当做无所不能，反弄成一无所成了"[47]。所以在青年裴文中爆得大名的时候，不忘提醒他"常能自爱，为中国成一个真正的长久的科学人才，专心科学，勿管他事"，"切勿自足自满，须更努力进步，名誉与青年人是有益的，因为可以鼓励兴趣，但有时也极危险，因为他很容易把最有希望的人弄成毫无出息"[48]。他更提醒调查所同仁"为国家爱此人才，只可督促在已经成功的路上更往前进，切勿虚捧他反使他忘其所以"[49]，爱才、惜才之情表露无余。

裴文中的成长与地质调查所的文化氛围也有着很大的关系。1913年，由丁文江、翁文灏等人创办的实业部地质调查所是中国近代第一个科学研究机构。到1950年结束，虽然只存续了38年，但却是民国时期中国最优秀的研究机构，在地质学、地理学、考古学、地图学等多个领域都取得了骄人的成绩。这些成绩的取得与翁文灏等人的素质与魅力是分不开的。他们所具有的科学精神、文化理念、政治素养、人格魅力深刻的影响、规范和决定着地质调查所同仁特别是年轻人的科学、社会及生活行为，成为研究所成功的重要基石。这个研究所提倡实事求是与吃苦耐劳的精神，学风严肃活泼，文风朴实无华，教育宽严相济，考评客观多元[50]。在这样的科学文化氛围中，培育、造就了中国第一批地质学、考古学等方面的专家，裴文中就是其中之一。

一个人的成长离不开个人的努力，与其所处的环境更是息息相关。回顾裴文中的早期学术之路，他的成就与翁文灏及其所创办的地质调查所的影响是分不开的，所以在裴文中后来的回忆性文章中，每每会流露出对翁文灏及地质调查所的感激之情。

附记：本文得到陕西省教育厅2014年人文社科重点研究基地科研计划项目（14JZ056）资助。

注 释

[1] 陈星灿、马思中：《裴文中与安特生——跋新发现的裴安通信》，《不朽的人格与业绩——纪念裴文中先生诞辰100周年》，科学出版社，2004年。

[2] 徐苹芳：《裴文中先生与现代考古学》，《不朽的人格与业绩——纪念裴文中先生诞辰100周年》，科学出版社，2004年。

[3] 张光直：《裴文中与我》，《不朽的人格与业绩——纪念裴文中先生诞辰100周年》，科学出版社，2004年。

[4] 张森水：《裴文中简要年谱》，《不朽的人格与业绩——纪念裴文中先生诞辰100周年》，科学出版社，2004年。

[5] 裴文中：《周口店洞穴层采掘记》，地震出版社，2001年。

[6] 据晏学回忆，裴文中曾对她说当时选择就读北大地质系，是因为家里不富裕，而当时北大地质系是不收学费的。（见晏学：《我记忆中的裴文中院士》，《不朽的人格与业绩——纪念裴文中先生诞辰100周年》，科学出版社，2004年）

[7] 张森水：《裴文中传略与浅析》，《文物春秋》1994年（增刊）。

[8] 袁宝印：《裴文中先生的爱国、自强和拼搏精神——纪念裴文中先生百年诞辰》，《第四纪研究》2004年第3期。

[9] 翁文灏（1889—1971年）：中央地质调查所创始人之一，我国著名地质学家，1912年获比利时鲁文大学博士学位，是我国地质学家之中获得博士学位的第一人，曾担任过国民党政府的经济部长和行政院院长。（见王仰之编著：《中国地质调查所史》，石油工业出版社，1996年）

[10] 杨钟健（1897—1979年），字克强，陕西华县人。1923年毕业于北京大学地质系，1927年获德国慕尼黑大学博士学位。著名古生物学家，1928年主持周口店遗址的发掘工作，长期主持中央地质调查所新生代研究室工作，曾短暂担任过西北大学校长。（见王仰之编著：《中国地质调查所史》，石油工业出版社，1996年）

[11] 杨钟健：《杨钟健回忆录》，地质出版社，1983年。另，翁文灏曾参与过北京大学地质系的建设工作，并于裴文中就读北大时的1925年为北大地质系学生上过课，想必对当时裴文中的表现有一定的了解。（见于洸：《翁文灏先生与北大地质系》，《河北地质学院学报》1993年第2期）

[12] 裴文中：《回忆中国猿人第一个头盖骨的发现》，《中国科技史料》1982年第2期。

[13] 张森水：《裴文中简要年谱》，《不朽的人格与业绩——纪念裴文中先生诞辰100周年》，科学出版社，2004年。

[14] 杨钟健：《杨钟健回忆录》，地质出版社，1983年，第28页。

[15] 何兆武口述、文靖撰写：《上学记》，生活·读书·新知三联书店，2007年。

[16] 据杨钟健记述，1927年裴文中大学毕业后没能进入地质调查所成为练习生，是因为翁文灏对裴文中"初无好感"。（见杨钟健：《杨钟健回忆录》，地质出版社，1983年，第84页）

[17] 裴文中：《周口店洞穴层采掘记》，地震出版社，2001年。

[18] 裴文中：《周口店洞穴层采掘记》，地震出版社，2001年。

[19] 杨钟健：《杨钟健回忆录》，地质出版社，1983年，第84页。

[20] 杨钟健：《杨钟健回忆录》，地质出版社，1983年。

[21] 赵亚曾（1898—1929年），字予仁，1923年以优异成绩毕业于北京大学地质系。毕业后入中央地质调查所工作。在所6年间，发表成果100多万字，被翁文灏称为世界科学界罕见的人才。1929年在云南昭通调查时被土匪所害。（见王仰之编著：《中国地质调查所史》，石油工业出版社，1996年）

[22] 裴文中：《周口店洞穴层采掘记》，地震出版社，2001年。

[23] 张森水：《裴文中简要年谱》，《不朽的人格与业绩——纪念裴文中先生诞辰100周年》，科学出版社，2004年。

[24] 黄慰文：《北京原人》，浙江文艺出版社，2005年。

[25] 裴文中：《周口店洞穴层采掘记》，地震出版社，2001年。裴文中初入周口店时"不识猪牙鸟骨"也与其在大学时课程的设置有关。裴文中在其一篇回忆文章中曾提到，"我在大学是学地质的，所以对脊椎动物的化石毫无所知"。（见裴文中：《回忆中国猿人第一个头盖骨的发现》，《中国科技史料》1982年第2期，第4页）杨钟健在自己的回忆录中也说"裴文中先生在北大时，并未学过脊椎动物化石课和地史近期课程"。（见杨钟健：《杨钟健回忆录》，地质出版社，1983年，第63页）

[26] 作铭：《介绍〈周口店发掘记〉》，《考古》1985年第4期。

[27] 杨钟健：《杨钟健回忆录》，地质出版社，1983年，第63页。

[28] 张森水：《裴文中简要年谱》，《不朽的人格与业绩——纪念裴文中先生诞辰100周年》，科学出版社，2004年。

[29] 贾兰坡：《悠长的岁月》，湖南少年儿童出版社，1997年。

[30] 杨钟健：《杨钟健回忆录》，地质出版社，1983年。

[31] 杨钟健：《杨钟健回忆录》，地质出版社，1983年，第141页。

[32] 裴文中：《周口店洞穴层采掘记》，地震出版社，2001年，第27—28页。

[33] 裴文中：《龙骨山的变迁》，《中国科技史料》1983年第5期。

[34] 裴文中：《回忆中国猿人第一个头盖骨的发现》，《中国科技史料》1982年第2期，第4页。

[35] 步达生（1884—1934年），加拿大学者，1927年周口店遗址发掘的外方代表，曾任地质调查所新生代研究室名誉主任，负责周口店北京猿人化石的鉴定与研究工作。（见王仰之编著：《中国地质调查所史》，石油工业出版社，1996年）

[36] 杨东晓：《"北京人"命名者步达生》，《今日科苑》2008年第1期。

[37] 李学通：《翁文灏年谱》，山东教育出版社，2005年。

[38] 李学通：《书生从政——翁文灏》，兰州大学出版社，1996年。

[39] 翁文灏：《周口店洞穴层采掘记·序》，《周口店洞穴层采掘记》，地震出版社，2001年。

[40] 高星：《德日进与中国旧石器时代考古学的早期发展》，《第四纪研究》2004年第4期。

[41] 袁宝印：《裴文中先生的爱国、自强和拼搏精神——纪念裴文中先生百年诞辰》，《第四纪研究》2004年第3期，第253页。

[42] 高星：《翁文灏与周口店》，《化石》2008年第5期。

[43] 王仰之编著：《中国地质调查所史》，石油工业出版社，1996年。

[44] 黄汲清：《翁文灏先生与北京猿人之发现》，《大自然探索》1990年第3期。

[45] 李学通：《翁文灏年谱》，山东教育出版社，2005年，第76页。

[46] 翁文灏：《周口店洞穴层采掘记·序》，《周口店洞穴层采掘记》，地震出版社，2001年。

[47] 翁文灏：《周口店洞穴层采掘记·序》，《周口店洞穴层采掘记》，地震出版社，2001年，第2页。

[48] 翁文灏：《周口店洞穴层采掘记·序》，《周口店洞穴层采掘记》，地震出版社，2001年。

[49] 翁文灏：《周口店洞穴层采掘记·序》，《周口店洞穴层采掘记》，地震出版社，2001年。

[50] 国连杰：《丁文江、翁文灏与地质调查所的科学文化》，《科学文化评论》2012年第3期。

An Analysis of Pei Wenzhong's Early Growth Path

Zhu Zhiyong

Abstract: Pei Wenzhong was the first discoverer of Zhoukoudian Peking man, international famous palaeolithic archaeologist and paleontologist, who is one of the important founders of paleolithic archaeology in China. Based on the existing data, the paper analysises and recoveries how Pei Wenzhong who was a ignorant student grew up into a well-known archaeologist by gathering the relevant information scattered in the various historical data. This paper also illustrates that Pei Wenzhong's achievements were closely related to Weng Wenhao and the impact of Geologic Survey founded by Weng Wenhao.

Keywords: Pei Wenzhong, Weng Wenhao, palaeolithic archaeology

追忆兰亭当日事

——《陕西考古会史》评介及补正

刘 斌 张 婷

内容摘要：2014年出版的《陕西考古会史》具有重要的学术价值，它首次详细描述了民国时期陕西考古会的发展历史。本文利用陕西档案馆所藏的陕西考古会档案，对陕西考古会的经费和它在抗日战争爆发后的历史，进行了补充。此外，还指出了书中部分不准确的地方。

关键词：陕西考古会；斗鸡台遗址；经费

1934年4月26日，徐旭生任工作主任的陕西考古会，在宝鸡斗鸡台遗址开始了第一次发掘。80年后，为了纪念这次影响深远的考古发掘，陕西师范大学出版社于2014年4月出版了罗宏才先生的专著《陕西考古会史》[1]（以下简称《会史》）。该书由石兴邦先生作序，全书468页，60.3万字。正文前有"陕西考古会大事记""陕西考古会主要人物传略"。正文分"绪论""省院合作缘起""陕西考古会成立经过""考古论战与奇文搜刻""斗鸡台发掘始末及意义""省垣考古发掘及省垣内外的金石研究""纷繁的文物调查及保护管理工作""抗战中文物移藏及艰难维持"等七章。正文之后附"陕西考古会重要文件选录"，收录了"陕西考古会成立会议记录"等八通重要文件，最后是后记。

一、《会史》的学术价值

民国时期是中国考古团体发展的第一个繁荣期。1921—1949年，相继成立了古物研究社、北京大学考古学会、厦门大学考古学会、中华考古会、山东古迹研究会、河南古迹研究会、黄花考古学院、中国考古会、陕西考古会、考古学社、上海美术考古学社等十多个考古学术团体。它们组建的目的不同：民间性质的，多是为了聚集志同道合者，方便学术上的切磋交流；官方性质的，如山东古迹研究会、河南古迹研究会、陕西考古会，则是为了协调中央学术机关与地方政府的关系。1929年殷墟第二次发掘后，李济、董作宾将出土物运回北京，由此引发了河南省政府和中研院关于文物归属权的巨大纷争。次年史语所考古组转到山东考古，为了避免类似的矛盾，中研院和山东省政府以合组的形式成立了山东古迹研究会（1930年），其后又组建了河南古迹研究会（1932年）。北平研究院也效仿山东古迹研究会的模式，和陕西省政府合组了陕西考古会（1934年）。

刘斌：西北大学文化遗产学院 讲师
张婷：女，西安碑林博物馆 副研究馆员

陕西考古会最有名的工作就是斗鸡台遗址的发掘。斗鸡台遗址遗存丰富，同时还是徐旭生由哲学家变为考古学家的转折点、苏秉琦从事考古学的起点。苏秉琦在40年代，通过斗鸡台沟东区出土的瓦鬲研究，奠定了中国类型学的基础。但与斗鸡台遗址的声名显赫相反，陕西考古会在考古学史上则长期寂寂无闻。除了90年代末罗宏才先生一篇有关陕西考古会成立缘起和经过的论文外[2]，再无其他相关研究。近年出版的《暗流》一书中，称它"罕为人知"[3]；《中国百科大辞典·考古学》谈及斗鸡台遗址时，甚至只提到北平研究院史学研究会，完全忽略了陕西考古会[4]。

正因为陕西考古会既重要又缺乏研究，因此《会史》的出版才显得格外重要。全书通过60多万字的叙述，第一次把陕西考古会艰难的组建、成立后接连不断的曲折、斗鸡台发掘的失误和成绩、斗鸡台之外的考古调查和发掘、考古会对陕西境内金石文化的调查研究、抗战期间对文物殚心竭虑的保护等等，一一展现给读者。作者之所以能做到这一点，和资料的挖掘有极大的关系。陕西考古会之前的研究之所以很少，一个重要的原因是资料不足。和陕西考古会有关的公开报道，仅有《北平研究院院务汇报》[5]、《燕京学报》[6]上刊载的数篇文章，以及《西京日报》等报刊上的数十篇新闻简讯。拼凑这些零散的资料，只能大略知晓考古会的部分历史，并不足以还原全貌。但罗先生以"上穷碧落下黄泉"的精神，仔细收集了200余种相关的中、英、日文资料，包括专著、论文、报刊、档案、未刊日记及手稿、作者的采访记录等。这些资料中，档案及未刊的日记的利用，对写作起到了关键作用。

档案是史学研究中珍贵的一手资料。早在20世纪90年代后期，罗先生就敏锐地注意到了陕西省档案馆所藏的陕西考古会档案的价值，并利用其写出了"陕西民国时期文物大案"等一批文章[7]。笔者曾仔细翻阅过这批50卷左右的档案资料，它的内容异常丰富，包括历次会议的记录、与各机构的往来公函、每月的收支账目、古物移交造册表（清单）、斗鸡台遗址的"发掘情形日报表"、便条、名片等等。在《会史》一书中，罗先生百尺竿头更进一步，又补充了西安碑林管理委员会、北平研究院、西京筹备委员会等分存于西安、北京各处的其他7种档案。正是依靠这些档案资料，《会史》才能有凭有据地写出陕西考古会的发展历史，并有许多血肉丰满的细节。不过稍有遗憾的是，多数档案资料的注释不够规范，仅标注"原件藏陕西省档案馆"、"原件藏南京中国第二历史档案馆"，而没有注明全宗名称（号）、案卷（册）号、文件标题（时间）[8]。陕西考古会的档案有50卷左右，北平研究院的档案多达400卷，不标明详细出处，势必给需要按图索骥或核对资料的读者，带来很大的不便。

未刊日记的使用，也是《会史》一书的特色。书中使用的主要是考古会工作主任徐旭生的《徐旭生陕西考古会工作日记》[9]，以及考古会委员长张扶万的《在山草堂日记》。徐的日记是1933—1935年在陕西工作期间所写的，日记中对考古会的筹建、发展，以及调查发掘，有细致入微的记录，我们甚至可以知道诸如考古调查中每一天的所见所得。其中最有价值的，是对斗鸡台发掘真实而坦诚的记录，特别是发掘初期因经验不足而导致的种种混乱和失误。因为没有考古发掘经验，徐旭生第一次发掘斗鸡台时因"墓葬地面毫无痕迹，令人头昏"[10]，对"古代有在上层，有在下层"的层位关系大感困惑，常为没能及时记录遗迹现象，或对发现的人骨"未量尺寸，而余即命取去"，以及其他发掘人员"对于坑中所出之石、陶各片，不重视，随意丢弃"而屡屡自责"余等工作之草率也"。诸如此类的记载，对我们了解早期考古工作的真实水平，以及先驱者筚路蓝缕的不易，提供了珍贵的资料。张扶万的《在山草堂日记》共37册，其中对陕西考古会的情况多有记载。诸如考古会调查陕西碑刻金石等大量细节，不见于档案等其他资料，若没有张扶万的日记，我们几乎无从知晓这些重要的工作。

值得一提的是，《会史》中大量的图片，也为它增色不少。罗先生之前的《探寻碑林名碑》，就因图片丰富而受到赞誉[11]。本书第一章到第七章的401页中，图片就有410幅之多，平均一页一图。这些图片的种类丰富，最珍贵的是1933年徐旭生等人在陕西考古调查途中拍摄的遗迹、古物、壁画、寺庙、牌坊、戏楼等照片，以及宝鸡斗鸡台、西安莲湖公园发掘等照片。它们一部分取自陕西考古会的档案资料，另一部分可能取自北平研究院的档案资料中，多数未曾发表过，是了解30年代陕西的文物、考古发掘的珍贵图像资料。

二、两点补充

《会史》虽然对陕西考古会的历史作了详细追溯，但仍有可以补充的余地。笔者此处利用陕西考古会的档案资料，对《会史》中虽然提及、但未及深入或有所疏漏的两个问题，稍作补充。

（一）陕西考古会的经费

民国时期，经费始终是制约考古发展的一个关键问题。1924年北京大学考古会成立后，"为财力所限，未能做到自行发掘，实地考证的地步"，所以成绩"不甚佳"[12]；安阳殷墟的发掘，也屡屡因经费有限，长期不能实现李济"整个的翻"（即全面揭露）的设想；1945—1949年地质调查所因得不到资助，周口店发掘始终未能重启，裴文中因此哀叹"困难的焦点，就是经费"[13]。在《会史》一书中，对考古会"因经费拮而不意发生的种种窘迫和无谓争执"，有很多细致入微的描述，但考古会的经费到底有多少，书中始终没有具体交代。实际上，在陕西省档案馆所藏的陕西考古会的档案中，有不少相关资料。

陕西考古会的经费分为两部分，即维持机构运转的行政经费和用于田野发掘的工作经费。

1. 每月的行政经费

考古会的行政经费由陕西省政府承担。成立之初，每月"经常费"仅182元[14]。3月20日，张扶万以"本会事务渐次进行，需款孔多，如运输等旅费、拓片、摄影等款，均不客缓，而每月经常费原规定预算数目极微，碍难挪用"[15]为由，申请每月加拨"事业费洋二百元"，后来政府每月加拨了100元事业费，考古会的月经费增加到282元。这与同时期河南古迹研究会的月经费相近[16]。河南古迹研究会1932年成立时每月经费158元，1933—1934年增加为306元[17]。

考古会每月的282元经费，大约一直到抗战爆发前再无增减。经费半数用来支付考古会职员、雇员的工资，其余用于文具、邮电、印刷、图书、调查、征集等各项事务[18]。其中略有争议的是张扶万和梁午峰的"车马费"。

考古会的10名委员本为"无给职"——即不领俸禄[19]。但在考古会成立后即召开的第一次常务会议上，因张扶万和梁午峰要具体负责考古会事务，"来往频繁"，因此有了给两人车马费的提议，但因略微棘手，委员们决议的结果是"车马费应空列，由研究院或省政府酌定"。但从考古会档案资料的1934年度"第一级岁出概算书"中可知，张扶万和梁午峰每月要支领"每月支车马费40元"。但因缺少资料，两人的车马费究竟领取了多长时间，期间有无增减，我们则不得而知。

抗争爆发后，因为政府财政困难，从1938年3月起，陕西省的各机关的费用"统按八成开支"[20]，考古会的经费被削减为每月249.12元[21]。同年11月底遭到裁撤后，"经费暂停，月支保管费五十元"[22]。这笔钱用来支付1名保管员和1名工友的薪水，最初"初尚觉勉强支持"[23]，但随着物价的持续飞涨，微薄的保管费很快就捉襟见肘，职员工友生活的"异常困难"，经过反复申请，保管费先是提高到100元，1942年又涨到170元[24]，直至最终被裁撤，再无变化。虽然保管人员的工资看似较战前涨了数倍，但战时"百货高涨"，西安市小麦、米价的价格已较1937年飞涨了三四十倍[25]，因此保管人员生活的窘迫可想而知。

除了行政经费外，考古会因房屋年久破败，不时需要修理维护，这些修缮费用都由陕西省政府承担的。

2. 工作经费

工作经费主要用于田野发掘等方面，由北平研究院承担[26]，也正因为此，陕西考古会档案资料中仅有数条记载。

在1934年4月16日（斗鸡台第一次发掘前）举行的考古会第三次会议上，曾有委员询问徐旭生斗鸡台的发掘经费，徐旭生说估计"大约须工作费二千元"。1935年6月2日的开第二次常务会议上，徐旭生在会上报告说了斗鸡台前两次发掘的费用，"连同薪工调查费及由北平至陕西往返路费在内"，一年来的工作费用约一万一千余元[27]。相对于北平研究院每月3万元的经费[28]，这笔费用已不算小数，但用于考古发掘，仍相当拮据。1935年斗鸡台第二次发掘时，因为墓葬塌方压死了一名工人[29]，"善后工作完毕，发掘经费已全部用光"，苏秉琦私人筹措了500元后，才使发掘能继续下去[30]。但不久后还是因为缺乏资金而提早结束了工作[31]。如果横向比较，斗鸡台的工作费远不如安阳殷墟充足。如同样是1935年，春天殷墟的第十一次发掘，发掘面积达8000平方米，开支预算两万到三万银元。秋季的殷墟第十二次发掘，发掘面积9600平方米，每天雇佣500名工人，每天发出去的工人薪水就达200多块银元[32]。

1937年上半年，经过考古会委员之一翁文灏的争取[33]，北平研究院史学研究会从中英庚款董事会申请到了一笔万元的补助费，本计划再发掘一年斗鸡台遗址，同时分两路调查，一路由陕西到甘肃，一路由湖北经察哈尔绥远到宁夏"[34]。不过计划因中日战争的爆发而未能实现。

（二）抗战爆发后陕西考古会的历史

《会史》对1933至抗战前陕西考古会的历史，用了6章约370页，进行了详尽叙述。但对抗战爆发到1943年撤并陕西考古会这6年的历史，却只用了一章共40页。这种"虎头蛇尾"本无可厚非，因为抗战后考古会的工作几近停滞，值得叙述的事情不多。但《会史》仅叙述了其间两次小规模调查、移藏所存文物、1943年的裁撤，忽略了战后考古会的若干人事、机构变动。实际上，考古会相继经历了委员辞职星散，1938年底遭裁撤、会址遭轰炸，1943年又遭裁撤等数次波折。

考古会原本有10名委员，其中陕西方面的委员5名，分别为委员长张扶万、秘书梁武峰、李元鼎、王健、寇遐。1936年第三次常务会议上，陕西方面的委员李元鼎因"原本对考古不感兴趣，故历次开会亦不参加"，被免去了委员一职[35]。抗战爆发后北平随即沦陷，北平研究院一度面临解散，在自顾不暇之时，它和陕西政府的考古合作实际上已不宣而散。徐旭生最初在西安，还继续负责过一段时间的会务，如1937年年底他派孙文清赴汉水流域一带调查古迹，派赵纯赴渭水流域两岸调查古迹[36]。但他筹划在西安成立"北平研究院西安临时办事处"[37]未果后，1938年就只身回家乡南阳组织抗敌御侮，同年冬天又前往往昆明[38]。在1938年3月13日张扶万召开商议文物迁移凤翔的紧急会议上，梁午峰又辞去了秘书一职[39]，负责考古会事务的，仅剩张扶万一人。

1938年11月，因为日军敌机轰炸西安日趋严重，张扶万21日致函省政府，请求"送眷返回富平暂居乡里"。就在张扶万请辞的第二天，陕西省政府以财政紧张为由，下令裁撤了包括陕西考古会在内的59个省属机构[40]：

> 本政府委员会第四十次会议，本主席提议：现值非常时期，税收锐减，开支不敷，拟将省属应行裁并各机关，列表提请公决一案，经决议："通过裁并机关经费拨至十一月底，职员薪俸照原数加发一个月，其文卷什物交主管厅局或兼办机关接收具报"。[41]

这次裁撤的形式有数种，或经费暂停，并入其他机构，或经费削减，仅发少量保管费。因为考古会所存的"各项古物有关文化"，因此政府每月拨发微薄的保管费，以供看守所藏文物之用。此后考古会除了在1941年接收过陇海铁路局移交的文物外[42]，已无力开展其他业务，工作也仅囿于看守文物，已近于名存实亡。

但在战争期间，即使文物看守，也并非易事。1939年3月14日，考古会遭到敌机轰炸，三间房屋夷为平地，其他房屋也因轰炸倒塌。此后部分房屋又被中央通讯社、省财政厅等借用[43]，加之隔壁的"强邻"荣誉军人大队"不时发生破窗砸门直入占用情事，屡经交涉颇难生效"[44]。加上战时物价飞涨，保管费捉襟见肘，看守人员的生活极度困难。

1943年初考古会又遭政府裁撤，将其归并碑林管理委员会。但实际上，碑林方面"因考古会内部复杂多艰"，只接收了考古会保管员交的古物清册，并未清点实物（"仅为纸片，未知事实如何"）[45]，考古会埋藏陈放的古物，"其物品仍存原地保管"[46]，原保管员和工友继续留在考古会看守文物。1944年6月陕西省历史博物馆成立后，7月馆长康耀辰在考古会保管员的陪同下，"照册详细查勘"考古会古物。当时考古会保存古物的条件已相当简陋，这从康耀辰当时写给政府的信函中可见一斑[47]：

> 该会现今比较完善之房仅两间，所存皆考古会书箱四个，古物箱九个及器具杂物。工友周福即住此房，看守尚属稳妥。此外古物收藏室三间，置有考古会未装箱古物，残瓦器、残石碑、石佛片块、中央古物保管会箱三个及研究院古物箱二十四个，破十三个。倾出者为瓦片杂有残木料残废器械破烂。□棚尘土满塞，室中□□下大小残木料塞路，观察室内大非易事。（……）又大过庭南三间原有之地板全失地砖，亦若全失并被强邻拆去门窗隔扇，拴马堆碳尘土满地而研究院古物箱二十六尚留在此。箱破三个，倾出者为瓦片。必须以土基全行封砌门窗，俾外人不能妄入才得安全。而山墙有坏处，房顶坏处尚多。

同年8月左右，古物接收工作完成。曾经看守文物的工友周福继续到历史博物馆工作。至此，陕西考古会才的历史才真正终结。

三、若干不确之处

《会史》一书中涉及的人物多达数百位，事件又纷繁复杂，因此书中难免有所疏漏。以下是笔者阅读此书中发现的若干不确之处，提出来略供作者及读者参考。

（一）人物方面

第17页注释②中说安特生的《中华远古之文化》"1923年发表于《远东古物博物馆馆刊》"。《中华远古之文化》应发表于1923年《地质汇报》第五号上的。注释②中说安特生另著有"《中国史前史研究》1934"。《中国史前史研究》发表的时间应为1943年[48]。《会史》第37页注释②中又说，安特生在《中华远古之文化》中推断"仰韶彩陶和安诺等近东和欧洲的彩陶相似，可能同出一源。而巴比伦等地的彩陶年代要早于中国仰韶，因此中国彩陶有可能来自西方。"这段话是陈星灿先生对安特生观点的总结[49]，并非出自《中华远古之文化》一书中[50]。

第25页白万玉的传略中，其生卒时间不是"1900—1968"，而是"1899—1970"[51]。

第27页在罗念生传略中，说他"1934年末经李济推荐进入北平研究院与陕西省政府合组的陕西考古会"。根据罗念生的自述，他1934年秋回国后，李济推荐他去北平找胡适。胡适留他在中华教育文化基金会翻译西方名著。后罗念生对薪酬不甚满意，于是是年冬沈兼士向徐旭生推荐他作考古工作，徐旭生又向陕西省政府推荐了罗念生[52]。因此，是徐旭生而非李济推荐罗念生进入陕西考古会的。

第28页在苏秉琦的传略中，说其1934年北平师范大学历史系毕业后，"同年应徐炳昶邀请进入北平研究院，任该院史学研究所副研究员"。苏秉琦去的应是史学研究会（考古组），而非史学研究所。前者成立于1929年11月，1936年7月才改为"史学研究所"的。苏秉琦当时任的是"助理员"而非副研究员[53]。

第30页注释①说董作宾进入傅斯年主持历史语言研究所后，"向傅建言请发掘殷墟遗址，先后15次参与该遗址发掘"，"1928年任中央研究院历史语言研究所研究员"。董作宾1928年进入史语所，被聘为"编辑员"而非研究员[54]，而且没有资料证明是他向傅斯年建议发掘殷墟的。1928—1937年殷墟遗址共发掘了15次，董作宾参加了第八[55]、第十、第十二次、第十四次发掘，其他仅视察工地，并未亲自发掘[56]。

在"主要人物传略"中，作者屡屡提到徐旭生、翁文灏、顾颉刚、何士骥等人1943年"在重庆共同发起成立说文社古今文物馆"[57]。实际上，他们发起成立的是说文社[58]，古今文物馆只是说文社下的一个机构[59]。

第262页"蒙特留斯（Oscar Monlbivs）"，应为Oscar Montelius。

（二）时间、名称等误

本书中关于"古物保管委员会"和"中央古物保管委员会"，多有混淆[60]。前者成立于1928年3月，当时是大学院古物保管委员会，1929年3月大学院制结束后，古物保管委员会改属教育部。后者成立于1934年7月12日。这是两个先后成立、职能相近的机构。16页徐旭生传略中说其1934年"2月任中央保管委员会常务委员"，有误。此处的中央保管委员会指的应是中央古物保管委员会，但它1934年2月尚未成立，徐旭生后来担任的是委员而非常委[61]。22页的常惠传略中，说他"1927年加入中国古物保管委员会"。此处的"中国古物保管委员会"应为古物保管委员会，"1927年"应为"1928年"。第44页说1928—1933年相继成立的机构有"中央古物保管委员会"，此处应为古物保管委员会。

第133页说考古会第一次会议上讨论经费预算时，其他的皆无异议，"唯加考古会职员'车马费，应画列。由研究院或省政府酌定"。所谓"画列"，实为"空列"之误，即将车马费列在预算表中，但不填写具体数目。而且这次会上讨论的也不是考古会职员——而是张扶万、梁午峰二人的车发费。

第180页，徐炳昶反对戴季陶的文章不是《对考古主义的解释》，应为《对考古意义之解释》。

182页引用陈独秀讽刺戴季陶的诗"祭灵保墓建中兴"，"祭灵"应为"祭陵"[62]。因为在戴季陶发出反对挖墓的电报后，紧接着又到陕西周文王陵、汉武帝茂陵去祭陵，故有"祭陵"之说。

第235页引用《中央日报》一则报道斗鸡台发掘的新闻，时间写为1935年1月31日，实际应为3月31日。因为报道中提到"闻徐氏到宝鸡后，即与罗君（笔者注：指罗念生）共同着手发掘"、"此次得罗君之帮助，进行甚速"，罗念生1月23—2月7日尚在西安莲湖公园发掘，他是3月才参加斗鸡台第二次发掘的[63]。

第238说"1935年5月2日考古会常务会议"，这里说的考古常务会议，应该是指陕西考古会第二次常务会议，时间应为6月2日。

附记：本文是陕西省教育厅科研计划项目（项目批准号11JK0215）的成果之一。

注　释

[1] 罗宏才：《陕西考古会史》，陕西师范大学出版总社有限公司，2014年。

[2] 罗宏才：《民国时期陕西考古会成立之缘起与大致经过》，《考古与文物》1998年第3期。

[3] 徐坚：《暗流：1949年之前安阳之外的中国考古学传统》，科学出版社，2012年，第105页。

[4] 《中国百科大辞典》编委会：《中国百科大辞典·考古学》，知识出版社，1991年，第110、734页。

[5] 徐旭生、常惠：《陕西调查古迹报告》，《国立北平研究院院务汇报》1933年第4卷第6期；何士骥：《陕西考古会工作报告》，《国立北平研究院院务汇报》，1935年第六卷第一期；徐旭生：《陕西最近发现之

新石器时代遗址》,《国立北平研究院院务汇报》1936年第七卷第六期。

[6] 《陕西考古会第三届年会会务报告》,《燕京学报》1936年第十五期;《斗鸡台掘获仰韶期前古物》,《燕京学报》,1937年第21期。

[7] 罗宏才:《党毓昆西府盗宝记》,《文博》1997年第4期;《陕西民国时期文物大案(二)》,《文博》1999年第3期;《陕西民国时期文物大案(三)》,《文博》1999年第5期;《陕西民国时期文物大案(四)》,《文博》1999年第6期;《陕西民国时期文物大案(五)》,《文博》2000年第1期;《陕西民国时期文物大案(六)》,《文博》2000年第2期;《陕西民国时期文物大案(七)》,《文博》2000年第3期;《陕西民国时期文物大案(八)》,《文博》2000年第1期。

[8] 钟博仕、张敏:《试论"档案引注"方法与应用》,《档案学研究》1989年第4期。如果档案编有页码,还需要写清楚页码。

[9] 原日记并没有名称,罗先生为了区别已出版的《徐旭生西游日记》,暂时将其定名为《徐旭生陕西考古日记》。

[10] 罗宏才:《陕西考古会史》,陕西师范大学出版总社有限公司,2014年,第216页。

[11] 陈根远:《锲而不舍的足迹——读罗宏才新著〈探寻碑林名碑〉》,《碑林集刊(十二)》,陕西人民美术出版社,2007年。

[12] 《研究所国学门恳亲会记事》,《北京大学日刊》1337号,1923年11月10日。

[13] 裴文中:《中国史前时期之研究》,商务印书馆,1950年,第249页。

[14] 《会史》中对此有误读。第136引用档案资料,说考古会事业费暂定一百元。实际上,这是考古会在申请追加经费,此前已有180元的经常费了。第152,引用侯鸿鉴的记载中,说陕西考古会"每月经费,二百八十一元。"不准确。

[15] 1934年3月20日陕西考古会致陕西省政府第26号公函,陕西省档案馆藏陕西考古会档案,全宗号48,案卷号6-1。

[16] 河南古迹研究会有委员8人(河南、史语所各4人),具体办事的文牍员、事务员、技术员等4名,1932年每月经费158元,1933—1934年,则增长为306元,见《河南古迹研究会成立三周年工作概况及第二次展览会展览品说明》,1935年,第1、2、29、30页。

[17] 《河南古迹研究会成立三周年工作概况及第二次展览会展览品说明》,1932年,第1、2、29、30页。

[18] 在陕西考古会全宗号48、案卷号25-1的档案中,有考古会非常详细的每月收支的记录。如1936年12月,支出的钱包括:俸薪114元,工资30元,文具6.27元,邮电2.5元,消耗50.15元,印刷2.2元,杂支6.16元,图书3.7元,调查20.63元,征集29.7元。

[19] 但最初委员长张扶万和秘书梁午峰每月要从经费中各领取40元的车马费。1938年张扶万担任西安碑林管理委员会主任后,也领取一定数额的车马费。不过1938年9月,行政院专门颁发文件,要求"党政各机关职员兼职不得兼薪",张扶万此后可能就不从考古会领取车马费了。见陕西考古会民国二十三年度第一季岁出概算书,陕西省档案馆藏陕西考古会档案,全宗号48,案卷号22-2;陕西省政府财字第05235号公函,陕西省档案馆藏西安碑林博物馆档案,全宗号45,案卷号8。

[20] 谢林:《陕西省图书馆馆史(上)》,三秦出版社,2009年,第160页。

[21] 陕西考古会二十七年度经常费每月支出(收入)调查表,陕西省档案馆藏陕西考古会档案,全宗号48,案

[22] 这50元用于支付两个人的工资,保管员30元,工友(勤务人员)14元,可能还有6元的办公费。见陕西考古会致陕西省政府公函(日期不详),陕西省档案馆藏陕西考古会档案,全宗号48,案卷号14。

[23] 陕西考古会致陕西省政府公函,陕西省档案馆藏陕西考古会档案,全宗号48,案卷号14。

[24] 1942年1月陕西省财政厅公函第665号,陕西省档案馆藏陕西考古会档案,全宗号48,案卷号1。此外,根据全宗号48、案卷号13里的"陕西考古会中华民国二十九年度全年预算分配表",这170元中,保管员一人月支100元,工友一人月支50元,办公费20元。

[25] 赵景炎:《陕西省志·物价志》,中国物价出版社,1992年,第43页。

[26] 后文将提到的在西安市内的莲湖公园、兴隆巷发掘,因为规模很小,且由陕西方面派人进行,因此发掘费用似乎没有让北平研究院负担。

[27] 陕西考古会第二次常委会议会议记录,陕西省档案馆藏陕西考古会档案,全宗号48,案卷号39-2。

[28] 此外,还有部分中比、中法、中英庚款。如中英庚款1934——1936年共补助北平研究院设备费国币十万元,其中物理学研究所6万,化学研究所4万,见李书华:《国立北平研究院一年来工作概况》,《国立北平研究院院务汇报》,1936年第7卷第6期。上述补助,似乎都没有给过史学研究会,直到1937年上半年,考古组才申请到一万元的庚款。

[29] 罗念生:《掘坟》,《罗念生全集:第九卷》,上海人民出版社,2004年,第235—238页。《夏鼐日记》卷四中,曾记载过白万玉讲述此事:"晚间白万玉君谈斗鸡台发掘,于1公尺宽之探沟转角处挖灰坑,塌崩压毙1人,伤3人,当时主持者为何乐夫君。其时罗念生君亦参加,惧家人误闻消息惊恐,欲拍电报告家人以平安,何君阻之,几生争执。"见夏鼐:《夏鼐日记:卷四》,华东师范大学出版社,2011年,第332页。

[30] 陈仲华:《定陵发掘现场指挥——白万玉》,学苑出版社,2012年,第153—154页。

[31] 罗锦鳞、赵淑宝:《罗念生生平》,《罗念生全集:第十卷》,上海人民出版社,2004年,第103—116页。

[32] 李济:《安阳》,河北教育出版社,2001年,第89页;陈存恭等访问,任育德纪录:《石璋如先生口述历史》,九州出版社,2013年,第100页。

[33] 《学术情报》,《月报》1937年第1卷第4期,第819页。

[34] 之所以选择这条调查路线,是因为"近因日本之东方考古会,有于暑期中赴察绥调查两省古迹之说"。史学研究会"以我国自有历史古迹,殊无容外人越俎代劳必要,亦未便允许外人随意在国境内进行某种调查",因此"决变更原来调查路线,先行组织察绥古迹考察团,径赴察绥两省,从事古迹考察"。见《北平研究院史学会扩大考古范围》,《考文学会杂报》1937年第1期。

[35] 1936年11月16日陕西考古会第三次常会会议记录,陕西省档案馆藏陕西考古会档案,全宗号48,案卷号39-2。

[36] 1937年11月15日陕西考古会致陕西省政府公函,陕西省档案馆藏陕西考古会档案,全宗号48,案卷号18-1。

[37] 胡宗刚:《北平研究院植物研究所史略》,上海交通大学出版社,2011年,第72—78页。

[38] 徐旭生:《陕西省宝鸡县斗鸡台发掘所得瓦鬲的研究》,《苏秉琦文集(二)》,文物出版社,2009年。

[39] 1938年3月13日陕西考古会紧急会议记录，陕西省档案馆藏陕西考古会档案，全宗号48，案卷号39-2。

[40] 实际上，陕西考古会成立的当年，就曾有一次虚惊一场的裁撤。1933年2月—1935年2月，蒋介石为了集中全国军事力量"围剿"中国工农红军，组建了一个军事指挥机构，即国民政府军事委员会委员长南昌行营，简称"南昌行营"。它管辖着包括陕西在内的十多个省和上海等三个特别市，以及军事委员会所属的军政部、参谋部。这些单位每月必须将人事、经费，照规定样表详细填报，送南昌行营审核。1934年12月，南昌行营审核完陕西省机关的财政费用后，在给陕西省政府的治字第1653号公函中指示："考古会经费 列支三三八四元，此目应全删。其事务应归并西京文化博物主办机关办理"。陕西省政府12月6号将南昌行营的公函转告考古会后，考古会马上拟稿回函，指出"本会系由贵府商同国立北平研究院合组而成"，并询问"本会是否即结束，抑俟西京文化博院成立后再行移交"。陕西省政府在随后的召开的154次委员会上讨论并同意了考古会的建议，决定暂时不撤销考古会，"俟西京文化博物院成立之后，即行移并"，并在12月29日发函正式通知了考古会。至此，裁撤风波才烟消云散。

[41] 1938年11月22日陕西省政府训令，财字第09479号，陕西省档案馆藏陕西考古会档案，全宗号48，案卷号10-3。

[42] 《陕西考古会史》第354页。

[43] 1942年11月4日陕西考古会致陕西省财政厅第13号公函，陕西省档案馆藏陕西考古会档案，全宗号48，案卷号13。

[44] 1944年7月11日陕西省历史博物馆康耀辰致陕西省政府公函，历字第3号，陕西省档案馆藏陕西考古会档案全宗号44，案卷号9-1。

[45] 1944年7月11日陕西省历史博物馆致陕西省政府历字第3号公函，陕西省档案馆藏陕西省历史博物馆档案，全宗号44，案卷号9-1。

[46] 1943年4月17日西安碑林管理委员会致陕西省教育厅公函，第一三五号，陕西省档案馆藏陕西考古会档案，全宗号45，案卷号5-1。

[47] 1944年7月11日陕西省历史博物馆历字第3号公函，陕西省档案馆藏陕西省历史博物馆档案，全宗号44，案卷号9-1。

[48] Andersson.J.G. Research into the Prehistory of the Chinese, *Bulletin of the Museum of Far Eastern Antiquities* NO.15.1—300（1943）.

[49] 陈星灿：《中国史前考古学史研究（1895—1949）》，三联书店，1997年，第121页。

[50] 这可能是转引二手资料不慎所致，同样的错误也见于（1）刘夫德：《上古史发掘》，陕西人民出版社，2010年，第384页注释45；（2）王文元：《安特生：被误解的开路者》，《丝绸之路》2010年第17期。

[51] 陈仲华：《定陵现场指挥——白万玉》，学苑出版社，2012年，第3页。

[52] 罗念生：《自撰档案摘录》，载《罗念生全集》（第十卷），上海人民出版社，2004年，第90—99页。

[53] 郭大顺、高炜编：《苏秉琦年谱（1909—1997）》，载宿白主编：《苏秉琦先生纪念集》，科学出版社，2000年。

[54] 董作宾原著、董敏编选：《走进甲骨学大师董作宾》，上海大学出版社，2007年。傅斯年在《本所发掘安阳殷墟之经过》一文中，也说"遂于民国十七年夏，敝院派编辑员董作宾先生前往调查"，见欧阳哲生主编：《傅斯年全集》（三），湖南教育出版社，2003年，第97页。

[55] 董作宾当时在主持山东滕县的发掘，见《走进甲骨学大师董作宾》第14页。

[56] 张光直：《〈李济考古学论文选集〉编者后记》，《中国考古学论文集》，三联书店，1999年。

[57] 罗宏才：《陕西考古会史》，陕西师范大学出版总社有限公司，2014年，第15、17、19、20页。

[58] 《说文社简章》、《说文社发起人略历表》，《说文月刊》第三卷第十一期，1943年。

[59] 《说文社古今文物馆简章》，《说文月刊》第三卷第十一期，1943年。

[60] 马树华：《中央古物保管委员会小考》，《文博》2007年第5期。

[61] 《行政院第零四四七四号训令》，《察哈尔省政府公布》1934年第536期。

[62] 安庆市陈独秀学术研究会编注：《陈独秀诗存》，安徽教育出版社，2006年，第89页。

[63] 卫聚贤的《中国考古学史》的附录一中抄录过这则新闻（第207页），但只注明了是"三十一"日，未说明月份。罗念生是3月到达斗鸡台遗址的，卫氏在附录一收录新闻时又是依照时间顺序收的，这则新闻后面一则是的时间是4月23日（第215页），这则新闻中又有"预料该处发掘工作，至远于本年五月间，即可全部竣事"之语，加之3月才有31天，因此该新闻的时间无疑是3月31日。

Review on *the History of Shaanxi Archaeological Society* and Some Supplements

Liu Bin　Zhang Ting

Abstract: *The History of Shaanxi Archaeological Society* was published in 2014. The book which is of great academic value firstly describes the history of Shaanxi Archaeological Society. The authors of this article give some supplements on the funds and history that is after the outbreak of the Anti-Japanese War by using the archives which stored in the archives of Shaanxi Province. The authors of this article also pointed out some mistakes of the book.

Keywords: Shaanxi Archaeological Society, site of Doujitai, funds

《西部考古》征稿通知

《西部考古》是文化遗产研究与保护技术教育部重点实验室、西北大学丝绸之路文化遗产保护与考古学研究中心、边疆考古与中国文化认同协同创新中心、西北大学唐仲英文化遗产研究与保护技术实验室联合创办的学术年刊,旨在加强与学界同仁的学术交流,促进考古学的学科建设不断发展。

《西部考古》立足中国西部,面向国内外,欢迎考古学研究、文物学研究、文化遗产管理与保护规划研究、环境与历史地理研究、中外文化交流、理论方法与学科建设、中型考古发掘报告等方面的稿件。我们真诚期待历届校友及学界同仁惠赐大作,《西部考古》将在您的呵护和培育下茁壮成长。为保证集刊编辑工作的顺利进行,现将有关事项说明如下:

一、论文主题明确,原创性突出。来稿根据研究需要,字数不限。

二、论文所用图片及插图清晰,图号用图一、图二……图一〇、图一一等表示,同一图中的子图号用阿拉伯数字1、2、3等标明;图名及文字说明准确,注明出处;遗址或遗迹类插图的方向及各类插图的比例,依具体研究内容而定,但需统一。

三、论文注释详尽、准确。著作类包括作者、著作名称、出版社、出版时间、页码;古文献可在作者前加时代,如(汉)司马迁:《史记》,中华书局,1962年,第25—28页;译著可在作者前加国别,如〔英〕柴尔德……;论文类包括作者、论文名称、期刊号及页码(或文集名称、出版社及出版时间、页码),格式为:×××、×××:《论文名称》,《杂志名称》××××年第×期,第×页。来稿请一律采用尾注形式。

四、作者简介需注明性别、单位全称、职称全称。

五、投稿须通过 Email 提交电子文本,稿件收到后,编委会即约请相关专家审阅,择优选用,并及时通知作者。

六、遵循学术争鸣原则,尊重作者学术观点,文责自负;但编委会有权对文字内容进行适当修改或提出修改意见,如不同意,投稿时请予声明。

七、截稿日期为当年8月底。

八、来稿请附中文和英文的内容提要、关键词。

九、《西部考古》一经出版,即向作者寄赠样书2册。

十、为适应我国信息化建设,扩大本刊及作者知识信息交流渠道,本刊已被《中国学术期刊网络出版总库》及CNKI系列数据库收录,其作者文章著作权使用费与本刊稿酬一次性给付。免费提供作者文章引用统计分析资料。如作者不同意文章被收录,请在来稿时向本刊声明,本刊将做适当处理。

如有不尽事宜，随时与我们联系，并热诚欢迎您的建议和批评！

联系人：西北大学文化遗产学院考古学系　冉万里
地　址：西安市太白北路229号；邮编：710069
传　真：029-88302438
Email：xbkgu@163.com

文化遗产研究与保护技术教育部重点实验室
西北大学丝绸之路文化遗产保护与考古学研究中心
边疆考古与中国文化认同协同创新中心
西北大学唐仲英文化遗产研究与保护技术实验室
2015年3月1日